青年法学学术著作
资助出版项目

賀王若思博士新作付梓

深耕中國刑法前沿
貢獻自主知識體係

何志鵬於吉林大學

青年法学学术著作
资助出版项目

结果加重犯的基本理论与中国问题

Fundamental Theories and Chinese Issues Concerning Aggregated Consequential Offense

王若思 著

法律出版社
LAW PRESS · CHINA
—— 北京 ——

图书在版编目(CIP)数据

结果加重犯的基本理论与中国问题 / 王若思著. --
北京 : 法律出版社, 2022
ISBN 978 - 7 - 5197 - 6721 - 1

Ⅰ. ①结… Ⅱ. ①王… Ⅲ. ①刑事犯罪 - 研究 - 中国
Ⅳ. ①D924.114

中国版本图书馆 CIP 数据核字(2022)第 074097 号

结果加重犯的基本理论与中国问题
JIEGUO JIAZHONGFAN DE JIBEN LILUN YU ZHONGGUO WENTI

王若思 著

责任编辑 王 珊
装帧设计 李 瞻

出版发行 法律出版社
编辑统筹 学术·对外出版分社
责任校对 王晓萍
责任印制 陶 松
经　　销 新华书店

开本 710 毫米×1000 毫米 1/16
印张 22 **字数** 287 千
版本 2022 年 9 月第 1 版
印次 2022 年 9 月第 1 次印刷
印刷 三河市兴达印务有限公司

地址:北京市丰台区莲花池西里 7 号(100073)
网址:www. lawpress. com. cn
投稿邮箱:info@ lawpress. com. cn
举报盗版邮箱:jbwq@ lawpress. com. cn

销售电话:010 - 83938349
客服电话:010 - 83938350
咨询电话:010 - 63939796

书号:ISBN 978 - 7 - 5197 - 6721 - 1
定价:89.00 元

青年法学学术著作出版基金
资助出版说明

法律出版社作为全国规模最大的法律专业出版机构，一直秉承“为人民传播法律”的理念，与学术界共同推动法学研究的繁荣与发展。2018 年 5 月，法律出版社设立青年法学学术著作出版基金，用于资助法学学术著作出版和奖励优秀法学图书，旨在支持优秀法学学术著作出版，扶持具有较大潜力的青年学者。

经过法律出版社学术委员会委员推荐、专家匿名评审和法律出版社编辑委员会评审，共有 5 部作品获得法律出版社第三届（2020 年）青年法学学术出版基金资助。

期待更多年轻法律人的优秀学术作品！

法律出版社

2021 年 5 月

序　一

陈兴良*

王若思的博士论文修订稿《结果加重犯的基本理论与中国问题》一书入选法律出版社"青年法学学术著作出版基金"资助计划，即将出版，王若思邀请我为其第一部专著，也是北京大学法学院的博士论文的出版作序，我感到十分高兴。

结果加重犯是刑法教义学中的一个传统问题，其先前累积的学术成果已经十分丰厚，在这种情况下，老题新作，难度是可想而知的。但王若思不畏艰难，在前人研究的基础上，充分查阅资料，并进行深入挖掘，终于完成了本书的写作，这是值得庆贺的，也是值得向读者推荐的。

结果加重犯是一种刑法的立法现象，在刑法教义学中可以归之于加重构成。加重构成是相对于基本构成而言的。因为立法机关在对犯罪设置法定刑的时候，需要根据犯罪的具体情形设置不同的量刑幅度。如果犯罪性质较轻，则只要设置一个量刑幅度。但对于相当一部分犯罪而言，都是犯罪性质较重的，在

---

* 北京大学博雅讲席教授、博士生导师。

这种情况下,如果仅仅设置一个法定刑,如果法定最高刑较高,则量刑幅度太大;反之,如果法定最高刑较低,则不足以体现罪刑均衡原则。在这种情况下,就需要考虑设置两个甚至两个以上的量刑幅度。在这种具有数个量刑幅度的法定刑中,其中第一个量刑幅度的犯罪称为基本犯,而第二个量刑幅度的犯罪则称为加重犯。相对于基本犯而言,加重犯的罪质是相同的,只是罪量不同而已。在所有加重犯中,结果加重犯是最为古老也最为常见的一种情形。除了结果加重犯,在我国刑法中还存在情节加重犯、数额加重犯、手段加重犯、时间加重犯、地点加重犯等各种不同的加重犯。在上述加重犯中,结果加重犯具有其特殊性,这就是在实施基本行为的情况下,由于出现本罪以外的他罪结果而加重其法定刑。其中,故意伤害致人死亡罪,是最为典型的结果加重犯。在我国刑法中,故意伤害罪和过失致人死亡罪是两个不同的罪名:故意伤害罪是故意犯,而过失致人死亡罪则是过失犯。然而,在现实生活中存在因为故意伤害而过失致人死亡的情形。为此,立法机关专门设立故意伤害致人死亡罪,对此规定了高于普通故意伤害罪的法定刑,以此作为对这种具有致人死亡加重情节的故意伤害罪的更为严重的刑法评价。

结果加重犯的司法认定中,较为重要的问题在于客观上的因果关系和主观上的过失。这里应当指出加重结果与本罪结果之间的区分。以故意伤害罪为例,它的本罪结果是伤害,包括轻伤、重伤这两种情形。而且,伤害行为是以结果性质决定的行为类型。在刑法中,就构成要件行为与结果的关系而言,存在两种不同的情形:第一种是行为的性质不以结果发生为转移。例如,故意杀人,即使没有发生被害人死亡的结果,其行为仍然是故意杀人。因此,结果并不影响行为性质,而只是区分既遂与未遂的标准。第二种是行为的性质取决于结果。例如,以损害他人人体健康为目的,对他人的人身进行殴击,如果发生轻伤以上的伤害结果,则其行为属于故意伤害;如果发生轻微伤的结果,则其行为属于殴打。例如,《唐律疏议》对于“损伤”的含义解释为:“损,谓损人身体;伤,见血为伤”。因此,这也是根据结果界分行为的性质。而在故意伤害致人死亡的情况下,致人死亡本身并不是故意伤害的本罪结果,而是他罪结果,这里的他罪是指过失致人死亡罪。过失致人死亡的结果超越了伤害行为的性质,涉及另外一个罪名。在这种情况下,为了司法认定的便利,立法机关将过失致人死亡确定为故意伤害罪的加重结果,设置较重的法定刑,使其囊括在故意伤害罪范围之内。当然,故意伤害行为人对死亡结果承担责任的前提是其伤害行为与死亡结果之间存在客观上的因果关系。也就是说,死亡结果是故意伤害行为所造成,这是行为人对死亡结果承担刑事责任的客观基础。从主观上分析,行为人对加重结果承担责任,还要求对加重结果至少有过失。因此,不能认为在结果加重犯的情况下,只要发生了加重结果,行为人就要对此承担责任,这是一种客观归责的思维方法。当然,在结果加重犯的情况下,行为人对加重结果不可能存在故意,但至少存在过失。唯有如此,才能对加重结果承担刑事责任。例如,故意伤害致人死亡罪,行为人对伤害行为及其结果具有主观故意,但对于致人死亡则具有过失。在这个意义上,结果加重犯是故意犯与过失犯的复合犯。

在司法实践中,故意伤害致人死亡罪与过失致人死亡罪之间的界限是较为疑难的问题。就具体案例而言,存在以下不同情形:第一种情形是故意伤害造成他人伤害结果,此后由于伤情恶化,导致被害人死亡。在这种情况下,在死亡结果发生之前,故意伤害罪已经成立,在此基础上发生死亡结果,综合全案认定为故意伤害致人死亡罪是没有疑问的。第二种情形是故意伤害行为并没有独立造成伤害结果,而是直接过失造成被害人死亡结果。在这种情况下,伤害结果与死亡结果合二为一。例如,出于伤害故意,使用凶器对被害人进行殴击,由此造成被害人死亡。因此,这种情形中,伤害结果与死亡结果之间具有竞合关系。对此,认定为故意伤害致人死亡罪也不会有太大的疑问。第三种情形是殴打行为过失造成他人死亡结果。也就是说,造成死亡结果的行为并不具有伤害性质,而只是一般的殴打,但由于介入因素或者其他原因导致被害人死亡。这种情形究竟是故意伤害罪还是过失致人死亡罪,存在较大争议。第四种情形是起因于伤害,但并非伤害行为而是其他行为造成被害人死亡。例如,基于伤害故意而追赶被害人,被害人为逃避追赶,跳入江河或者大海,溺水死亡。在这种情况下,到底是故意伤害致人死亡罪还是过失致人死亡罪,同样存在较大争议。我认为,上述四种情形下的结果加重犯的认定问题,需要从刑法教义学理论上进行研究,提出体系性的解决方案。

在本书中,王若思基于中国的刑法立法与司法,对结果加重犯的理论做了系统论述,并提出了具有新意的个人学术见解。其中,较为突出的是关于结果加重犯的限定规则问题,王若思认为应当从主观与客观两个方面对结果加重犯进行限定。所谓主观方面的限定,主要是指在因果关系偏离情况下,行为人对加重结果是否具有主观过失的判断。本书指出:结果加重犯中,经常会出现行为人实施了基本行为,但是偏离了对因果关系的预设,进而发生加重结果的情况,此时能否因为行为人对因果关系的认识错误,而否认将加重结果归责于行为人?所谓客观方面的限定,主要是指基本行为与加重结果之间的因果关系的判断。本书指出:基本行为与加重结果的因果关系是客观层面限定结果加重犯成立的重要因素。结果加重犯能否适用因果关系理论还需要看结果加重犯是不是结果犯。王若思指出:根据结果加重犯的基本行为的结果和加重结果性质的异同,可以将结果加重犯分为两类:一类是同质结果加重犯,典型范例是故意伤害罪,基本行为和加重结果侵犯的是同质的法益,被害人轻伤、重伤、死亡只是受到身体伤害的量的递增,并无另一独立结果出现;另一类是异质结果加重犯,如强奸致人死亡,强奸行为侵犯的是妇女的性的自决权,而加重结果则侵犯了妇女的生命权,这种情况才是具有两个结果的结果加重犯。然而无论是同质还是异质的结果加重犯,其加重结果的产生也受因果律的作用,故对于基本行为和加重结果之间因果关系的讨论,可以借用通常结果犯中因果关系的理论。值得肯定的是,在本书中王若思引入了德国刑法教义学中的全等审查阶层理论,以此作为结果加重犯限定的理论分析工具。本书认为,在行为人实施行为后,因果流程与预想的符合程度,并非故意理论能够解决的问题,需要主客观统一来进行归责考察,而全等审查阶层理论,为我们提供了一个可参考的模式。这种全等审查阶层理论坚持了主客观相统一的原则,具有对司法实务问题较为便利的解决功能,因而具有较大的实用价值。

王若思本科就读于中国政法大学,本科毕业以后,考上北京大学法学院刑法专业硕士生,我担任其硕士生导师。王若思的硕士论文就是关于全等审查阶层理论的考察,该论文具有一定的新意,受到肯定。硕士毕业以后,王若思有志于刑法学术研究,继而考上北京大学法学院刑法专业博士生,其导师是王新教授。在王新教授的悉心指导下,王若思在学业上获得长足的进步,其关于结果加重犯的博士论文顺利通过答辩,并获得答辩委员会的好评。博士毕业以后,王若思进入吉林大学法学院,跟随张旭教授从事博士后研究,现在已经出站,在吉林大学法学院任教。本书是在王若思的博士论文基础上修改而成的,也是王若思的第一部学术专著,是其以往求学时代的终止符,更是将来学术生涯的"起手式"。我期待着王若思在教学之余不忘自己的学术使命,在刑法教义学的研究方面取得更大的成就。

陈兴良

谨识于昆明滨江俊园寓所

2021 年 8 月 11 日

序　二

王　新[*]

在王若思博士的书稿《结果加重犯的基本理论与中国问题》即将付梓之际，她请我为之作序。作为其攻读博士学位的指导老师，我由衷地为她感到高兴，欣然应允。

本书是王若思博士在其博士论文《结果加重犯研究》之基础上修改而成的。若思在本科阶段就读于中国政法大学刑事司法学院。2011 年她考入北京大学法学院攻读刑法学硕士学位，师从陈兴良教授。在读硕士期间，若思就表现出对刑法学进行学术研究的热情。她的硕士毕业论文《因果关系认识错误：全等审查阶层视角的考察》受到导师组的一致好评，发表在《刑事法评论》上。2013 年，若思在硕士毕业后，选择回家乡吉林省法院系统工作。经过在司法实务机关一段时间的体验后，她发现自己仍然志在学术，后于 2014 年再次考回北京大学法学院，攻读刑法学博士学位，成为我带的第一位女博士生。

在参加博士面试时，若思所提交的攻博计划，就是以结果加

* 北京大学法学院教授、博士生导师，最高人民法院刑事审判第三庭副庭长（挂职）。

重犯为主题。她在博士入学后与我第一次详谈时，进一步表达了以结果加重犯为博士论文选题的意向，并征求我的意见。对于这个主题的选择，我是赞成的。我国《刑法》中有大量结果加重犯的规定，在司法实务认定中也存在定性分歧和疑难。尽管学术界对结果加重犯的研究已经积累了大量的成果，但对结果加重犯的理论纷争仍然存在，因此这个题目具有实践意义和理论意义，具有浓烈的“学术品味”。然而，我也不免为若思对这一题目的选择而感到一丝担忧，就是如何在既有丰硕研究的基础上进一步深入挖掘结果加重犯的理论根基问题，并具有学术上的创新性，这无疑是具有挑战性的任务。我提醒她，要注意对前提性问题的研究，例如，应当明确我国《刑法》中到底哪些罪名的规定是结果加重犯。

在选题确定后，若思就开始广泛阅读既有文献。她的第一外语是日语，本科一年级时即通过了国际日本语能力测试一级，具有阅读日文文献的便利条件，所以她搜集大量的日文资料，掌握了日本刑法学界对结果加重犯这一问题的研究前沿动向。在对中外学术文献进行整理之外，若思也特别注重对我国司法实务判例的搜集和关注，以增强研究的实务指导价值。

在论文后期的写作过程中，我经常与她在论文框架、逻辑进程、学术规范、文字用语等方面进行交流，逐步感觉到论文在质量和论证深度上的发展和进步。我认为，决定一篇博士学位论文质量的关键因素是论证深度，而这离不开作者在专业方面扎实的基本功以及对与毕业论文选题相关前期研究成果的把握。最终，在她的博士论文指导老师的评语中，我写下以下肯定的意见：

> 在中外刑法理论学界，对于结果加重犯的研究一直是个理论热点问题。在借鉴国外研究成果的基础上，在早期的我国刑法学界，也有一些论文和专著对结果加重犯进行讨论，并且取得一定的研究成果。但是，我国刑法学界对该问题的研究主要集中在概念、加重根据、责任、未

遂等几个方面，研究视角也较为单一和停留在表面层次。同时，在司法实践当中，由于我国没有明确结果加重犯的限定成立规则，因而出现了许多同案不同判的结果加重犯判例情况。有鉴于此，在理论上就有必要继续深入研究结果加重犯的成立范围和加重依据、规范结果加重犯的归责原则。从这个意义上说，该文的选题属于“老瓶装新酒”，依然具有一定的理论研究意义和实践价值。

该文在大量收集已有研究成果和大量中外文献资料的基础上，首先通过历史研究和比较研究的方法，细致地分析结果加重犯的特征，并且界定出我国刑法典中结果加重犯的范围；其次，从结果责任、心理责任、规范责任、功能责任论和实质责任论的演进，探析结果加重犯本质论之演变；再次，从客观方面和主观方面探讨结果加重犯成立的限定规则，并且提出引入“全等审查阶层”理论的价值依据；复次，从多方面阐述结果加重犯的未遂和共同犯罪问题；最后，在以上综述与分析的基础上，以抢劫罪为切入点，探讨抢劫罪成立结果加重犯的限定规则、未遂和共犯问题，以便检视和反哺论文的前述观点。该文的某些观点，诸如结果加重犯的规范构造、创设“全等审查阶层”以便应对结果加重犯中因果历程偏离问题的探讨等，具有一定的启发意义，尤其是论文以危险性理论作为结果加重犯的本质理论，并在此基础上展开对结果加重犯限定规则的讨论，具有一定的新意。综观全文，所引用的中外文献资料翔实和可靠，研究视野开阔，观点明确，论证充分，结构合理，写作规范，文字通顺，逻辑性强，在许多观点上具有自己独到的见解。

在2018年5月举行的博士论文答辩会上，由曲新久教授担任主席，陈兴良教授、梁根林教授、白建军教授、周光权教授、车浩教授、江溯副教授共同组成的答辩委员会，一致认为若思的博士论文选题是经典的刑法学理论问题，虽然有难度，但是若思较为出色地完成了对这一问题的理论梳理，文章整体体系完善，逻辑严谨，并且在具体问题的探讨上，若思能够运用自己的创新性观点予以解决，且圆满地回答了答辩委员会成员提出的问题，故全票通过了论文答辩。

若思在博士毕业后，入职我国著名的吉林大学法学院，以师资博士后身份从事刑法学的科研工作。我认为对若思来说，回到家乡工作，兼顾学术和生活，是比较稳妥的个人选择。2018 年 10 月，我受若思的博士后合作导师张旭教授的邀请，赴长春参加了第三届“长白刑事法学国际论坛”，也借此机会了解到若思在吉林大学的工作情况。当看到她在各方面都积极努力，受到学院内前辈们的好评，我感到很高兴。同时，对于若思在下一步学术研究的方向问题，我也与她进一步交流，希望她潜下心来，对结果加重犯问题予以精耕细作。若思也的确不负我所望，在博士后期间，对博士论文的若干问题进行深入挖掘。其中最为直观的体现成果是，她以结果加重犯为主题在《刑事法评论》《学术交流》等核心刊物上发表了三篇论文，并且以全面修订后的博士论文申请到了法律出版社“青年法学学术著作出版基金资助项目”。我看到这些，由衷地欣慰于若思初步实现了我对她的学术计划嘱咐，即要以博士论文为富矿，在毕业之后围绕此主题，有持续三到四年的学术成果产出。

2021 年 6 月，若思在博士后出站后，继续在吉林大学法学院这个高平台从事其热衷的刑法学科研和教学工作。我相信，这本专著的出版，只是若思学术生涯的一个开端。凭借她对刑法学科研的兴趣和勤奋的写作态度，我相信若思一定会有更多喜人的学术成绩。作为她的博士生指导老师，我非常期待，并为她祝福。

是为序。

王　新

谨识于北京大学法学院陈明楼

2021 年 9 月

目　录

导　论

一、由我国司法实务中的判例引发的思考

结果加重犯,或称加重结果犯,一般是指刑法规定的一个基本犯罪行为,引发了类型性的加重结果,进而加重其法定刑的犯罪类型。与结果加重犯相关的常见罪名有故意伤害罪、非法拘禁罪、抢劫罪、强奸罪、绑架罪等。在司法实践中,一般行为人实施了基本行为,并引发加重结果,就可能被认定为结果加重犯,并被施加严厉处罚。但结果加重犯在我国并没有明确的限定成立规则,因而经常出现同案不同判的情况,且看以下案例。

【案例一 · 罗某故意伤害案】[1]2002 年 2 月 12 日 19 时,被告人罗某与他人在同乡莫某友家中聚会。21 时,罗某与他人在莫某友家客厅打麻将,莫某友在一旁观看。打麻将过程中罗某讲脏话,莫某友出言制止,二人发生口角。争执过程中,莫某友先推了一下罗某,罗某朝莫某友左脸打了一拳,又用手推莫某友右侧肩膀,莫某友踉踉跄跄后退时脑部撞到门框。在场的其他亲友立刻将二人拉开,莫某友挣脱他人束缚后前行几步,突然向前跌倒,约 3 分钟后死亡。经法医鉴定,莫某友的死因是生前后枕部与钝性物体碰撞及撞后倒地导致脑挫伤、蛛网膜下腔出血,其口唇、下颌部及额下损伤系伤后倒地形成。

一审法院审理后认为,被告人罗某故意掌推被害人莫某友致其死亡,罗某的行为构成故意伤害罪。虽然被告人没有预见其行为会导致被害人碰到门边倒地死亡的严重后果,但是掌推行为仍然是其在意志支配下所故意实施的,被害人死亡的后果与被告人行为之间具有刑法上的因果关系。被告人主观上有伤害他人身体的故意以及致人死亡的过失,应当以故意伤害致死罪追究责任。鉴于被告人具有自首情节,且积极赔偿死者家属,对其减轻处罚,判处有期徒刑六年。一审宣判后,被告人未提出上诉,人民检察院也

---

〔1〕 参见中华人民共和国最高人民法院刑事审判第一庭、第二庭编:《刑事审判参考》(总第 30 辑),法律出版社 2003 年版,第 226 号案例。

未提出抗诉，判决生效。

【案例二·张某博过失致人死亡案】[1]2013 年 5 月 13 日 14 时许在北京市西城区白纸坊东街十字路口东北角，被告人张某博骑电动车与被害人甘某龙（男，殁年 53 岁）险些相撞，两人为此发生争执，甘某龙先动手殴打张某博，张某博还击，用拳头打向甘某龙面部，甘某龙因而倒地，摔伤头部。甘某龙半个月后在医院经抢救无效死亡。经法医鉴定，甘某龙系重度颅脑损伤而导致死亡。

一审法院认为，被告人张某博在因琐事与被害人发生争执并互相殴打时，应当预见自己的行为可能造成被害人伤亡的后果，由于疏忽大意未能预见，致被害人倒地后因颅脑损伤死亡，其行为已构成过失致人死亡罪。鉴于张某博到案后认罪态度好，积极赔偿被害人家属的经济损失，取得被害人家属谅解，酌情从轻处罚，判处有期徒刑六年。一审宣判后，人民检察院提出抗诉，认为应当认定故意伤害罪。二审法院裁定维持原判。

上述两则案例，都是被告人与被害人因琐事发生纠纷，二人相互推搡过程中，被告人对被害人实施了轻微的暴力行为，导致被害人死亡。案例一中的被害人是后退时脑部撞到门框导致颅脑损伤，案例二中的被害人是倒地摔伤导致颅脑损伤，两则案例中的被告人均没有预见被害人的死亡结果，裁判结果均为判处有期徒刑六年。表面看来刑罚是一样的，但实际上两则案例的定性是不同的。案例一中，法院认定被告人的行为是故意伤害致人死亡，故意伤害致人死亡的量刑起点是十年，由于被告人具有自首情节，才给予减轻处罚，判处六年有期徒刑；而案例二中被告人的行为被认定为过失致人死亡，过失致人死亡的量刑幅度是三年到七年，被告人并无自首等减轻处罚的情节，故在过失致人死亡的量刑幅度内，判处六年有期徒刑。故案例一与案例二属于“同案不同判”。

---

〔1〕 参见中华人民共和国最高人民法院刑事审判第一、二、三、四、五庭主办：《刑事审判参考》（总第 103 集），法律出版社 2016 年版，第 1080 号案例。

【案例三·洪某宁故意伤害案】[1]洪某宁与曾某好均在福建省厦门市轮渡海滨公园内经营茶摊,二人因争地界曾发生过矛盾。2004年7月18日17时许,与洪某宁同居的女友刘某霞酒后故意将曾某好茶摊上的茶壶摔破,并为此与曾某好同居女友方某萍发生争执。正好在曾某好茶摊上喝茶的陈某狮(男,殁年48岁)上前劝阻,刘某霞认为陈某狮有意偏袒方某萍,遂辱骂陈某狮,并与陈某狮扭打起来。洪某宁闻讯赶到现场,挥拳连击陈某狮的胸部和头部,陈某狮被打后追撵洪某宁,追出两三步后倒地死亡。经鉴定,陈某狮系在原有冠心病的基础上因吵架时情绪激动、胸部被打、剧烈运动及饮酒等多种因素影响,诱发冠心病发作,冠状动脉痉挛致心脏骤停而猝死。

一审法院认为,被告人洪某宁故意伤害他人身体,致被害人死亡,其行为已构成故意伤害罪。鉴于被告人洪某宁归案后能坦白认罪,且考虑被害人原先患有冠心病并具有心肌梗死的病史,其死亡原因属多因一果等情节,可以从轻处罚。法院判处被告人洪某宁犯故意伤害罪,判处有期徒刑十年零六个月。

宣判后被告人提出上诉。二审法院经审理认为,本案中被害人身患冠心病,被告人事先不知情,其先前拳击行为与被害人死亡结果之间属偶然因果关系,这是被告人负刑事责任的必要条件。但是鉴于本案的特殊情况,原判对洪某宁的量刑过重,与罪责明显不相适应,可在法定刑以下予以减轻处罚。据此,撤销一审判决书中的量刑部分,以故意伤害罪在法定刑以下判处有期徒刑五年,并报送最高人民法院核准。最高人民法院经复核后认为,本案被害人患有严重心脏疾病,洪某宁的伤害行为只是导致被害人心脏病发作的诱因之一。根据本案的特殊情况,依据我国《刑法》第63条第2款对被告人洪某宁判处有期徒刑五年。

【案例四·都某甲过失致人死亡案】[2]2011年9月30日19时许,被告

---

〔1〕 参见陈兴良、张军、胡云腾主编:《人民法院刑事指导案例裁判要旨通纂》(上卷),北京大学出版社2013年版,第447~448页。

〔2〕 参见中华人民共和国最高人民法院刑事审判第一、二、三、四、五庭主办:《刑事审判参考》(总第103集),法律出版社2016年版,第1079号案例。

人都某甲及其子都某乙在亲戚家吃完晚饭后准备驾车回家,驶出小区时,适逢住在该小区的陈某(被害人,殁年48岁)驾车回家取物,堵住了车辆进出通道,致使都某甲所驾驶车辆无法驶出。于是双方发生口角,并打斗在一起。其间,都某甲拳击、脚踹陈某头部、腹部,致其鼻腔出血。后陈某报警,在此过程中,都某乙与陈某的妻子邵某发生拉扯,并将邵某推倒在地。民警赶到现场后,将都某甲父子带上警车,由陈某驾车与其妻一起到派出所接受处理。双方在派出所大厅等候处理期间,陈某突然倒地,后经医院抢救无效于当日死亡。经鉴定,陈某有高血压并冠状动脉粥样硬化性心脏病,因纠纷后情绪激动,头面部受外力作用导致机体应激反应,促发有病变的心脏骤停而死亡。

一审法院认为被告人都某甲过失致人死亡,判处有期徒刑三年。一审宣判后,被告人都某甲不服,认为自己无罪并提出上诉。二审法院认为,一审判决认定的事实清楚,证据确实、充分,遂驳回上诉,维持原判。

案例三和案例四的被害人案发前都患有心脏病,但是被告人不知情,相比于案例一和案例二中被害人磕碰到硬物上导致颅脑损伤,这种被害人患心脏病情形属于被害人方的介入因素。在案例三和案例四的案情基本一致的情况下,两案的处理情况大相径庭。案例三的被告人被认定犯故意伤害致人死亡罪,一审判处十年零六个月,二审审理期间考虑到本案有特殊情况,援引我国《刑法》第63条第2款提请最高人民法院,经最高人民法院核准后,在法定刑十年以下量刑,判处有期徒刑五年。[1] 而在案例四中,相同的行为和结果,法院判决认定被告人犯过失致人死亡罪,判处有期徒刑三年。因此,案例三和案例四也属于"同案不同判"。

上述四则案例的共性在于,被告人与被害人因琐事发生纠纷,双方动手争执期间,客观上被告人对被害人施加了轻微暴力,引发了被害人的死亡结

---

〔1〕 与本案相似的案件还有李某平等故意伤害案。此案是由于被害人过错激化矛盾,二审法院认为可以援用我国《刑法》第63条第2款报请最高人民法院,经最高人民法院核准裁定,此案不符合《刑法》第63条第2款中的"特殊需要",故不予适用特殊程序减刑。参见中华人民共和国最高人民法院刑事审判第一庭、第二庭编:《刑事审判参考》(总第18集),法律出版社2001年版,第111号案例。

果,主观上被告人对行为人的死亡结果没有预见。案例一、三中的被告人被认定为故意伤害致人死亡罪,案例二、四中的被告人被认定为过失致人死亡罪。这四则案例都出自最高人民法院的指导案例,能够代表实务部门的主流态度,尽管如此也出现了明显的“同案不同判”的情况,上述四则案例还只是裁判分歧的缩影。可见,在我国司法实务中,对于结果加重犯的认定标准不够规范,认定立场不一。相同情形,时而认定成立故意伤害的结果加重犯,时而认定成立过失致人死亡,并且,认定结果加重犯的,裁判者也自觉刑罚过高而援引我国《刑法》第 63 条第 2 款“法外开恩”予以减轻处罚。这些案例是否都应当认定为结果加重犯?如果不认定为结果加重犯,按照过失致人死亡认定,自然不涉及“法外开恩”。滥用结果加重犯之后,以《刑法》第 63 条第 2 款寻求罪刑相适应是不妥当的,在这些机理之下反映的实质问题是,我国司法实践对于结果加重犯的成立缺乏客观层面和主观层面的明确限定规则。

二、研究意义

结果加重犯萌芽于 18 ~ 19 世纪教会法中的自陷禁区(Versari)理论,迄今已有近三百年历史。在早期,由于其规范构造为裁判者推定行为人的主观罪过留有空间,所以在实务界受到推崇,但是由于其本身深刻的结果责任主义烙印,[1]又使得其在学术界备受诟病。黑格尔著名的格言“存在即是合理”,所表述的内容就是现实存在的东西,尽管未必正确,但是其一定合乎理性,合乎规律。这对于结果加重犯也同样适用,结果加重犯虽然备受指责,但在主要的大陆法系国家的刑法典中屹立不倒,并且在实务中被广泛应用,也不曾违背大众法感情,这说明它能够回应社会需要,符合社会价值选择。因此,明确结果加重犯的成立范围、剖析结果加重犯的加重依据、规范结果加重犯的归责原则,对这些问题的研究具有重要理论意义。

---

〔1〕 参见[德]黑格尔:《法哲学原理》,范扬、张企泰译,商务印书馆 2010 年版,第 2 页。

（一）明确结果加重犯的构成有利于司法实践中的认定

德国学者耶赛克（Jescheck）说，结果加重犯是“理论上困难，在实践中重要的结果犯的特殊情况”，这一点在中外学界是有共识的。[1] 如上文所举，我国司法实践当中大量的结果加重犯案例经常出现“同案不同判”的现象，仔细剖之发现，我国审判机关一般不对结果加重犯的客观构成和主观构成予以规范考察，例如有判决认为“被告人主观上具有伤害他人身体的故意，而没有剥夺其生命的故意，其行为已构成故意伤害罪，致人死亡，后果严重，构成故意伤害（致死）罪”。[2] 这一类判决的说理部分薄弱，以出现死亡结果径行作出故意伤害（致死）的判决。又如，行为人殴打他人导致他人死亡，已构成故意伤害罪，但被害人死亡的主要诱因是其自身疾病，例如血友症、心脏病等，我国审判实践中以故意伤害（致死）罪定罪，而又援用《刑法》第63条第2款破格减轻处罚。此种情形和前文所举案例三相同，本书认为完全可以行为人未预见死亡结果的发生因此无过失为由，拒绝适用《刑法》第234条第2款关于故意伤害致人死亡的规定，直接以《刑法》第234条第1款判处刑罚即可，而无需大费周章地援引《刑法》第63条第2款的规定。由此可见，澄清结果加重犯的概念、本质，对于解决司法实际中出现相关问题具有一定的实践指导价值。

（二）限定结果加重犯的处罚范围有利于减少死刑的适用

目前，削减死刑已经成为刑法学界的普遍共识。然而削减死刑不能只依靠立法上废除死刑条款，在解释论中，也可以不对现行刑法做任何修改，做到不判处一例死刑。结果加重犯中，抢劫致人死亡、强奸致人死亡、故意伤害致人死亡等罪名直接与死刑挂钩，当行为人实施了基本行为并引发加重结果，即认为成立结果加重犯，进而适用死刑，这必然会导致结果加重犯的成立范围扩

[1] 参见［德］汉斯·海因里希·耶赛克、［德］托马斯·魏根特：《德国刑法教科书》，徐久生译，中国法制出版社2001年版，第319页。

[2] 国家法官学院、中国人民大学法学院编：《中国审判案例要览（1999年刑事审判案例卷）》，中国人民大学出版社2000年版，第155页。

大化,更加背离减少死刑适用的司法理念。因此,应当以削减死刑的刑法理念为指导,对结果加重犯的成立范围进行合理的限定,对结果加重犯的客观和主观构成予以规范,排除偶然因素对结果加重犯成立的影响。

(三)辨析结果加重犯的加重处罚根据能重新检视责任主义

责任主义,早已与罪刑法定主义、法益保护主义并列为刑法的三大基本原则。德国刑法学者李斯特指出:“责任是犯罪的概念特征,无责任即无刑罚,是一个很长的且目前仍然没有停止发展的结果。犯罪概念只是慢慢地吸收责任特征于自身;责任学说的发展是衡量刑法进步的晴雨表。”[1]然而,在对结果加重犯的处罚根据的讨论中,经常涉及是否违背责任主义的问题。

这是因为,结果加重犯的法定刑一般高于基本犯罪和过失犯罪的法定刑之和,这是世界范围内的普遍现象。迄今为止,有三种比较有代表性的学说试图解释这种立法现象,分别是单一形态说、复合形态说、危险性理论。这三种学说仍不能解释结果加重犯的加重处罚依据,不能平衡结果加重犯的存在与责任主义之间的矛盾。甚至张明楷教授明确指出结果加重犯的加重法定刑是结果责任在各国刑法中的残余。[2] 本书认为,结果加重犯加重处罚根据的分析离不开对责任主义的讨论,尽管结果加重犯诞生于结果责任主义,而结果责任早已被现代刑法抛弃,但是结果加重犯却依然活跃在司法实践中,这说明结果加重犯与现代社会的责任主义有契合之处,随着刑事政策的变化,责任主义的内部构造不断改变,结果加重犯的本质也随之演进,正如中山研一教授所言,除掉责任主义的例外是学说上努力的方向,将“责任”与“危险性”和“预防”相关联,在理论和实践上都会产生深刻的问题,除了对行为人的责任予以评价之外,还需要将行为人的危险性和预防目的考虑进来,不能回避的就是需要不断调整这之间的关系。[3] 笔者认为,对

〔1〕[德]弗兰茨·冯·李斯特:《李斯特德国刑法教科书》,徐久生译,北京大学出版社2021年版,第212页。

〔2〕参见张明楷:《严格限制结果加重犯的范围与刑罚》,载《法学研究》2005年第1期,第87页。

〔3〕中山研一『口述刑法総論』(成文堂,2007年)179頁参照。

责任、危险性、预防目的三者之间关系的调整，涉及对责任主义内涵的变更，以责任主义动态化的视角考察结果加重犯的本质理论，是分析结果加重犯与责任主义关系的新角度，同时反过来也为我们提供了一个重新检视当代刑法中责任主义的机会。

三、研究现状

（一）文献基本情况概述

在我国四要件的犯罪论体系中，结果加重犯一般是作为一罪的特殊形态来进行讨论，体系上的地位是并列于想象竞合犯、继续犯，同属于实质的一罪。[1] 随着近年来德国、日本三阶层犯罪论体系的引入，在国外学者的教科书中我们发现结果加重犯的研究涉及责任论、因果关系论、未遂、共犯等领域。可见，国外学者的多视角研究是丰富多彩的。在借鉴国外先进成果的基础上，国内目前也有一些论文和专著对结果加重犯这一问题进行讨论。

截至2022年8月1日，以"结果加重犯"为篇名在中国知网进行搜索，搜索到的期刊论文共有197篇。从发表数量的年份分布来看，第一篇涉及结果加重犯的论文发表于1982年，而后2006年、2009年、2013年以结果加重犯为主题的论文发表数量迎来了高峰期，2014年之后发表数量趋于回落。论文发表情况如图0－1所示。

最早的以结果加重犯为主题的论文系肖开权发表在《法学》1982年第2期上的《从结合犯、结果加重犯看抢劫罪》，该文表达的基本观点是，抢劫罪不是结合犯而是结果加重犯，结果加重犯没有未遂犯，"即使财物没有抢到手，只要有伤人、死人的结果发生，就是既遂犯。如果仅仅是以暴力、胁迫相威胁，没有伤人、死人，没有抢劫到财物，犯罪行为实行终了，仍然是未遂犯

---

〔1〕 参见高铭暄、马克昌主编：《刑法学》（第9版），北京大学出版社、高等教育出版社2019年版，第184页；黎宏：《刑法学》，法律出版社2012年版，第315页；卢宇蓉：《加重构成犯罪研究》，中国人民公安大学出版社2004年版，第147页。

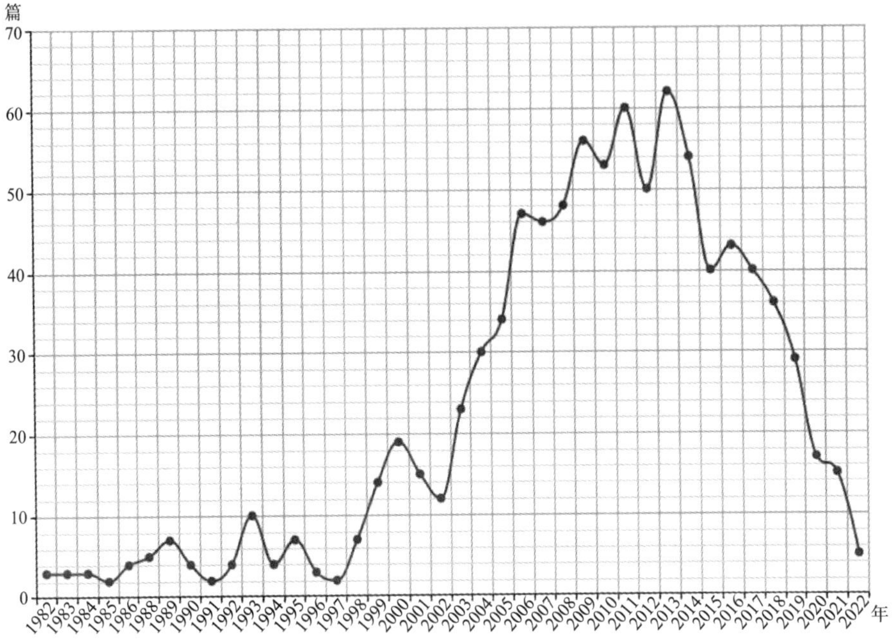

图 0－1　结果加重犯论文发表情况统计

资料来源：中国知网，http://www.cnki.net，2022 年 8 月 1 日访问。来源处无 1987 年相关资料。

(实行终了的未遂)”。[1] 文章主要表达了对抢劫罪的结果加重犯有无未遂犯的观点，并未进行深入详细的论证。

随着对德日大陆法系中结果加重犯理论的介绍，我国学界开始深化对结果加重犯法理的研究。截至 2022 年 8 月 1 日，中国知网中被引用次数 10 次以上的以结果加重犯为主题的论文共有 38 篇，如表 0－1 所示。

表 0－1　结果加重犯主题被引用 10 次以上的论文统计

序号	篇名	作者	发表期刊	发表时间	被引用次数
1	严格限制结果加重犯的范围与刑罚	张明楷	法学研究	2005.01	229

[1] 肖开权：《从结合犯、结果加重犯看抢劫罪》，载《法学》1982 年第 2 期，第 17 页。

续表

序号	篇名	作者	发表期刊	发表时间	被引用次数
2	转化犯与结果加重犯——兼谈刑讯逼供罪的立法完善	赵炳贵	中国刑事法杂志	2001.02	92
3	论结果加重犯的若干争议问题	林亚刚	法学评论	2004.11	87
4	结果加重犯理论研究综述	李邦友	法学评论	1999.03	75
5	结果加重犯的未遂问题新论	王志祥	法商研究	2007.05	62
6	结果加重犯的构成结构新析	许发民	法律科学（西北政法学院学报）	2006.03	55
7	结果加重犯的构成透析	熊赞研	中国刑事法杂志	2001.12	47
8	论结果加重犯的共同正犯	李莉	法商研究（中南政法学院学报）	1996.11	38
9	论我国刑法中结果加重犯的结构	王作富、党剑军	政法论坛	1995.04	35
10	结果加重犯的结构及其未遂形态问题	金泽刚	上海交通大学学报（社会科学版）	2001.06	34
11	结果加重犯共同正犯刑事责任的探讨	林亚刚、何荣功	郑州大学学报	2002.08	33
12	结果加重犯共同正犯刑事责任的探讨	李邦友	现代法学	2001.02	33
13	结果加重犯的共同正犯浅论	陈家林	河北法学	2006.12	29
14	论结果加重犯的构造	王志祥	北方法学	2009.01	28
15	结果加重犯之基本问题再研究	陆诗忠	学术论坛	2007.11	26
16	共同犯罪中的结果加重犯	李邦友	法学评论	1997.11	26
17	结果加重犯未遂问题探析	任志中	杭州商学院学报	2002.08	24
18	故意伤害罪的二重的结果加重犯性质探究——以故意伤害罪的比较法为视角	杜文俊	政治与法律	2008.09	23

续表

序号	篇名	作者	发表期刊	发表时间	被引用次数
19	论结果加重犯的因果关系——以抢劫、强奸等罪的结果加重犯为例	金泽刚	东方法学	2013.08	22
20	论结果加重犯的直接性关联	李晓龙	法学	2014.04	21
21	结果加重犯争议问题探究	周铭川	中国刑事法杂志	2007.09	21
22	结果加重犯基本行为和加重结果的关系研究	郭莉	政治与法律	2013.12	19
23	结果加重犯之构成要件探析	李晓明、杨俊	时代法学	2007.06	18
24	结果加重犯比较研究	马克昌	武汉大学学报(社会科学版)	1993.12	16
25	结果加重犯基本行为的判断规则——兼对日本相关学说的评述	邓毅丞	政治与法律	2014.04	16
26	试论结果加重犯	顾肖荣	法学研究	1984.08	16
27	对故意伤害结果加重犯的思考	周恩惠	河北法学	2000.01	15
28	刍议结果加重犯中的若干问题	陆诗忠	河南司法警官职业学院学报	2005.02	13
29	论结果加重犯的因果关系——基于刑法理论与司法实践关系的反省	徐岱	法律科学(西北政法大学学报)	2018.01	12
30	结果加重犯的因果关系判断——以被害人行为的介入为例	邓毅丞	政治与法律	2017.02	12
31	结果加重犯直接关联性理论的本源性反思	刘灿华	现代法学	2017.01	11
32	转化犯与结果加重犯关系辨析	肖本山	国家检察官学院学报	2014.09	11
33	结果加重犯既遂之争议问题新探	陆诗忠	政治与法律	2013.05	11
34	结果加重犯的本然、实然和应然	赵丙贵	当代法学	2009.01	11

续表

序号	篇名	作者	发表期刊	发表时间	被引用次数
35	结果加重犯的罪过形式	温建辉	中国刑事法杂志	2012.06	10
36	结果加重犯之处罚根据	郑泽善	学术探索	2010.06	10
37	结果加重犯概念之辨正	王志祥	福建警察学院学报	2008.02	10
38	结果加重犯内在关系及法定刑配置之思考	鞠佳佳	山东警察学院学报	2005.12	10

资料来源:中国知网,https://www.cnki.net,2022 年 8 月 1 日访问。

除了期刊论文类成果,探讨结果加重犯的专著有 6 本,如表 0-2 所示。

表 0-2　结果加重犯主题的专著类成果统计

序号	书名	作者	出版社	出版时间
1	结果加重犯基本理论研究	李邦友	武汉大学出版社	2001.08
2	结果加重犯结构研究	郭莉	中国人民公安大学出版社	2013.04
3	结果加重犯研究	田坤	中国社会科学出版社	2016.03
4	结果加重犯研究	刘灿华	法律出版社	2016.05
5	结果加重犯的基本原理与认定规则研究	邓毅丞	法律出版社	2016.11
6	结果加重犯研究	刘佩	东北师范大学出版社	2017.09

按照对结果加重犯研究的具体问题来分解,上述期刊论文与专著所讨论的具体内容有:结果加重犯的加重处罚依据,结果加重犯的因果关系认定,结果加重犯的主观责任构成,结果加重犯的未完成形态,结果加重犯的共同犯罪。笔者统计了 38 篇高引用次数论文类成果与专著类成果中对这些问题的讨论次数,具体如图 0-2 所示。

从期刊论文和专著的数量来看,我国刑法学界对于结果加重犯的理论研究取得了一定成果。为了更好地展现研究现状,以下进行文献综述。

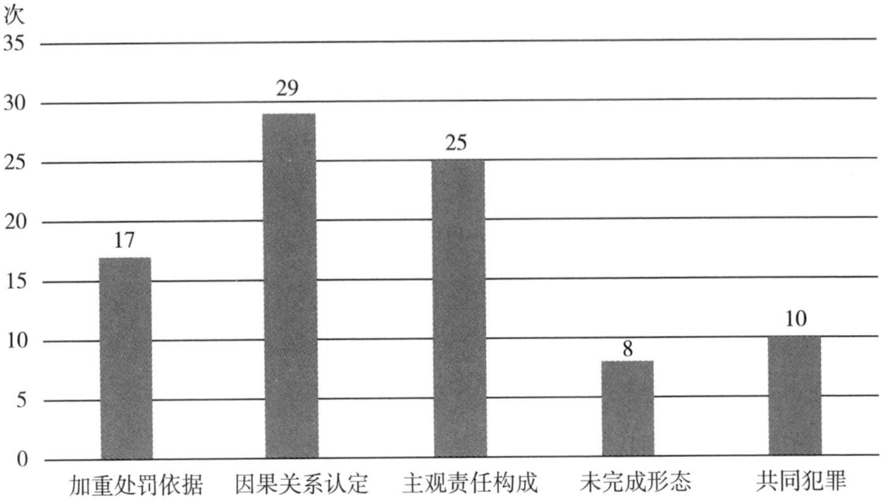

图 0-2　既有成果中讨论各个具体问题的次数分布

（二）具体问题研究情况梳理

1. 结果加重犯的加重处罚根据

结果加重犯的加重处罚根据问题也被称为结果加重犯的本质问题，可以说是对结果加重犯进行研究的起点，对此问题的理解关乎对结果加重犯概念的界定，行为构成的认定，以及对共同犯罪和未完成形态的理解。

之所以要对结果加重犯的加重处罚依据展开研究，是因为结果加重犯的法定刑一般高于基本行为与加重结果的过失犯罪的法定刑之和，例如我国《刑法》中，强奸罪的基本犯的法定刑为 3 年以上 10 年以下有期徒刑，过失致人死亡的最高法定刑为 7 年有期徒刑；而强奸致使被害人重伤、死亡的法定刑为 10 年以上有期徒刑、无期徒刑或者死刑。又如抢劫罪、破坏交通工具罪等罪名，其结果加重犯的刑罚均大于等于基本犯的法定刑与过失犯的法定刑之和。对于结果加重犯的加重处罚的根据，外国刑法中逐步发展出了单一形态说、复合形态说、危险性理论，这些学说已经被学者们逐步引介到我国。

单一形态说认为，加重结果只是结果加重犯的客观处罚条件，行为人对加重结果无需认识，也无需具有认识可能性，只要发生结果就应当处罚。该观点早期的支持者有日本的香川达夫及德国的哈德威格(Hardwig)。[1] 单一形态说的具体表现是不要求行为人对加重结果具有故意或者过失,对于偶然发生的加重结果也要归责于行为人。单一形态说在学界支持者甚微,个别观点肯定偶然结果加重犯,理由是"既然罪过主要是根据社会通常观念对行为人应否承担刑事责任及其程度的一种评价,那么,当根据社会通常观念认为行为人应对某种结果负责时,过分拘泥于行为人的罪过就是不适当的了。尤其是结果加重犯,如果认为行为人应对加重结果负责,就不应强求行为人对加重结果具有故意或过失,不应强求行为人对加重结果负有注意义务"。[2]

尽管单一形态说由于背离责任主义而被学界主流摒弃,但是各国司法实践中还屡有出现,具体表现是对于偶然发生的加重结果,也归责于行为人。"德国早期的判例中并不要求行为人对加重结果具有过失。比如,针对被告人用手殴打被害人左眼部,由于被害人有腺病的体质,导致左眼失明一案,德国法院认为:结果为被告人的行为直接产生,这种产生的结果能否为被告人所能预见并不重要,刑法上的正确原则是,只要能够证明行为人的行为是该结果发生的原因(存在条件关系)或者由于别的因果经过的介入,行为的效果并不能中断。因此,即使被告人不能预见被害者的失明,即在没有过失的情况下,也应负刑事责任。"[3] 日本也有判例认为:"行为人基于施加暴行的意思实施暴行而发生伤害致人死亡结果的情况下,即便被告人没有伤害的意思,也应成立伤害罪,因为作为结果加重犯而负刑事责任是以其行为具有意思而处罚——实施暴行往往伴随伤害致死的结果,法律要求被告人对其引发的结果加重行为只要求认识其实施暴行就已足够。更多的判例明确要求在结果加重犯中,只要基本犯罪行为与重的结果之间具有条件关

〔1〕 香川達夫『結果的加重犯の本質』(慶応通信,1978年)63頁参照。
〔2〕 周铭川:《结果加重犯争议问题探究》,载《中国刑事法杂志》2007年第5期,第42页。尽管此论者对结果加重犯的本质论采用危险性理论来理解,但是已经与危险性理论迎合责任主义的出发点有所不同。
〔3〕 丸山雅夫『結果的加重犯論』(成文堂,1990年)152頁。

系就足够，对加重结果并不要求具有过失，或虽不明确要求具有过失，但暗含了取过失不要说的观点。比如，结果加重犯是一定的犯罪行为产生一定的重的结果，对基于基本犯罪行为而产生的重的结果，只要存在没有前者就没有后者的关系，不管基本犯罪行为是否为加重结果的直接原因，也应肯定结果加重犯的成立。"[1]我国的司法实践也并不排斥偶然的结果加重犯，前文中所列举的案例能够表明。

复合形态说认为，结果加重犯的本质是两个犯罪行为叠加形成的犯罪形态，也就是基本犯罪的故意犯与加重结果的过失犯相复合。在复合形态说内部进一步还可以区分为复合论与结合论。复合论为多数说，结合论为少数说。复合论认为结果加重犯仅是以两者的存在为前提，主张复合论的学者有德国的韦尔兹尔（Welzel），日本的团藤重光、福田平、草野豹一郎等。[2] 主张结合论的观点认为，结果加重犯与结合犯的立法目的基本相同，结合犯是法律将两个单一犯罪结合并独立规定更重的法定刑，而结果加重犯同样如此。[3]

复合形态说相较于单一形态说的进步是正视行为人对加重结果的责任要素，认为行为人对加重结果的罪过至少为过失，但是缺点是只能说明结果加重犯的刑罚等于基本行为与加重结果的刑罚之和，无法解释各国立法中结果加重犯的最高刑高于基本行为和加重结果的过失犯罪的刑罚之和。诚然，复合形态说在一定程度上缓解了结果加重犯的加重处罚与责任主义之间的紧张关系，但是仍然无法彻底解释为何结果加重犯的刑罚明显超出数罪并罚之和。

危险性理论认为，结果加重犯并不是基本行为与加重结果的简单相加，而是具有一定类型性危险的故意犯罪，其所蕴含的危险在现实中转化为具

---

〔1〕 郑泽善：《结果加重犯之处罚根据》，载《学术探索》2010 年第 3 期，第 26 页。
〔2〕 参见李邦友：《结果加重犯理论研究综述》，载《法学评论》1999 年第 2 期，第 60 页。
〔3〕 参见郭莉：《结果加重犯本质探究》，载《河北法学》2010 年第 5 期，第 103 页。

体结果。正是这种类型性的危险,使基本行为与加重结果产生了内在关联,而不仅是单纯在外形上的复合。这种类型性的危险是立法规定的一种特殊犯罪类型,当立法者认为基本犯罪行为发生加重结果的盖然性很大时,就将这种盖然性较大的犯罪类型规定为结果加重犯,以重刑处罚犯罪人,保护社会。

该理论最初由德国学者厄勒(Ohler)、哈德威格等提出,德国的雅各布斯(Jacobs)、恩吉施(Engisch),日本的丸山雅夫将该理论继续发展,是目前德国和日本的有力学说。〔1〕 早期的危险性理论也曾面临过违背责任主义的指责,但是当今的危险性理论是建立在复合形态说基础上的,《德国刑法典》第18条明确规定结果加重犯的责任至少是过失,日本刑法学界也几乎都主张结果加重犯的责任必须存在过失。这样一来,当前的危险性理论经改良已经符合责任主义的要求。危险性理论相对于单一形态说和复合形态说更为进步,但是其本身也有待商榷,张明楷教授指出:第一,基本犯的最高刑实际上已经考虑了基本行为的特别危险性,因此该学说仍然不能说明为什么结果加重犯的法定刑如此之重;第二,如何认定行为人认识到基本犯有发生加重结果的危险存在难题,且难以与更重类型的结果加重犯相区别。〔2〕

由上可见,每一种学说都不能合理解释加重处罚的根据,或者说是结果加重犯的刑法意义,因此我国台湾学者黄荣坚把结果加重犯置于违法性阶层进行讨论,认为结果加重犯原本属于想象竞合,通过法律拟制的加重处罚的规定,既没有加重理由,也违背公平原则。于是建议取代结果加重犯,以轻率过失作为加重结果犯的要件。〔3〕 然而这种大刀阔斧的思路是否适当、可行,还有待讨论。

---

〔1〕 丸山雅夫『結果的加重犯論』(成文堂,1990 年)15 頁参照;参见张明楷:《外国刑法纲要》(第 3 版),法律出版社 2020 年版,第 88 页。

〔2〕 参见张明楷:《严格限制结果加重犯的范围与刑罚》,载《法学研究》2005 年第 1 期,第 87 页。

〔3〕 参见黄荣坚:《基础刑法学》,台北,元照出版有限公司 2004 年版,第 320～323 页。

2. 基本行为与加重结果的因果关系

结果加重犯的因果关系问题,是客观上判断结果加重犯能否成立的核心内容,是结果加重犯与责任主义协调的前提。那么基本犯与加重结果之间的因果关系应该如何判断?此问题与因果关系理论的发展密切相关。

最初的因果关系理论是条件说,即只要加重结果是先前基本行为引起的,那么加重结果就被评价为行为人的"作品"。"因果关系理论中的条件说蕴含着证据法的反证法则,条件说不涉及法律评价,而仅提供认定责任的前提,不会造成处罚范围的过分扩大,可以作为判断结果加重犯因果关系的依据。"〔1〕条件说是一种从事实层面判断因果关系的归因方式,属于司法实务中判断结果加重犯客观归因的重要判断逻辑。

后来相当因果关系说勃兴,日本实务界出现了以相当因果关系说为已足的观点。相当因果关系说就是为了限制因重大结果而加重处罚,仅对与结果相当的条件承认因果关系。相当因果关系说是把自然的因果关系之确定与评价性归属问题一次性进行解决的一元的因果关系的确定方法。不过相当因果关系说也并不是日本刑法理论界确定结果加重犯因果关系的通说,尚存在条件说与相当因果关系说之争。因而也有观点指出,目前日本刑法理论界,"在判断结果加重犯的因果关系时,应当借鉴'折中说',结合案件的具体情况,经过是否存在条件关系和能否确认相当性两个阶段的判断得出结论,以严格限制结果加重犯的成立范围并合理地追究其刑事责任"。〔2〕可以说这种观点体现了将客观归因与客观归责分而置之的理念,以条件说解决客观归因,以相当因果关系说解决客观归责。

在相当因果关系说的基础上,德国法学界发展出了直接性法理,并且直

---

〔1〕 郭莉:《结果加重犯基本行为和加重结果的关系研究》,载《政治与法律》2013 年第 12 期,第 116 页。

〔2〕 李冠煜:《日本结果加重犯之因果关系理论与实践的新动向》,载《中国刑事法杂志》2012 年第 12 期,第 118 页。

接性法理在日本学界也获得了一定的支持。所谓直接性法理，是指加重结果必须是未经中间原因直接由于基本犯罪行为所引起。直接性法理的体系定位存在争议，有观点认为直接性法理应当是在因果关系判断之外的，也有观点认为直接性法理是相当因果关系在结果加重犯中的另一种称谓。[1] 直接性法理的成立缘由是，反对以"威吓预防"意味的一般预防思想在结果加重犯领域的立足，也就是说，只有被选中为基本犯的行为才能有加重处罚的规定。而且，如果不确立"基本犯的危险性是内在的，并且实现的结果是法定加重结果"的构造论，就永远不能使结果加重犯的加重处罚根据正当化。例如《日本刑法典》第 260 条规定的建筑物损坏致死罪，此罪的典型事例是用挖掘机拆毁房屋时，导致了建筑物内的人死亡。然而实务中也有这样的案例，即挖掘机正在调整角度，在近旁观看这一情景的人走上前去，碰触到挖掘机的一部分而导致死亡。在这种事例里，尽管不能否定实行行为和加重结果之间的因果关系，但是死亡的结果也不是建造物损害致死罪中预设的加重结果。此种情形并不稀奇，虽然可以肯定条件关系和相当因果关系，但是这并不是建造物损坏致死罪所要囊括的犯罪结果。[2] 有鉴于此，在因果关系的判断之外，还需要进行直接性法理的判断。

直接性法理在我国学界目前也有支持者。例如有论者指出，"结果加重犯的严苛刑罚使其客观要件限制比一般的犯罪更为严格，除了在基本犯罪与加重结果之间具备条件的因果关系之外，还需要肯定直接性要件，即基本犯罪固有内在危险的实现直接性是判断结果加重犯是否成立时独立附加的构成要件，在经验上，不同类型的犯罪会出现不同类型的加重结果风险，因此对直接性的解释无法做到统一，必须结合具体犯罪构成要件而作个别化的解释"。[3]

---

〔1〕 参见刘灿华：《结果加重犯直接关联性理论的本源性反思》，载《现代法学》2017 年第 1 期，第 178 页。

〔2〕 榎本桃也『結果加重犯の再検討』(成文堂，2011 年)92 頁参照。

〔3〕 郭莉：《结果加重犯基本行为和加重结果的关系研究》，载《政治与法律》2013 年第 12 期，第 116 页。

而对于这种个别化如何解释,我国也有学者设置了具体的下位规则,其认为“关于直接性的具体判断,有两个基本规则,一是作用力规则,在介入因素对于加重结果的作用力显著轻微的场合,特殊危险的现实化并没有受到重大影响,因而危险实现的直接性不应当被否定;二是支配性规则,即在基本行为对于介入因素具有支配作用的场合,介入因素对于加重结果的贡献可以归责于基本行为。被害人的逃跑行为、自杀行为、拒绝治疗行为、不适当的自我治疗行为以及对第三者的营救行为等介入行为能否阻断加重结果的归责,应当根据这两个基本规则进行具体的判断”。[1]

由上可见,直接性法理在日本和我国都越来越受到关注,然而有趣的是,直接性法理在德国学界备受冷遇,这也许因为罗克辛(Roxin)提出了客观归责理论。那么究竟是因为德国的客观归责理论已经能够妥善解决基本行为与加重结果的关联问题,还是直接性法理尚不成熟无法在众多的案例类型中有效运用,这些问题都是值得去思考和探究的。

3. 加重结果的刑事责任

无责任则无刑罚是责任主义的含义,近代的责任主义是排除了客观责任和团体责任的。然而在结果加重犯中,由于法律条文只规定了基本犯的心理责任,而没有明确规定对于加重结果的心理责任,因此日本学者浅田和茂、我国台湾地区学者陈子平将结果加重犯置于责任阶层进行讨论,[2]德国学者罗克辛也以刑事政策为视角阐述了结果加重犯的刑罚幅度与责任主义的关系。[3] 在各国家或地区的相关规定中,结果加重犯一般是采用“致……处……刑”的立法模式,于是学理上对于加重结果的刑事责任有以下两个问

〔1〕 邓毅丞:《结果加重犯的因果关系判断——以被害人行为的介入为例》,载《政治与法律》2017年第2期,第18页。

〔2〕 浅田和茂『刑法総論』(成文堂,2005年)276~277頁参照;参见蔡墩铭:《刑法总论》,台北,元照出版有限公司2008年版,第302~304页。

〔3〕 参见[德]克劳斯·罗克辛:《德国刑法学总论(第1卷):犯罪原理的基础构造》(1997年第3版),王世洲译,法律出版社2005年版,第218页。

题需要讨论:第一个问题是行为人对于加重结果可否是故意,这个问题实质在讨论行为人对加重结果的主观恶性最高是否可以是故意。第二个问题是行为人对加重结果的最低限度是过失,还是可以是无意识状态,这个问题实质是在讨论行为人对加重结果的主观恶性的最低限度。循着上述划定行为人对加重结果主观恶性边界两极的思路,能够看到理论上形成了以下观点。

关于第一个问题有两种看法。

其一,认为行为人对加重结果不可以是故意,因为如果行为人对加重结果持故意,则应该直接就加重结果成立故意犯罪,该故意犯罪与基本犯罪的罪质或者相同,或者不同,但都没有承认为结果加重犯的必要,还不如归为结合犯更为妥当。[1]

其二,认为对加重结果可以是故意,因为《刑法》分则规定了对加重结果持故意的犯罪,所以"基本行为故意 + 加重结果故意"的结果加重犯是客观存在的。例如,抢劫致人重伤、死亡,对于加重的重伤、死亡结果可以是故意的;又如,刑讯逼供致人伤残、死亡,有观点明确指出该行为对加重结果的责任为故意。[2] 甚至还有观点认为,对于部分罪名,行为人对加重结果的罪责必须是故意,不能是过失。[3] 例如,《刑法》第133条以及最高人民法院《关于审理交通肇事刑事案件具体应用法律若干问题的解释》中的"因逃逸致人死亡",是指行为人在交通肇事后为逃避法律追究而逃跑,致使被害人因得不到救助而死亡的情形,有论者认为"因逃逸致人死亡的"既成

---

〔1〕 参见熊赞研:《结果加重犯的构成透析》,载《中国刑事法杂志》2001年第6期,第24~25页。

〔2〕 参见张明楷:《刑法学》(第5版),法律出版社2016年版,第171页;高铭暄、马克昌主编:《刑法学》(第9版),北京大学出版社、高等教育出版社2019年版,第185页;黎宏:《刑法学》,法律出版社2012年版,第316页;[日]大谷实:《刑法讲义总论》(新版第2版),黎宏译,中国人民大学出版社2008年版,第191页;吴允锋:《刑讯逼供"致人伤残、死亡"的性质——故意形态的结果加重犯之提倡》,载《法学》2016年第8期,第145页。

〔3〕 参见陆诗忠:《结果加重犯既遂之争议问题新探》,载《政治与法律》2013年第5期,第124页。

立结果加重犯又存在间接故意的罪过心理。[1] 在此基础上有学者进一步指出,这种对加重结果的故意是实害的故意,而不是对具体危险的故意。[2]

关于第二个问题,有三种看法。

其一,只要基本犯罪发生了加重结果,不问行为人对于加重结果的心理状态,追究其结果加重的责任。也就是说,只要基本犯罪行为发生了加重结果,无论是故意、过失还是意外事件,结果加重犯均成立。[3] 这种观点在德国和日本早期的案例中都获得支持。该观点承认偶然的结果加重犯的存在,认为结果加重犯是行为人在实施某种故意犯罪的过程当中,由于意志以外的原因,出现了与行为人所追求的犯罪结果不同的其他危害结果。例如,某人只有伤害他人的故意,不料伤及动脉,导致死亡结果发生,所造成的死亡结果超出了行为人追求的伤害结果的范围,是结果加重犯,不存在行为人对实际发生的危害后果有无故意或过失的问题。[4] 日本亦有学者指出:"结果加重犯是指由于实行了基本的故意犯罪而引起行为者未预见的重结果发生,因此以重结果为理由而加重刑罚的场合。"[5]我国有学者进一步提出了"客观的超过要素概念"[6]并以丢失枪支不报罪为例来说明,认为如果行为人丢失枪支没有及时报告,并且造成严重危害后果,那么无论行为人是否希望或者放任该结果的发生,都应当追究刑事责任。对该罪不需要考虑对严重后果是否具有认识和意志态度。

其二,行为人对加重结果必须有主观上的罪过,且只能是过失。从各国家或地区的刑法规定来看,的确存在对加重结果限定为过失且排斥故意的

---

[1] 参见吴振兴:《罪数形态论》,中国检察出版社 2006 年版,第 111 页。

[2] 参见陆诗忠:《结果加重犯既遂之争议问题新探》,载《政治与法律》2013 年第 5 期,第 125 页。

[3] 参见周铭川:《结果加重犯争议问题探究》,载《中国刑事法杂志》2007 年第 5 期,第 41 ~ 42 页。另外,日本的判例也持同样态度,参见[日]大谷实:《刑法讲义总论》(新版第 2 版),黎宏译,中国人民大学出版社 2008 年版,第 191 页。

[4] 参见刘明祥:《评双重罪过说》,载《法学评论》1989 年第 5 期,第 34 页。

[5] [日]野村稔:《刑法总论》,全理其、何力译,法律出版社 2001 年版,第 176 页。

[6] 张明楷:《"客观的超过要素"概念之提倡》,载《法学研究》1999 年第 3 期,第 28 页。

情形,例如我国的故意伤害致人死亡,致人死亡只能出于过失,如果出于故意,那就成为故意杀人罪。[1] 日本学界也有观点认为基本犯罪必须出于故意,对加重结果只能是过失,只承认"基本行为故意+加重结果过失"类型的结果加重犯。[2] 我国台湾地区有观点认为结果加重犯一般是指"基本行为故意+加重结果过失"这种类型。[3] 我国大陆也有学者认为行为人对基本犯罪可以是故意或过失,而对加重结果只能为过失。[4]

其三,行为人对加重结果主观上的罪过至少是过失。[5] 如1975年《奥地利刑法典》第7条第2款规定:"犯罪行为有结果加重之规定者,以行为人至少对此结果有过失时,始予以加重处罚。"《德国刑法典》也于1953年增加了现在的第18条,该条规定,如果行为人对结果的发生至少有过失时,始可对行为人加重处罚。[6] 此说几乎成为各国家或地区刑法学理论的通说。[7] 我国刑法学主流观点也是如此,并且将实际情况分类对待,有些只能是过失,如果出于故意就构成他罪,如伤害致死;有些重结果可能出于过失,也可

---

〔1〕 参见高铭暄、马克昌主编:《刑法学》(第9版),北京大学出版社、高等教育出版社2019年版,第185页。

〔2〕 参见[日]野村稔:《刑法总论》,全理其、何力译,法律出版社2001年版,第176页;[日]川端博:《刑法总论二十五讲》,余振华译,中国政法大学出版社2003年版,第274页;[日]大塚仁:《犯罪论的基本问题》,冯军译,中国政法大学出版社1993年版,第253~256页。

〔3〕 参见洪福增:《刑法之理论与实践》,台北,刑事法杂志社1988年版,第109页;蔡墩铭:《刑法精义》,台北,翰芦出版社2005年版,第118~120页;林山田:《刑法通论》(下册)(第10版),北京大学出版社2012年版,第179~185页;陈志龙:《人性尊严与刑法体系入门》,1995年自版发行,第229页。

〔4〕 参见马克昌:《结果加重犯比较研究》,载《武汉大学学报(社会科学版)》1993年第6期,第117~118页。

〔5〕 参见[德]克劳斯·罗克辛:《德国刑法学总论(第1卷):犯罪原理的基础构造》(1997年第3版),王世洲译,法律出版社2005年版,第218页;[日]大谷实:《刑法讲义总论》(新版第2版),黎宏译,中国人民大学出版社2008年版,第191页;[日]西田典之:《日本刑法总论》,刘明祥、王昭武译,中国人民大学出版社2007年版,第67页;高橋則夫『刑法総論』(成文堂,2013年)239頁参照。

〔6〕 参见[德]汉斯·海因里希·耶赛克、[德]托马斯·魏根特:《德国刑法教科书》,徐久生译,中国法制出版社2001年版,第319页。

〔7〕 参见张明楷:《外国刑法纲要》(第3版),法律出版社2020年版,第89页。

能出于故意,这就属于混合罪过的观点。[1] 对混合罪过的质疑主要来自行为人实施一个危害行为,构成一罪,说它有两个不同形式的罪过与我们的犯罪构成理论和罪数理论是背道而驰的。另外,从我国《刑法》的规定来看,结果加重犯只是基本犯罪的一种严重情节。结果加重犯与某些未遂犯一样,是行为人在实施某种故意犯罪过程中,由于意志以外的原因,出现了与行为人所追求的某种犯罪结果不同的危害后果。[2]

应该说,对加重结果的责任类型的预设,不仅关系到结果加重犯与责任主义是否协调的问题,同时也关涉结果加重犯的概念范围的问题。行为人对基本行为的责任与对加重结果的责任可能出现几种组合形式,这既是结果加重犯与责任主义的协调问题,也涉及结果加重犯在刑法中存在范围的界定。因而应当在明确结果加重犯存在范围的前提下,进一步讨论行为人对加重结果的责任类型。

4. 结果加重犯有无未遂

结果加重犯能否成立未遂,历来有否定说与肯定说之争。

否定说,即否定结果加重犯成立未遂的可能性,该说是大陆法系刑法学界的通说。[3] 日本学者木村龟二、[4] 德国学者格赛尔(Göseel)[5] 等均持此观点。否定说的证成有两个路径。一是以结果责任主义为根基,承认偶然的结果加重犯,认为发生加重结果才是结果加重犯,成立的同时也就达

---

[1] 参见高铭暄、马克昌主编:《刑法学》(第9版),北京大学出版社、高等教育出版社2019年版,第185页;马克昌主编:《犯罪通论》(第3版),武汉大学出版社1999年版,第657页;李邦友:《结果加重犯基本理论研究》,武汉大学出版社2001年版,第35~46页;杜文俊:《故意伤害罪的二重的结果加重犯性质探究——以故意伤害罪的比较法为视角》,载《政治与法律》2008年第9期,第93页;吕哲:《结果加重犯复杂罪过形式研究》,载《法学杂志》2016年第5期,第89页;李冠煜:《结果加重犯的罪过新论》,载《湖北大学学报(哲学社会科学版)》2012年第2期,第113页。

[2] 参见刘明祥:《评双重罪过说》,载《法学评论》1989年第5期,第34页。

[3] 参见蔡墩铭:《刑法总则争议问题研究》,台北,五南图书出版公司2001年版,第226页。

[4] 木村龟二『刑法総論』(有斐閣,1984年)172~173頁参照。

[5] 参见Göseel,Lange-FS,1976, 219ff。转引自[德]克劳斯·罗克辛:《德国刑法学总论(第2卷):犯罪行为的特别表现形式》,王世洲主译,法律出版社2013年版,第333页。

成既遂，无未遂的时机可言。例如，有学者明确指出，结果加重犯的构成特征，是在具备某一具体犯罪基本构成的基础上，又出现了基本构成条款不能包括而为加重刑罚的条款所特别规定的严重结果。这一加重结果的有无是结果加重犯是否成立的要件，有此结果就构成并完备了结果加重犯的要件，自然谈不上有犯罪未遂；无此结果就只构成基本犯而根本不成立结果加重犯，也谈不上有结果加重犯的未遂。[1] 该说在我国学界支持者众多，受此影响，相关司法解释对结果加重犯存在未遂形态也持反对立场，例如，《刑法》第 263 条抢劫罪规定的 8 种处罚情节中除"抢劫致人重伤、死亡的"这一结果加重情节之外，其余 7 种处罚情节同样存在既遂、未遂问题。二是认为结果加重犯的加重结果只能由过失罪过构成，排斥故意，当加重结果并非行为人意图所指，行为人对加重结果并无意欲，那么也就无法成立未遂。

肯定说认为结果加重犯能够成立未遂，可能成立结果加重犯未遂的情形有两种。第一种情形是基本行为未遂，但是加重结果发生。例如，行为人实施强奸妇女的行为，基本行为未遂，但是却导致被害妇女重伤或者死亡，这种情形构成强奸罪结果加重犯的未遂。德国刑法学者李斯特即持此观点，他认为"所谓客观处罚条件，乃是与适合于构成要件的行为本身无关，而独立的伴随于外部的事情。在此限度上言之，是否成立重结果，应依存于基本犯；从而，基本犯如系未遂时，则包含于基本犯之结果加重犯，当然也是未遂"，[2]"如果行为的可罚性取决于客观条件，则未遂是可能的，假如条件自始就存在或后来才发生，行为要么未遂，要么失败。该原则适用于结果加重犯"。[3] 李斯特的这一观点实质上植根于单一形态说，这一见解把结果加重犯的加重结果解

---

〔1〕参见赵秉志：《犯罪未遂形态研究》（第 2 版），中国人民大学出版社 2008 年版，第 264～266 页；吴振兴：《罪数形态论》，中国检察出版社 1996 年版，第 113 页；林亚刚：《论结果加重犯的若干争议问题》，载《法学评论》2004 年第 6 期，第 81 页；郑泽善：《结果加重犯之处罚根据》，载《学术探索》2010 年第 3 期，第 29 页。

〔2〕［德］李斯特：《德国刑法教科书》（修订译本），徐久生译，法律出版社 2006 年版，第 166 页。

〔3〕［德］弗兰茨·冯·李斯特：《李斯特德国刑法教科书》，徐久生译，北京大学出版社 2021 年版，第 271 页。

释为客观处罚条件,客观处罚条件系基本犯罪的外部事物,依附于基本犯罪,对结果加重犯来说,基本犯罪才是核心评价要素,当基本犯罪未遂,加重结果发生时,认定成立结果加重犯罪的未遂。第二种成立结果加重犯未遂的情形是,行为人对加重结果具有故意,而加重结果并未发生,日本学者牧野英一〔1〕、木村龟二〔2〕均持此观点。这一观点成立的前提是肯定故意的结果加重犯,因此招致相应的批评,例如大塚仁教授认为,应当将对加重结果有故意的情形和无罪过的情形排除出结果加重犯的范围。〔3〕

从上述结果加重犯未遂成立的肯定说与否定说中能够看出,解决结果加重犯是否具有未遂形态的问题,与结果加重犯的责任类型、结果加重犯概念的成立范围、过失犯能否成立未遂等基本问题具有密切关系。厘清这些基本理论是深入探讨结果加重犯未遂问题的前提。

5. 结果加重犯的共同犯罪

结果加重犯的情况下是否能够成立共犯?此问题关系到对有众多参与者的结果加重犯行为当中,对不同角色的参与者如何定罪量刑。例如在虐待罪案件中,父母二人虐待子女,实施虐待行为的是父亲,母亲并没有直接参与虐待行为,孩子被虐待致死,在此就必须要讨论母亲的刑事责任问题。可以说此问题有重要的司法实务价值,因此具有探讨必要性。目前观点可以分为三类:第一类是全面否定成立共同犯罪,第二类是部分肯定成立共同犯罪,第三类是全面肯定成立共同犯罪。具体来说:

第一类观点,全面否定成立结果加重犯的共同犯罪。目前我国司法实务采取此观点,理由在于从我国目前刑法中关于共同犯罪的规定来看,共同犯罪必须是故意犯罪,那么对于加重结果是过失这一经典类型的结果加重

〔1〕 牧野英一『日本刑法』(有斐閣,1939 年)213、284 頁参照。
〔2〕 木村亀二『刑法総論』(有斐閣,1984 年)372 頁参照。
〔3〕 大塚仁『注釈刑法』(青林書院新社,1977 年)302 頁参照。转引自马克昌:《结果加重犯比较研究》,载《武汉大学学报(哲学社会科学版)》1993 年第 6 期,第 122 页。

犯无法成立结果加重犯的共同犯罪。尽管不能成立结果加重犯的共同犯罪,但是可以进行结果加重犯的个别化归责。[1]

第二类观点,部分肯定成立结果加重犯的共同犯罪。这种观点认为,"结果加重犯存在两种类型,即基本犯为故意,重结果为过失的结果加重犯(纯正结果加重犯),与基本犯为故意,重结果也为故意的结果加重犯(不纯正结果加重犯)。笔者否定前者可以成立结果加重犯的共同正犯,但认为后者可以成立结果加重犯的共同正犯"。[2] 该观点是将结果加重犯分为两类,那么在不突破我国《刑法》中过失犯不能成立共同犯罪的通说的前提下,肯定了故意的结果加重犯可以成立共同犯罪,否定过失的结果加重犯可以成立共同犯罪,这种观点本质上与上述的全面否定说并无差异,所谓全面否定与部分否定的区别仅仅在于对结果加重犯的范围,又或者说责任组合类型的理解有差异。

而日本的团藤重光教授认为,即便不承认过失的共同正犯,也可以基于行为人对结果具有预见,就对全体行为人追究正犯责任。而反对观点则指出,按照部分行为全部责任的法理,对超越认识的重的结果也要追究责任,是值得怀疑的。[3]

第三类观点,全面肯定成立结果加重犯的共同犯罪。这种观点一般承认过失共同正犯,认为由于共同过失犯罪以共同违反注意义务作为要件,因而只有在对重大结果有共同过失时成立共同正犯。因此,当对重大结果有过失的人与没有过失的人共同实施基本犯罪时,无过失的人仅对基本犯罪构成共同正犯,只有在共同正犯全体对重大结果有过失的时候才能构成结果加重犯的共同正犯。尽管我国理论界的通说否定过失共同犯罪,但是目

---

〔1〕 参见邓毅丞:《结果加重犯在共同参与中的归责问题研究》,载《清华法学》2017 年第 1 期,第 70 页。

〔2〕 陈家林:《结果加重犯的共同正犯浅论》,载《河北法学》2006 年第 12 期,第 80 页。

〔3〕 曽根威彦『刑法総論』(弘文堂,2000 年)285 頁参照。

前全面肯定结果加重犯共同犯罪的观点,一定程度上体现了对这一通说立场的松动化,例如,有论者提出成立结果加重犯的三个条件:“第一,就基本犯罪而言,必须存在共同实施犯罪实行行为的客观事实,即对于基本犯罪,不仅要有主观上的共同实行的意思,而且在客观上必须存在互相利用、补充对方实行行为的事实。第二,共同正犯中部分行为人在故意实施犯罪实行行为时,必须发生了基本构成要件以外的加重结果,并且只有部分行为人的实行行为与加重结果之间具有直接原因力。第三,共同正犯中的行为人对该加重结果的发生,应当具有共同的故意或者过失。如果其中的行为人对结果的发生并无故意或过失,就不能承担刑事责任,这是主客观相统一原则对承担刑事责任的基本要求。”〔1〕上述第三个条件即体现了在共同过失的情形下允许成立共同犯罪的观点。

由上述讨论可见,对于结果加重犯的各类情形能否成立共同犯罪,在解释论上颇有争议,中外学界逐渐肯定结果加重犯的共同正犯的成立,全盘否定结果加重犯的学说在德日学界已经罕见。〔2〕而反观我国司法实务界,对于结果加重犯的共同犯罪的认定还处于保守状态。进一步仍需要讨论的是,结果加重犯的教唆和帮助是否可能成立狭义的共同犯罪。如果持肯定观点,那么狭义的共同犯罪除了对基本犯罪的教唆或帮助,是否还需要对加重结果具有过失?这些问题都还需要进一步探讨。

(三)研究现状评述

通过对当前我国研究现状的梳理,本书认为现有研究成果存在以下“短板”。

1. 对结果加重犯的基本理论研究不足

第一,研究视角窄。目前我国学界结合德国、日本等大陆法系国家或地区的研究成果,已经对结果加重犯的加重处罚依据、结果加重犯的因果关

---

〔1〕 林亚刚、何荣功:《结果加重犯共同正犯刑事责任的探讨》,载《郑州大学学报(哲学社会科学版)》2002年第4期,第42页。

〔2〕 榎本桃也『結果加重犯の再検討』(成文堂,2011年)235頁参照。

系、结果加重犯的主观归责、结果加重犯的共犯、结果加重犯的未遂等问题展开了一定的研究。从本书统计来看,研究内容集中在结果加重犯的加重处罚依据、结果加重犯的因果关系和结果加重犯的主观归责这三个基本问题,而对于结果加重犯的未遂、结果加重犯的共同犯罪等这些问题的研究较少,尚属薄弱环节,在这些具体领域上还急需补充展开研究。

第二,研究程度浅。国内现有研究仍然止步于结果加重犯理论的表面,简单借鉴德国、日本等国家的研究成果进行整理和比较。例如对结果加重犯加重处罚依据问题的研究,现有的国内研究成果都是在介绍单一形态说、复合形态说、危险性理论,并没有把结果加重犯的本质论放置在刑事政策与责任主义演变进化的刑法学发展的历史背景下去考虑。又如对结果加重犯共同犯罪问题的研究,国内目前这方面成果较少,并且也仅仅关注到结果加重犯的共同正犯的问题,对于结果加重犯的狭义共犯如何成立,讨论较少。因而对于诸如上述问题,本书认为还有深入挖掘的理论空间。

第三,缺乏体系性研究。结果加重犯的每一个具体问题,目前都有若干研究成果。而对于结果加重犯的研究,是需要有一个提纲挈领的刑事政策作为具体问题价值判断的引导,使得对结果加重犯的本质的理解直接能够影响到对结果加重犯客观归因、主观归责,以及共同犯罪和未遂问题的判断,这样的研究才是体系性的研究。从已经出版的专著成果来看,也尚未有专著把结果加重犯的本质、因果关系、主观归责、共同犯罪、未完成形态这些重要的问题全部进行阐释和讨论,并且即便对相关问题展开了研究,也尚未体现出体系性的研究倾向。因而笔者认为,后续关于结果加重犯的研究应当是以本质论为核心的,本质论明确直接反映刑事政策的主观立场,并以此为核心价值观在解决和探讨结果加重犯各种具体问题时,一以贯之。

2. 对结果加重犯的中国问题缺少关注与回应

第一,对中国立法中什么是结果加重犯缺少关注。

研究结果加重犯的成果总数已小有规模,然而大家对于“当我们在中国谈论结果加重犯,我们到底在说的是什么”这个问题却避而不谈。仅有的若干专著中对于结果加重犯在我国《刑法》中的成立范围有过罗列,但是并无从结果加重犯的构造角度对什么是结果加重犯进行分析,建立判断标准,并以此框定结果加重犯范围的研究。笔者认为,在进行结果加重犯的法教义学研究之前,明确我国《刑法》中结果加重犯的成立范围是前提性的研究。

第二,对中国司法中如何认定结果加重犯缺少回应。

现有研究的积极意义是大量引入了德国、日本刑法学中的前沿理论,如危险性理论、直接性法理等,这些理论对于我们理解结果加重犯固然是有重要价值。然而对结果加重犯理论研究的终极目的还是回应我国司法实践中的结果加重犯的认定难题。目前的研究成果还缺乏对我国司法实践中案例的解析与回应。这些外国的理论如果直接嫁接在我国的法治土壤中必定还有水土不服的问题,那么如何在符合我国立法现状的前提下,借鉴外国先进理论以提出适合我国司法实践的结果加重犯认定规则,就必须要积极关注我国司法实践中的疑难案例。在提出认定规则和理论后,也要回到司法实践中去,检验结论的可操作性,并评析司法实践情况。因而,关切和回应中国司法,是进一步开展结果加重犯研究所需要关注的重点。

基于上述对结果加重犯当前研究不足的反思,本书确定研究主题为“结果加重犯的基本理论与中国问题”,以深入结果加重犯的理论构建与解决中国特色的结果加重犯问题为研究方向和目标。

四、研究方法

(一)体系性思考和问题性思考

体系性思考和问题性思考是法学思维的两种范式,从体系出发可以保证逻辑的完整性和自洽性,从问题出发可以保证理论的目的性和指向性。本选题涉及教义刑法学的各阶层,因此,体系性的思考能够保证问题有序展开,能够准确找到问题的关键点和突破点;问题性的思考方式将保障每一步结论的演绎都不至于由于过分重视逻辑而背离结论，能够起到方向性的指引作用。

（二）判例研究的方法

在以往结果加重犯的研究当中，不重视对判例的研究，不重视司法实践经验，没有从理论上进行提炼和批判。采用判例研究的方法，能够保障文章结论的实务价值性，也能够通过实务印证确保理论的正确性和科学性。本书搜集大量与结果加重犯有关的判例，特别是我国的指导案例，进行同类别之间的相互对比，以此验证在理论分析中所得出的结论是否具有现实的生命力。

（三）比较法的考察思路

比较法考察思路是通过考察域外立法和域外教义学的展开，回到域内对比域内问题，最终解决域内问题。理论的相同性和可借鉴性决定了该种方法的适用不会存在严重的方法论对立。所以适当引进德日大陆法系刑法学研究成果，参考相关的研究思路对于提高我国的刑法教义学水平具有重大意义。

（四）历史分析法

结果加重犯脱胎于结果责任主义时期的自陷禁区原则，在刑法典上出现的时间距今也有上千年，因而有必要对古今中外结果加重犯的立法沿革和理论发展予以梳理，通过历史分析方法，找出结果加重犯多年以来在立法上演进的核心以及理论讨论中的问题焦点，进而对于我们研究现今的结果加重犯提供背景资料和参照对象。

五、研究思路

本书除导论和结论外，核心章节共计七章。

第一章以结果加重犯的规范构造为研究对象，首先从法制史的角度对德国、日本、英国、美国、中国的结果加重犯立法史进行梳理和比较研究，其次对结果加重犯的刑罚加重特征、基本行为和加重结果的责任组合形式、加重结果的性质予以明确，进而限定我国《刑法》中结果加重犯的范围。

第二章探讨结果加重犯的加重处罚依据，以抢劫致人死亡罪在世界范围内法定刑普遍高于基本行为和加重结果之和为切入点，为了分析这种实然立法现象背后的应然规律，选择的视角是以责任主义的演变考察结果加重犯本质论的发展，尝试发现结果加重犯本质论与责任主义的对应关系，之后反思我国目前的责任主义现状，展望我国立法和司法中责任主义的发展方向，最终为结果加重犯明确加重处罚的依据。

第三章研究结果加重犯成立的限定规则，分别从客观层面和主观层面对限定结果加重犯成立的规则予以梳理，通过比较分析，提出适当的限定规则。并试图引进“全等审查阶层”作为主客观统一原则的具体操作方式，以排除部分因果关系偏离情形中对行为人以故意既遂进行的不当归责。

第四章讨论结果加重犯的未遂，首先梳理未遂犯的处罚根据与成立条件，其次梳理结果加重犯未遂的否定说和肯定说，最后从危险性理论角度来考察结果加重犯的未遂问题。

第五章讨论结果加重犯的共同犯罪，首先按照传统思路探讨过失共同犯罪能否成立，以及过失共同犯罪理论与结果加重犯共犯理论的关系，其次从危险性理论出发，探讨结果加重犯共同犯罪的客观和主观的归责标准。并将结论运用到具体案例中予以适用和检验。

第六章和第七章分别研究故意伤害罪的结果加重犯和抢劫罪的结果加重犯，这两个罪名分别代表了同质结果加重犯与异质结果加重犯。这两部分章节主要是将上述理论予以检验和应用，结合故意伤害罪和抢劫罪的具体情况，将本书上述章节所得出的结论在故意伤害罪和抢劫罪的结果加重犯的案例中予以适用，以检测本书结论的妥当性和创设规则的可操作性。

第一章

结果加重犯的规范构造

一、问题的提出

我国《刑法》中,结果加重犯的规范构造不甚明确,这与我国《刑法》总则对结果加重犯未有明确规定有关,对结果加重犯的界定工作通常交给刑法理论界。我国大陆学者对结果加重犯的概念表述为"法律上规定的一个犯罪行为,由于发生了严重结果而加重其法定刑的情形",[1]"法律规定的一个犯罪行为,由于发生了严重结果而加重其法定刑的情况",[2]"行为人实行的基本犯罪引起了可归责于行为人的加重结果,刑法对该加重结果规定了加重法定刑"。[3] 这些概念表述大同小异,体现出我国大陆学界认为结果加重犯的规范构造包含基本行为及加重结果和加重的法定刑,然而对于基本行为的形式、加重结果的形式、加重法定刑的幅度等规范构造问题并未释明。

不仅我国大陆学界对结果加重犯的规范构造未在概念中释明,其他国家以及我国台湾地区也存在这个问题。例如,德国学者罗克辛认为结果加重犯是"处在一个特殊的刑罚幅度之下的故意犯罪行为,并且,这种犯罪的实施产生了一种进一步更严重的结果",[4]此概念相对于我国大陆学者提出的概念只是将基本行为的罪过限定在了故意犯罪;日本学者大谷实认为结果加重犯是"重视基本罪中所产生的结果,规定比基本罪更重的法定刑的犯罪",[5]我国台湾地区学者陈子平认为结果加重犯是"行为人于实行一定之基本犯罪时,逾越当初认识之结果,而发生比预期更重之结果,从而以基

---

〔1〕 陈兴良:《刑法适用总论》(上卷)(第2版),中国人民大学出版社2006年版,第603页。

〔2〕 张明楷:《刑法学》(第5版),法律出版社2016年版,第169页。

〔3〕 李邦友:《结果加重犯基本理论研究》,武汉大学出版社2001年版,第19页。

〔4〕 [德]克劳斯·罗克辛:《德国刑法学总论(第1卷):犯罪原理的基础构造》(1997年第3版),王世洲译,法律出版社2005年版,第218页。

〔5〕 [日]大谷实:《刑法讲义总论》(新版第2版),黎宏译,中国人民大学出版社2008年版,第190页。

本犯之法定刑为基础，加重其刑而加以处断之犯罪”，[1]这两个概念也仅仅是道出了结果加重犯应当具备的基本行为、加重结果、加重刑罚这三个要素。

由于各个国家或地区刑法中对结果加重犯的规定不同，而刑法学是以刑法为依托的研究，故在世界范围内统一结果加重犯的概念，只能采取“提取最大公因数”的方法，将共性挑拣出来，在概念中体现。并且具体的规范构造也不可能由概念面面俱到地提示出来，正如我们界定犯罪的概念不涉及犯罪构成要件要素。

我国《刑法》中类似结果加重犯的立法例数量庞大，并且结果加重犯是死刑比较集中的一个犯罪类型，因此学者们对结果加重犯的研究是以限制结果加重犯的适用为目标的。本书认为，可以通过结果加重犯加重刑罚的特征，明确基本行为和加重结果的规范构造，以缩小我国《刑法》中结果加重犯的范围，为我国《刑法》中的结果加重犯规定“瘦身”，这才是“限制结果加重犯的适用”这一命题的前置程序。

目前国内现有研究成果中，明确界定结果加重犯在刑法中成立范围的研究有卢宇蓉的《加重构成犯罪研究》、郭莉的《结果加重犯结构研究》、刘灿华的《结果加重犯研究》，而其中卢宇蓉认为我国《刑法》中涉及结果加重犯的法条有56个，[2]郭莉认为我国《刑法》中涉及结果加重犯的法条有58个，[3]刘灿华认为我国《刑法》中涉及结果加重犯的法条有30个。[4]上述讨论中共计涉及条文75个，三位学者所划定的结果加重犯的范围呈交叉重叠状，如图1－1所示。

---

〔1〕陈子平：《刑法总论》，台北，元照出版有限公司2008年版，第98页。

〔2〕参见卢宇蓉：《加重构成犯罪研究》，中国人民公安大学出版社2004年版，第151～153页。

〔3〕参见郭莉：《结果加重犯结构研究》，中国人民公安大学出版社2013年版，第223～231页。

〔4〕参见刘灿华：《结果加重犯研究》，法律出版社2016年版，第287～291页。

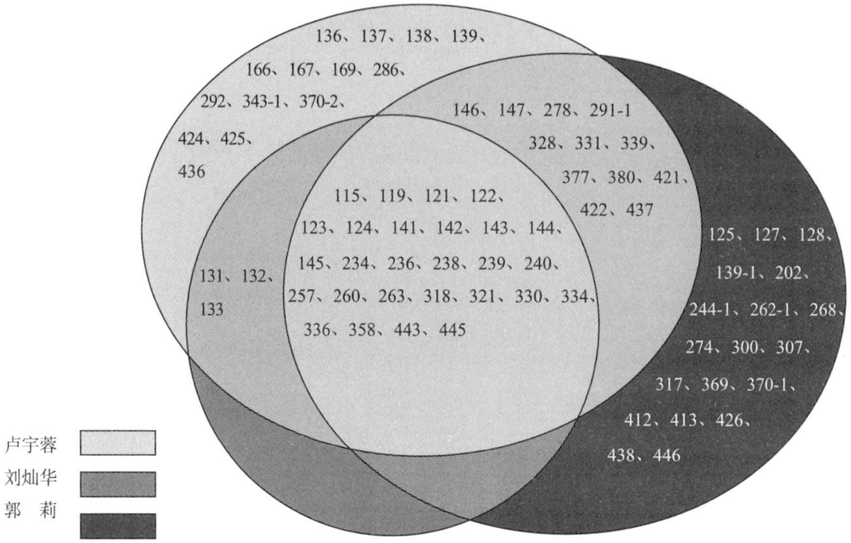

图 1-1 结果加重犯成立范围的争议

这三位学者每个人划定的结果加重犯的条文范围都是一个集合,这三个集合相互交叉,有重合之处也有矛盾之处,这三个集合的全集内,共有条文 75 个。笔者接下来就以这 75 个罪名,作为“待定结果加重犯”的立法例的全集予以考察。

笔者认为,上述三位学者所划定的结果加重犯在《刑法》中的范围有差异,直接原因在于对结果加重犯特征的理解不同。例如,基本行为是否包含过失责任,加重结果的种类有哪些,在这些问题上的回答不同,则所划定的结果加重犯的范围就不同。以下从对结果加重犯的法制史梳理入手,考察结果加重犯这一立法现象在世界主要国家的发展脉络,为后文厘清结果加重犯的特征作铺垫。

二、结果加重犯的法制史观察

(一)德国

结果加重犯在德国有极其深厚的历史渊源。宾丁认为,结果加重犯源于罗马法和日耳曼的部族法，在德国的柯内利亚法（Lex Cornelia de sicariis et veneficiis）第48卷第4法文第1分节规定了伤害致死罪，公元654年的西哥特法（Lex Visigothorum）中也规定了遗弃致死罪和伤害致死罪。[1] 由于迄今年代久远，具体文本表述已无从考察，但是笔者认为结果责任时代早期的刑法中并无成熟的结果加重犯概念，这在后文有讨论。对于结果加重犯在德国法制史上的考察应当从1794年颁布施行的《普鲁士一般邦法》开始予以关注。从1794年到现今，结果加重犯在德国法制史上的发展可以用1851年和1953年两个时点划分成三个阶段。

1. 1851年以前

1851年以前，德国刑事立法当中并无伤害致死的单独规定，在其他结果加重犯的规定中，加重结果只是基本犯罪的加重刑罚的量刑条件，在存在死亡结果的加重犯之中，死亡加重结果只是基本犯的加重刑罚情形，并非构成要件要素，还不成立严格意义的结果加重犯这一犯罪类型。值得注意的是1794年颁布施行的《普鲁士一般邦法》和1813年的《巴伐利亚王国刑法典》两部法典中，伤害致死罪仍被作为杀人罪的一部分来处理，伤害致死罪与未必故意杀人罪不加以区分。

（1）1794年的《普鲁士一般邦法》

1794年的《普鲁士一般邦法》和19世纪的刑事立法相比稍显过时，但是其被认为是18世纪末的伟大成文法典。在该法典当中，是没有结果加重犯这一规定的，采用间接故意理论（dolus indirectus）的推定故意法则（Vorsatzvermutung），[2] 依据此法则，当行为人造成被害人死伤时，不容行为人辩解其并未具有杀人之故意，而应以法律规定推定其具有杀人故意。依据这一规则，伤害致死的情况在间接故意理论之下则被按故意杀人来处理。

---

〔1〕 丸山雅夫『結果的加重犯論』（成文堂，1990年）190頁参照。

〔2〕 参见 Rengier, Erfolgsqualifizierte Delikte, S. 13Fn。转引自赵彦清：《结果加重犯的归责基础》，台湾政治大学1998年硕士学位论文，第13页。

即便如此,推定行为人具有间接故意的范围也不是漫无边际,例如,行为人打被害人一个耳光,被害人却死亡的情形,按照当时的间接故意推定法则也不会认定为故意杀人,即便是推定为故意杀人的刑罚,也相较于故意杀人者更轻。[1] 由上可见1794年《普鲁士一般邦法》将故意伤害致死行为与未必故意杀人罪混为一谈,在行为的法律评价上过于粗糙。

需要注意的是,在1794年《普鲁士一般邦法》当中已经有类似的结果加重犯的规定,如强制性交致死罪、绑架致死罪、强盗致死罪以及放火致死罪,但是上述规定当中死亡结果的发生仅影响量刑,如果死亡结果发生则以最重刑罚处罚之。由于这些基本犯的最高刑已经是死刑,故加重处罚的余地则存在于刑罚执行方式上更加残忍,当时有一种刑罚叫作轮刑,即在车轮外侧装上锋利的刀锋,碾过受执行人身体的死刑执行方式,非常残忍。[2]

(2)1813年《巴伐利亚王国刑法典》

1813年《巴伐利亚王国刑法典》与1794年《普鲁士一般邦法》相去不到20年时间,但是进步显著,立法的主导者费尔巴哈采用了现代的法律用语和立法技术,使得这部法典的立法水平明显比1794年《普鲁士一般邦法》高超许多。对于结果加重犯,这部法典同样没有具体规定,例如伤害致死的行为仍然被认定为故意杀人罪,与1794年《普鲁士一般邦法》相一致,具有故意推定的规定,以认定间接故意。该法典第41条规定:“具有实施某种犯罪的故意,实施了一个更加轻微的犯罪但是产生了严重犯罪的结果,只要对衍生出重结果的犯罪具有故意,就认定为故意犯罪,对于其本来是想从事较轻微犯罪的辩解不予采信。”[3]杀人故意仅仅在“违法行为直接而必然以及在一般经验下会造成死亡结果”的情况下成立。例如,打人一耳光而造成其跌倒

---

〔1〕 参见赵彦清:《结果加重犯的归责基础》,台湾政治大学1998年硕士学位论文,第12~13页。

〔2〕 参见Rengier,Erfolgsqualifizierte Delikte,S. 17。转引自赵彦清:《结果加重犯的归责基础》,台湾政治大学1998年硕士学位论文,第14页。

〔3〕 内田浩『結果的加重犯の構造』(信山社,2005年)81頁。

在地,头部受创而死的情况,当时的实务界认为这是依据一般人的经验无法造成死亡结果的情形,因而此种情形不被认定为间接故意杀人。由于巴伐利亚王国法律中并无伤害致死的规定,所以对伤害致死的情形,若无法认定成立意图杀人或者依照间接故意法则推定其意图,则只能认定成立其他的犯罪。在某些实务上具有争议的案例,则通常以特赦来解决。

上述两部法典当中,立法者对伤害致死与杀人罪,在认识层面上无法做出明确的区分。只要致人死亡的加重结果出现,原本就想致人死亡的是直接故意杀人,不小心打死人的是间接故意,在法理上没法说不小心打死人这一种与直接故意杀人完全相同,因此退一步讲,是间接故意杀人,也能自圆其说。

2. 1851～1953 年

(1)1851 年《普鲁士刑法典》

1851 年《普鲁士刑法典》生效后,首次在法典中规定伤害致死罪的结果加重犯,确定了结果加重犯为基本犯与加重结果两个构成要件的混合形态后,也改变了其他以死亡结果作为加重要件犯罪的理解方式,加重结果成为构成要件之一,而不仅是加重刑罚的情形。1851 年《普鲁士刑法典》不只是 19 世纪的一部成文法典,也为《德意志帝国刑法典》以及现行《德国刑法典》提供了雏形。在《普鲁士刑法典》中,首次出现了伤害致死罪的单独规定,脱离了间接故意杀人的范围。

费尔巴哈在这部法典中提出了"由故意确定过失"原则,此原则为伤人致死的情形提出了另外一种可能性,突破间接故意杀人的范围,还可以成立过失致死或者伤害罪以外的犯罪类型。不过何为"故意确定过失理论",立法者在法典之中并未明文解释,该理论适用的前提情况在于行为人并无杀人的故意,仅因其他的故意违法行为的实行造成死亡结果的发生。伤害致死罪的立法理由大致如下:"本条文规范案例,在于报告仅意欲暴行或身体伤害的实行,但却发生了死亡结果,行为人的意欲的犯罪本质上与谋杀及普通杀人并不相同,因此将本条规定于伤害罪章之下,而非侵害生命的犯罪,符合本条的规范目的。”此理论为立法者提供了一个有效的思考工具,区分伤害致死罪与故意杀人罪的不同。这种推定罪责、减轻证明负担与结果导向的思维在伤害致死结果加重犯立法上扮演了重要的角色,在当时的时代背景下是可以理解的。因为在程序上证据提出后调查的可能性与法官认定证据的能力,以及法官透过自由心证证明主要构成要件等的演进,是逐渐透过实务经验的累积以及学术的努力发展而来的。因此,结果加重犯的立法在司法实务运作的意义上具有独特地位。认定方式实质上是将结果的发生限制在客观加重处罚条件上,类似于偶然责任。

1851 年《普鲁士刑法典》之前没有伤害致死罪,对于伤人致死的情节,法官的判断空间只是故意杀人罪或是故意伤害罪与过失致人死亡的想象竞合,二者之间法定刑相差甚远,而伤害致死罪填补了这样的规范保护空隙,为法官提供了更精细的衡量空间,也减轻了实务上某些证明行为人究竟是故意还是过失的判断负担,但伤害致死罪所提供此种法官判决上的便利,被批评为“刑事实务界用来偷懒的躺椅”,[1]这就有失公允。

(2)1871 年《德意志帝国刑法典》

《德意志帝国刑法典》的结果加重犯,本质上为一故意基本犯加上加重结果的情形,例如伤害致死罪,与德国现行刑法规范的结果加重犯不一样。具体来说,客观因果关系还是以条件说为基础,但是何为条件说却没有明确定义,对于结果加重犯的罪责和结果的发生不需要任何主观要件,因此这种因果关系和罪责理论是不具有限制结果加重犯成立的功能的,为了抑制结果加重犯适用范围的扩大,立法者降低了结果加重犯法定刑的幅度,将《普鲁士刑法典》中绝对无期徒刑的情况改为不低于 10 年的有期徒刑。[2] 但是

---

〔1〕 许玉秀:《前行为保证人类型的生存权?——与结果加重犯的比较》,载《政大法学评论》第 50 期(1994 年),第 150 页,注释 90。

〔2〕 参见赵彦清:《结果加重犯的归责基础》,台湾政治大学 1998 年硕士学位论文,第 20 页。

个别犯罪,例如纵火造成死亡结果的结果加重犯的最低法定刑为10年,尚高于普通杀人罪的最低法定刑(5年),这是当时的立法者有意将此类结果加重犯看作构成要件中比杀人罪严重的犯罪类型。

3. 1953年《德国刑法典》

1953年《德国刑法典》第56条与现行《德国刑法典》第18条大致相符,首次将行为人对加重结果至少具有过失要件成文化,因此加重结果在法律明文规定上不仅止于客观的提高刑罚因素,而且被赞誉为脱离纯粹结果责任迈向罪责原则的里程碑。自此之后,排除了结果加重犯结果责任的色彩。

1953年至1998年的刑法也有变动。1964年德国将原子能及爆裂物法规定进刑法,规定为"行为人由其行为轻率地导致他人死亡",这意味着对于加重结果的发生需要具有轻率以上的过失。另外,1964年德国还对危害交通运输犯罪进行修正,以酒醉驾车造成对生命或身体的具体危险作为加重的条件,而非实害结果,此种类型称为"危险结果加重犯"。1973年对于第176条奸淫幼童致死罪,第177条强奸致死罪,第178条强制猥亵致死罪等结果加重犯,增加"轻率"作为造成死亡结果发生的适用要件。1974年在第251条强盗致死罪中加入"轻率"之要件,之前是只需要具有过失。[1]

1953年8月4日德国首度将行为人对加重结果的发生,至少必须具有过失为限之规定明文化,正式修正订入《德国刑法典》第56条中。在某种程度上结束了结果加重犯主观要件上的争议,之后的立法逐渐要求行为人对加重结果的发生至少具有轻率为主观要件,而在实务的适用中,争议中心则转移至基本犯与加重结果之间关联性的问题,出现了直接关联性理论,理论上最重要的发展就是客观归责理论对于认定基本犯与加重结果关联性上具有适用的可能。1969年7月4日第二次刑法改革法(StaRefG.)创立了现今的条文及顺序,并增列了共犯的规定。

---

〔1〕 参见Rengier, Erfolgsqualifizierte Delikte, S. 86. f。转引自赵彦清:《结果加重犯的归责基础》,台湾政治大学1998年硕士学位论文,第28页。

1998 年 4 月 1 日第六次刑法修正删除了 1953 年《德国刑法典》原有的过失与过失相结合的结果加重犯的形态。例如,第 309 条过失失火致死罪、第 314 条过失决水致死罪、第 320 条过失危害公众致死罪,为过失与过失结合的结果加重犯,此种结果加重犯并不要求基本犯与加重结果在客观上有任何前提上的限制,因为刑罚安排上与德国法规定的过失致死罪完全相同,学者们多数认为这是刑法上规定多余的产物。[1]

4. 现行《德国刑法典》

现行《德国刑法典》总则第 18 条规定,"本法对行为的特别后果较重处罚,只有当正犯或共犯对特别后果的产生至少具有过失时,始可使用"。[2]从这个总则规定中能够看出,现行《德国刑法典》明确要求行为人对加重结果至少具有过失。现行《德国刑法典》的分则部分涉及结果加重犯规定的共计 14 个条文。具体见表 1-1。

表 1-1 《德国刑法典》中结果加重犯的刑罚规定

序号	法条		罪名	结果加重犯的刑罚	中位数 1	基本犯的刑罚	中位数 2
	基本犯	加重犯					
1	176a	176b	对儿童性滥用罪	10 年以上或终身	—	6 个月至 10 年	5.25
2	177	178	强制猥亵和强奸罪	10 年以上或终身	—	1~15 年	8
3	221(1)	221(3)	遗弃罪	3~15 年	9	3 个月至 5 年	2.625
4	223	227	伤害罪	3~15 年	9	罚金;5 年以下	2.5
5	249	251	抢劫罪	10 年以上或终身	—	1~15 年	8

〔1〕参见 Paeffgen, §18 Rn. 85。转引自赵彦清:《结果加重犯的归责基础》,台湾政治大学 1998 年硕士学位论文,第 103 页。

〔2〕《德国刑法典》,徐久生、庄敬华译,中国方正出版社 2002 年版,第 10 页。以下对《德国刑法典》的引用均出自此书,故不再重复注释。

续表

序号	法条		罪名	结果加重犯的刑罚	中位数1	基本犯的刑罚	中位数2
	基本犯	加重犯					
6	239a(1)	239a(3)	掳人勒索罪	10年以上或终身	—	5～15年	10
7	239b(2)	239b(1)	扣作人质罪	10年以上或终身	—	5～15年	10
8	306	306c	纵火罪	10年以上或终身	—	1～10年	5.5
9	307(1)	307(3)1	引起核能爆炸罪	10年以上或终身	—	5～15年	10
10	308(1)	308(3)	引爆炸药罪	10年以上或终身	—	1～15年	8
11	309(1)	309(4)	滥用放射线罪	10年以上或终身	—	1～10年	5.5
12	314(1)	314(2)	危害公共安全的投毒罪	10年以上或终身	—	1～10年	5.5
13	316c(1)	316c(3)	侵害空中和海上交通罪	10年以上或终身	—	5～15年	10
14	318(4)	318(1)	损害重要设施罪	3～15年	9	3个月至5年	2.625

从表1－1中能够看出,《德国刑法典》中结果加重犯的规定具有以下特点:

第一,刑罚明显加重,高于基本行为与加重结果的刑罚之和。为了考察《德国刑法典》中结果加重犯的刑罚加重程度,笔者将结果加重犯的刑罚幅度和基本犯罪的刑罚幅度取中位数,中位数能够反映这个区间的刑罚的平均水平,分别用中位数1和中位数2表示,如果中位数2加上加重结果的最高刑仍然小于中位数1,则说明结果加重犯的刑罚确实高于基本行为和加重结果之和。例如,行为人实施了遗弃行为并产生致人死亡的结果,根据《德国刑法典》第221条的规定,行为人将面临3个月到5年的自由刑,而过失致人死亡为罚金刑或者5年以下自由刑,即使基本行为和加重结果都采最高刑,数罪并罚为10年自由刑,然而遗弃致死罪的法定刑是3年到15年,仍然有部分超出数罪并罚之和，为了方便比较，我们采取中位数的比较方法，依照上文所说，遗弃致死罪的刑罚中位数1为9[$(3+15)\div 2=9$]，遗弃罪的刑罚中位数2为2.625[$(0.25+5)\div 2=2.625$]，那么，$2.625+5<9$，故能够判定遗弃致死罪的结果加重犯法定刑将有可能超出基本行为和加重结果数罪并罚之和。

通过上文中的中位数比较方法，我们看《德国刑法典》中14个结果加重犯的条文，有11个条文的结果加重犯的法定最高刑为终身自由刑，德国无死刑，故终身自由刑已是《德国刑法典》中的最严厉的刑罚，并且这种刑罚相当于我国的无期徒刑，对比有期的自由刑，已经跨刑种，刑罚严厉程度显著大于基本行为和过失致人死亡加重结果的刑罚之和。此时难以取中位数表示，故在表1-1中以“—”表示。

从表1-1中可以看出，《德国刑法典》14个条文中，11个规定了跨越刑种的加重刑罚，只有遗弃致死、伤害致死、损害重要设施致死这3个罪名的加重结果是有期自由刑，并且也超过了基本行为和加重结果的刑罚之和。

第二，基本行为的罪责为故意。《德国刑法典》总则第18条虽然未对结果加重犯基本行为的罪责予以规定，但是《德国刑法典》总则第15条规定，本法只处罚故意行为，明文规定处罚过失行为的例外。由此可见，《德国刑法典》惩罚犯罪以故意为原则，以过失为例外。上述列举的14个条文中，并未有一条注明要惩罚该基本行为的过失犯，故可以认定《德国刑法典》中结果加重犯的基本行为罪责为故意。

第三，对加重结果的心理责任至少是过失，少部分要求至少是轻率。《德国刑法典》总则第18条规定，对行为的特别后果较重处罚，只有在对特别后果至少具有过失时始可使用。通过该规定，可以明确故意或者过失能够成为行为人对于加重结果的责任。

第四，加重结果均为致人死亡。《德国刑法典》14个条文中加重结果均为致人死亡，而不包含致人伤害。这与我国《刑法》中存在大量的情节加重犯、数额加重犯以及“后果严重”“重大损失”这种立法例不同。

（二）日本

现行《日本刑法典》于1907年颁布，1908年10月1日起施行。在将近一个世纪的时间里，日本的刑事立法一共修改了21次。但是涉及结果加重犯的修改仅有6次。以下按照时间点予以具体阐述。

1. 1890年

尽管1907年日本的第一部刑法正式诞生，但是早在1890年，关于结果加重犯的立法讨论在总则部分即已展开。日本1890年《第一帝国议会提出案》第67条有以下的规定：

> 没有犯意而实施的行为不能认定为犯罪。但是不遵守法律或者因不注意而产生损害的情况不在此限。
>
> 行为人并未缺乏相当的注意，没认识到加重的事实则不需要对加重事实产生的责任负责。

该草案第67条一共两项，其中第1项和现行《日本刑法典》第38条第1项非常相似，后半段是对没有犯意但是仍有犯罪行为的补充性规定。值得讨论的是该草案第67条第2项，首先，“行为人”并未缺乏相当的注意，说明对于加重结果的预见可能性和预见义务采主观说立场。其次，“并未缺乏相当的注意”也就是并非过失，对于成立结果加重犯是需要过失罪责的，也就是采“过失必要说”的观点。最后，从“对加重事实产生的责任”的用语来看，虽然可以理解为结果加重犯的规定，但是也有人认为第67条第2项是有关于“错误”的规定，[1]例如，根据草案的规定，如果不知道财物是他人占有的，以侵占遗失物的故意而实施行为的情况，只能定侵占罪，这就与现行《日本刑法典》第38条第2项关于“错误”的规定非常相近。

---

〔1〕 吉川経夫『刑法改正23講：改正草案による刑法入門』（日本評論社，1979年）73頁参照。

2. 1928 年至 1975 年

结果加重犯在总则中具有明确规定的可追溯到 1928 年的《日本刑法改正预备草案》，其第 12 条是这样规定的：

> 只有行为人对加重结果的发生有预见的情形才能对其加重处罚。

在此之后，1932 年《日本改正刑法假案》、1962 年《日本改正刑法准备草案》以及 1974 年《日本改正刑法草案》都设有结果加重犯的规定。

其中 1932 年《日本改正刑法假案》第 12 条规定：

> 只有对加重结果的发生有预见才能进行加重处罚。

1962 年《日本改正刑法准备草案》第 21 条、1974 年《日本改正刑法草案》第 22 条规定：

> 因发生加重结果而加重其刑的犯罪，对加重结果不能预见时，就不能按照结果加重犯处断。[1]

上述法条相互对比可以发现：第一，1928 年起，日本刑法对于加重结果的主观态度表述，从 1890 年的"注意"更改为"预见"，即以"不能预见"作为免责原因，这比《德国刑法典》"至少有过失"的责任要求要低，因为过失除了预见可能性之外还需要其他要件，如避免可能性，故只有预见可能性，其罪过水平低于过失。第二，只有 1928 年《日本刑法改正预备草案》第 12 条中使用了"行为人"对于加重结果应当有预见这样的措辞，因而就产生了预见

[1] 丸山雅夫『結果的加重犯論』(成文堂，1990 年)40 頁。

可能性的标准到底是按照行为人的还是按照一般人的标准的问题。在之后1932年《日本改正刑法假案》第12条中就不采用这样的措辞，说明当时的日本立法者不采用主观预见可能性说而是采用客观预见可能性说，进而有学者推论这样的主张应当是过失不要说。〔1〕因为采用客观预见可能性说就会存在按照一般人标准能够预见，但是依照行为人个体情况，预见不到结果发生的情形。

所以，1962年《日本改正刑法准备草案》第21条、1974年《日本改正刑法草案》正在朝着过失不要说的方向调整。日本立法界对此也有说明："本草案是想对之前的判例进行修正，对于预见可能性应当按照主观标准还是客观标准，希望今后的判例能够适当地处理。"这样的措辞表明了对过失不要说的立场是不排斥的。〔2〕另外，1962年《日本改正刑法准备草案》第21条的第一次提案意见是"结果加重犯，应当是行为人'对于结果具有过失'的情况下才能处断"。此提案被检察官反对，检察官们坚持改成"对结果不能预见"。也正是因为这个插曲，1962年《日本改正刑法准备草案》第21条规定了"不可能预见"。不过也有学者从举证责任的角度这样理解：只要一般人立场能够预见（相当因果关系存在），那么预见不可能的证明责任就由被告人承担，这样一来一旦被告人能够证明预见不可能，自然也就否认了过失的存在，因此也能够排除归责。〔3〕

至此能够看出，日本立法机关关于对结果加重犯是否该明确过失责任也曾犹豫不决，屡次搬出的理由是，一旦采用过失必要说，就意味着对于结果发生的可能性采取主观说的立场，然而主观面的证明是困难的。但是这一点也是所有犯罪证明上共通的难题。另外，有学者认为要求过失责任对

〔1〕中川佑夫「結果的加重犯」ジュリスト増刊刑法の争点（1988年）77頁参照。

〔2〕日本法務省刑事局编『法制審議会改正草案の解説』（1976年）66頁参照。转引自丸山雅夫『結果的加重犯論』（成文堂，1990年）45頁注释25。

〔3〕内田浩『結果的加重犯の構造』（信山社，2005年）34頁参照。

实务的影响过大,这样的理由也是欠妥的。[1] 日本学界对于结果加重犯的成立要件还是要求过失必要说,因而学理方面不断批判现行立法,敦促立法改变,但是立法界仍然不为所动。故日本学界对于日本现行立法的批判态度也是理所当然的了。

3. 现行《日本刑法典》

《日本刑法典》关于结果加重犯的总则规定,自 1907 年至今几经变化。但是结果加重犯在分则中的具体规定,自 1907 年颁布立法后,直至 2004 年修法才对其进行调整。例如,提高了强奸致死伤罪的法定刑,由原来的"无期或者 3 年以上惩役"修改为"无期或者 5 年以上惩役";提高了伤害致死罪的法定刑,由原来的"2 年以上有期惩役"提高到"3 年以上有期惩役";降低了强盗致伤罪的法定刑,由原来的"无期或者 7 年以上惩役"修改为"无期或者 6 年以上惩役"。

具体来说,在《日本刑法典》中,涉及结果加重犯的条文共计 16 个,见表 1－2。

表 1－2 《日本刑法典》中结果加重犯的刑罚规定

序号	法条		罪名	结果加重犯的刑罚	中位数 1	基本犯的刑罚	中位数 2
	基本犯	加重犯					
1	118－1	118－2	泄漏煤气等罪	3～20 年	11.5	3 年以下有期或罚金	1.5
2	124－1	124－2	妨害交通罪	3～20 年	11.5	2 年以下有期或罚金	1
3	126－1	126－3	颠覆火车、电车、船舶罪	死刑或无期	—	3 年以上有期或无期	26.5
4	125	127	交通危险罪	死刑或无期	—	2～20 年	11
5	143	145	污染净水罪	3～20 年	11.5	6 个月至 7 年	3.75

[1] 内田浩『結果的加重犯の構造』(信山社,2005 年)34 頁参照。

续表

序号	法条		罪名	结果加重犯的刑罚	中位数 1	基本犯的刑罚	中位数 2
	基本犯	加重犯					
6	144	146	将毒物混入水道罪	5 年以上有期、无期或死刑	—	3 年以下	1.5
7	176、177	181	(准)强奸、强制猥亵罪	3 年以上有期、无期	—	176:6 个月至 10 年;177:3 至 20 年	10.25
8	194	196	公务员滥用职权罪	3～20 年	11.5	6 个月至 10 年	5.25
9	204	205	伤害罪	3～20 年	11.5	15 年以下有期或罚金	7.5
10	213	213	同意堕胎罪	3 个月至 5 年	2.625	2 年以下	1
11	214	214	业务上堕胎罪	6 个月至 7 年	3.75	3 个月至 5 年	2.625
12	215	216	不同意堕胎罪	3～20 年	11.5	6 个月至 7 年	3.75
13	217	219	遗弃、保护责任者遗弃罪	3～20 年	11.5	(217)1 年以下;(218)3 个月至 7 年	3.5
14	220	221	非法逮捕、监禁罪	3～20 年	11.5	3 个月至 7 年	3.625
15	236	240	抢劫罪	致伤:6 年以上有期、无期 致死:无期或死刑	—	5～20 年	12.5
16	260	260	损坏建筑物罪	3～20 年	11.5	5 年以下	2.5

从表 1－2 中能够发现《日本刑法典》中结果加重犯的规定有如下特征:

第一,结果加重犯的刑罚显著高于基本行为和加重结果的刑罚之和。《日本刑法典》中刑罚的加重可以分为三类。第一类对结果加重犯的刑罚规定了与伤害罪比较,依照较重的刑罚处断,这一类的罪名共计 9 条(表 1－2 中列举的 1、2、5、8、9、12、13、14、16)。然而伤害致死罪的刑罚是 3～20 年惩役,显然比这些罪名的基本犯刑罚要高,故这 9 条犯罪的法定刑即提高到 3～20 年惩役。第二类是规定了跨越刑种的刑罚。例如,基本行为是有期惩役的,加重结果升格为无期徒役;基本行为是无期徒役的,加重结果升格为死刑。这类罪名共计5条(表1-2中列举的3、4、6、7、15),如颠覆火车、电车、船舶致死罪,基本犯的刑罚是3年以上或无期徒役,而发生致死结果后,刑罚最高可能判处死刑。第三类是结果加重犯的刑罚大于基本行为和加重结果数罪并罚之和,例如《日本刑法典》第213条同意堕胎致死伤罪,结果加重犯的法定刑是3个月至5年徒役,基本行为的法定刑是2年以下徒役,而《日本刑法典》第210条规定,过失致人死亡的,处50万日元以下罚金。显然中位数1(2.625)>[中位数2(1)+过失致人死亡(罚金刑)]。这一类的立法例除了第213条同意堕胎致死伤罪,还有第214条业务上堕胎致死伤罪。

第二,对基本行为的罪责仅为故意。《日本刑法典》和我国《刑法》一样,在总则中对于结果加重犯未进行规定,但是《日本刑法典》第38条第1款规定,没有犯罪故意的行为,不处罚,但法律有特别规定的,不在此限。这个规定和《德国刑法典》一样,也是以处罚故意为原则,处罚过失为例外。在分则中涉及结果加重的16个基本犯罪的条文,均未规定过失这种责任形式,故可以认定,《日本刑法典》中结果加重犯的基本行为罪责,仅为故意。

第三,加重结果的罪责至少为过失。《日本刑法典》中涉及结果加重犯的16个条文,并未对加重结果部分的罪责给出明确指示,只能根据加重结果通常是以第209条过失伤害他人、第210条过失致人死亡的形式出现,而推定行为人对加重结果至少具有过失。然而在日本的刑法理论界和实务界,则依据1974年《日本改正刑法草案》第22条的规定,认为行为人对于加重结果至少具有预见可能性。然而预见可能性的标准实际上是低于过失的,过失的成立要素问题本书将在后文中讨论,笔者认为预见可能性和危害结果的回避能力共同组成了过失罪责。

第四,加重结果为致人重伤或者死亡。《日本刑法典》相比于《德国刑法典》,加重结果除了致人死亡,还规定了致人重伤,这一点与我国相似。在德国刑法中,一旦某项基本犯罪引发了致人重伤的结果,通常是按照想象竞合或者数罪并罚来处理,作为结果加重犯处置。而在日本和我国,结果加重犯的加重结果包含致人重伤,故致人重伤和死亡的结果出现,就要按照结果加重犯处罚。

(三)英国和美国

在英美法系中并没有结果加重犯的概念,与结果加重犯相类似的是"重罪谋杀罪原则"(felony murder rule),这个原则的经典表述是:"如果一个人在实施重罪或试图实施重罪的过程中导致了死亡结果,那么他将构成谋杀罪。"[1]重罪谋杀罪原则实质上是由重罪转化成谋杀罪的原则,而对于重罪与轻罪的区分,在美国刑法中是根据犯罪的危害程度将犯罪分为重罪和轻罪,具体的明确指标是刑罚的轻重,重罪可能被判处死刑或者长期监禁刑,轻罪可能被判处罚金或者短期监禁刑。由于重罪谋杀罪也是为了评价行为人在不具有杀人故意的情形下,引发了致人死亡的结果,这和结果加重犯要解决的问题具有相似性,二者本质上是否相同,需要追本溯源,考察重罪谋杀罪的发展史。重罪谋杀罪原则的历史脉络可以分为两部分,分别是在英国的兴衰以及在美国的继受传承。

1. 在英国的兴衰:1535 年至 1957 年

一般认为,英国的重罪谋杀罪原则的雏形产生于英国 1535 年的洛德(Lord Dacres)案。洛德和他的打猎团队决定非法侵入一个公园进行狩猎,并肆意杀害任何抵抗他们的人。洛德团队中的一员在洛德不在场时杀害了一名看守员,洛德被认定为谋杀罪。当时,洛德并非因为概括的杀人故意被认定为谋杀罪,而是因重罪谋杀罪规则承担刑事责任。但是重罪谋杀罪规则没有在英国刑法中得到普遍适用。莱昂纳多·伯德桑(Leonard Birdsong)总结称:"此规则基于法律评论家的著述而根植于英国法,而非

〔1〕［美］约书亚·德雷斯勒:《美国刑法精释》,王秀梅等译,北京大学出版社 2009 年版,第 478 页。

广泛的适用于英国的刑事案件。”[1]也就是说重罪谋杀罪原则是由学者对判例意见进行提炼形成的学术观点,但是在形成的当时并未受到实务界的推崇。

到了17世纪,有相当多的英国学者开始将重罪谋杀罪原则作为学理问题予以讨论。提出这一理论的基本原因,可能是要协调重罪既遂与未遂之间过大的刑罚差异。依据当时的普通法,所有的重罪既遂是被处以死刑,而重罪未遂仅仅被论以轻罪。在重罪未遂的情形下,即使发生了死亡结果,行为人仍然只被论以轻罪,这是不合理的,所以学者们提出了重罪谋杀罪原则,让所有造成死亡结果的重罪犯都被论以谋杀罪,无法逃脱死刑的制裁。[2] 例如,爱德华·科克(Edward Coke)在其1644年出版的著作中提到:“违法行为导致死亡的,即为谋杀。”此后,1762年,迈克尔·福斯特(Michael Foster)在其著作《论杀人罪》中正式将违法行为限制在重罪领域。接着洛特·霍尔特(Lord Holt)对该原则做了更进一步的说明。至1769年,布拉克斯通(Blackstone)总结了以往的论述,并在《英国法评释》一书中提出了普通法上重罪谋杀罪原则的最初版本:假如行为人意图实施重罪,即使是非预谋的致人死亡,也构成谋杀。从中可以看出,重罪谋杀罪的原本含义是指在故意实施重罪的过程中,一旦发生死亡结果,则无论行为人对此结果有无故意,也不管死亡结果是否由该行为人造成,均构成谋杀罪。其适用的结果就是让没有杀人预谋恶意的行为人也要承担谋杀罪的责任。因此,与普通的谋杀罪不同,该原则对行为人而言无疑是比较严苛的制度。[3]

与学理上对重罪谋杀罪原则的积极提炼和热烈讨论相比,15世纪到18

---

〔1〕 邓毅丞:《美国重罪谋杀罪规则:类型归属与理论研究——与我国结果加重犯的对比及其启示》,载《政治与法律》2015年第2期,第148页。

〔2〕 参见郭莉:《结果加重犯结构研究》,中国人民公安大学出版社2013年版,第18页。

〔3〕 参见郭莉:《结果加重犯结构研究》,中国人民公安大学出版社2013年版,第16~17页。

世纪中叶,英国的司法实务对于重罪谋杀罪原则是不够重视的,重罪谋杀罪原则没有受到法官们的采纳和适用。到了18世纪末期,法官们开始趋向适用重罪谋杀罪原则作为认定谋杀罪的捷径。在共同实施重罪并产生致人死亡结果的案例中,共同犯罪人本没有杀人的犯意,但是在实施过程中其他行为人的行为导致了被害人死亡的结果,对于此共同犯罪人,大多数法官还是要追究谋杀罪的共犯责任的。

重罪谋杀罪原则于19世纪在英国发展到顶峰,发展的同时,法院也不断限制对重罪谋杀罪原则的适用。英国最终于1957年的《杀人罪法》中彻底废除了该原则,自此重罪谋杀罪原则退出了英国的刑事法历史舞台。当前的英国司法实践与学理已经充分展现出对重罪谋杀罪原则的废弃,例如在以下案件的讨论中,即能够体现:

> 当被告人甲和被告人乙协议(非致命性地)袭击受害人的案件中,被告人甲故意杀死了受害人,如果能证明被告人乙没有预见被告人甲可能以谋杀之意实施杀害行为,那么被告人乙既不构成谋杀罪,也不构成非预谋杀人罪。

这种观点的逻辑在于,被告人甲以谋杀意图杀死受害人,超越了商定的计划,即对受害人实施非致命性的袭击的范围,也就是说杀死受害人不在计划范围之内。被告人乙具备违法性且危险行为导致的非预谋杀人罪的罪过要素,受害人在被告人商定的违法攻击的过程中被杀死,这些还不足以使被告人乙构成非预谋杀人罪。因为违法且危险行为导致的非预谋杀人是通过违法行为导致意外的死亡结果。当然也有观点认为被告人乙构成非预谋杀人罪。[1] 即便对此种情形的处理存在认定被告人乙构成非

---

〔1〕 参见[英]杰瑞米·侯德:《阿什沃斯刑法原理》(第8版),时延安、史蔚译,中国法制出版社2019年版,第514页。

预谋杀人罪或者不构成非预谋杀人罪的争论,但是无论哪种解释结论,都不再认定被告人乙构成重罪谋杀罪,英国的司法界不再适用重罪谋杀罪原则。

2. 在美国的传承:1827 年至今

和在英国被“撤柜”相比,重罪谋杀罪原则在美国还是欣欣向荣的。美国法继受英国法,在 19 世纪重罪谋杀罪原则在英国鼎盛之际,重罪谋杀罪原则传入美国,并逐渐成为制定法上的犯罪。美国制定法中出现重罪谋杀罪原则的萌芽,是在 1793 年宾夕法尼亚州的立法中。该州立法划分了谋杀罪的等级为一级谋杀和二级谋杀,前者只适用于放火、强奸、抢劫,对于一级谋杀,将故意导致被害人死亡结果作为谋杀罪的加重要素。应该说这还不是规范意义上的重罪谋杀罪,因而只能说是萌芽。[1]

重罪谋杀罪在美国制定法中正式登场是在 1827 年伊利诺伊州。[2] 在 19 世纪末之前共有 19 个州进行了重罪谋杀罪的立法。为重罪谋杀规则提供正当化依据的一个有力的理由是威慑理论:该规则可以威慑行为人使其在实施重罪的过程中,尽可能地减少因过失或意外所导致的他人死亡的结果。霍姆斯(Holmes)法官曾指出:“法律不仅仅要让重罪罪犯同普通人一样,承担其预见后果的风险,还承担一般经验不能预见,而为立法者所认同的风险。”[3]

然而到了 20 世纪,上述见解越来越受到怀疑。因为根据重罪谋杀罪原则,在结果并非被告人能够预料和预见的情况下,被告人也要去实施阻止结果发生的行为。针对这样一种对行为的威慑,难以期待被告人能够达成。

---

〔1〕 参见邓毅丞:《美国重罪谋杀罪规则:类型归属与理论研究——与我国结果加重犯的对比及其启示》,载《政治与法律》2015 年第 2 期,第 148 页。

〔2〕 该州立法规定“非自愿杀人在实施非法行为的过程中出现,而该行为性质上倾向于剥夺他人生命,或者以重罪的故意实施,这个犯罪将被认定为谋杀罪”。

〔3〕 Oliver Wendell Holmes, Jr., *The Common Law*, Little, Brown and Company, 1881, p. 53. 转引自江溯:《美国判例刑法》,北京大学出版社 2021 年版,第 445 页。

因此,对重罪谋杀罪原则的适用出现了质疑,一些州(如夏威夷州和肯塔基州)的立法中逐渐废除了重罪谋杀罪原则。然而即便重罪谋杀罪原则备受争议,但是对其的废除在美国并没有全面推行,这与检察系统对此原则的强烈支持或有关系。因此,1962 年《美国模范刑法典》在废除和保留重罪谋杀罪的二元选择间采取了折中方案,规定只有“蓄意、明知和极端冷漠的轻率致人死亡”才能构成谋杀罪,但是,“行为人实施特定重罪可以推定其致人死亡时的轻率和冷漠态度”。[1] 就这样直到 21 世纪初期,《美国模范刑法典》以及各州的司法系统都以某种形式保留重罪谋杀罪的规定。[2]

即便试图废除重罪谋杀罪原则不可行,也有越来越多的呼声,要求对重罪谋杀原则进行限制,对其所要求的近因或者法定原因作更为严格的解释,对犯重罪的时间和距离进行限制,等等。例如,在《加利福尼亚州刑法典》§189 中,立法者以列举重罪种类的方式,将适用一级谋杀的重罪谋杀类型明确限制为“放火、强奸、侵入他人住宅、重伤、绑架、倾覆火车、猥亵儿童”等罪名。但是问题在于,由于重罪谋杀原则是一项普通法规则,那么如果所犯的重罪没有被纳入列举的范围内,是否一律不适用重罪谋杀原则?抑或法官享有解释权,来对重罪谋杀原则予以适用?加利福尼亚州的做法是,采取本质危险的标准来适用重罪谋杀这一普通法规则,从而确定可以支持二级重罪谋杀罪的重罪。[3]

在质疑声中,美国刑事制定法中还保留重罪谋杀罪原则,是源于美国刑法的社会防卫功能,美国刑事立法更倾向于保护社会利益,而非违法者利益。这与美国刑法十分注重刑法的社会防卫功能有关,立法更倾向于保护社会共同体的利益,而非保护违法者,这样重罪谋杀罪就具有存在的空间。

---

〔1〕 邓毅丞:《美国重罪谋杀罪规则:类型归属与理论研究——与我国结果加重犯的对比及其启示》,载《政治与法律》2015 年第 2 期,第 148 页。

〔2〕 参见[美]约书亚·德雷斯勒:《美国刑法精释》,王秀梅等译,北京大学出版社 2009 年版,第 479 页。

〔3〕 参见江溯主编:《美国判例刑法》,北京大学出版社 2021 年版,第 446 页。

但是,美国法院对于重罪谋杀罪的适用是慎之又慎,似乎通过对重罪谋杀罪原则的限制适用,来为其延续寿命。[1] 这说明,虽然传统的力量是强大的,但是重罪谋杀罪所代表的英美刑法中的功利思想必然退潮,重罪谋杀罪过于重视一般预防的威慑作用将不再是司法裁判的最主要考量。

3. 重罪谋杀罪与结果加重犯的比较

从上述对重罪谋杀罪历史脉络的分析中可以看出,重罪谋杀罪与结果加重犯所要解决的问题都包含行为人实施了基本犯罪但是又额外发生法定加重结果的情形,但是二者毕竟是两个不同概念,笔者认为二者在以下方面不同。

第一,诞生的渊源不同。重罪谋杀罪起源于"对人的生命神圣不可侵犯的重申",反映的是社会的重要价值权衡。而结果加重犯起源于自陷禁区理论,加大惩罚力度的原因在于行为人所实施的基本行为创设了可能发生严重结果的类型性危险。

第二,结果的范围不同。重罪谋杀罪的重结果仅限于死亡结果,而结果加重犯的重结果不仅包含死亡结果,也包含重伤结果,在我国《刑法》中也包含经济利益的损失。

第三,主观构成模式不同。重罪谋杀罪原则适用严格责任,一个实施重罪的行为人故意、轻率、过失、意外和不可预见地杀死被害人的情形都可以认定为重罪谋杀罪。[2] 而结果加重犯中行为人对于加重结果的责任,一般排斥无预见可能性的责任。

第四,罪名形式不同。重罪谋杀罪是由重罪通向谋杀罪,行为人最终负重罪和谋杀罪的责任,而结果加重犯是刑法特别规定了加重法定刑,对行为人按照本罪处罚即可。

---

〔1〕 参见郭莉:《结果加重犯与重罪谋杀罪原则比较研究》,载《政治与法律》2011 年第 10 期,第 137 页。

〔2〕 参见[美]约书亚·德雷斯勒:《美国刑法精释》,王秀梅等译,北京大学出版社 2009 年版,第 479 页。

第五,适用范围不同。尽管美国一些州法律对重罪进行列举,但是即便没出现在列举范围内的犯罪,如果法官认为其危险性达到了重罪谋杀罪所要求的危险的本质,那么也适用重罪谋杀罪原则。而结果加重犯必须由成文法典明确规定,严格根据罪刑法定原则,以法条规定为前提,法官不能通过解释来扩大结果加重犯基本犯的范围。

综上,本书认为重罪谋杀罪原则和结果加重犯所能解释的问题,只有一部分是重合的,即以故意实施基本犯罪(重罪),进而由于疏忽大意的过失引发了致人死亡的加重结果(谋杀罪)的行为,重罪谋杀罪讨论的行为包含在结果加重犯讨论行为的范围内。并且在定性上,重罪谋杀罪的定位是重罪和谋杀罪,而结果加重犯只认定为本罪一罪,二者的处理方式不同,这和立法规定有关,也就不具备比较的必要性。因此,本书接下来不对重罪谋杀罪展开特别讨论。

(四)中国

结果加重犯的概念在我国正式被写入刑法是在 1928 年,概念的确立至今不到一百年,然而结果加重犯以故意伤害致死等罪名的形式活跃在我国古代时期的刑法中已经有上千年的历史。现将我国各时期结果加重犯的立法情况予以梳理。

1. 古代

结果加重犯在我国古代法制史的罪名中只占很少的一部分,故笔者在翻阅资料时仅仅是偶有所得。

和世界其他地区的法制史一样,我国古代封建社会的刑法法规也是采取重刑主义。例如,盗窃罪在古代是死罪。《汉书·刑法志》记载:“汉兴,高祖初入关,约法三章曰:杀人者死,伤人及盗抵罪。后四夷未附,兵革未息,三章之法不足以御奸,于是相国萧何仿效秦法,取其宜于时者,作律九章。”然而,汉朝初期将盗窃和杀人行为一样规定为死罪,只能说明盗窃罪是刑罚较重的结果犯,不能说明盗窃罪是结果加重犯。

最早出现结果加重犯类似罪名的,应当是在唐朝。《唐律》中关于斗殴规定:“诸斗殴人者,笞四十,伤及以他物殴人者,杖六十,伤及拔发方寸以上,杖八十,若血从耳目出及内损吐血者,各加二等;诸斗殴人者折齿、毁缺耳鼻、眇一目及折手足指,若破骨及汤火伤人者,徒一年;折二齿二指以上鬓发者,徒一年半;诸斗以兵刃斫射人不著者,杖一百;若刃伤及折人肋、眇其两目、堕人胎、徒二年,诸斗殴折跌人支体及瞎其一目者,徒三年。”[1]唐朝时期即根据殴打致人伤害的具体结果,由轻到重,递增刑罚,这就是我国刑法历史上结果加重犯的雏形,后续宋、明、清时代的立法也均仿效于此。

五代期间有类似于结果加重犯的案例。据《王溥・五代会要》记载:“晋天福三年八月,大理寺奏:左街史韩延嗣为百姓李延晖冲者,本街使连喝不住,殴击致死。准律,斗殴者原无杀心,因相斗殴而杀者,依故杀人者斩。其韩延嗣准律合斩。”准《刑法统类》节文:“绞刑决重杖一顿处死。比不因斗殴故伤人,辜内死者依杀人论。盖微相类,且非本条,罪有可疑,法当在宥。徒二年半,刺而配华州,发运务收管。”[2]此案本是刺面刑和发配刑混用的开端,不过从这个案例中也能够看出,在五代期间,故意伤害致人死亡的,“斗殴者原无杀心”,即无杀人故意的情况,仍然依照故意杀人罪论,虽然根据处罚结果也提高了法定刑,但是并没有在故意伤害的基础上加重处罚,而是法律拟制成另一罪名。

到了宋朝,有了结果加重犯的雏形。《宋刑统》赋解斗讼律规定:“拳手殴人者,笞四十;伤及他物殴人者,杖六十,伤者杖八十;若拳手殴人内损吐血者,亦杖八十;又若用蛇蝎蜂蜇害人者,同斗殴法;又诸两相斗殴后下手理直者,减二等,又故殴人者,加一等;又贼盗律,若以物置人耳鼻及孔窍中有

---

〔1〕《大清帝国刑律分则草案》,新学会社 1908 年版,第 141 页。
〔2〕(清)沈家本:《历代刑法考》,邓经元、骈宇骞点校,中华书局 1985 年版,第 958 页。此案例被视为刺配刑的发端。

所妨碍者，杖八十；其故屏去人饮食衣服之类可以杀伤者，以斗杀伤论之。”[1]宋朝《仁宗纪》中有抢劫罪的相关案例：“景祐二年八月壬子，改强盗法。不持杖、不得财，徒二年；得财为钱万及伤人者，死；持杖而不得财，流三千里，得财为钱五千者，死；伤人者，殊死。不持杖得财为钱六千，若持杖罪不至死者，仍刺隶二千里外牢城。”[2]

元朝的法律中也有结果加重犯的近似规定。《元典章》刑部四断例规定：“殴故无伤，二十七；拳手伤人，三十七；他物伤人，四十七；刀刃伤人，五十七；折指、折牙、眇目、毁缺耳鼻、破骨、汤火伤及秃鬓，各决七十七；刀伤他物、折肋眇两目、堕胎、秽物污人头面，各决八十七；折跌支体、瞎一目，各决九十七；损二事以上，因患致笃疾、断舌毁拜阴阳，各决一百七。”[3]

明朝法律中也有结果加重犯的体现。《明律》规定：“凡斗殴以手足他物殴人，不成伤者笞二十，成伤以他物殴人者，不成伤者，笞三十；成伤者笞四十……拨发方寸以上，笞五十；若血从耳目众中出及内损吐血者，杖八十；以秽物污人头面者罪亦如之，折人一齿及手足一指眇人一目，抉毁人耳鼻若破人骨及用汤火铜铁汁伤人者，杖一百；以秽物灌入口鼻内者罪亦如之，折二齿二指以上及鬓发者，杖六十徒一年；折跌人肢体及瞎人一目者，杖一百徒三年；瞎人两目、折人两肢、损人二事以上及因旧患令致笃疾，若断人舌及毁败人阴阳者，并杖一百流三千里，仍将犯人财产一半断付被伤笃疾之人养赡。”清朝早期立法沿用明朝规定。

上述列举的中国古代的结果加重犯相关立法反映我国古代处罚结果加重犯，不问行为人对加重结果的主观罪过，只要出现加重结果就加重刑罚，这体现了结果责任主义的时代特征。进一步展开说来，第一，在我国古代律法中，也不是没有故意和过失的规定，例如前文所举的五代时期的案件，其

---

〔1〕《大清帝国刑律分则草案》，新学会社1908年版，第142页。

〔2〕（清）沈家本：《历代刑法考》，邓经元、骈宇骞点校，中华书局1985年版，第989页。

〔3〕《大清帝国刑律分则草案》，新学会社1908年版，第143页。

也区分斗殴者是否原本就具有杀心，有杀心就是故意，无杀心有可能是过失，然而结果加重犯的认定则不考虑行为人主观责任，径行定罪，这实际是故意罪和过失罪之外的第三种罪，即所谓结果加重罪。[1] 这是古代刑法结果责任主义的典型表现。第二，唐、宋、元、明、清律法中区分斗殴方法为手足、兵刃或他物，同时规定，成伤便是伤害罪，死亡便是杀人罪，体现出古代的刑法理念认为死亡是创伤的发展，[2] 伤害和死亡是一个过程的两个阶段，因此成立杀人既遂罪的唯一条件是，伤害行为和死亡结果间存在因果关系。因而具有只问客观事实而不问是否含有不可抗力的古代刑法的特征，体现了古代刑法的本质中含有责人以不能的部分。

2. 近代

我国 1911 年颁布的《大清新刑律》具有划时代意义。《大清新刑律》第 13 条规定："非故意之行为，不为罪。但应论以过失者，不在此限。"这是一个划时期的条文，[3] 该条文排斥不问有无故意过失的结果加重犯，完成了责任原则的过渡，进入了责任主义的新阶段，脱离了古代刑法的领域。《大清新刑律》以后的刑法中，虽然仍可发现由于发生一定的结果加重其刑的规定，但这实际上已经成为一种故意罪。犯人对于加重结果的发生，若无故意，便不适用加重规定；若有过失，便属于基本犯罪和过失致死伤罪的想象竞合或者牵连犯，应从一重罪处罚，实际也不适用加重规定。[4] 此时期的结果加重犯对于加重结果也需要以故意为限，暂且不讨论这个归责标准是否过高，但

---

〔1〕 参见蔡枢衡：《中国刑法史》，中国法制出版社 2005 年版，第 183 页。

〔2〕 参见蔡枢衡：《中国刑法史》，中国法制出版社 2005 年版，第 149 页。

〔3〕 蔡枢衡认为这个条文表明：第一，犯人心理分为故意、过失和无过失三种；第二，成立犯罪以故意为原则，过失为例外；第三，认识自己的行为、危害对象和行为的结果是故意，由于不注意致未认识或者误认，便是过失；第四，注意能力决定于个人社会生活知识和经验，若因知识经验不够，即使充分注意，也不可能认识，便无过失，因而无罪；第五，故意和过失已经从区别罪责轻重的条件，成为判断犯罪是否成立的条件；第六，故意和过失称为有责，无责行为不在犯罪范围之内，犯罪范围缩小了。参见蔡枢衡：《中国刑法史》，中国法制出版社 2005 年版，第 178 页。

〔4〕 参见蔡枢衡：《中国刑法史》，中国法制出版社 2005 年版，第 183 页。

是应当说，矫枉需要过正，这样的以责任主义为目标的大跨步有益于纠正我国几千年结果责任主义的法治习惯。

但是，《刑法第二次修正案》(1918年)中增订了“犯罪致发生一定结果而加重其刑者，若犯人不能预见其发生时，不得从重处罚”的条文。笔者揣测，该修正案的执笔者可能是受到了1902年国际刑法学会所决议的“犯人对于犯罪行为之结果负刑事责任，应以其能预见者为限”这一思想的影响，将对结果加重犯的主观责任标准降低至犯人所能预见。

不过，自《刑法第二次修正案》之后，1928年颁布的《中华民国刑法》第29条和1935年《中华民国刑法》第17条继续保留了《刑法第二次修正案》中的规定，稍稍调整为：“因犯罪致发生一定之结果，而有加重其刑之规定者，如行为人不能预见其发生，不适用之。”[1]并且将结果加重犯在分则的罪名中直接明确加重，放弃由故意伤害罪直接转化为故意杀人罪这种此罪转化成彼罪的处罚方式。本书认为，这可能是受到了同时期1932年《日本改正刑法假案》第12条的影响。

3. 现代

我国近代立法仿效德日等大陆法系国家，而现代刑事立法则脱胎于苏俄刑法。1979年新中国第一部刑法诞生，其总则部分对结果加重犯没有明确规定，在分则部分，分别列举结果加重犯，1997年《刑法》同样如此，对于结果加重犯在总则中没有规定，而是在分则中具体设置规定。并且对于结果加重犯的主观罪过形式也没有规定，在分则条文中也没有明确字样表明应当具备何种罪过。

(五)各国法制史之比较

上文中对德国、日本、英国和美国、中国的结果加重犯的法制史进行梳理，其中英美法系的重罪谋杀罪类似于结果加重犯，二者同源，但是重罪谋

[1] 蔡枢衡：《中国刑法史》，中国法制出版社2005年版，第184页。

杀罪是转化犯,而结果加重犯是一罪加重处罚,二者本质不同,并且结果加重犯讨论的行为类型能够包含重罪谋杀罪,本书已经对二者做出比较和区分,故后文中的讨论不再涉及重罪谋杀罪。仅就大陆法系中的结果加重犯予以讨论。

德国刑事法是在承袭罗马法和日尔曼法的基础上发展起来的,且德国是成文法历史悠久的大陆法系国家。日本在明治维新之后效仿德国的法学理论和立法技术,其刑法的立法模式和德国十分相似,但又逐渐有自己的风格。中国在1911年《大清新刑律》之后也加入大陆法系国家的序列,《大清新刑律》的立法顾问之中有冈田朝太郎等日本学者,故《大清新刑律》不可避免地和日本刑法具有相似性。通过梳理中国、德国、日本刑法中结果加重犯的法制史,我们发现这三个国家的情况既有相似之处,也有不同之处。

相似之处在于:第一,结果加重犯类似的立法或者判例在上千年前便已存在,可谓历史悠久,例如中国在五代时期的《王溥·五代会要》中有相关判例,德国在公元654年的西哥特法中也规定了遗弃致死罪和伤害致死罪。第二,在相当长的一段时间,行为人对于引发结果的犯罪是具有故意的,则按照故意杀人罪处理,不考察行为人对加重结果的责任,这是典型的结果责任主义,这种立法技术十分粗糙。第三,结果加重犯在刑法中的出现实际是限制结果责任的成立范围,之前以故意杀人罪处断的结果加重犯,被改为按照故意伤害致死处断,规定进一步精细化。第四,对于基本行为和加重结果的因果关系问题在刑法中均未作具体限定,实务界基本都是按照条件说的标准认定,无法在客观层面排除偶然结果的归责。

不同之处在于:第一,结果加重犯在刑法中正式确立的时间不同,德国是在1851年《普鲁士刑法典》生效后,首次在法典中规定伤害致死罪的结果加重犯;日本是在1890年《第一帝国议会提出案》中首次出现了结果加重犯的规定,之后1928年《日本刑法改正预备草案》中进一步明确规定结果加重犯;中国是在1911年《大清新刑律》中正式规定了结果加重犯。中国和日本结果加重犯立法的时间相近,都在20世纪初,德国则早中国和日本半个世纪,在19世纪中叶即对结果加重犯立法。第二,罪责要求不同,德国在1851年《普鲁士刑法典》中对于行为人对结果的责任不进行要求,采用由故意确定过失的方式,推定罪责存在,直到1953年《德国刑法典》首次将行为人对加重结果至少具有过失要件成文化,在1953年至1998年历次刑法修改中,逐渐地提高责任的要求,对于某些犯罪要求具有"轻率"的构成要件,相较于"过失"又提高了一个层次,并且还删除了原有的"过失+过失"这一类型的结果加重犯。而日本自1928年在总则中确立了结果加重犯的主观标准为行为人对加重结果的预见可能性,后几经修改,围绕着预见可能性的判断标准,由行为人的主观预见可能性说变化为以一般人为判断标准的客观预见可能性说,但是对于行为人的罪责要求均以"预见可能性"为基本要求,无需具备过失。中国1911年《大清新刑律》中规定行为人对于结果加重犯的基本行为和加重结果的罪过形式均需具备故意方可归责,如果对加重结果是过失,则以基本犯罪和过失致死罪的想象竞合处罚。1928年和1935年的《中华民国刑法》均对结果加重犯以预见可能性来限定罪责。而1979年《刑法》总则中并无结果加重犯的规定,具体的结果加重犯规定散见于分则的罪名之中,多表述为"致……发生严重后果""致人重伤、死亡",而对于结果加重犯罪责无明确规定,唯一可参见的是总则中对于故意和过失的规定,以惩罚故意为原则,惩罚过失为例外,仅在刑法有规定时才惩罚过失犯罪,一般认为对于结果加重犯罪责的理解应当参照此条,即以过失为必要。

综上,我们从对中国、德国、日本结果加重犯法制史的梳理中发现,不同国家在不同时期,对于结果加重犯的范围界定是不同的,范围的差异源于对结果加重犯特征的认定具有不同认识。为了限定我国《刑法》中结果加重犯的成立范围,有必要对结果加重犯的特征予以明确。

三、结果加重犯的特征

结果加重犯作为实质的一罪,[1]在世界范围内的刑事立法中广泛存在,结果加重犯的术语本身并无争议,自诞生起未有多种复杂表述,例如在中文中,其被称为“结果加重犯”或者“加重结果犯”,在日文中被称为“加重の結果犯”或“結果加重犯”,在德文中被称为“Erfolgsqualifizierte Delikte”。虽然对术语无争议,但是其概念的表述却异彩纷呈。

按照结果加重犯概念囊括范围的大小可以分为最广义的、广义的和狭义的,区分标准在于责任组合形式的多少。最广义的结果加重犯对于基本行为和加重结果的罪责都不予限制,[2]广义的结果加重犯仅对基本行为或者仅对加重结果的罪责予以限制,[3]狭义的结果加重犯则对基本行为和加

---

〔1〕 我国学者一般都认为结果加重犯系实质的一罪,也有少数学者认为结果加重犯是法定的一罪。参见陈兴良:《本体刑法学》(第3版),中国人民大学出版社2017年版,第486页。

〔2〕 最广义的结果加重犯概念,例如马克昌教授认为结果加重犯是指实施基本犯罪构成要件的行为,但由于发生了基本犯罪构成要件以外的加重结果,因而刑法规定加重刑罚的犯罪形态。参见马克昌主编:《刑法》(第3版),高等教育出版社2012年版,第175~176页。佐久间修认为结果加重犯是指基本行为构成要件实现后,发生一定的重大结果的场合,加重基本犯的法定刑的犯罪。佐久間修『刑法総論』(成文堂,2009年)120頁参照。李希慧认为结果加重犯是指行为人所实施的某种犯罪的危险行为,造成了重于作为该种犯罪构成要件的危害结果的结果,刑法因而规定加重刑罚的犯罪形态。参见李希慧主编:《刑法总论》,武汉大学出版社2008年版,第378页。

〔3〕 限制基本犯的罪过的结果加重犯概念,例如,乌尔斯·金德霍伊泽尔认为结果加重犯是指法规范要求行为人实现某一独立为刑罚所处罚的基本犯是故意的,而若他是至少过失地引发了特别的后果,其行为得到加重。是将故意的基本犯和过失促成结果二者明确认定为一罪,并加以刑罚威胁。参见[德]乌尔斯·金德霍伊泽尔:《刑法总论教科书》(第6版),蔡桂生译,北京大学出版社2015年版,第350页。岡野光雄认为,结果加重犯是一定的犯罪(一般是轻罪,限定在故意),发生了行为人意图以外的加重结果,规定了比基本犯重的法定刑。岡野光雄『刑法要説総論』(成文堂,2009年)37頁参照。顾肖荣认为,结果加重犯是指因基本的故意行为而发生超过其故意的加重结果时,刑法规定了加重其法定刑的情况。参见顾肖荣:《刑法中的一罪与数罪问题》,学林出版社1986年版,第41页。王虎华认为,结果加重犯是行为人实施了刑法分则规定的某种犯罪行为,发生了未曾预期的法定严重后果,而依法对行为人加重其法定刑的形态。参见李邦友:《结果加重犯基本理论研究》,武汉大学出版社2001年版,第4页。

重结果的罪责都予以限定。[1] 李邦友博士指出,这种从广义到狭义的概念分类是没有意义的,因为正如同犯罪的概念没有必要将犯罪构成要素一一体现。[2] 对此观点笔者深表赞同。

"概念"的概念是把所感知事物的共同本质特点抽象出来,反映对象的本质属性,而非面面俱到。所以结果加重犯只需要表达出事物的本质特征即可,不一定要把结果加重犯的全部特征逐一表述。所以概念上的详略表述,不能代表学者对于结果加重犯特征的认识。因此对概念上的争议无助于讨论结果加重犯的特征。只有结果加重犯的特征才能明确结果加重犯在刑法中的具体范围,因而以下将对结果加重犯应当具有的特征予以讨论,只有明确了特征或者特性,才能回答结果加重犯"是什么"这个问题,也才能确立结果加重犯在我国《刑法》中的范围,这也是本书要深入讨论结果加重犯成立规则、共犯、未遂等问题的前提。

以下本书将从刑罚的加重、基本行为与加重结果的责任组合形式,以及加重结果的性质这三个角度切入,对结果加重犯的特征予以明确。

(一)刑罚的加重

结果加重犯的"加重"应当具有两层含义,第一层含义是指发生了更为严重的结果,加重结果超越了基本犯罪构成的范围。例如在放火罪中,基本行为是行为人纵火并使点燃对象独立燃烧,加重结果就是致人重伤、死亡或使公私财产遭受重大损失,这些加重结果显然不被基本行为的构成要件所包含。而以此标准衡量《刑法》第133条交通肇事罪,死亡或者重伤结果已经被基本犯所包含,故交通肇事逃逸致人死亡的,只能算是以"逃逸"为加重情节的情节加重犯。

---

〔1〕 狭义的结果加重犯概念,例如庄子邦雄认为,结果加重犯是基于故意实施基本犯罪行为,发生了行为人没有预期的加重结果,这个加重结果被刑法予以特别规定。莊子邦雄『刑法総論』(青林書院新社,1969年)244頁参照。

〔2〕 参见李邦友:《结果加重犯基本理论研究》,武汉大学出版社2001年版,第1页。

第二层含义是刑罚的加重。这一层含义,在学者对结果加重犯设立的概念中很难得到体现。[1] 上述概念中体现出关于刑罚加重的共性是高于基本犯罪的刑罚,就像是不能要求犯罪的概念中容纳所有犯罪构成要素一样,我们也不能强求结果加重犯的概念把其规范构造全部表述清楚细致。

当我们仔细回顾结果加重犯百余年来招致的最大指责,便是由于其刑罚高于基本行为和加重结果数罪并罚的法定刑之和,因而违背了责任主义,这也是后文中将展开探讨的。具体来说,在心理责任论时代,责任要件二分为故意或者过失,有故意或者过失就具有责任,无故意或者过失就不具有责任。而典型的结果加重犯是由故意的基本行为和过失的加重行为组成,其刑罚的来源也就应当是故意和过失的责任,至于结果加重犯超出故意和过失以外的刑罚无责任与之对应,故在心理责任论和规范责任论的视野下,结果加重犯仍是违背罪责原则的。结果加重犯与传统责任论的紧张关系是不可回避的话题,本书将在下一章详细讨论。并且,通过上文中对德国、日本的比较考察,我们发现,这些国家的立法,仍然将结果加重犯的最高刑设置高于基本行为和加重结果的过失犯罪数罪并罚之和。因此本书认为,在判断立法者是否将某种加重的犯罪构成认定为结果加重犯时,应当以最高刑罚的设置是否超过基本行为和加重结果的刑罚之和为标准。

至于判断结果加重犯的刑罚是否超过基本行为和加重结果的刑罚之和

〔1〕 例如,张明楷教授认为结果加重犯是“法律规定的一个犯罪行为(基本犯罪),由于发生了严重结果而加重其法定刑的情况”。张明楷:《刑法学》(第5版),法律出版社2016年版,第169页。德国罗克辛教授认为结果加重犯是“处在一个特殊的刑罚幅度之下的故意犯罪行为,并且这种犯罪的实施产生了一种进一步更严重的结果”。[德]克劳斯·罗克辛:《德国刑法学总论(第1卷):犯罪原理的基础构造》(1997年第3版),王世洲译,法律出版社2005年版,第218页。日本学者大谷实认为结果加重犯是“重视基本罪中所产生的结果,规定比基本罪更重的法定刑的犯罪”。[日]大谷实:《刑法讲义总论》(新版第2版),黎宏译,中国人民大学出版社2008年版,第190页。我国台湾地区学者陈子平认为结果加重犯是“行为人于实行一定之基本犯罪时,逾越当初认识之结果,而发生比预期更重之结果,从而以基本犯之法定刑为基础,加重其刑而加以处断之犯罪”。陈子平:《刑法总论》,中国人民大学出版社2009年版,第98页。

的方法，我们还是采取前述的“中位数”比较法，取结果加重犯法定刑的平均值为中位数1，取基本犯罪的法定刑平均值为中位数2，对于法定刑为有期徒刑的取15年这一数值，对于法定刑为无期徒刑或者死刑的不取中位数，因为已经跨刑种，可以直接认定为加重，在前文提及的75个条文中，最高刑不是无期徒刑、死刑而是有期徒刑的共有43个，故需要检验的也就是这43个。

具体检验的参考数值，笔者打算采用过失致人死亡的最高刑期，有期徒刑7年。之所以选择过失致人死亡罪作为附加值参与中位数的比较，理由如下：第一，前述介绍德国、日本时，我们发现这些国家结果加重犯的加重结果主要是致人死亡，而且虽然这些国家的结果加重犯基本犯罪的法定刑不同，但是只要出现致人死亡的结果，结果加重犯的法定刑是相同的，这说明，结果加重犯保护法益的重点在于加重结果，而这些加重结果主要是针对人身生命健康法益的。第二，相比而言，我国的加重结果类型多样，除了致人死亡以外还有其他，但是这些情形中也包含致人死亡的结果，例如《刑法》第119条破坏电力设备罪，条文中表述为“造成严重后果的”，而2007年8月15日最高人民法院《关于审理破坏电力设备刑事案件具体应用法律若干问题的解释》第1条规定“造成严重后果”的情形包含“造成一人以上死亡、三人以上重伤或者十人以上轻伤”。相类似情况还有《刑法》第136条、第138条、第139条等。故本书认为，采用过失致人死亡罪的最高刑7年作为附加数值，能够比较出结果加重犯的法定刑是否高于基本行为和加重结果之和。

接下来，对于上述43个最高刑为有期徒刑的结果加重犯的刑罚予以检验，采取中位数检验法，当结果加重犯的平均刑罚大于基本犯平均刑罚加上过失致死罪的最高刑7年，则可以判定符合传统刑法理论中结果加重犯的加重刑罚特征。通过这种比较，发现其中仅有11个罪名的加重刑罚高于基本行为和加重结果之和。其余32个罪名，加重刑罚之后的严厉程度未超过基本行为和加重结果之和。具体数据见表1-3。

表1-3 我国《刑法》中结果加重犯刑罚加重情况

法条	罪名	结果加重犯的刑罚（刑期）	中位数1	基本犯的刑罚（主刑刑期）	中位数2	是否加重
123	暴力危及飞行安全罪	5~15年	10	拘役或者5年以下有期	2.5	是
124	破坏广播电视设施、公用电信设施罪	7~15年	11	3~7年	5	否
128-1	非法持有、私藏枪支、弹药罪	3~7年	5	管制、拘役或者3年以下有期	1.5	否
131	重大飞行事故罪	3~7年	5	拘役或者3年以下有期	1.5	否
132	铁路运营安全事故罪	3~7年	5	拘役或者3年以下有期	1.5	否
133	交通肇事罪	7~15年	11	拘役或者3年以下有期	1.5	是
136	危险物品肇事罪	3~7年	5	拘役或者3年以下有期	1.5	否
137	工程重大安全事故罪	5~10年	7.5	拘役或者5年以下有期	2.5	否
138	教育设施重大安全事故罪	3~7年	5	拘役或者3年以下有期	1.5	否
139	消防责任事故罪	3~7年	5	拘役或者3年以下有期	1.5	否
139之一	不报、谎报安全事故罪	3~7年	5	拘役或者3年以下有期	1.5	否
146	生产、销售不符合安全标准的产品罪	5~15年	10	5年以下	2.5	是
166	为亲友非法牟利罪	3~7年	5	拘役或者3年以下有期	1.5	否
167	签订、履行合同失职被骗罪	3~7年	5	拘役或者3年以下有期	1.5	否
169	徇私舞弊低价折股、出售国有资产罪	3~7年	5	拘役或者3年以下有期	1.5	否
202	抗税罪	3~7年	5	拘役或者3年以下有期	1.5	否
238	非法拘禁罪	3~10年；10~15年	6.5；12.5	管制或者3年以下有期	1.5	是
244之一	雇用童工从事危重劳动罪	3~7年	5	拘役或者3年以下有期	1.5	否
257	暴力干涉婚姻自由罪	2~7年	4.5	拘役或者2年以下有期	1	否
260	虐待罪	2~7年	4.5	管制、拘役或者2年以下有期	1	否

续表

法条	罪名	结果加重犯的刑罚（刑期）	中位数1	基本犯的刑罚（主刑刑期）	中位数2	是否加重
262 之一	组织残疾人、儿童乞讨罪	3～7年	5	拘役或者3年以下有期	1.5	否
268	聚众哄抢罪	3～10年	6.5	管制、拘役或者3年以下有期	1.5	否
278	煽动暴力抗拒法律实施罪	3～7年	5	管制、拘役或者3年以下有期	1.5	否
286	破坏计算机信息系统罪	5～15年	10	拘役或者5年以下有期	2.5	是
291 之一－1	投放虚假危险物质罪，编造、故意传播虚假恐怖信息罪	5～15年	10	管制或者5年以下有期	2.5	是
291 之一－2	编造、故意传播虚假信息罪	3～7年	5	管制或者3年以下有期	1.5	否
292	聚众斗殴罪	3～10年	6.5	管制、拘役或者3年以下有期	1.5	否
307	妨害作证罪	3～7年	5	拘役或者3年以下有期	1.5	否
321	运送他人偷越国（边）境罪	7～15年	11	管制、拘役或者5年以下有期	2.5	是
330	妨害传染病防治罪	3～7年	5	拘役或者3年以下有期	1.5	否
331	传染病菌种、毒种扩散罪	3～7年	5	拘役或者3年以下有期	1.5	否
336	非法行医罪、非法进行节育手术罪	3～10年；10～15年	6.5；12.5	管制、拘役或者3年以下有期	1.5	是
339－1	非法处置进口的固体废物罪	5～10年；10～15年	7.5；12.5	拘役或者5年以下有期	2.5	是
343－1	非法采矿罪	3～7年	5	管制、拘役或者3年以下有期	1.5	否
370－2	过失提供不合格武器装备、军事设施罪	3～7年	5	拘役或者3年以下有期	1.5	否
380	战时拒绝、故意延误军事订货罪	5～15年	10	拘役或者5年以下有期	2.5	是
412－1	商检徇私舞弊罪	5～10年	7.5	拘役或者5年以下有期	2.5	否

续表

法条	罪名	结果加重犯的刑罚（刑期）	中位数1	基本犯的刑罚（主刑刑期）	中位数2	是否加重
413－1	动植物检疫徇私舞弊罪	5～10年	7.5	拘役或者5年以下有期	2.5	否
425	擅离、玩忽军事职守罪	3～7年	5	拘役或者3年以下有期	1.5	否
436	武器装备肇事罪	3～7年	5	拘役或者3年以下有期	1.5	否
437	擅自改变武器装备编配用途罪	3～7年	5	拘役或者3年以下有期	1.5	否
443	虐待部属罪	5～15年	10	拘役或者5年以下有期	2.5	是
445	战时拒不救治伤病军人罪	5～10年	7.5	拘役或者5年以下有期	2.5	否

诚然，本书所提出的“中位数检验法”，只能检验出加重后刑罚高于基本行为和加重结果数罪并罚之和的概率更高。这只是直观地用单个数字之间的对比感受刑罚是否加重。为了复查这个比较的结果，笔者又用基本犯的最高刑加上过失致死罪的最高刑和加重了的刑罚最高刑相比较，如果前者小于后者，则说明，即便将基本行为和加重结果的刑罚认定到最高，加重后了的刑罚一样要高于前两者之和，这才是绝对意义上的结果加重犯，用这种方法对上述43个法条予以检验，结论是除11个法条之外，第124条的结果加重法定刑最高刑高于基本犯和过失致人死亡最高刑之和，故这12个罪名都符合结果加重犯加重刑罚的基本特征。

通过上述比较，在坚持结果加重犯应当具有法定刑高于基本行为和加重结果数罪并罚这一特征的基础上，笔者将31个罪名排除在结果加重犯的范围之外。

（二）基本行为和加重结果的责任组合形式

基本行为和引发加重结果的行为可能是故意和过失。这样一来，结果加重犯可能的责任组合就有四组，分别是：①基本行为故意＋加重结果过失；②基本行为故意＋加重结果故意；③基本行为过失＋加重结果故意；④基本行为过失＋

加重结果过失。但是这四种组合未必在现行法中成立，也未必在理论中能够自洽。

事实上，历来对于结果加重犯概念的争议就包含了对于基本行为和加重结果的责任组合类型的争议。对此问题，大陆法系国家大多对结果加重犯没有在总则中规定，而是在分则中体现。于是对结果加重犯概念的界定就交由学者来完成，而不同国家的学者由于立法之迥异，观念之不同，对于结果加重犯的概念界定也就观点纷呈，如前文所述，从限定的范围宽窄来看可以分为最广义的、广义的和狭义的三大类型。

通过对各国刑法的比较研究我们发现，《德国刑法典》总则对于基本行为的责任形式无规定，对加重结果的责任规定为“至少有过失”；《日本刑法典》总则对于基本行为和加重结果的责任无规定；俄罗斯对结果加重犯的责任组合在总则中规定基本行为为故意、加重结果为过失。[1] 从上述总则规定来看，各国刑法都排斥结果责任，即都否认广义的结果加重犯的概念，然而也只有俄罗斯刑法典中的结果加重犯符合狭义的结果加重犯概念。德国和日本刑法典中的结果加重犯都属于广义的结果加重犯概念。根据德国、日本刑法典分则中的具体规定来看，1953 年《德国刑法典》中曾经出现第309 条失火致死罪和第 314 条过失决水致死罪，但是这两个罪名现在已经废止，现行《德国刑法典》中的结果加重犯典例是“基本行为故意 + 加重结果过失”和“基本行为故意 + 加重结果故意”这两种类型。现行《日本刑法典》中也没有“基本行为过失 + 加重结果过失”型的结果加重犯，其含有的典例和德国一致，也是“基本行为故意 + 加重结果过失”和“基本行为故意 + 加重结果故意”这两种类型。

---

〔1〕《俄罗斯联邦刑法典》总则第 27 条规定“如果由于实施故意犯罪造成了依法应当处以更重刑罚的严重后果，而这种后果又不包括在犯罪人的故意之中，则只有在犯罪人预见这种后果发生的可能性却没有足够根据地轻信可以防止这种后果发生，或者犯罪人应当预见或可以预见这种后果可能发生却未预见时，才应对这种后果承担刑事责任。在总体上，这种犯罪是故意犯罪”。《俄罗斯联邦刑法典》，黄道秀译，北京大学出版社 2008 年版，第 10 页。

对于上文中所阐述的四种类型，类型③“基本行为过失 + 加重结果故意”仅限于逻辑上的推理，在现实生活中罕见，即使发生也应该按照数罪来处理，不应该作为结果加重犯来讨论，否则会造成罪刑不均衡的现象。[1] 结合我国《刑法》，由于我国《刑法》总则并无结果加重犯的规定，结合分则来看，类型①“基本行为故意 + 加重结果过失”作为结果加重犯的典型立法例，是一定存在的，值得讨论的是类型②“基本行为故意 + 加重结果故意”和类型④“基本行为过失 + 加重结果过失”。

类型②“基本行为故意 + 加重结果故意”的关键问题是，对于加重结果能否持故意。我国《刑法》总则部分对结果加重犯的责任未作规定，在分则中体现的行为与加重结果之间的动词一般为“致”“造成”，从用词上看不出立法者对于加重结果责任的限定。尽管如此，部分法条明确规定，如果对于加重结果是故意的，则成立其他犯罪，数罪并罚。例如我国《刑法》第 238 条非法拘禁罪第 2 款规定，使用暴力致人伤残、死亡的，依照本法第 234 条、第 232 条的规定定罪处罚。又如我国《刑法》第 240 条拐卖妇女、儿童罪，2010 年 3 月 15 日印发的《关于依法惩治拐卖妇女儿童犯罪的意见》第 25 条规定：“拐卖妇女、儿童，又对被拐卖的妇女、儿童实施故意杀害、伤害、猥亵、侮辱等行为，构成其他犯罪的，依照数罪并罚的规定处罚。”

上述两个条文规定，当行为人对被害人的死伤结果持故意态度时，则需要数罪并罚，因而这类结果加重犯的加重结果仅限于过失。非法拘禁罪和拐卖妇女儿童罪具有的共性是实行行为都包含暴力，这种暴力有可能给人的生命健康带来威胁，这种基本行为与加重结果是递进性质或者相同性质的犯罪，本书将其称为“同质结果加重犯”；反之，如果基本行为与加重结果

---

〔1〕 参见张明楷：《刑法学》（第 5 版），法律出版社 2016 年版，第 171 页，注释 122。不过对此许玉秀认为，“基本行为过失 + 加重结果故意”的组合应当成立结果加重犯，例如，对于交通肇事后不履行救助义务致被害人伤亡的，依数罪和想象竞合均无法处理，只能依结果加重犯来处理。参见许玉秀：《主观与客观之间——主观理论与客观归责》，法律出版社 2008 年版，第 329 页。

侵犯的是不同法益，只是典型风险的实现，本书则称之为“异质结果加重犯”，例如抢劫罪，基本行为是针对被害人财产权益的，加重结果是针对被害人人身法益的。

本书认为，一般来说，对于同质结果加重犯，通常排斥对加重结果具有故意责任，当对加重结果具有故意时，一般刑法或者相关司法解释会特别规定数罪并罚，如上文所举的《刑法》第238条、第240条，还有第318条组织他人偷越国(边)境罪、第321条运送他人偷越国(边)境罪。然而笔者认为这个规定只是注意性规定，并非法律拟制。例如故意伤害致人死亡罪，如果行为人以伤害的故意对被害人实施殴打，并且对于被害人的死亡结果也是持希望的态度，那么就不能认定行为人成立故意伤害致人死亡罪，而应当成立故意杀人罪。因为对基本行为和加重结果都是故意的伤害行为，在存在论上无法与故意杀人区分，故对于这一类“同质结果加重犯”理论上无法成立“基本行为故意+加重结果故意”的责任组合。但是对于“异质结果加重犯”可以成立“基本行为故意+加重结果故意”的责任组合，例如放火罪、抢劫罪、强奸罪。

另一个需要讨论的是类型④“基本行为过失+加重结果过失”，这种类型理论上成立，并获得了一些学者的支持，[1]在现行立法中也是存在的，这一类的立法有：第131条“重大飞行事故罪”，第132条“铁路运营安全事故罪”，第137条“工程重大安全事故罪”，第138条“教育设施重大安全事故罪”，第167条“签订、履行合同失职被骗罪”，第370条第2款“过失提供不合格武器装备、军事设施罪”，第425条“擅离、玩忽军事职守罪”，第436条“武器装备肇事罪”。以上这些都是“基本行为过失+加重结果过失”这类的加重构成犯罪。本书认为，既然我国《刑法》总则未对结果加重犯的罪责予以规定，总则部分还规定了以惩罚故意为原则，以惩罚过失为例外，那么在

---

〔1〕参见赵秉志主编：《刑法总论》，中国人民大学出版社2007年版，第357页；贾宇主编：《刑法学》(第3版)，中国政法大学出版社2017年版，第161页。

分则规定了过失实施基本行为且过失引发加重构成的,就不应当否定这一类型责任组合的存在。然而,有趣的是,上述“基本行为过失+加重结果过失”类型的加重构成的犯罪,在本书上一部分用结果加重犯的刑罚特征限定结果加重犯的法规范围时,这7个条文全部被排除了出去,只能说这7个条文属于加重构成的犯罪,不是传统意义上的结果加重犯,因为发生了加重结果,所以提高了罪量,但是又没有超过基本行为和加重构成的刑罚之和,故超出基本行为的刑罚,仅仅是罪量的提升。如果随着刑事政策的变化,立法上将这一类犯罪的刑罚提高,那么这些“基本行为过失+加重结果过失”类型的加重构成犯罪就有可能成为我们所讨论的结果加重犯,正如日本学者井田良教授所说,“随着社会发展的不同阶段,刑事政策会使得结果加重犯概念范围也随之变化”,[1]对此观点笔者深以为然。

综上,笔者认为我国《刑法》中的结果加重犯主要是“基本行为故意+加重结果过失”“基本行为故意+加重结果故意”这两种类型,不排斥“基本行为过失+加重结果过失”这一类型,但是由于目前这一类型的加重构成犯罪加重后的刑罚没有超过基本行为和加重构成的数罪并罚之和,故不认为属于结果加重犯的范围,仅仅是罪量的递增。

(三)加重结果的性质

1. 加重结果限于实害犯

结果加重犯的基本行为可以由结果犯构成,也可以由行为犯或者危险犯构成,这在理论界没有争议,并且我国现行立法中也有大量的立法例,例如《刑法》第144条生产、销售有毒、有害食品罪就是典型的危险犯,进一步说是抽象危险犯。然而结果加重犯的加重结果可否由危险构成,对此问题存在争议。

张明楷教授主张,结果加重犯的加重结果不应该包含危险。虽然具体危险相对于抽象危险在危险程度上有差异,但是不能以具体危险作为抽象

[1] 井田良『刑法総論の理論構造』(成文堂,2005年)423頁。

危险的加重结果。[1] 卢宇蓉博士主张,对结果的概念限定于实际的损害事实,而不应将危险包括其内。结果是指行为对于客体所造成的客观损害。只有在及物行为的情况下,由于存在客体对象,所以才存在对这种客体的侵害结果。在没有发生侵害结果而只是发生结果的危险,立法者将其规定为危险犯的情况下,不存在犯罪结果。[2]

与上述观点相反,李邦友教授主张加重结果应当包含危险结果。他指出,如果基本罪侵害的法益不重大而加重结果侵害的法益重大,尽管基本罪为实害结果,刑法仍可以规定重大法益的危险结果为加重结果。[3] 李希慧教授亦认为加重结果并不一定必须是结果犯。[4]

其实,主张加重结果包含危险的观点,其立论基础在于结果包含具体危险,然而结果犯的结果和加重结果犯的结果不能用同一标准衡量。本书认为,加重结果是危险犯的结果加重犯,在理论上难以成立。

首先,如果加重结果包含危险犯,意味着危险犯和实害犯可能招致同样的法定刑,假设《刑法》第 141 条其他特别严重情节包含了具体危险,那么这个并未产生实害结果的具体危险将和致人重度残疾、造成三人以上重伤、重度残疾等实害结果一样面临十年以上有期徒刑、无期徒刑或者死刑的刑罚。这种解释模式未必具有正当性。

其次,结果加重犯加重处罚的依据,或者说其本质特征,就是基本行为中蕴含具有一般预防必要性的,法所不允许的类型性危险、典型性危险。如果加重结果包含危险犯,那么这个危险一定是由基本行为所包含的类型性危险、典型性危险所引起,在这个情况下,基本行为的特殊危险就有被不当

---

〔1〕 张明楷教授认为,例如《刑法》第 144 条生产、销售有毒、有害食品罪,如果行为没有造成严重食物中毒事故与其他食源性疾患,只是造成了具体的危险,那么只能在第一档法定刑"处五年以下有期徒刑,并处罚金"的范围内,将具体危险作为酌定量刑情节,从重处罚。参见张明楷:《严格限制结果加重犯的范围与刑罚》,载《法学研究》2005 年第 1 期,第 88 页。

〔2〕 参见卢宇蓉:《加重构成犯罪研究》,中国人民公安大学出版社 2004 年版,第 147 ~ 148 页。

〔3〕 参见李邦友:《结果加重犯基本理论研究》,武汉大学出版社 2001 年版,第 12 ~ 13 页。

〔4〕 参见李希慧主编:《刑法总论》,武汉大学出版社 2008 年版,第 378 页。

消解的可能性。

最后,加重结果是危险犯的情形,在我国现行刑法中无法存在。结果加重犯的加重结果是危险犯的理论模型有两种:第一种,基本行为是较轻法益的实害犯,加重结果是较重法益的危险犯;第二种,基本行为是某一法益的抽象危险犯,加重结果是某一法益的具体危险犯。第二种模式在德国有类似立法例,例如1964年《德国刑法修正案》对危害交通运输的犯罪加入新型的危险结果加重犯,以酒醉驾车造成对生命或身体的具体危险作为加重要件,而非结果加重犯中的实害结果,因此此种类型称为危险结果加重犯。德国实务界一般认为对于危险结果加重犯不适用《德国刑法典》总则第18条对结果加重犯的规定,但是罗克辛教授认为,实务的观点没有正确认识到具体的危险性犯罪也是结果犯罪。[1] 由此可见,危险结果加重犯在德国能够作为结果加重犯也存在争议。

接下来对比我国现行立法例,我们发现上述两种模式均无存在空间,第一种模式,基本行为保护的是个人法益,加重结果保护公共法益,这种形式的立法我国不存在,我国以公共安全、国家安全为保护法益的犯罪,通常是将对个人法益的保护包含进来,而非递进关系。而对于第二种模式,基本行为是抽象危险,加重结果是具体危险,我国较为接近的立法是《刑法》第141条生产、销售、提供假药罪,此罪的基本犯罪是行为犯,只要实施了生产、销售、提供假药的行为,即符合基本犯罪构成。当对人体健康造成严重危害或者其他严重情节的,处三到十年有期徒刑,当出现致人死亡或者其他特别严重情节时,处十年以上有期徒刑、无期徒刑或者死刑。该条文相关的司法解释是2014年11月3日最高人民法院、最高人民检察院颁布的《关于办理危害药品安全刑事案件适用法律若干问题的解释》(已失效),该解释对第141条中的"对人体健康造成严重危害""其他严重情节""其他特别严重情节"

---

〔1〕 参见[德]克劳斯·罗克辛:《德国刑法学总论(第1卷):犯罪原理的基础构造》(1997年第3版),王世洲译,法律出版社2005年版,第275页。

作出了具体明确的规定,排除了具体危险这一结果存在的空间。

故笔者认为,结果加重犯的加重结果只能是实害犯,不能包含危险犯,在理论上不成立,在我国现行刑法中也无存在空间。

2. 加重结果应当明确

我国《刑法》中结果加重犯的范围过大,边界不明,与加重结果缺乏明确性有直接关系。张明楷教授将"死亡、重伤""严重后果、特别严重后果""重大损失""数额巨大""数额特别巨大""情节严重""情节特别严重"作为加重结果。并且,张明楷教授也认为除了上述第一种是明确的结果加重犯以外,后四种类型中加重结果内容并不确定。[1] 本书认为,应当将加重结果明确化。因为带"结果"字样的未必是结果加重犯,对"结果"这一概念做无限制的扩张解释,就可以将后果、损失、数额、情节包含进来,但是当一个概念可以表达一切元素的时候,这个概念也就失去了它存在的意义。所以笔者认为对于结果加重犯之"结果",应该做狭义的理解,将"结果"的范围明确化,也能将我国《刑法》中结果加重犯的范围明确化。

不是所有带"结果"字样的都是结果加重犯,例如严重后果和特别严重后果,这个结果涵盖面非常广,不具有规范性、具体性和明确性,不是单一指标,是综合指标,表面看似结果加重犯,其实为情节加重犯。[2]

第一,"严重后果""特别严重后果"是不是加重结果?

带有"结果"或者"后果"字样的,未必是结果加重犯。例如《刑法》第181条第1款"编造并传播证券、期货交易虚假信息罪"中有"造成严重后果"的加重构成表述,但是根据最高检、公安部《关于公安机关管辖的刑事案件立案追诉标准的规定(二)》第32条,《刑法》第181条第1款的立案标准为:"(一)获利或者避免损失数额在五万元以上的;(二)造成投资者直接经济损失数额在五十万元以上的;(三)虽未达到上述数额标准,但多次编造并

---

〔1〕 参见张明楷:《严格限制结果加重犯的范围与刑罚》,载《法学研究》2005年第1期,第83页。

〔2〕 参见吴振兴:《罪数形态论》,中国检察出版社2006年版,第116页。

且传播影响证券、期货交易的虚假信息的;(四)致使交易价格或者交易量异常波动的;(五)造成其他严重后果的。”此处的立案标准,即是对第 181 条第 1 款中“严重后果”的具体司法解释。又如,在 2020 年《刑法修正案(十一)》出台之前,第 219 条侵犯商业秘密罪的罪状中也存在“严重后果”和“特别严重后果”的表述,但是根据 2020 年最高人民法院、最高人民检察院《关于办理侵犯知识产权刑事案件具体应用法律若干问题的解释(三)》第 4 条,《刑法》原第 219 条的“特别严重后果”是指“给商业秘密的权利人造成损失数额或者因侵犯商业秘密违法所得数额在二百五十万元以上的”。很显然原第 219 条的规定是数额加重犯,因为罪量的提升而递进地加重了刑罚,并非因为基本行为蕴含的类型性风险实现而具有一般预防必要性。

学者们通常将这一类作为数额加重犯排除在结果加重犯的行列,上文中所列举的卢宇蓉、郭莉、刘灿华博士分别圈定的结果加重犯范围也都不含有此类法条,因而这一类犯罪不属于结果加重犯行列,是毋庸置疑的。需要讨论上文中列举的结果加重犯范围内的 75 个条文。

经统计,这 75 个条文中,以“严重后果”“特别严重后果”“后果特别严重”作为加重构成描述的共有 27 个条文。[1] 这 27 个条文可以分成三类。第一类在司法解释中明确严重后果或者特别严重后果的具体含义,共 12 个

[1] 这 27 个条文分别是:第 119 条第 1 款破坏交通工具罪、破坏交通设施罪、破坏电力设备罪、破坏易燃易爆设备罪;第 122 条劫持船只、汽车罪;第 123 条暴力危及飞行安全罪;第 124 条第 1 款破坏广播电视设施、公用电信设施罪;第 132 条铁路运营安全事故罪;第 136 条危险物品肇事罪;第 137 条工程重大安全事故罪;第 138 条教育设施重大安全事故罪;第 139 条消防责任事故罪;第 142 条生产、销售、提供劣药罪;第 143 条生产、销售不符合安全标准的食品罪;第 145 条生产、销售不符合标准的医用器材罪;第 146 条生产、销售不符合安全标准的产品罪;第 278 条煽动暴力抗拒法律实施罪;第 291 条之一投放虚假危险物质罪,编造、故意传播虚假恐怖信息罪;第 330 条妨害传染病防治罪;第 331 条传染病菌种、毒种扩散罪;第 334 条第 1 款非法采集、供应血液、制作、供应血液制品罪;第 339 条第 1 款非法处置进口的固体废物罪;第 370 条第 1 款过失提供不合格武器装备、军事设施罪;第 377 条战时故意提供虚假敌情罪;第 380 条战时拒绝、故意延误军事订货罪;第 412 条第 1 款商检徇私舞弊罪;第 413 条第 1 款动植物检疫徇私舞弊罪;第 425 条第 1 款擅离、玩忽军事职守罪;第 436 条武器装备肇事罪;第 437 条擅自改变武器装备编配用途罪。

条文(分别是《刑法》第119条第1款、第124条第1款、第142条、第143条、第145条、第146条、第291条之一、第331条、第334条第1款、第339条第1款、第370条第1款、第380条),例如《刑法》第291条之一的投放虚假危险物质罪、编造、故意传播虚假恐怖信息罪,根据2013年9月18日最高人民法院《关于审理编造、故意传播虚假恐怖信息刑事案件适用法律若干问题的解释》第4条,对"造成严重后果"的解释:"(一)造成三人以上轻伤或者一人以上重伤的;(二)造成直接经济损失五十万元以上的;(三)造成县级以上区域范围居民生活秩序严重混乱的;(四)妨碍国家重大活动进行的;(五)造成其他严重后果的。"这一类型,将加重后果清晰解释,并且其含义中都带有致人死亡或者致人重伤这样的典型的结果加重犯的结果,本书认为此类型符合结果加重犯的规范构造。第二类是司法解释并未对严重后果或特别严重后果予以规定,但是该罪的基本犯是含有具体结果的结果犯。这一类有9个条文(《刑法》第136条、第137条、第138条、第139条、第412条第1款、第413条第1款、第425条第1款、第432条第1款、第436条),例如,《刑法》第136条危险物品肇事罪的司法解释,2008年6月25日最高人民检察院、公安部《关于公安机关管辖的刑事案件立案追诉标准的规定(一)》第12条规定:"……(一)造成死亡一人以上,或者重伤三人以上;(二)造成直接经济损失五十万元以上的;(三)其他造成严重后果的情形。"这一类型对于加重结果没有明确的司法解释,但是通过司法解释对其基本犯罪立案标准的阐释,其中含有典型的致人死伤的结果,可以推论,显著超出立案标准的后果,就可以评价为"严重后果"或者"特别严重后果",这一类型也符合结果加重犯的规范构造。第三类是对于基本行为无规范的入罪标准,对于加重结果也无相关规定予以具体解释。这一类有6个条文(分别是《刑法》第122条、第123条、第132条、第278条、第330条、第377条),以《刑法》第122条劫持船只、汽车罪为例,基本行为就是以暴力、胁迫或者其他方法劫持船只、汽车,而加重构成就是"造成严重后果"。这样的表述,对于什么是严重后果并没有规定。笔者认为，结果应当具有明确性和针对性，特别是结果加重犯刑罚普遍偏高，适用这种加重的刑罚应该有审慎的态度。因此对于这一种对“后果”规定不明确的类型，一旦出现了致人死亡或者重伤的结果，应当与故意杀人、故意伤害罪或者过失致人死亡、过失致人重伤，按照想象竞合或者数罪并罚处理，不应当归类为结果加重犯。故前述6个法条应当排除在结果加重犯的范围之外，其中在本章第三部分“（一）刑罚的加重”部分已经排除掉的是《刑法》第132条、第278条、第330条，余下需要排除的是《刑法》第122条、第123条、第377条。

第二，“重大损失”“特别重大损失”是不是加重结果？

“重大损失”或者“特别重大损失”在我国《刑法》的语境里表达的含义通常为影响经济、生产生活，或者是战事战略上的损失。在75条结果加重犯类似立法例中，以重大损失或者特别重大损失作为加重构成的共有7个条文，其中《刑法》第147条生产销售伪劣农药、兽药、化肥、种子罪，第166条为亲友非法牟利罪，第167条签订、履行合同失职被骗罪，第169条徇私舞弊低价折股、出售国有资产罪，这些罪名中保护的法益是社会经济利益，因而其重大损失也是对应经济上的损失，例如《刑法》第166条为亲友非法牟利罪，相关司法解释规定此罪基本行为的立案标准是：造成国家直接经济损失数额在10万元以上；使其亲友非法获利数额在20万元以上；造成有关单位破产、停业、停产6个月以上，或者被吊销许可证和营业执照、责令关闭、撤销、解散的。从这些规定来看，基本犯罪的侵害结果就是经济利益受损，故该条文中“特别重大损失”在无其他明确规定时，也只能理解为针对经济利益受损。然而经济利益的损失并非基本犯罪以外的结果，只不过是当罪量显著提升时，刑罚也相应提高。并且除了《刑法》第147条的法定最高刑为无期徒刑，其余第166条、第167条、第169条的法定最高刑仅为7年，从刑罚的规定来看，这种加重构成也仅仅是罪量的提升。故这一类加重构成犯罪应当归为情节加重犯。

另外四个加重构成为重大损失的犯罪，分别是《刑法》第421条战时违抗命令罪，第 422 条隐瞒、谎报军情罪，拒传、假传军令罪，第 424 条战时临阵脱逃罪，这四个罪名保护的是军事利益。军事利益和国防利益与部队士兵以及人民群众的生命健康直接相关，从这些犯罪的基本犯立案标准中可以窥见，如《刑法》第 421 条战时违抗命令罪的司法解释就规定“造成我方人员死亡一人以上，或者重伤二人以上，或者轻伤三人以上的”，应予立案。故由此基本犯可以推论出，致人死伤的后果包含在“致使战斗、战役遭受重大损失”的表述中。应当认为这四个罪名符合结果加重犯的要求。

通过上述讨论，我们认为对“重大损失”或者“特别重大损失”的犯罪应该具体分析，仅仅以保护经济利益而提高罪量的加重构成犯罪，不是结果加重犯，但为保护战斗利益，保护战争中我方人员生命健康而提高刑罚至死刑的加重构成犯罪，应当认为其符合结果加重犯的规范构造。据此，我们进一步排除出结果加重犯范围的法条是《刑法》第 147 条。

第三，“数额巨大”“数额特别巨大”是不是加重结果？

定量要素是我国刑事立法的特色，定量要素体现在《刑法》总则规定的犯罪的一般概念和《刑法》分则规定的诸多具体犯罪概念之中。[1] 但是在西方国家的刑法典中鲜见定量要素的身影，通常犯罪构成只具有定性的意义，定量的问题交给审判实践来把握。[2] 而我国刑事立法是定罪和定量相结合，其中数额犯、数额加重犯就属于典型的定量立法模式。我国《刑法》条文中的数额数量概念出现频度之高，可能成为世界之最。[3]

---

〔1〕 参见储槐植、汪永乐：《再论我国刑法中犯罪概念的定量因素》，载《法学研究》2000 年第 2 期，第 36 页。

〔2〕 例如《德国刑法典》第 248 条 a 规定，所盗窃侵占之物价值甚微的，告诉乃论。但是刑事追诉机关基于重大公益，认为有依职权进行追诉之必要的，不在此限。《日本刑法典》第 320 条规定的加重盗窃罪，只是规定了入室盗窃、携带凶器或者共同盗窃者加重，而无数额加重之规定。《意大利刑法典》第 624 条规定，为自己或者其他人获取利益的目的，使他人的动产脱离持有人的控制，将其据为己有的，处以 3 年以下有期徒刑和 6 万至 100 万里拉罚金。英美刑法中，对犯罪数额同样重视，但不是体现在对犯罪定性的认定问题上，而是更多体现在量刑当中，例如《美国量刑指南》中关于盗窃、侵占和其他形式的盗窃的量刑中的规定。

〔3〕 参见卢宇蓉：《加重构成犯罪研究》，中国人民公安大学出版社 2004 年版，第 180 页。

在经济犯罪中，数额的多少反映了轻罪、重罪于量上的区别，因而有学者认为，财产损失类的数额犯也算是结果加重犯。[1] 然而本书认为，尽管犯罪数额也属于广义的犯罪结果，但是数额上的加重，只是经济损失的扩大化，是罪量的提升，并非超越基本行为犯罪构成的加重结果。在上述75个待定结果加重犯的法条当中，以“数额巨大”或者“数额特别巨大”作为加重构成表述的共有3个法律条文，分别是《刑法》第263条抢劫罪、第268条聚众哄抢罪、第274条敲诈勒索罪，从法条的规定上来看，第263条将“数额巨大”与“多次抢劫”并列作为加重构成要件，“多次”是情节加重犯，故抢劫罪中的“数额巨大”也应当是情节加重犯，并非结果加重犯。《刑法》第268条聚众哄抢罪和第274条敲诈勒索罪的罪状中也是将“数额巨大”和“其他严重情节”并列，所以也应当作为情节加重犯，或者单独认定为数额加重犯。因此，从根本上来说，上述条文中的“数额巨大”提升的是犯罪行为的罪量要素，并非基本行为蕴含的特殊危险产生了“额外”的加重结果，故不能成立结果加重犯。上述3个条文，抢劫罪因具有致人死亡、重伤的加重结果和加重的刑罚设置，仍然成立结果加重犯。需要排除出结果加重犯范围的是《刑法》第274条敲诈勒索罪和第268条聚众哄抢罪，不过由于聚众哄抢罪的刑罚加重设置不符合结果加重犯的加重特征，早已在前文中排除，所以通过此部分需要进一步排除的是《刑法》第274条敲诈勒索罪。

第四，“情节严重”“情节特别严重”是不是加重结果？

情节与结果这两个概念，水乳交融，很难界分，导致情节加重犯与结果加重犯也难以区分。王世洲教授认为结果包含情节，结果与情节均在行为里，截然分开没有意义，和犯罪对象连在一起。[2] 张明楷教授也认为结果加重犯包含“情节严重”“情节特别严重”。不过也有学者认为由于情节包含结

〔1〕 参见吴振兴：《罪数形态论》，中国检察出版社2006年版，第111～112页；林亚刚：《刑法学教义（总论）》（第2版），北京大学出版社2017年版，第549页。

〔2〕 参见王世洲：《现代刑法学（总论）》，北京大学出版社2011年版，第109页。

果,则情节加重犯应当包含结果加重犯。[1]

欲厘清情节犯与结果犯、情节加重犯与结果加重犯的关系,首先就要明确情节和结果这两个概念的关系。本书认为,情节的概念应该分为广义的和狭义的,广义的情节包含了主客观要素以及与犯罪有关的诸多事实因素,包含对象、手段、方法、时间、地点、环境、动机、目的、结果、数额等,是一个综合性指标,具有多样性,而"结果"只是情节中的一个单项指标,仅限于客观要件中的结果要素。[2] 因此,当将结果加重犯和情节加重犯同时并列提及时,此时的情节应当做狭义理解,至少是不包含结果这一要素的。而当单独提及"情节"时,则可取广义的概念。

在前文所圈定的75个待定结果加重犯立法例中,以"情节严重""情节特别严重"作为加重构成的共有30个条文。[3] 具体又可以分为五种形式:

第一种形式是"情节严重"单独存在,并无相关司法解释明确"情节严重"包含的具体类型,共计9个条文(分别是第328条、第358条第1款、第361条、第262条之一、第300条第1款、第307条、第317条第2款、第426

---

〔1〕 参见卢宇蓉:《加重构成犯罪研究》,中国人民公安大学出版社2004年版,第180页;金泽刚:《犯罪既遂的理论与实践》,人民法院出版社2001年版,第175~177页。

〔2〕 有观点将结果加重犯的结果归纳为"人身损害型""财产损害型""人财混合型"三种类型。参见王作富、党剑军:《论我国刑法中结果加重犯的结构》,载《政法论坛》1995年第2期,第5页。

〔3〕 分别是第125条非法制造、买卖、运输、邮寄、储存枪支、弹药、爆炸物罪、非法制造、买卖、运输、储存危险物质罪,第126条违规制造、销售枪支罪,第127条第1款盗窃、抢夺枪支、弹药、爆炸物、危险物质罪,第128条第1款非法持有、私藏枪支、弹药罪,第133条交通肇事罪,第139条之一不报、谎报安全事故罪,第141条生产、销售、提供假药罪,第143条生产、销售不符合安全标准的食品罪,第144条生产、销售有毒、有害食品罪,第202条抗税罪,第236条强奸罪,第240条拐卖妇女、儿童罪,第244条之一雇用童工从事危重劳动罪,第262条之一组织残疾人、儿童乞讨罪,第268条聚众哄抢罪,第274条敲诈勒索罪,第300条组织、利用会道门、邪教组织、利用迷信破坏法律实施罪、组织、利用会道门、邪教组织、利用迷信致人重伤、死亡罪,第307条妨害作证罪,第317条第2款暴动越狱罪、聚众组织持械越狱罪,第328条盗掘古文化、古墓葬罪、盗掘古人类化石、古脊椎动物化石罪,第343条第1款非法采矿罪,第358条第1款组织卖淫罪、强迫卖淫罪,第361条特定单位的人员组织、强迫、引诱容留、介绍卖淫的处理规定,第369条第1款破坏武器装备、军事设施、军事通信罪,第370条第1款故意提供不合格武器装备、军事设施罪,第424条战时临阵脱逃罪,第426条阻碍执行军事职务罪,第438条第1款盗窃、抢夺武器装备、军用物资罪,第445条战时拒不救治伤残军人罪,第446条战时残害居民、掠夺居民财物罪。

条、第 438 条第 1 款)。例如第 358 条组织卖淫罪,“情节严重的”处加重刑罚。笔者认为应该考察该法条的加重刑罚是否显著提高,如果显著提高,则表明情节中包含了极其严重的类似于致人死亡或者重伤的结果,应当成立结果加重犯。第 358 条组织卖淫罪的最高刑是无期徒刑,故应当成立结果加重犯。反之当刑罚没有显著提高时,则不成立结果加重犯,例如第 262 条之一的组织残疾人、儿童乞讨罪,前文已述其刑罚并未显著提高,故否定其成立结果加重犯。

第二种形式也是“情节严重”单独存在,但是司法解释或者法律条文中将情节严重解释为致人死亡、重伤等具体结果,共计 11 个条文(分别是第 125 条、第 126 条、第 127 条第 1 款、第 128 条第 1 款、第 202 条、第 244 条、第 300 条第 2 款[1]、第 343 条第 1 款、第 369 条第 1 款、第 370 条第 1 款、第 446 条)。例如,第 369 条第 1 款破坏武器装备、军事设施、军事通信罪,即规定“情节特别严重的,处十年以上有期徒刑、无期徒刑或者死刑”,相关司法解释规定“情节特别严重”包含“造成部队执行抢险救灾、军事演习或者处置突发性事件等任务的通信中断或者严重障碍,并因此贻误部队行动,致使死亡 3 人以上、重伤 10 人以上或者财产损失 100 万元以上”。这种情节严重的情形显然包含结果严重,且刑罚显著提高,故应当属于结果加重犯。

第三种形式是与具体加重结果相并列,共计 7 个条文(分别是第 141 条、第 143 条、第 144 条、第 236 条、第 240 条、第 424 条、第 445 条)。例如,第 141 条生产、销售、提供假药罪,加重构成的表述是“致人死亡或者有其他特别严重情节”,这种情况由于加重构成的表述含有加重结果,且刑罚显著提高,故这类法条应当属于结果加重犯。

第四种形式是情节以具体的行为特征描述,体现在犯罪构成中,例如第 133 条交通肇事罪,第一档加重刑为三到七年,加重依据是“逃逸或者有其他

---

[1] 我国《刑法》第 300 条第 2 款规定了组织、利用会道门、邪教组织、利用迷信致人重伤、死亡的按照第 1 款的规定处罚,即按照情节特别严重处罚。

特别恶劣情节”,这显然是情节加重犯,第二档加重刑为“七年以上有期徒刑”,加重依据是“逃逸致人死亡”,由于死亡的结果在基本犯之中已经有体现,故此处的“逃逸”是相对于基本犯的情节加重犯,即此时的“情节”做狭义理解,故第133条交通肇事罪不是结果加重犯。另外,交通肇事罪的特殊之处在于基本犯罪即过失犯,且为结果犯,其基本犯的结果已然相当于过失致人死亡的结果,但是法定刑以三年为上限,远低于过失致人死亡的最高刑上限七年,这一立法例也是我国《刑法》中的特殊存在。

第五种形式是情节与数额一并作为加重构成规定,并且对于情节加重的情形未予说明,立法例是第268条和第274条。第268条聚众哄抢罪规定,“数额巨大或者有其他特别严重情节的,处三年以上十年以下有期徒刑”,从加重后的法定刑最高为十年也能够看出,这里的加重情节不含有致人死亡等严重后果,刑罚的提高仅仅是罪量的提升,故第268条不是结果加重犯。而第274条敲诈勒索罪,刑罚被设置成三级阶梯:第一阶梯基本犯罪是三年以下有期徒刑、拘役或者管制,第二阶梯是三到十年有期徒刑,第三阶梯是十年以上有期徒刑;能够看出随着数额的增大和情节的加重,其罪量和刑罚平行递增,并且根据敲诈勒索罪的保护法益,主要是被害人的财产权益,故可以认定这里的情节加重只能理解为罪量,因此第274条敲诈勒索罪也不成立结果加重犯。

综上,笔者将疑似结果加重犯的涉及情节加重的30个立法例,分成五组分别考察,得出结论。第一,当情节加重犯被单独规定且无司法解释说明其包含何种具体结果时,考察其法定刑的提高是否符合结果加重犯的特征,如果符合,这说明立法者预设了一般预防必要性,因此才成立结果加重犯,反之不成立结果加重犯,如第262条之一就不符合结果加重犯的要求。第二,当情节加重犯被单独规定并且有相关司法解释或者其他法律条文明确指出其中含有加重结果时,则成立结果加重犯。第三,当情节加重与结果加重的表述并列时,显然肯定成立结果加重犯。第四,第133条交通肇事罪中的

“逃逸”是情节加重的灵活表述,故此罪不属于结果加重犯。第五,当情节加重与数额加重并列表述时,考察法定刑的提高程度和罪名保护的法益,可以将第268条和第274条罪名排除出结果加重犯的范畴。

四、我国《刑法》中的结果加重犯的范围限定

前文所举的75个条文囊括了我国《刑法》中可能被认定为结果加重犯的所有罪名。然而本书认为,前文提及的刘灿华、卢宇蓉、郭莉三名学者研究的范围划定集合差异比较大,有重合也有矛盾,故本书通过一边梳理结果加重犯的规范构造,一边为结果加重犯的范围“瘦身”。第一步,确认结果加重犯的刑罚特征,是加重幅度应当有可能超过基本行为和加重结果数罪并罚之和,以此标准排除了31个条文(第128条、第131条、第132条、第136~139条、第139条之一、第166条、第167条、第169条、第202条、第244条之一、第257条、第260条、第262条之一、第268条、第278条、第291条之一、第292条、第307条、第330条、第331条、第343条第1款、第370条第2款、第412条、第413条、第425条、第436条、第437条、第445条)。第二步,将规定不明确的“严重后果”“特别严重后果”排除出结果加重犯的范围,进而排除了第122条、第123条、第377条。第三步,通过探讨“重大损失”“特别重大损失”仅仅是罪量的提升,而非结果加重犯,排除了第147条。第四步,通过探讨“数额巨大”“数额特别巨大”也是罪量的提升,而非结果加重犯,排除了第274条。第五步,通过探讨情节加重与结果加重的关系,排除的是第262条之一(已在第一步排除)、第133条、第268条(已在第一步排除)、第274条(已在第四步排除)。综上所述,通过逐步排查,否定了全集里面39个条文成立结果加重犯的可能性,本书划定的结果加重犯范围仅为38个条文,如表1-4所示。

表1-4 我国《刑法》中的结果加重犯范围

序号	法条	罪名	基本犯主刑刑期	结果加重犯刑期	加重表述(简写)	刘[①]	卢[②]	郭[③]
1	115-1	放火、决水、爆炸、投放危险物质、以危险方法危害公共安全罪	3~10年	10年以上、无期、死刑	致人重伤、死亡或者使公私财产遭受重大损失的	√	√	√
2	119-1	破坏交通工具、交通设施、电力设备、易燃易爆设备罪	3~10年	10年以上、无期、死刑	造成严重后果的	√	√	√
3	121	劫持航空器罪	10年以上、无期	死刑	致人重伤、死亡或者使航空器遭受严重破坏的	√	√	√
4	124-1	破坏广播电视设施、公用电信设施罪	3~7年	7年以上	造成严重后果的	√	√	√
5	125	非法制造、买卖、运输、邮寄、储存枪支、弹药、爆炸物罪,非法制造、买卖、运输、储存危险物质罪	3~10年	10年以上、无期、死刑	情节严重的	×	×	√
6	127	盗窃、抢夺枪支、弹药、爆炸物、危险物质罪	3~10年	10年以上、无期、死刑	情节严重的	×	×	√
7	141	生产、销售、提供假药罪	拘役、3年以下有期	10年以上有期、无期、死刑	致人死亡或者有其他严重情节的	√	√	√
8	142	生产、销售、提供劣药罪	3~10年	10年以上、无期、死刑	后果特别严重的	√	√	√
9	143	生产、销售不符合安全标准的食品罪	拘役、3年以下有期	3~7年;7年以上、无期	造成严重危害或后果特别严重的	√	√	√
10	144	生产、销售有毒、有害食品罪	5年以下	5~10年;10年以上、无期、死刑	致人死亡或者有其他特别严重情节的	√	√	√
11	145	生产、销售不符合标准的医用器材罪	拘役、3年以下有期	3~10年;10年以上、无期	后果特别严重的	√	√	√

续表

序号	法条	罪名	基本犯主刑刑期	结果加重犯刑期	加重表述(简写)	刘	卢	郭
12	146	生产、销售不符合安全标准的产品罪	5年以下	5年以上	后果特别严重的	×	√	√
13	234	故意伤害罪	管制、拘役、3年以下有期	3~10年;10年以上、无期、死刑	致人重伤的;致人死亡或者手段残忍致人重伤的	√	√	√
14	236	强奸罪	3~10年	10年以上、无期、死刑	致人重伤、死亡的	√	√	√
15	238	非法拘禁罪	管制、拘役、3年以下有期	3~10年;10年以上	致人重伤的;致人伤残、死亡的	√	√	√
16	239	绑架罪	5~10年	10年以上、无期;无期或者死刑	杀害、故意伤害致人重伤或者死亡的	√	√	√
17	240	拐卖妇女、儿童罪	5~10年	10年以上、无期;死刑	致人重伤、死亡或有其他情形;情节特别严重的	√	√	√
18	263	抢劫罪	3~10年	10年以上、无期死刑	数额巨大或者致人重伤、死亡的	√	√	√
19	286	破坏计算机信息系统罪	拘役、5年以下有期	5年以上	后果特别严重的	×	√	×
20	300	组织、利用会道门、邪教组织、利用迷信破坏法律实施罪	管制、拘役、3年以下有期	3~7年;7年以上、无期	致人重伤死亡的	×	×	√
21	317-2	暴动越狱罪、聚众持械劫狱罪	3~10年	10年以上、无期;死刑	情节特别严重的	×	×	√
22	318	组织他人偷越国(边)境罪	2~7年	7年以上、无期	造成被组织人重伤、死亡的	√	√	√
23	321	运送他人偷越国(边)境罪	管制、拘役、5年以下有期	7年以上	造成被运送人重伤、死亡的	√	√	√

续表

序号	法条	罪名	基本犯主刑刑期	结果加重犯刑期	加重表述(简写)	刘	卢	郭
24	328	盗掘古文化遗址、古墓葬罪,盗掘古人类化石、古脊椎动物化石罪	管制、拘役、3年以下有期	3~10年;10年以上、无期	一般的;有加重情节的,如严重破坏	×	√	×
25	334-1	非法采集、供应血液,制作、供应血液制品罪	5年以下、拘役	5~10年;10年以上、无期	造成严重危害的;造成特别严重后果的	√	√	√
26	336	非法行医罪、非法进行节育手术罪	管制、拘役、3年以下有期	3~10年;10年以上	严重损害就诊人身体健康的;造成就诊人死亡的	√	√	√
27	339-1	非法处置进口的固体废弃物罪	拘役、5年以下、5~10年	10年以上	后果特别严重的	×	√	√
28	358-1	组织卖淫罪、强迫卖淫罪	5~10年	10年以上、无期	情节严重的	√	√	√
29	361	旅馆业等组织卖淫等罪	5~10年	10年以上、无期	情节严重的	√	√	√
30	369	破坏武器装备、军事设施、军事通信罪	管制、拘役、3年以下有期	3~10年;10年以上、无期、死刑	情节特别严重的	×	×	√
31	380	战时拒绝、故意延误军事订货罪	拘役、5年以下有期	5年以上	造成严重后果的	×	√	√
32	421	战时违抗命令罪	3~10年	10年以上、无期、死刑	致使战斗、战役遭受重大损失的	×	√	√
33	422	隐瞒、谎报军情罪,拒传、假传军令罪	3~10年	10年以上、无期、死刑	致使战斗、战役遭受重大损失的	×	√	√
34	424	战时临阵脱逃罪	3年以下	3~10年;10年以上、无期、死刑	情节严重的;致使战斗、战役遭受重大损失的	×	√	×

续表

序号	法条	罪名	基本犯主刑刑期	结果加重犯刑期	加重表述(简写)	刘	卢	郭
35	426	阻碍执行军事职务罪	拘役、5年以下有期	5～10年;10年以上、无期	情节严重的;情节特别严重的	×	×	√
36	438－1	盗窃、抢夺武器装备、军用物资罪	拘役、5年以下有期	5～10年;10年以上、无期、死刑	情节严重的;情节特别严重的	×	×	√
37	443	虐待部属罪	拘役、5年以下有期	5年以上	致人死亡的	√	√	√
38	446	战时残害居民、掠夺居民财物罪	5年以下	5～10年;10年以上、无期、死刑	情节严重的;情节特别严重的	×	×	√

注:①刘灿华博士在其研究中划定的结果加重犯的范围。参见刘灿华:《结果加重犯研究》,法律出版社2016年版,第287～291页。

②卢宇蓉博士在其研究中划定的结果加重犯的范围。参见卢宇蓉:《加重构成犯罪研究》,中国人民公安大学出版社2004年版,第151～153页。

③郭莉博士在其研究中划定的结果加重犯的范围。参见郭莉:《结果加重犯结构研究》,中国人民公安大学出版社2013年版,第223～231页。

结果加重犯的讨论方向,一直是严格限制其适用,而我国刑法的立法现实是,结果加重犯数目庞大,范围不清。本书通过上述讨论,严格限缩了结果加重犯在《刑法》中的数量,明确了在《刑法》中的范围,以此为前提,展开接下来的讨论。

第二章

结果加重犯的加重处罚依据

一、问题的提出

结果加重犯的刑罚超过基本犯和加重结果的刑罚之和，这是世界范围内的普遍现象，以抢劫致人死亡罪为例，如表 2－1 所示。

表 2－1　各国刑法中抢劫致人死亡的刑罚规定

国家	抢劫罪基本犯的刑罚	过失致人死亡罪的刑罚	抢劫致人死亡的刑罚
中国	3 年以上 10 年以下有期徒刑	情节较轻的，3 年以下有期徒刑；一般情节，3 年以上 7 年以下有期徒刑	10 年以上有期徒刑、无期徒刑或者死刑
德国	情节较轻的，6 个月以上 5 年以下自由刑；一般情节的，1 年以上 15 年以下自由刑	3 年以上自由刑；情节较轻的，处 1 年以上 10 年以下自由刑	终身自由刑或 10 年以上 15 年以下自由刑
日本	3 年以上 20 年以下有期惩役	50 万日元以下罚金	死刑或者无期惩役
俄罗斯	3 年以上 8 年以下剥夺自由，并处或不并处数额为 50 万卢布以下或被判刑人 3 年以下工资或其他收入的罚金	2 年以下的限制自由或剥夺自由	8 年以上 15 年以下剥夺自由，并处或不并处数额为 100 万卢布以下或被判刑人 5 年以下的工资或其他收入的罚金
韩国	最高刑为 15 年有期徒刑	最高刑为 2 年有期徒刑	死刑或者无期徒刑
丹麦	不超过 6 年的监禁	罚金或者不超过 4 个月的监禁	不超过 10 年的监禁
挪威	5 年以下监禁	3 年以下监禁	21 年以下监禁
奥地利	1 年以上 10 年以下自由刑	1 年以下自由刑	10 年以上 20 年以下自由刑或者终身自由刑

如果把抢劫致人死亡理解为抢劫的基本行为和过失致人死亡结果的结合形态，那么从表 2－1 中我们能看出：第一，结果加重犯的刑罚在世界范围内都属于重刑，并且存在突破刑种，由有期自由刑向无期徒刑和死刑转化的趋势。上述八个国家中，保留死刑的国家分别是中国、日本、韩国、俄罗斯，除俄罗斯外，其余三个国家抢劫致人死亡的最高刑均为死刑。第二，大多数

国家抢劫致人死亡的刑罚要高于抢劫的基本犯与过失致人死亡的刑罚之和,具体来说,并不是结果加重犯的量刑一定就在基本犯和加重结果刑罚之和之上,而是结果加重犯的量刑范围能够超出基本犯和过失致人死亡的刑罚之和。也正因如此,结果加重犯备受指责。

例如,"学者间有谓加重处罚不预见之结果而负加重之责任,乃古代刑法之遗物,有背刑事责任原则,无继续保存之价值"。[1] 或有称结果加重犯为"这个时代令人愤怒的污点",[2] 或者在法理上强烈地批评结果加重犯,此种理论"天真的无以复加""是最不幸的理论之一",[3] 也有从宪法的角度探讨结果加重犯的合宪性,认为"单看条文的本身,结果加重犯的规定应属违宪"。[4]

在刑法史上似乎不可能找到另一个比结果加重犯受更多委屈的归责原理。结果加重犯不只像没娘的孩子,更像受亲生父母凌虐的孩子,在刑法学史上只获得了稀稀落落的公道话。结果加重犯受了这么多折磨,还能在法典上存活,而且逐渐获得一些肯定,这不能不说是一项生命的奇迹。[5] 回顾结果加重犯理论的研究历史,除了废除论的主张外,其他的学说都在为结果加重犯和责任主义之间矛盾的调和作努力。

学理上对加重根据的探讨多是集中在基本行为和加重结果之间的关系上,因而有单一形态理论、复合形态理论和危险性理论之争。然而就基本行为和加重结果之间的关联性予以讨论,仅是就结果加重犯内部构造的探讨,明确结果加重犯的加重处罚依据,不仅需要内部视角的解释论角度,也需要

---

〔1〕 韩忠谟:《刑法原理》,北京大学出版社2009年版,第204页。

〔2〕 Löffler观点。参见许玉秀:《前行为保证人类型的生存权?——与结果加重犯的比较》,载《政大法学评论》第50期(1994年),第150页,注释89。

〔3〕 Binding观点。参见许玉秀:《前行为保证人类型的生存权?——与结果加重犯的比较》,载《政大法学评论》第50期(1994年),第150页,注释90。

〔4〕 黄荣坚:《刑法问题与利益思考》,中国人民大学出版社2009年版,第504页。

〔5〕 参见许玉秀:《前行为保证人类型的生存权?——与结果加重犯的比较》,载《政大法学评论》第50期(1994年),第150页。

外部视角的立法论角度。从解释论角度探讨的问题是,基本行为和加重结果之间具备何种关联始具有加重处罚的必要性。从立法论角度探讨的问题是,立法者如何平衡刑事政策和责任主义,将结果加重犯规定了超出基本犯和加重结果刑罚之和的刑罚。然而这两个视角是不能被区隔的,结果加重犯学说的发展史就是学者们为缓和结果加重犯与责任主义紧张关系的历史,结果加重犯立法的发展史就是立法者们权衡责任主义与刑事政策,限缩结果加重犯范围的历史。因而本书以下以责任主义的发展流变为视角观察其中结果加重犯本质理论的演进,并试图为结果加重犯寻求加重依据正当化的根基。

二、以责任主义的发展看结果加重犯本质论之演变

"责任学说的发展是衡量刑法进步的晴雨表",〔1〕刑法的发展史也是责任主义的发展史,责任主义是一个很长的并且目前仍然没有结束的发展的结果。结果加重犯立法上的不断调整和限缩也是随着责任主义之变而变。因此探讨结果加重犯的本质,离不开对责任主义的探讨。日本学者齐藤金作指出:"如果说,刑法史的道路是从结果责任到心理责任,并且以心理责任作为进化目标,那么在谈论结果加重犯时,它既是立法论问题,也是解释论问题,需要从偶然责任中抽离。"〔2〕可以说,当谈论结果加重犯的本质时,这首先是一个解释论上的问题,探讨基本行为和加重结果之间具备怎样的关联,才能值得加重处罚。然而具备的"关联"并不是一个先验的存在,这是立法者的选择,只有摸清"立法者的选择"理由,才能继续讨论在司法中如何判断结果加重犯的成立,立法论层面的讨论是司法论层面讨论的前提。

立法者的选择包含两层含义:一是选择哪一类犯罪作为结果加重犯,二

〔1〕[德]弗兰茨·冯·李斯特:《李斯特德国刑法教科书》,徐久生译,北京大学出版社2021年版,第212页。

〔2〕榎本桃也『結果加重犯の再検討』(成文堂,2011年)13頁。

是结果加重犯的基本行为和加重结果之间具备怎样的关联才值得加重处罚。驱动立法者价值选择的原动力即刑事政策,李斯特曾经提出的“刑法是刑事政策不可逾越的屏障”,即道出了刑事政策与教义学的隔阂。但是现今的情况是越来越多的人认识到只有将刑事政策与教义学相互融合,刑法才具有生命力,刑事政策才具有规范性和体系性。于是罗克辛明确提出只有允许刑事政策的价值选择进入刑法体系中去,以实现刑事政策和刑法之间的体系性统一,才是正确之道。[1] 刑法与刑事政策的融合,重点就在于有责性阶层。三阶层体系中,有责性是界定行为人罪责的有无及大小的最后一道工序,是罪刑法定原则的最后一道屏障,同时有责性也与定罪之后的刑罚裁量直接相关。可以说有责性是犯罪论和刑罚论之间的桥梁。因此,从责任主义的视角出发,能够引领我们摸索刑事政策的变化规律,进而考察结果加重犯理论变化的轨迹,同时这也成为寻找结果加重犯正当化依据的突破点。

(一)结果责任论:自陷禁区原则、单一形态说

一般认为,结果加重犯脱胎于结果责任主义。所谓结果责任,也被称为客观责任,与主观责任相对,只按行为后继起的现象来衡量犯人的责任,早期结果责任主义对于行为前后发生的因果关系也不做考察和限缩,并且不论精神正常与否和年龄大小,只要发生加重结果,一律追究刑事责任。因而形成了所谓结果责任时代。人类社会的法典采取结果责任主义的历史可谓相当久远。如果将结果加重犯理解为基本行为产生了加重结果,进而加重刑罚,那么追溯至公元前2000年前,两河流域就有相关立法,如古巴比伦两河流域的《埃什嫩那国王俾拉拉马的法典》:

第二十二条　倘自由民并无他人所负之债,而拘留他人之婢为质,

---

〔1〕参见[德]克劳斯·罗克辛:《刑事政策与刑法体系》(第2版),蔡桂生译,中国人民大学出版社2011年版,第16页。

则婢之主人应对神宣誓云:我不负你任何债务,而自由民应付出与一婢之身价相等之银。

第二十三条 倘自由民并无他人所负任何之债,而拘留他人之婢为质,并扣留此质于其家直至于死,则自由民应赔偿婢之主人以两婢。[1]

上述法律类似于我国《刑法》中的非法拘禁罪,当发生致人死亡的情形时,要双倍责罚于行为人。但是在原始社会,责罚的形式是偿还双倍的奴隶,不涉及自由刑的加重。

在原始社会的其他阶段也可以找到相关立法,例如《摩西律法关于奴隶和借贷的规定》(《出埃及记》第二十一章)规定:

人若彼此争斗,伤害有孕的妇人,甚至堕胎,随后却无别害,那伤害他的总要按妇人的丈夫所要求的,照审判官所断的受罚。若有别害,就要以命偿命,以眼还眼,以牙还牙,以手还手,以脚还脚,以烙还烙,以伤还伤,以打还打。[2]

上述摩西法中的规定体现了在导致妇女堕胎的基本行为之外,只要出现了其他的加害结果,就要以同态复仇的模式施加刑罚。

---

[1] 法学教材编辑部《外国法制史》编写组:《外国法制史资料选编》,北京大学出版社 1982 年版,第 7 页。

[2] 法学教材编辑部《外国法制史》编写组:《外国法制史资料选编》,北京大学出版社 1982 年版,第 98 页。又如,《汉穆拉比王法典》(约公元前 1792～1750 年)第 209 条规定:"倘自由民打自由民之女,以此致此女堕胎,则彼因使人堕胎,应赔银十舍客勒。"第 210 条规定:"倘此妇死亡,则应杀其女。……"第 233 条规定:"倘建筑师为自由民建屋而其工程不固,致墙壁倒塌,这次建筑师本人应出资将墙壁加以修缮。"第 230 条规定:"倘房主之子因而致死,则应杀此建筑师之子。"第 231 条规定:"倘房主之奴隶因而致死,则应对房主以奴还奴。"引自上书第 41～43 页。上述第 209 条和第 210 条之间的关系是,致使妇人堕胎之外,又发生了致妇人死亡的结果,那么相比于堕胎的罚金刑之外,行为人还需要用自己的女儿偿命。第 230 条、第 231 条相对于第 233 条也是因为发生了致人死亡的结果,而加重处罚。

古代法典中凡是因加重结果而加重惩罚的法条,都可以算作结果加重犯在结果责任时代的鼻祖。从上述列举的法条当中不难看出,结果责任主义之下的古代刑法,对于行为人引发加重结果的情形,不考察行为人的主观罪过直接归责。原始社会的刑罚观念是"以眼还眼,以牙还牙",刑罚设置不均衡,生刑少,肉刑多,变相的死刑也就多,基本犯的刑罚有可能使行为人受到死刑惩罚,故即便加重刑罚也没有余地,同时结果加重犯类似的罪状零星散见于不同时代的法典当中,不成体系,故结果责任时代其实并无结果加重犯,仅仅是雏形,自然也不可能有结果加重犯的理论。虽然如此,仍需承认的是结果加重犯萌芽于结果责任时代。一般认为,结果加重犯起源于教会法上的自陷禁区原则。

1. 自陷禁区原则

自陷禁区原则与单一形态说同属于结果责任时代,自陷禁区原则被视为结果加重犯的萌芽。这个原则产生于 1191 年至 1198 年成立的伯纳德斯·帕皮恩斯(Bernadus Papiensis)大布告,这个布告是针对偶然行为的,如果行为人偶然地杀了人,但是这期间朝着合法行为的方向做了努力并给予了必要的注意,那么就不归责于行为人自身,这只是偶然的运气。反之,既不向合法行为方向努力,同时也不给予必要的注意,责任就应该由行为人承担。这个原则是约束当时的圣职者,当他们实施了不被允许的行为并产生了恶果(特别是人员死亡),那么就给他们身上打上不称职的烙印,剥夺他们的神圣资格。例如,修道士在给咽喉肿胀的妇人做手术,因为忽视了手术规范导致妇女失血死亡,手术是为了利益而实施的,那么就肯定是不正当的行为。但即便是出于博爱精神,同时该修道士也是熟练者,在忽视手术重要规范的情况下,该行为同样是不正当的,否定圣职者的适格性。这个原则于 13 世纪被杜兰蒂斯(Durantis)注释学派引入世俗法。[1]

---

〔1〕 丸山雅夫『結果的加重犯論』(成文堂,1990 年)192 頁注释 7 参照。

但是对于世俗法中的自陷禁区原则大家的理解未必一致。达姆(Dahm)认为,既然实施了故意行为,那么故意行为和结果之间的因果关系可以不经考察,而将结果归责于行为人。〔1〕基于同样的理解,有学者做出这样的比喻,行为人通过实施犯罪活动,就仿佛在外界放置了一个活生生的鸡蛋,因此他必须对于蛋能够"孵化"有认识。对于上述见解,宾丁认为是最卑劣的理论。〔2〕

受自陷禁区原则影响,欧洲大陆刑法维持了较长时间的结果责任。自陷禁区原则的世俗化经过中世纪的意大利法学的改造,在继承罗马法的德国法中,自陷禁区原则的本质是危险责任,行为人从事不被允许的行为中具有引发一定结果的盖然性危险,以固有义务的违反来设定危险状态。这个理念已经区别于结果责任时代的即使没有责任也要归责于行为人的立场。〔3〕例如,当时的萨克森(Sachsen)城邦(1215 ~ 1235 年)把伤害致死罪作为一般的故意杀人来处理。受到自陷禁区原则影响的意大利法学把具有发生结果可能性的危险理解为犯罪举动,至此,不正当的事(res illicita)和危险的事(res periculosa)几乎是同义,并且意识到行为和结果之间应当有所关联,也就是说,不正当行为引发了加重结果,行为人必须被处以故意犯的刑罚。〔4〕按照这种理论,只要实施了不正当的行为并发生了加重结果,那么行为人就对结果构成故意犯。在此观点基础上,为了限制不正当行为的范围,间接故意理论诞生。

间接故意理论由托马斯·冯·阿奎那(Thomas von Aquin)创始,其将对结果具有直接意欲和对引发结果的行为具有意欲的情形区分开,将后者确认为间接故意。蒂达库斯·卡瓦卢维亚斯(Didacus Covarruvias)也认为意

---

〔1〕参见 G. Dahm, Das Strafrecht Italiens im ausgehenden Mittelalter, 1931, S. 259f。转引自丸山雅夫『結果的加重犯論』(成文堂,1990 年)192 頁注释 9。

〔2〕丸山雅夫『結果的加重犯論』(成文堂,1990 年)183 頁参照。

〔3〕丸山雅夫『結果的加重犯論』(成文堂,1990 年)183 頁参照。

〔4〕丸山雅夫『結果的加重犯論』(成文堂,1990 年)184 頁参照。

图结果的原因(行为)的人对于结果具有间接故意。但是作为结果原因的行为,也不是所有的都适格,一定是具有发生某种结果的倾向。例如,行为的性质是着手有死亡危险性的行为,但是发生了没能预见的死亡结果,则行为人成立杀人罪。并且,对于结果有直接意欲和对于引发结果的行为有直接意欲的情形也不同,前者就是杀人罪的通常刑,后者应当是相对减轻的例外刑。17 世纪至 18 世纪意大利最负盛名的刑法学者卡普佐夫(Carpzov)将间接故意处理为:(1)把故意的概念扩大到意图之外;(2)从"自陷禁区"的原则说明间接故意的概念;(3)用以区分直接由故意行为所造成的进一步的结果和伴随故意行为而纯粹意外发生的伴随结果。[1] 间接故意说借用自陷禁区原则,解释了当对于有危险的基本行为具有意欲时,那么对于产生的结果也就具有故意,不过间接故意说和 13 世纪意大利刑法学说的结论一致,混淆了故意伤害致死和故意杀人的界限,直接将故意伤害行为转化为故意杀人行为,故间接故意理论还不是典型的结果加重犯理论。

2. 单一形态说

单一形态说相比于自陷禁区原则更为贴近结果责任论。单一形态说认为,加重结果与基本行为被视作整体,结果加重犯是基本犯罪的单纯一罪,行为人对于加重结果不需要有认识以及认识的可能性。单一形态说是我国和日本实务界的通说。[2] 该理论认为加重结果只能依附于基本犯罪而成立。此理论将基本犯所发生的加重结果理解为一种加重处罚条件,而客观处罚条件不具有主观规制机能,行为人具有的故意或者过失的罪过中,不需要具有对客观处罚条件的认识。如果认为结果加重犯对于加重结果无需主观责任,且加重结果依附于基本犯存在,二者同出自结果责任主义,因而可以用客观处罚条件与结果加重犯做比较。

---

[1] 参见许玉秀:《当代刑法思潮》,中国民主法制出版社 2005 年版,第 221 页。
[2] 参见张明楷:《严格限制结果加重犯的范围与刑罚》,载《法学研究》2005 年第 1 期,第 86 页,注释 21。

不过我们也应当认识到结果加重犯与客观处罚条件之间的区别。客观处罚条件是基于刑法以外的目的认为对一个行为必须要科以刑罚,而结果加重犯则在于刑法本身的目的,因为加重结果发生,而非另有刑法以外的目的。并且,结果加重犯为刑罚加重原因,客观处罚条件为刑罚发生原因。

直到18、19世纪,近代的刑事立法中可以找到单一形态的结果加重犯的痕迹,如《法国刑法典》(1810年)第382条规定:以暴行实施盗窃,如遗有创伤或殴伤的痕迹时,此种情况即足以宣告无期重惩役的刑罚。[1] 可以看出,至19世纪,加重结果在立法上仍然被视为刑罚加重事由,行为人对于加重结果可以不具有过失,也不具有预见可能性,在毫无认识的情况下,也可以将结果归责于行为人,这是典型的结果主义立法。

单一形态说在当时的社会背景下也是有进步意义的。第一,单一形态说将结果加重犯作为实质一罪,以基本犯罪为思考中心,这是把握住了结果加重犯的基本问题,这是对结果加重犯加重处罚依据的最初思考。这相对于将结果加重犯作为转化犯或者法律拟制的"间接故意"理论要更具先进性。第二,单一形态说与结果责任主义是完全契合的,因而,单一形态说在当时的社会形势下,是不违背"责任主义"的,其最大限度地还原和呈现了自陷禁区原则。

然而单一形态说也存在一些重大问题。第一,单一形态说在刑事政策上的出发点是对基本犯罪的预防,然而为了实现对基本犯罪的预防,提高刑罚设置,促使行为人产生反对的动机来抵制行为发生,但是,当不要求行为人对加重结果具有认识或者认识的可能性,那么预防的功能根本无从开启。第二,客观处罚条件的本质就是在因果关系的框架之外,对于毫无刑法上因果关系的引起与被引起的行为与结果,也要作为加重结果犯来进行评价。之所以这样,是因为加重结果百分之百地依赖于基本犯而存在。

---

〔1〕 参见法学教材编辑部《外国法制史》编写组:《外国法制史资料选编》,北京大学出版社1982年版,第616页。

其实,反观上述两点对于单一形态说的批判,根源就在于单一形态说是在结果责任时代用于说明结果加重犯本质的理论,结果责任在现代法治中受到的指责,单一形态说先天性地也会招致。现代的责任主义至少是心理责任主义,但单一形态说将加重结果理解为客观处罚条件,意味着基本犯罪发生了重大结果,即便行为人对此重大结果无预见及预见的可能,也可适用加重的刑罚,这当然会违反现代社会的责任主义。故当现代社会选择以心理责任作为责任的评价基础时,结果责任主义时代势必落幕,单一形态说也就随着结果责任一起被新的理论所取代。

(二)心理责任论:复合形态说、废除论

为了克服结果责任论的"唯结果"以归责,心理责任论认为,只有证明行为人对于犯罪行为具有故意或者过失的心理态度时,才能使其承担刑事责任。心理责任论中的刑罚报应主义色彩浓厚。

心理责任论兴起的一个重要原因是在刑法中早就存在的观念。欧洲罗马人的《十二铜表法》之中就用"恶意"来形容罪责。到了中世纪,继承罗马法传统的《加洛林纳刑法典》中还采用了"过失"的概念,与故意共同作为科处刑罚的前提。到了近代,18 世纪工业革命之后,科学的发展使得启蒙思想家认识到了人才是主体,人不是物,重视个人自由选择,正因为人有意志自由,所以才应当为自己的反对动机负责任。

1953 年《德国刑法典》规定了行为人对加重结果的发生至少具有过失罪责。至此加重结果终于不再是客观处罚条件,此部法典因此也被称作脱离纯粹结果责任迈向罪责原则的里程碑。在此之后大陆法系国家皆规定犯罪成立原则以故意为必要,作为例外,即使没有故意的场合,也可以以过失为必要。例如,现行《德国刑法典》第 15 条规定:"故意的行为才具有可罚性,但法律明文规定处罚过失的,不在此限。"《奥地利刑法》第 7 条规定,"除非法律另有规定,本法典只处罚故意行为,行为对加重结果发生至少具有过失,行为人才受到处罚"。《日本刑法典》第 38 条规定:"没有犯罪故意的行为,不处罚;但法律有特别规定的,不在此限。”我国《刑法》第16条规定:“行为在客观上虽然造成了伤害结果,但是不是出于故意或者过失,而是由于不能抗拒或者不能预见的原因所引起的,不是犯罪。”上述所列大陆法系国家的现行法,均以心理责任作为罪责的基础,并且在实务中体现出的态度是,只要具有故意或者过失即认为具有罪责。

心理责任论的诞生使得国家权力机关不能因行为人的行为产生了加重结果就对行为人实施刑罚,必须在主观上行为人也存在值得谴责的事由时,国家才能发动刑罚权。这是刑事法网进一步限缩的表现。并且心理责任论为规范责任论的产生奠定了事实基础。在心理责任论的立场上解释结果加重犯加重处罚依据的理论有复合形态说和废除论。

1. 复合形态说

在单一形态说饱受诟病之后,复合形态说出现。复合形态说是以调和结果加重犯与责任主义的矛盾为出发点,来审视结果加重犯的加重处罚依据。复合形态说认为结果加重犯是基本行为与加重结果的简单相加,与单一形态说不一样,复合形态说重视行为人对加重结果的心理罪过,认为非难行为人的前提是,行为人实施基本行为时对该行为引发加重结果具有预见可能性。此理论的代表者是德国的韦尔兹尔(Welzel)教授、日本的团藤重光教授〔1〕及福田平教授〔2〕。

复合形态说还可以进一步区分为结合犯论与复合犯论。结合犯论者认为其本质是基本罪的故意犯与重结果的过失犯结合而成,是结合犯的一种。韦尔兹尔表达复合形态时所用的词汇是“Kombination”,〔3〕这个词的意思是各个犯罪没有丧失原来的独立性而结合在一起。韩国学者指出“结果加重犯是指只有具备对基本犯罪的故意与重大结果的过失,才能成立的故意与

〔1〕 香川達夫『結果的加重犯の本質』(慶応通信,1978年)69頁参照。
〔2〕 福田平『全訂刑法総論』(有斐閣,2001年)226頁参照。
〔3〕 香川達夫『結果的加重犯の本質』(慶応通信,1978年)69頁。

过失的结合形式"。[1] 我国台湾地区学者主张结果加重犯本质是结合犯,[2]结合犯在我国台湾地区的刑事相关规定中是存在的,有关条文中规定了强奸杀人罪、强盗强奸罪、强盗强奸杀人罪等结合犯。在我国《刑法》中不存在结合犯,只是有理论上的探讨,结合犯的处理方法虽然修改了现行的竞合规则,但处理的方向却是对所触犯之数罪名作包括的论罪与科刑,不是并罚,而是单一刑罚,并且是一律重罚,这与结合犯的倡导者的初衷——通过把结果加重犯解释为结合犯以限制刑罚——背道而驰。故结合犯论者的最终论证趋势就是废除结果加重犯。

由上可见,无论是结合犯论还是复合犯论,都是以把基本行为和加重结果作为两个独立存在的犯罪为前提,把故意的基本行为和过失的加重结果作为相互关联的复合形态。结果加重犯即使作为自然的一个行为,在构成要件上也必须分别加以评价,即结果加重犯是刑法上的数罪而仅仅在处理时作为一罪。[3]

复合形态说相比于单一形态说的优点,实质上是心理责任论相比于结果责任论的优点,那就是更注重判断行为人对于加重结果是否预见以及能否预见,以此作为责难的前提。然而复合形态说对心理责任论的贯彻并不彻底。心理责任论时期的责任主义具有两点含义:第一,罪责是刑罚的前提,即刑罚是以罪责为前提,具有罪责的行为才得科处刑罚,行为人若不具有罪责,则不受刑罚的制裁。第二,刑罚必须与罪责相当,即刑法科处行为人的刑罚种类或刑罚幅度必须与行为人的罪责程度相当。[4] 复合形态说满足心理责任论的第一层含义,但是无法解释结果加重犯的刑罚比故意与过

---

〔1〕 [韩]李在祥:《韩国刑法总论》,韩相敦译,中国人民大学出版社2005年版,第176~177页。相关内容亦可参见[日]大塚仁:《刑法概说(总论)》(第3版),冯军译,中国人民大学出版社2003年版,第207页。

〔2〕 参见黄荣坚:《刑法问题与利益思考》,中国人民大学出版社2009年版,第304页。

〔3〕 参见高铭暄、赵秉志主编:《犯罪总论比较研究》,北京大学出版社2008年版,第290页。

〔4〕 参见林山田:《刑法通论》(上册)(第10版),北京大学出版社2012年版,第49页。

失的结合形式还要大,在这个意义上是对心理责任论的贯彻不彻底,根本上来说还是心理责任论无法解释结果加重犯的本质。

那么复合形态说的缺点,也是植根于心理责任论。其一,复合形态说无法解释结果加重犯的加重依据。[1] 当把结果加重犯分解为基本行为和加重结果的结合或者复合形式,那么根据数罪并罚的理论,正好说明结果加重犯的刑罚上限不应该超过基本犯罪与过失犯罪的刑罚之和,显然复合形态说不能提供加重法定刑的依据,复合形态说试图缓和结果加重犯与责任主义之间冲突的目的没能实现。其二,复合形态说把加重结果作为单独的实行行为独立于基本行为是有失妥当的。因为在存在论意义上,结果加重犯是一个行为,导致了基本行为构成实现以后,又发生了加重结果,亦即对于加重结果行为人不具有身体的举动,故不能作为单独的实行行为。同时在规范论意义上,通说认为结果加重犯是只有一个构成行为,也正因如此结果加重犯才会与想象竞合犯纠缠不清,正如有学者指出,结果加重犯所要解决的问题其实都可以用想象竞合的法理解决。[2] 故把结果加重犯分解为两个独立实行行为的立论基础就是错误的。

2. 废除论

站在心理责任论的立场上,也有学者认为应该废除结果加重犯。废除论是从复合形态说中发展出来的,废除论者认为结果加重犯过高的刑罚幅度违反了罪责原则和法律面前人人平等的基本原理,是违背宪法的,应当将这种立法模式废除,运用想象竞合的理论进行评价。[3]

第一,结果加重犯理论的违宪性。1966 年《德国刑法草案》讨论时,尽管主流意见是对于加重结果需要具备过失责任,并维持结果加重犯的存在,但

---

〔1〕 香川達夫『結果的加重犯の本質』(慶応通信,1978 年)67 ~ 69 頁参照。

〔2〕 参见许玉秀:《当代刑法思潮》,中国民主法制出版社 2005 年版,第 697 页。

〔3〕 参见[德]克劳斯·罗克辛:《德国刑法学总论(第 1 卷):犯罪原理的基础构造》(1997 年第 3 版),王世洲译,法律出版社 2005 年版,第 218 页。

是作为少数派的代表人物耶赛克(Jescheck)教授仍然坚持提出了废除结果加重犯的意见,持相同观点的还有迈兹格(Mezger)、诺尔(Noll)等人,[1]他们认为,对于加重结果即便是要求过失,结果加重犯法定刑的上限和下限都过于严重,结果加重犯本身固有的、实体的不法内容是不存在的。如果结果加重犯不是一个违宪的概念,学说和实务也不用费力去为它寻找一个特别的不成文的构成要件来使它合法化。

第二,结果加重犯违反公平原则。结果加重犯的加重结果一般是致人重伤或者死亡,然而能够引起致人重伤或者死亡结果的行为不仅仅是被立法者规定为结果加重犯的那几种。例如,抢劫致人死亡在大多数大陆法系国家中都被规定为结果加重犯,盗窃行为就不与致人重伤或者死亡结果一并被规定为结果加重犯,然而偷窃他人救命药品,或者在医院行窃病患救命钱财的行为,一样有可能致他人死亡,在条件说上成为引起他人重伤或者死亡的原因,但是盗窃罪通常不被立法者设计为结果加重犯。以复合形态说的观点仍然不能解释立法者是如何进行选择的。如果立法上没有结果加重犯的规定,那么刑法上对于基本行为引发加重结果的情形就可以按照想象竞合的原则从一处断,然而在刑法中存在结果加重犯的场合,就只能区别对待,所以说这是违背宪法公平原则的。

基于上述对结果加重犯复合形态说的批判,废除论提出以下方式解决结果加重类型的犯罪。第一,可以在刑法中增设轻率杀人的规定,刑度介于故意杀人与过失致死之间,使得刑法中对生命法益的保护成为"故意—轻率—过失"三级制度。[2] 第二,以想象竞合的加重主义来代替结果加重犯。瑞士刑法就是按照这个办法处理的。耶赛克提出,"没有必要在故意犯罪基础上叠加过失犯罪,并把其作为一种独立的犯罪类型",他主张通过想象竞

[1] 内田浩『結果的加重犯の構造』(信山社,2005 年)102 頁参照。
[2] 参见黄荣坚:《犯罪的结合与竞合》,载黄荣坚:《刑法问题与利益思考》,中国人民大学出版社 2009 年版,第 304 页。

合的加重主义,废弃结果加重犯,并把“特别重大的事情”立法化。当把想象竞合的加重主义以及量刑情况的特别加重事态立法化,也不会和现行法律产生冲突。[1] 当行为符合立法中所规定的“特别重大的事情”,如被害人有先天疾病或者被害人有严重错误,那么尽管成立想象竞合,根据这些特别重大的情况排除量刑阶段的加重刑罚。反之,没有这些“特别重大的事情”,则把此行为作为想象竞合的例外,量刑时予以加重处罚。

然而,废除论也存在问题。第一,废除论的依据之一是结果加重犯违反了公平原则,使得同样具有加重结果的行为,有的超出数罪并罚之外处罚,有的从一重罪处罚,在法定刑严酷不均衡的情况下,废除结果加重犯不是唯一的做法,也可以通过降低刑罚的方式以保留结果加重犯在刑法典中的存在。例如日本学者井上宜裕指出,仅仅在解释论层面回应结果加重犯的处罚依据问题是有局限性的,只有把结果加重犯的法定刑下降,才能使结果加重犯符合责任主义。[2] 第二,对于废除论者拟采取想象竞合的加重主义的解决方式,有学者提出,耶赛克对加重结果的客观归责是基于基本犯既遂的直接结果,所以其必须认为结果加重犯是基本犯和结果犯的简单重叠。无论如何,一面认为是“基本犯的基础上累积了结果犯的犯罪类型”,另一面还认为是想象竞合,那就不免有“挂羊头卖狗肉”之嫌了。[3] 这也就是说,一边认为是故意与过失数罪的简单重叠,另一边却认为采用实质一罪的想象竞合,这本身就是矛盾的。第三,想象竞合的处罚原则是从一重罪,而废除论者的观点是“想象竞合的加重主义”,这是突破了想象竞合的一般处罚原则,把结果加重犯作为想象竞合的例外来对待,所以这种构想没有理论依据。第四,对于耶赛克的提案当中把“特别重大的事情”立法化,有学者提

---

〔1〕 参见[德]汉斯·海因里希·耶赛克、[德]托马斯·魏根特:《德国刑法教科书》,徐久生译,中国法制出版社2001年版,第685页。

〔2〕 井上宜裕「結果的加重犯と責任主義」法政研究78巻3号(2011年)359頁以下参照。

〔3〕 劳伦森(Lorenzen)观点。内田浩『結果的加重犯の構造』(信山社,2005年)109頁参照。

出,什么是特别重大的事情,法官对此的判断也会流于主观臆断。即便不作为“犯罪成立要件”的责任而是作为“量刑情况”的责任,那也不严谨,缺乏规范。[1]

所以,废除论作为复合形态说自然而然的延伸观点,其批判结果加重犯违反公平原则的理由不成立,更重要的是,废除论并未提出一个理想的替代结果加重犯的方式,耶赛克教授尽管提出采用想象竞合替代结果加重犯,但是其也认为应当采用加重主义的想象竞合,那么对于为何还要加重刑罚,则未给出明确解释,这实际上已经和废除论主张的结果加重犯并无加重依据的立论出发点相违背。故从解决方式上来看,废除论与复合形态说并无不同。

由上可见,复合形态说不能解释清楚结果加重犯的本质,废除论也提不出代替结果加重犯的举措,本书认为,其中的根本原因就在于复合形态说和废除论的立论基础都植根于心理责任论的土壤。心理责任论的先天不足,被复合形态说和废除论全部继承,这体现在:第一,心理责任论将责任的基础定位于故意和过失的心理事实,这实际上是将罪责概念“故意过失二分化”,[2] 在这个理念之下,结果加重犯就是“基本行为故意 + 加重结果故意”或者“基本行为故意 + 加重结果过失”的拼接形态,而责任能力、责任年龄等责任阻却事由无处安放。第二,心理责任论下的复合形态说无法说明无认识的过失被追究责任的依据,因为当行为人对加重结果应当预见但是没有预见时,行为人欠缺对结果的心理关系,这就缺少了心理责任论归责的基础。

综上,基于心理责任论的复合形态说和废除论,将随同心理责任论一起被其他理论所取代。

---

〔1〕 内田浩『結果的加重犯の構造』(信山社,2005 年)109 頁参照。

〔2〕 赵彦清:《结果加重犯的归责基础》,台湾政治大学 1998 年硕士学位论文,第 50 页。

(三)规范责任论

规范责任论认为,责任就是非难可能性,当行为人能够实施合法行为,却选择实施违法行为,那么其就有非难可能性。反之,行为人无法实施合法行为时,就不具有非难可能性。规范责任论是在心理责任论强调责任对象的事实属性之上,又添加了规范评价要素——非难可能性,即便行为人具有故意或者过失的心理责任,但是不存在非难可能性,也不受到刑法的责难。从心理责任论到规范责任论,是责任理论从事实到规范的跨越,是刑事政策从严苛到轻缓的一次跨越。

规范责任论认为,非难的三个要件是:(1)行为人的正常精神状态;(2)行为人和行为的具体心理关系或这个心理关系的可能性;(3)行为人行为时所处情状的正常性。这样就分别回答了心理责任论所没有解决的问题:第一,之所以对无认识的过失也要归责,是因为行为人具有产生实施合法行为的心理动机的可能性,然而行为人无视注意义务的履行,对合法的注意义务不加关心,缺少履行合法行为的积极性。第二,对精神病人和未成年人不加以责难,不是因为其不具有心理意义上的故意或者过失,而是对于精神病人和未成年人,法律不要求他一定要产生实施合法行为的动机。

规范责任论在刑事政策上具有进步意义。相比于心理责任论概念,它指出"责任"不仅是一个单纯的心理事实,而且是具有评价色彩的规范要素,即便具有了单纯的心理事实,如果行为人不具备期待可能性,那么便不被归责,也就不成立犯罪。这是刑事政策从有利于行为人的角度,也是尊重人的尊严与自由的角度,更加合理地划定罪与非罪之间界限的表现。

规范责任论对于解释结果加重犯加重依据上的贡献在于其能说清楚为何对于加重结果无预见的过失也应当受到责罚,因为"责任"不能等同于"故意或过失",至少故意和过失不是责任的中心,期待可能性这种规范的要素成为责任的中心。因此,行为人不具有履行注意义务的动机,对实施合法行为、履行注意义务漠不关心,进而引发加重结果,促使加重结果发生的原因力由行为人的意思决定,因而具备了非难可能性,这样一来满足了责任主义的要求。[1]

但是,规范责任论也只告诉我们,有责任的行为必须是可非难的,这只是个形式的答案,仍然没有说清楚责任非难的实质基础是什么。并且,就结果加重犯这一问题来说,规范责任论对于责任上的说明只是添加非难可能性这一价值评价,而对结果加重犯的加重处罚依据,并无超出心理责任论的进一步说明。因此,我们需要在实质的责任论中尝试找出上述问题的答案。

(四)实质责任论:危险性理论

责任的实质基础是什么?一般会认为作为责任归责的实质基础是符合规范行为的期待可能性。那么,为什么行为人的他行为是被期待的?或者说,为什么在阻却责任的案例中,行为人的他行为就是不被期待的?[2]罗克辛认为有责性阶层从一开始便刻上了刑事政策的烙印,[3]通过将预防必要性纳入有责性阶层,罗克辛提出了实质责任论。

罗克辛主张,将非难可能性与处罚必要性二者合并称为"负责性"(Verantwortlichkeit),负责性是有责性的上位概念,负责性既包含了非难可能性的各要素,也包含了立法者的刑事政策考量——预防必要性,以此打通了犯罪论与刑罚论、定罪与量刑阶段,实现了刑事政策与有责性阶层的融合,[4]使责任本身具有了目的。[5] 自此在罗克辛的犯罪论体系内,责任与刑事政策理论紧密结合,这种体系的构造符合罗克辛关于有效益体系的标

---

〔1〕齊藤信宰『刑法講義総論』(成文堂,2007 年)198 頁参照。

〔2〕参见李文健:《罪责概念之研究——非难的实质基础》,台湾春风煦日论坛(刑事法丛书系列2)1998 年版,第 80 页。

〔3〕参见[德]克劳斯·罗克辛:《刑事政策与刑法体系》(第 2 版),蔡桂生译,中国人民大学出版社 2011 年版,第 41 页。

〔4〕参见[德]克劳斯·罗克辛:《德国刑法学总论(第 1 卷):犯罪原理的基础构造》(1997 年第 3 版),王世洲译,法律出版社 2005 年版,第 562 页。

〔5〕参见陈兴良:《从刑事责任理论到责任主义——一个学术史的考察》,载《清华法学》2009 年第 2 期,第 23 页。

准:(1)概念性的秩序及明确性;(2)与现实相联系;(3)以刑事政策的目标设定作为指导。[1]

至于在负责性内部的责任和预防必要的关系上,罗克辛认为,一个有责任的行为,一般而言,也具有预防制裁的必要性,因为立法者认为具备违法性即罪责的构成要件行为,通常是必须以刑罚的手段加以控制的,故预防的刑罚需求一般而言不需要特别的论证,只要具备责任,原则上就具备了刑法的"负责性","责任"的判断是负责性的重要部分,也是进行预防必要性判断的前提。与罗克辛观点相似的还有德国刑法学家许迺曼,许迺曼认为在德国现行刑法的罪责概念中,有一个两阶段模式存在,第一个阶段审查行为人的结果避免可能性,第二个阶段审查行为人的期待可能性,这是罗克辛的刑罚目的考量标准,也就是预防必要性的具体判断依据。并且许迺曼强调,第二阶段的判断也未架空第一阶段。[2]

从刑事政策的角度看,将预防必要性引入责任概念是更加有利于被告人的。报应理论认为,责任是刑罚的前提;功利理论认为,预防是刑罚的目的。传统理论中是以责任限制预防,以报应的目的限制功利的目的,显而易见,这种限制是在犯罪符合该当、违法、有责性之后才考虑的,而实质责任论将预防必要性引入责任阶层,就是在确认犯罪是否成立的过程就考察预防必要性,以刑事政策的视角来考察是否需要进行归责,一定程度上能够限缩入罪圈,对被告人有利。

本书认为,罗克辛提出的实质责任论,以预防必要性和责任组成的"负责性"来回答刑罚的实质,这和探讨结果加重犯加重依据的危险性理论同出一辙,虽然危险性理论并不是直接源于实质责任论,但是其探讨结果加重犯

---

〔1〕 参见[德]克劳斯·罗克辛:《刑事政策与刑法体系》(第2版),蔡桂生译,中国人民大学出版社2011年版,第20页。

〔2〕 参见[德]许迺曼:《刑法上故意与罪责之客观化》,郑昆山、许玉秀译,载《政大法学评论》第50期(1994年),第52页。

加重本质的思路和实质责任论是一致的，当以实质责任论为背景探讨结果加重犯的处罚依据，采用危险性理论，刚好消弭结果加重犯与责任主义之间的冲突。以下对危险性理论展开讨论。

1. 危险性理论的含义

危险性理论的奠基人是德国刑法学家厄勒，其在批判心理责任论对结果加重犯归责理由的基础上提出了此理论。[1] 危险性理论认为，结果加重犯不是基本行为与加重结果的简单相加求和，基本行为固有的不法内涵使得基本行为与加重结果产生特别的关联，这种特殊的构造就是结果加重犯的刑罚基础。可以说，是否存在"类型性的危险"是竞合犯与结果加重犯的分水岭。[2]

危险性理论对于理解结果加重犯的本质，提供了两个方向。

第一，对于结果加重犯的立法选择上，危险性理论认为，结果加重犯的本质是，刑法典中，引发类型性加重结果发生(一般是致人重伤或者死亡)频率极高的故意犯罪，被立法者挑拣而出，作为特别的犯罪类型，设置高于数罪并罚之和的刑罚。这个特别的犯罪类型，意味着行为人实施基本行为后发生加重结果的盖然性大，为了预防这类犯罪，所以以重刑处罚犯罪人，保护社会。[3] 例如故意伤害致人死亡罪，加重结果处罚的不是行为人过失致死，而是在处罚具有引发加重结果发生高度可能性的故意伤害行为，这个故意伤害行为具有类型性的危险。只有对引起加重结果具有高度盖然性的犯罪，才可能被立法者预设为结果加重犯，结果加重犯的立法初衷是预防这一类高危险性的基本犯罪。因此像伤害罪、放火罪、抢劫罪、强奸罪这一类的犯罪的加重结果会被确定为结果加重犯，超出数罪并罚的程度升格法定刑；

---

〔1〕 该说最初由德国学者厄勒、哈德威格提出，后经恩吉施等人发展。丸山雅夫『結果的加重犯論』(成文堂，1990年)15頁参照。

〔2〕 内田浩『結果的加重犯の構造』(信山社，2005年)103頁参照。

〔3〕 参见高铭暄、赵秉志主编：《犯罪总论比较研究》，北京大学出版社2008年版，第290页；卢宇蓉：《加重构成犯罪研究》，中国人民公安大学出版社2004年版，第155页。

而盗窃罪、侵占罪、诈骗罪等相对和缓,危险性不高的犯罪就不在结果加重犯的范围内,即便这类犯罪也可能引起加重结果,但是立法者考量其可能性低,故不舍投入较高的制刑和行刑的成本。[1] 可见,结果加重犯的立法选择结果,是立法者基于一般预防的考量而做出的。

第二,对于结果加重犯基本行为和加重结果的关联问题,危险性理论认为,基本行为需要产生类型性的危险,如果不具有类型性的危险即不成立结果加重犯。例如德国学者金德豪伊泽尔指出,基本犯必须具备特定风险,若行为人只是在故意地实现基本犯的同时,过失地设定了可能造成严重后果的原因,则尚不足以认定结果加重犯,必须已经在实现基本犯的时候,便已制造了导致加重结果发生的风险。[2] 日本学者藤木英雄认为,结果加重犯的加重结果应当在基本行为的危险性射程范围内,并且还需要具备因果关系,始可对行为人归责。[3] 丸山雅夫教授认为加重结果犯的基本行为,往往是在经验上具备类型性和高度危险性,并且容易实害化而造成死伤结果的行为。[4] 例如,为了强盗而在物色财物时踩踏婴儿,这不是基本行为危险的实现,不能成立强盗致人死亡,最多只能以强盗未遂与过失致死罪数罪并罚处断。[5] 我国台湾地区学者陈朴生也强调,基本行为引发的危险结果与基本行为本来侵害的客体具有相当性。[6]

这样的危险性理论,是理解结果加重犯本质的重要线索,给我们指出了

---

〔1〕 例如范某生盗窃案,被告人范某生多次在医院病房行窃,偷盗病患及其家属的财物,数额巨大,并且由于他的盗窃行为导致两名患者或因为抑郁放弃治疗,或因为丢了救命钱无法治疗,最终死亡。这也属于盗窃导致他人死亡,但是却不作为结果加重犯。这是因为立法者不认为盗窃罪含有类型性的危险。参见吉林省吉林市龙潭区人民法院刑事判决书,(2015)龙刑初字第 250 号,载中国裁判文书网,http://wenshu. court. gov. cn,2017 年 7 月 23 日访问。

〔2〕 参见[德]乌尔斯·金德霍伊泽尔:《刑法总论教科书》(第 6 版),蔡桂生译,北京大学出版社 2015 年版,第 351 页。

〔3〕 藤木英雄『刑法講義(総論)』(弘文堂,1975 年)93 頁参照。

〔4〕 丸山雅夫『結果的加重犯論』(成文堂,1990 年)211 ~ 212 頁参照。

〔5〕 丸山雅夫『刑法の論点と解釈』(成文堂,2014 年)56 頁参照。

〔6〕 参见陈朴生:《加重结果之责任要素》,载《法令月刊》第 3 期(1977 年),第 4 页。

理解结果加重犯本质的方向，并诠释了结果加重犯存在的正当性。此说目前是德国和日本最有力的学说，同时在我国也属于主流观点。[1]

2. 危险性理论招致的批判

对危险性理论的批判在于，第一，该说以“类型性的危险”实现作为加重处罚的依据，但是并没有证明蕴含类型性危险的基本行为比其他行为具有重要的危险性。在具体个案当中，未必只有立法者选中的危险行为才会对人身具有更高度的危险，例如毁坏财物的行为也会有危及人身的危险。基于此原因的反对者中，德国学者舒伯特(Schubarth)认为，结果加重犯中所谓的“类型性的危险”是个伪命题，只要加重结果发生了，那么类型性的危险与通常的危险犯中的危险没有不同，以这种“类型性的危险”虽然能够回避违反责任主义这个问题，但是仍然不能维持平等原则。[2] 所以舒伯特把结果加重犯作为故意犯和过失犯的想象竞合来处理，主张废除论。第二，德国学者劳伦森(Lorenzen)指出，基本犯的最高刑实际上已经考虑了基本行为的特别危险性，危险性理论的类型性的危险在基本构成要件当中就已经评价过了。倘若基本行为的特别危险性并没有实际成为加重结果，那么也就谈不上成立结果加重犯，反之，类型性的危险引发了加重结果，结果加重犯才算是成立，类型性的危险在实际侵害中实现，就不能作为独立的构成要件要素。简单来说，就是类型性的危险已经在基本犯的行为构成之中，不应该因为加重结果的发生而二次评价，并以此作为加重处罚的依据。[3] 第三，危险性理论不能排除偶然的结果加重犯。由于危险性理论认为结果加重犯的本质在于基本犯罪内含的产生重结果的固有危险，而既然基本行为对于重结

---

〔1〕 参见高铭暄、赵秉志主编：《犯罪总论比较研究》，北京大学出版社2008年版，第290页；张明楷：《严格限制结果加重犯的范围与刑罚》，载《法学研究》2005年第1期，第86页；卢宇蓉：《加重构成犯罪研究》，中国人民公安大学出版社2004年版，第155页。

〔2〕 内田浩『結果的加重犯の構造』(信山社，2005年)114頁参照。

〔3〕 这种批判性的观点乍一看很有说服力，但是仔细观察我们就会发现，并不是所有的特殊危险都会存在于基本构成要件当中。当超过类型性的危险而产生危害结果时，就不能在基本构成要件范围内来评价不法内容了。

果有特别高的风险，那么在一般情况下行为人都可以预见该重结果的发生。这是由行为人对基本行为的故意而推定行为人对于加重结果的发生具有预见。西原春夫指出，不一定强调行为人对加重结果的发生具有过失，[1]哈德威格也明确提出不要求行为人对加重结果具有过失。[2] 在这个意义上而言，危险性理论并不排斥对加重结果既无故意又无过失的偶然的结果加重犯，从这一点来说危险性理论难以与以心理罪责为基础的责任主义相协调。

3. 本书对危险性理论批判观点的回应

本书认为上述的批判观点没有正确理解危险性的含义，以下针对批判观点分别予以回应。

第一，危险性理论的确没有用具体的规则解释蕴含类型性危险的基本行为比其他行为具有重要的危险性，诚然未必只有立法者选中的危险行为才会对人身具有更高度的危险。然而不可否认的是，已经选择出来的基本犯，对于加重结果的发生具有高度危险，如强奸、抢劫、故意伤害。之所以对于犯罪行为区别对待，只选择少部分规定为结果加重犯，是因为所谓固有的类型性的危险，是基于立法者的刑事政策选择，即立法者根据本国实践和预防犯罪的必要进行筛选，这不是教义学能够解释的，对于教义学范畴来说这是先验的存在，是讨论的前提。通过危险性理论，不能回答为什么其他犯罪没有与加重结果结合，形成结果加重犯，因为这不是危险性理论所能讨论的问题，危险性理论能够回答的是已经被挑选出来的结果加重犯的加重依据，是来自刑事政策上一般预防的需要。

第二，危险性理论的批判观点认为，基本犯的最高法定刑已经能够评价基本行为的危险性了。当加重结果没有发生，自然也就不成立结果加重犯；当加重结果发生，则特别的危险性已经被评价一次，其不能被二次评价以解

---

〔1〕 参见何勤华：《20世纪日本法学》，商务印书馆2003年版，第332页。

〔2〕 川崎一夫「結果加重犯」中山研一等編『現代刑法講座』(成文堂，1979年)97頁参照。

释结果加重犯的加重处罚依据。对此观点,笔者认为,基本犯的最高法定刑评价的是基本犯的结果所能招致的危险,它不能评价基本行为可能招致的致人重伤或者死亡这种超出基本犯构成的危险,如故意伤害罪,其基本犯能够评价的只是轻伤以下的刑事责任,而基本行为可能招致发生致人死伤结果的危险则未予评价。而当加重结果未发生时,根据本书的理解,基于危险性理论,如果行为人意图通过基本行为创设一个类型性的危险,但是该危险未变成实害,那么其所意欲造成的超出基本行为的加重危险,是不能用基本犯评价的,应当认定是结果加重犯的未遂。因此可见,仅仅用基本行为的最高刑无法评价基本行为可能招致更加危险结果的风险,同时,采取危险性理论解释结果加重犯的本质,会影响对结果加重犯的未遂和共犯等问题的定性。

第三,危险性理论的批判观点认为,按照危险性理论,当以一般人的角度能够预见类型性危险,行为人对基本行为有故意,即可以不问行为人对加重结果是否具有故意或者过失,而认定成立结果加重犯,这又违背了责任主义。本书认为这个观点是曲解了危险性理论对于行为人主观罪过的认识,危险性理论实质是通过对基本行为造成一般人可预见的危险的判断,推定行为人具有过失责任,危险性本质说具有弥合结果加重犯与责任主义之间裂痕的作用。依照危险性理论,基本行为要创设类型性的危险,才需要对产生的加重结果负责,否则就以想象竞合的方式来认定。并且对于创设类型性危险的判断是采取一般人标准,若以一般人标准认为危险结果会发生,则认为行为人也能够认识到结果会发生,那么行为人对于加重结果已经具有过失以上的责任,故行为人是因为对加重结果至少具有过失而始负刑事责任,并未违背以心理罪责概念为基础的责任主义。

因此,本书认为,危险性理论以刑事政策上对于一般预防的侧重为论证依据,将对类型性风险的防范作为加重处罚的依据,这种解决方式相对于前文所讲的单一形态论,更加符合责任主义;相对于复合形态论,更能说明加重刑罚的依据;相对于废除论,更符合当代立法的实然选择。故危险性理论是目前最适宜解释结果加重犯加重处罚依据的理论。

4. 从实质责任论的角度审视危险性理论

危险性理论和实质责任论均运用预防必要性来说明责任的来源，因而危险性理论和实质责任论是同本同源的。具体来说，危险性理论认为结果加重犯规定的目的，是保护被害人，并追求一般预防和特殊预防的效果。例如，小野清一郎认为“刑法具有保安目的，无论是一般预防也好，特殊预防也罢，现实的立法论不允许废除结果加重犯。由基本犯产生的更加严重的结果，在故意犯和过失犯的竞合以上加重法定刑，只是为了抑制可能发生的结果”。[1] 山中敬一也曾明确指出，结果加重犯是因一般预防的必要性而设置。[2] 由上可见，危险性对加重根据的说明，是以一般预防的必要性为基础的。这个论调和实质责任论所主张的将预防必要性纳入罪责阶层考量是对应的，实质责任论也认为只具有故意或者过失的主观责任不能确定行为人具有罪责，还需要加入一般预防的考量。

正是因为危险性理论与实质责任论具有渊源，故我们有必要从审视实质责任论理论缺点的角度，审视危险性理论。实质责任论的缺点在于：

其一，罗克辛认为，预防的刑罚需求一般而言不需特别的论证，只要具备责任，原则上就具备了刑法的“负责性”，这实际上使得“负责性”概念和“责任”并无多大差异。举例来说：在某种特殊情况下，一般人实施合法行为的可能性是0，行为人实施合法行为的可能性是3%，按照规范责任论，虽然行为人仍有合法行为的可能性，但是既然一般人做不到，本着法律不该强人所难的想法，法律并不期待他为合法的行为，我们就以无期待可能性为理由阻却责任。但是依照罗克辛的实质责任论，因为行为人仍然有3%的为合法行为可能性，所以仍然是有责任的，只是在这种情况下，一般人都做不到，所以社会大众也不会期望行为人做到，因而没有影响刑法的一般预防的功能，

---

〔1〕 小野清一郎「刑法中的责任原理と結果责任·2完」法律時報38卷(1966年)60頁以下。
〔2〕 山中敬一『刑法総論』(成文堂,2008年)172頁参照。

因此基于刑事政策的考量,行为人没有预防必要性,也就没有了负责性。[1]

对此批判,笔者亦认为,罗克辛是把责任做了一个限缩解释,仅指行为人为合法行为的能力,然后再提出负责性,故细究起来,二者并无太大差别。罗克辛只是用负责性,把传统期待可能性的价值判断进一步赋予更具体化的内涵,而且是诚实而精确地描述,所以对此问题的批判,无异于从另一个角度表扬了罗克辛对于理论精确化的贡献。

此批判之于危险性理论来说也是不成立的,因为基本行为创设的固有危险(一般预防的必要)和基本行为的故意与加重结果的过失共同构成了结果加重犯的处罚依据,固有危险的判断是价值的判断,一方面是基于立法者的选择,另一方面是司法者结合案情的具体判断,固有危险的判断是价值的判断,不可能取代作为事实判断的故意和过失。

其二,有学者认为实质责任论中"责任"的概念被预防必要性架空,真正具有决定性的仍然只是预防,虽然罗克辛自认为是把"责任"和"预防"当成两个同等地位的要素,但这只是掩盖了"预防"的优先性地位,例如行为人为合法行为的可能性不是0,而是0.0001,那么形式上他还是具有责任的,接下来再评价其是否具有负责性,则全由预防必要性来解决,那么此时法官对立法者刑事政策的把握就是一个主观不稳定的东西,以此来决定有无负责性并定罪,则有违背罪刑法定原则的倾向。[2]

对此批判,本书认为当行为人实施合法行为的可能性不是1,而是0.0001时,则意味着其实施合法行为的可能性低,那么根据规范责任论,即被认为不具有责任,在实质责任论当中,都不需要用预防必要性对此进行审视即可以排除归责,故在具体案件当中,当法官从一般人的角度认为行为人

〔1〕 参见李文健:《罪责概念之研究——非难的实质基础》,台湾春风煦日论坛(刑事法丛书系列2)1998年版,第271~272页。

〔2〕 参见李文健:《罪责概念之研究——非难的实质基础》,台湾春风煦日论坛(刑事法丛书系列2)1998年版,第271~272页。

实施合法行为的可能性极小时,就可以认定其不负责任。因此自然谈不上一般预防的刑事政策对责任的架空。

危险性理论似乎也会招致固有危险的判断沦为法官主观操控的指责,笔者认为这是任何一种学说或者理论都不可避免的。案件事实的定性与评价,需要由法官将具体实施抽象成法律评价,在这个过程中,不可避免地会受到主观因素的影响,故这种批判对于任何理论都可以进行,因此这也就不是一个明确的批判。并且,本书认为,在危险性理论的立场上,通过限缩结果加重犯认定的客观因果关系范围,并提高主观罪责的认定标准,就能够一定程度上控制裁判者主观的不可控因素对于裁判结果的影响。这也是本书后续章节所要展开讨论的问题。

(五)功能责任论

为了克服规范责任论的弊端,雅各布斯从刑罚的目的角度提出了功能责任论。用刑罚目的赋予了罪责概念新的含义。

雅各布斯认为,罪责应当具有目的,这个目的就是刑罚的目的,二者是统一的。雅各布斯在刑罚目的上更加强调一般预防,主张罪责的目的就是反驳规范破坏者,维护法规范的稳定,训练民众对法规范的忠诚。具体来说,当社会存在其他方式,不追究行为人的责任也能够解决冲突,不影响民众对法规范的忠诚,那么就可以不对行为人归责。例如,强奸罪的行为人,如果能有其他方式保证他以后再也不实施强奸行为,那么他没有必要再对强奸行为负责任。韩国国会2010年6月29日通过的化学阉割法案,决定对19岁以上的儿童性侵犯罪人实施化学阉割,从生理上根除其犯罪动机。[1]这应该是符合雅各布斯的功能责任论的,在这个层面上,功能责任论是具有强大的出罪功能的,即只要社会上有其他方式替代刑罚完成特殊预防和一般预防的目的,那么就可以排除对行为人进行归责。

---

〔1〕 参见冯军:《刑法中的责任原则 兼与张明楷教授商榷》,载《中外法学》2012年第1期,第52页。

功能责任论招致的批评主要在于，罗克辛认为雅各布斯全凭一般预防来决定罪责，放弃了罪责限制可罚性的功能，这是违反人的尊严、将人工具化的做法，是违宪的思考。[1] 有观点认为，这是对雅各布斯观点的误读，雅各布斯并未放弃以行为人的他行为能力，或者期待可能性作为发动刑罚责难的基础，只是立场可能有些暧昧。[2] 对此笔者深表赞同，因为对于特殊预防来说，对无结果避免可能性的人追究刑事责任等于强人所难，也就失去了刑罚的特殊预防的效果。对于一般预防来说，要民众想象自己做不到的事情也不该强求他人做到，这是达成价值共识的前提，也是维护法规范稳定性、训练民众对法规范忠诚的必要手段。雅各布斯的功能责任论是在行为人应当具有他行为能力的基础上，引导大家对非难要件背后的价值判断做进一步的思考，并未放弃对行为人应当具有避免结果发生可能性这一要素的判断。

可以说，功能责任论相较于实质责任论，并未提出更多的要素填充在罪责理念之中，只是将刑罚目的贯彻到罪责概念之中，使罪责的发动具有社会防卫功能。在追逐一般预防的刑罚目的上，功能责任论与实质责任论并无根本差异，只不过功能责任论更加直白罢了。

雅各布斯理论的主要贡献在于，他用法社会学的观点对罪责非难的理由提出了很多颇具创意的说理方式。而同时，功能责任论既具有教义学的缺点，也具有背后刑事政策导向的缺点，具体来说：一是“标准难定”。按照雅各布斯的观点，个人的刑事可罚性不再仅仅指向个人的人格，而是指向了一种虚构的对公民法律忠诚的训练，而这种刑事政策上的训练内容是难以确定的，几乎没有边界，不利于公民树立对法的信任。[3] 所以许迺曼认为，

---

〔1〕 参见[德]克劳斯·罗克辛：《德国刑法学总论(第1卷)：犯罪原理的基础构造》(1997年第3版)，王世洲译，法律出版社2005年版，第567页。

〔2〕 参见李文健：《罪责概念之研究——非难的实质基础》，台湾春风煦日论坛(刑事法丛书系列2)1998年版，第279页。

〔3〕 参见[德]克劳斯·罗克辛：《德国刑法学总论(第1卷)：犯罪原理的基础构造》(1997年第3版)，王世洲译，法律出版社2005年版，第567~568页。

雅各布斯的论证逻辑是:“刑法上被归责的,是根据刑法的规范抉择可归责的。”这是借用归责来解释归责,并不能回答责任的本质。[1] 二是“自相矛盾”。以一般预防思想主导罪责的含义,那么民众知道刑罚发动的原因不仅取决于行为人所做的事,而且取决于社会是否具有新的防卫和消解冲突的手段,这样自然会使得民众对法律的忠诚性动摇,进而也就与功能责任论训练民众对法规范忠诚的初衷相背离。甚至,雅各布斯还难以回答的是,为什么一定要用刑罚的手段来训练民众对法规范的忠诚。因此,笔者认为,当雅各布斯旗帜鲜明地提出,罪责的目的就是训练公民对规范的忠诚时,罗克辛明确指摘这种观点“按照现行法律,是不允许发生这种工具化的”,[2] 这个露骨的表述,的确透露了其背后具有危险“倾向”的刑事政策。

综上,笔者认为,功能责任论并未以一般预防替代责任,而是以一般预防扩张责任,这个观点的本质其实与上述罗克辛的实质责任论并无实质差异。上文中探讨的危险性理论既契合实质责任论,也契合功能责任论。故本书不再以功能责任论为背景解释结果加重犯的加重处罚依据。

三、我国责任主义理论现状及对结果加重犯本质论的选择

(一)我国责任主义理论现状

我国的犯罪论体系是在 20 世纪 50 年代从苏俄引进,苏俄刑法中,初期并没有责任的概念,与之相类似的概念是“罪过”,所谓罪过是确定犯罪构成主观因素的存在,也即该有责任能力者对其所为之犯罪行为在故意或过失形式上的心理关系。[3] 在我国的四要件犯罪构成理论中,主观方面以故意和过失作为责任的内容,有故意或者过失即成立罪责,无故意且无过失就无

---

〔1〕 参见李文健:《罪责概念之研究——非难的实质基础》,台湾春风煦日论坛(刑事法丛书系列 2)1998 年版,第 242 页。

〔2〕 [德]克劳斯·罗克辛:《构建刑法体系的思考》,蔡桂生译,载《中外法学》2010 年第 1 期,第 22 页。

〔3〕 参见陈兴良:《教义刑法学》(第 3 版),中国人民大学出版社 2017 年版,第 418 页。

罪责。这种罪责理念水平相当于大陆法系罪责理论进程中的心理责任论阶段。

张明楷教授指出，在当前我国的四要件犯罪论体系中，最严重的问题之一，就是没有贯彻责任原则，缺乏系统的责任理论。[1] 心理责任论的诸多弊病在上文中也已经论及，它只依据主观心理事实的有无来确定刑事责任，不考虑行为人当时的客观附随情状，使得免责的紧急避险等责任阻却事由在我国的体系里没有合适的位置，自然也就没有研究超法规责任阻却事由的空间；心理责任论仅仅关注证成或证否故意或者过失的事实素材，而对促成这种故意和过失的原因则不予关注，即便是行为人在没有期待可能性的情况下实施了违法行为，在四要件的主观方面也难以排除其责任；在一些特殊案件的处理上，即便是法官想给行为人出罪，但因我国刑法在主观方面只关注事实，无法容纳如预防必要性或者期待可能性这样进行刑事政策上的价值判断的空间，所以也难以在主观方面排除行为人的责任。如上种种，既是四要件体系的不合理之处，也是心理责任论的落后之处。

随着德日理论的不断引进，规范责任论进入了我国刑法学理论的视野，除要求行为人应当具有故意或者过失这种心理要素之外，规范责任论引入期待可能性这样的要素进入罪责领域，能够解释阻却责任的紧急避险这一类行为的罪责问题，同时体现了阶层论犯罪体系相对于耦合式四要件犯罪论体系的重大进步，这种体系更加严谨和周全。

应当说，我国的司法实务界的罪责理念仍停留在心理责任论水平，而理论界已经进入规范责任论阶段。笔者认为，随着教义学理论不断纳入刑事政策学的考量，责任理论的发展方向应当是将预防的目的纳入其构造之中，实质责任论将是发展的必然方向。

---

[1] 参见冯军：《刑法中的责任原则　兼与张明楷教授商榷》，载《中外法学》2012年第1期，第44页。

（二）实质责任论在我国刑法体系中的证成

实质责任论在我国刑法学体系中不会出现水土不服，我国的刑法学理论和我国《刑法》具有引入实质责任论的可行性。

第一，相比于功能责任论，实质责任论更贴近我国理论现实。

我国学界普遍提倡的规范责任论相对于司法实务界奉行的心理责任论，其进步意义在于重视对事实的评价，而不仅是对事实的认识，这对排除紧急避险这一类状况的归责具有重要意义。然而，刑法中的“责任”不仅有定罪的责任，也有量刑的责任，二者是责任这个问题的一体两面，不可分割。通常量刑时法官会根据预防必要性来考虑刑罚的轻重，但是在规范判断行为的过程中时常难以将定罪的责任与量刑的责任拆解开，最明显的例子就是我国法院系统的《常见犯罪量刑规范化指南》中，确定某一犯罪的基准刑时具有一个刑罚幅度，在这个刑罚幅度上取一个基准刑，进而再就其他量刑情节以轻重量刑，其中在选取基准刑时，法官就需要根据预防犯罪需要的大小来确定基准点，这就体现了定罪责任与量刑责任考察的重叠。与其在定罪时回避谈刑罚目的，而私下里又将其作为考量要素，不如直接将预防目的纳入责任的构造当中，将预防必要性在定罪时一并考虑，这回应了上文所提的将刑事政策的考量注入教义学体系中，打破刑事政策和教义学的藩篱。这样看来，显然规范责任论中的他行为可能性并未给预防目的的引入提供存在论意义上的载体。需要引入更加先进的实质责任论或者功能责任论进入我国的刑法体系中。

罗克辛提出的实质责任论和雅各布斯提出的功能责任论，区别就在于多大限度引入预防目的要素。罗克辛的实质责任论是将预防必要性引入责任的构造，共同作为责任的考察要素。雅各布斯的功能责任论几乎是用预防目的架空了责任判断，当社会能够自己承担冲突的解决而不依赖于规制行为人，那么行为人就不需要承担责任。我国学者中目前倡导功能责任论的是冯军教授，冯军教授明确指出责任和预防就是一回事，并且认为综合考虑报应和预防的学问构想只能在使规范的有效性和法忠诚成为一般预防与特殊预防的共同目的时才能实现。[1]

笔者认为,实质责任论比功能责任论更适合我国当前的理论现状。功能责任论中仅用预防必要性来确定刑罚发动的必要性,丧失了报应的目的对责任论的限制。我国刑法学界的主流观点认为,刑罚兼具报应和预防的目的,报应具有回溯性,预防具有前瞻性,二者不可偏废,特别是报应目的与特殊预防的目的紧密相连,故责任的确定以及刑罚的发动,应当注重报应和预防这两方面。如果采用功能责任论,仅依靠判断行为人是否具有再犯罪可能性来定罪量刑,或者是社会有没有其他方法能够杜绝行为人再犯罪,如果有刑罚替代措施,那么行为人就可以免受刑事处罚,这样的审判结论会引起民众朴素报应心理的不适应。同时功能责任论相对于司法实务界正适用的心理责任论,跨度甚大,也会无限放大裁判者的自由裁量权。故本书认为,结合我国目前的责任理论现状,应当采取兼顾报应与预防的实质责任论,实质责任论对行为人心理事实责任的判断能确定报应的必要性,为责任确定一个幅度,而预防必要性的考虑则为责任的确定划定上限。

第二,我国《刑法》总则为实质责任论的适用留有空间。

预防的目的,特别是一般预防,在各国刑法中都没有明确体现,不过从法条的文字中可以揣测一般预防的意味。我国《刑法》第 1 条规定:“为了惩罚犯罪、保护人民,根据宪法,结合我国同犯罪作斗争的具体经验及实际情况,制定本法。”其中,“保护人民”体现的就是预防的目的,然而预防日的如何实现,没有直接说明。通常刑法发挥调整社会关系作用的途径就是发动刑罚,我国《刑法》第 5 条规定了罪刑相适应原则,即“刑罚的轻重,应当与犯罪分子所犯罪行和承担的刑事责任相适应”。笔者认为,其中“所犯罪行”指的是行为的不法,可以对应三阶层犯罪体系的构成要件该当性和违法性阶

---

[1] 参见冯军:《刑法中的责任原则 兼与张明楷教授商榷》,载《中外法学》2012 年第 1 期,第 58 ~ 59 页。

层,而“承担的刑事责任”即有责性阶层,可以容纳心理罪责之外的期待可能性,以及对预防必要性的判断。我国《刑法》第 14 条第 2 款规定“故意犯罪,应当负刑事责任”,第 15 条第 2 款规定“过失犯罪,法律有规定的才负刑事责任”,从这种表述上来看,并没有说只要具备故意或者过失就一定要负刑事责任,为预防目的要素的引入留有空间,因而采取实质责任论在我国刑法总论中并无法律规范上的障碍。

第三,我国《刑法》分则已经体现将预防必要性作为定罪责任的判断要素。

我国《刑法》分则条文中,大量罪名的入罪标准已经体现出对预防必要性的考虑。例如第 264 条盗窃罪,无论是否盗得数额较大的财物,只要多次盗窃,2 年内盗窃 3 次以上的,具有这种情节,就和盗得数额较大财物一样量刑,并且《关于办理盗窃刑事案件适用法律若干问题的解释》第 2 条中规定,盗窃公私财物,曾因盗窃受过刑事处罚的、1 年内曾因盗窃受过行政处罚的,数额较大的标准按照前条规定标准的 50% 确定。司法解释的规定与累犯作为加重处罚情节的规定是并行的,这说明立法者严惩多次盗窃的行为,对于有过一次盗窃行为的行为人,一旦再次犯罪,降低入罪的标准,严惩的原因就在于行为人对于法规范的藐视,一而再再而三地触犯法规范,具有严重的再犯可能性,为了防止这种再犯,才对盗窃罪做了这样的规定,可见第 264 条盗窃罪的犯罪构成中已经将预防必要性引入。又如第 133 条交通肇事罪,“交通运输肇事后逃逸或者有其他特别恶劣情节的,处三年以上七年以下有期徒刑”,这个加重情节所严惩的是交通肇事之后蔑视道路交通法规,蔑视刑法,对于自己造成的肇事后果不予弥补和修复,放任严重结果的发生,企图躲避法律制裁的行为。对这种行为加大惩罚力度,不只是出于报应刑的考虑,因为行为人交通肇事之后并无其他作为,按照基本刑 3 年以下量刑即可满足报应的需要,加大刑罚力度是为了实现预防目的,一方面对行为人进行特殊预防,规制他的未来行为,当出现同样情况时选择及时救助伤者或者维护现场,另一方面也向社会公众进行一般预防,推行这种强制规范,促使其他人在相同情况时不再消极逃逸,而是积极实施补救措施。

从上述举例中能够看出,我国《刑法》分则条文在确定犯罪构成时已经为预防目的的考虑留出空间,不仅需要行为人具有主观上的故意和过失这种心理责任,同时也需要具有预防必要性才会升高法定刑或者降低入罪门槛。

综上所述,笔者认为,随着我国教义学理论的发展,责任主义也逐渐吸收刑事政策的预防目的渗透进自己的体系。基于心理责任论的诸多弊端,应该以引进期待可能性理论为契机,将我国的罪责学说从事实性质转为规范性质,并在正确认识罪责与预防的关系的基础上,结合我国刑法体系,倡导实质责任论,在确定犯罪构成的过程中就考虑预防目的,构建包含主观心理事实和预防必要性要素的罪责理论,并以实质责任论为背景重新审视结果加重犯的本质,探讨结果加重犯与责任主义是否存在紧张关系这一问题。

(三)结果加重犯加重依据应当采危险性理论

结果加重犯一直被认为是结果责任主义的余毒,因而备受批评。然而本书认为称"结果加重犯违背责任原则"这种说法不正确,评价某种结果加重犯的本质论是否违背责任主义,要看其所处的责任主义时代。结果加重犯的加重依据毕竟只是刑法理论中的一部分,其理论风向是受到以责任主义作为根基理论的影响,故符合时代特征的结果加重犯的本质论,就不能简单、笼统地称之违背责任主义,应当具体说明其符合哪一时代的责任主义,又背离了哪一时代的责任主义。例如,自陷禁区原则和单一形态说就符合结果责任论,但是不符合心理责任论;复合形态说和废除论就符合心理责任论,但是不符合规范责任论。从这种发展变化中我们能感受到,是结果加重犯的本质理论不断地在追逐更加先进的责任主义,自然在旧的责任主义时代的本质论,相对于新时代的责任主义是违和的。因此本书反对笼统称结果加重犯违背责任主义的论断,正确的做法是在符合时代需求的责任主义原则背景下,为结果加重犯选择合适的本质论,这也是本书从责任主义的发展这一视角观察结果加重犯本质论变化的原因。

在明确我国的责任主义改进方向是实质责任论之后,笔者认为危险性理论是最为契合实质责任论将一般预防注入责任考量的基本原理的,相对于单一形态说、复合形态说、废除论,危险性理论在实质责任论的背景下能够实现理论自洽,结果加重犯高于基本行为和加重结果数罪并罚之和的部分,正应该由基本行为所具有的类型危险性来"买单",就是因为基本行为通常蕴含类型性危险,才招致立法者对其过高的关注,为了预防具有类型性危险的基本行为发生,立法者将这些高危的行为挑出来,并和有可能发生的加重结果相联系,升高了法定刑,在刑法中体现为结果加重犯。有学者甚至提出,以危险性理论作为结果加重犯的本质说,即使主观归责学说运用的是过失不要说,也不违反责任主义,[1]当然对这种说法笔者不赞同,其过于客观化。接下来,本书对结果加重犯理论的探讨,将以危险性理论的本质说为出发点,在危险性理论的基础上,对结果加重犯的客观归因和主观归责予以限缩认定。

---

〔1〕 岡野光雄『刑法要説総論』(成文堂,2009 年)338 頁参照。

第三章

结果加重犯成立的限定规则

一、问题的提出

我国司法实践中对结果加重犯的归责原则不甚明确，进而导致同案不同判现象的存在。明确结果加重犯的归责原则，实质上是从客观方面和主观方面分别对结果加重犯的成立予以限定。

1. 客观层面的限定

客观层面主要考察基本行为与加重结果之间的因果关系，分析偶然介入因素对因果关系的影响，力争在客观层面限定结果加重犯的成立。在查阅我国司法实务相关案例时，笔者发现，判例中对基本行为和加重结果之间关系的说理还停留在条件说的程度。例如：

【案例五 · 李某刚非法拘禁案】[1]2015年10月16日左右，被告人李某刚在长春市朝阳区解放大路一处平房的屋内，向王某刚索要欠款，限制王某刚人身自由，造成王某刚在被非法拘禁期间死亡。被告人李某刚为毁灭证据，肢解王某刚尸体，将死者王某刚双手双脚的尸块浇筑在水泥内后，抛弃到建设街某垃圾点处，将死者王某刚尸体的其他部位抛弃到解放立交桥下垃圾点处。经鉴定，该尸块左手捺印指纹与王某刚左手中指指纹认定同一，该尸块双手及双脚系人死后被锐器切割形成。被告人李某刚辩称，被害人是因吸麻古死亡的。其辩护人认为，被告人李某刚成立非法拘禁罪，但他对王某刚的死亡不应负责。一审法院认为李某刚犯非法拘禁罪，致人死亡，判处有期徒刑十三年。

上述判决对李某刚的非法拘禁行为与被害人王某刚的死亡结果之间的关系未进行论述，由于尸体不全，鉴定意见无法证明被害人死因，无法知晓被害人究竟是因非法拘禁行为导致死亡还是如被告人辩解称因吸食毒品死亡。因非法拘禁行为在前，死亡结果在后而认定成立结果加重犯，这是一种

---

〔1〕参见吉林省长春市二道区人民法院刑事判决书，(2016)吉0104刑初735号，载中国裁判文书网，http://wenshu.court.gov.cn，2017年7月18日访问。

条件说的逻辑,有待商榷。

另外,当有被害人因素介入时,因果关系是否中断,在实践中也有争议。

【案例六 · 王某强奸案】[1]2010年12月28日19时许,王某在外饮酒后回到家中,见黄某(同案被告人,已判刑)、袁某(同案被告人,已判刑)正在和被害人熊某(女,殁年19岁)、陈某(女,15岁)喝酒,黄某和袁某计划将熊某和陈某灌醉后奸淫,见王某回家后就将计划告诉王某,王某随即拿出100元钱又买了2瓶白酒,继续与黄某、袁某、熊某、陈某喝酒。黄某要挟陈某不许离开。之后陈某酒醉要求休息,王某趁机将熊某带到房间内,将熊某强奸。熊某惊醒后穿上衣服哭着跑出该屋。王某追赶熊某至屋后河边,欲再实施奸淫,熊某反抗,慌逃中熊某掉入2米深的河里,王某等待其沉水后离开,经鉴定,熊某系溺水死亡。公诉机关认为,王某的行为构成强奸罪和故意杀人罪。一审法院经审理认为,王某的行为是强奸致人死亡,判处死刑。二审法院认为,被告人家属赔偿被害人亲属经济损失,得到被害人谅解,改判死刑缓期二年执行,同时对王某限制减刑。

上述案例在讨论中有两种意见:第一种意见如判决结果,认定成立强奸致人死亡罪,将被害人的死亡结果归责于行为人的强奸行为;第二种意见是,将行为人见到被害人在水中溺亡而不予施救的行为评价为故意杀人罪。两种意见的分歧在于对我国《刑法》第236条强奸"致人重伤、死亡"的理解。具体来说,王某的强奸行为与被害人死亡结果之间,还存在被害人慌逃中掉入河中的介入因素,在此情况下是否符合结果加重犯基本行为与加重结果之间的因果关系,还有讨论空间。

在学理上,对于何种因素可以被评价为偶然因素从而中断因果关系,争议颇多,从条件说,到相当因果关系理论,再到客观归责理论,已经从归因理论向归责理论转变。从上述案例中可以看出,我国刑事司法实践中采取的

---

〔1〕 参见中华人民共和国最高人民法院刑事审判第一、二、三、四、五庭主办:《刑事审判参考》(总第98集),法律出版社2014年版,第980号案例。

归因规则是条件说，不去细究基本行为与加重结果之间引起与被引起的关系是否为刑法上的因果关系，一旦出现加重结果就径直归责于基本行为，这是结果加重犯的过度适用，应当对结果加重犯基本行为与加重结果之间的因果关系予以重新讨论和限定。

2. 主观层面的限定

行为人对于加重结果的主观罪责，在我国《刑法》中没有规定，《德国刑法典》第18条规定："本法对行为的特别后果较重处罚，只有当正犯或共犯对特别后果的产生至少具有过失时，始可适用。"尽管我国《刑法》对此没有明确规定，但是在心理责任论的基础上能够达成的共识是，行为人对加重结果的产生至少具有过失，以此能够排除意外事件。然而对结果加重犯的主观限定为过失以上，还不足以规范结果加重犯的适用。例如，在本书导论章节中所举的案例一、二、三、四中，四个案件的被告人均对被害人的死亡结果没有预见。案例一和案例二是行为人和被害人推搡时导致被害人磕碰硬物，颅脑损伤；案例三和案例四是被害人有心脏病，但是被告人不知道，由于发生争执而引发被害人心脏病发作，导致其死亡。然而案例一和案例三中，法院裁判认定行为人对于加重结果应当预见而没有预见，故对加重结果负有过失责任，因而认定故意伤害致死；而案例二和案例四中，法院裁判认定行为人对加重结果没有预见，属于疏忽大意的过失，进而认定过失致人死亡。这里涉及的问题是，为什么同样都是应当预见而没能预见的过失，却被区别定性？可否将行为人对加重结果的罪过等级提升到轻率以上的过失以限定结果加重犯的成立范围？以上问题留待后文展开探讨。

3. 因果关系偏离问题

在结果加重犯的主观层面另一个需要讨论的问题就是因果关系偏离。结果加重犯中，经常会出现行为人实施了基本行为，但是却偏离了对因果关系的预设，进而发生加重结果的情况，此时能否因为行为人对因果关系的认识错误，而否认将加重结果归责于行为人？传统理论中讨论因果关系认识错误,一般通过考察偏离是否严重,进而考察能否阻却故意,以此排除将加重结果以故意既遂的形式归责于行为人,在我国司法实践中,类似判例如下。

【案例七·季某兵过失致人死亡案】[1]被告人季某兵在其工作的锅炉房内,因打热水的琐事与被害人汪某龙发生口角,进而发展为推搡和厮打。互殴过程中,季某兵抓起锅炉房边上的桶(桶内是香蕉水)砸向被害人汪某龙,香蕉水从桶内溢出瞬间引起燃烧,被害人汪某龙因高温烧伤,当场休克死亡。一审法院认定被告人季某兵故意伤害致死,判处有期徒刑十年。一审判决作出后,季某兵提出上诉,二审法院认为季某兵因过失导致一人死亡,其行为构成过失致人死亡罪,判处有期徒刑四年。

此案二审改判的理由在于,被害人最终由于香蕉水燃烧导致死亡,但是被告人季某兵明知该桶有香蕉水,也没有将桶盖掀开,只是将桶扔向被害人,故被害人的死亡结果不是季某兵故意所为,季某兵不具有故意犯罪的主观罪过。

对于此二审改判理由,笔者认为结论是正确的,但是推理方式有待商榷。在传统刑法学理论当中,因果关系认识错误影响故意的成立,当偏离严重时则阻却故意的成立。然而这种体系性定位有问题,因为行为人在故意的主导下一经实施行为,无论结果是否按照行为人的预期发展,都不能溯及阻却先前便已经存在的故意。因果关系出现重大偏离时能够阻却的只能是对于加重结果的故意既遂归责。然而,故意既遂的归责也需要一套体系性的规则,笔者注意到近年德国学者提出的"全等审查阶层"理论与我国刑法学中的"主客观统一原则"非常接近,笔者将在对客观和主观层面限定结果加重犯成立的理论与规则进行讨论之后,具体介绍"全等审查阶层"理论。

以下展开本章的讨论。

---

〔1〕 参见中华人民共和国最高人民法院刑事审判第一、二、三、四、五庭主办:《刑事审判参考》(总第88集),法律出版社2012年版,第812号案例。

二、客观层面的限定

基本行为与加重结果的因果关系的认定是客观层面审查结果加重犯成立的重要内容。结果加重犯能否适用因果关系理论还需要看结果加重犯是否为结果犯。高铭暄教授认为,结果犯只有一个基本结果,即作为基本构成要件的结果,结果加重犯则有两个结果,即除基本结果外还有一个加重结果。[1] 陈兴良教授认为,结果犯之结果是本罪结果,而结果加重犯之结果是他罪结果,本罪结果决定行为的可罚性,他罪结果决定行为所适用的刑罚,因此结果加重犯不同于结果犯。[2] 上述观点均认为结果加重犯当中具有两个结果。

然而笔者认为,根据结果加重犯的基本行为的结果和加重结果性质的异同,可以将结果加重犯分为两类:一类是同质结果加重犯,典型范例是故意伤害罪,基本行为和加重结果侵犯的是同质的法益,被害人轻伤、重伤、死亡只是受到身体伤害的量的递增,并无另一独立结果出现;另一类是异质结果加重犯,如强奸致人死亡,强奸行为侵犯的是妇女的性的自决权,而加重结果则侵犯了妇女的生命权,这种情况才是具有两个结果的结果加重犯。然而无论是同质还是异质的结果加重犯,其加重结果的产生都受因果律的作用,故对于基本行为和加重结果之间因果关系的讨论,可以借用通常结果犯中因果关系的理论。在客观层面限定结果加重犯成立范围的努力主要是集中在运用各种因果关系理论将基本行为和加重结果之间因果关系异常的情况排除在结果加重犯范围之外。以下对传统学说进行梳理。

(一)传统学说的梳理

1. 条件说

条件说是早期的因果关系理论,起源于 20 世纪以前的拉丁法谚

---

〔1〕 参见高铭暄、马克昌主编:《刑法学》(第 9 版),北京大学出版社、高等教育出版社 2019 年版,第 184 页。

〔2〕 参见陈兴良:《本体刑法学》(第 3 版),中国人民大学出版社 2017 年版,第 486 页。

“condicio sine qua non”,其含义为若无 P,则无 Q,P 则为 Q 的发生条件,这被称为等值理论。运用条件说解释基本行为和加重结果的关系,其中前者是具有导致结果发生的紧迫危险的实行行为,后者是法律规定的加重的结果,要求前者与结果之间的因果关系不被中断。这样一来,条件说有可能将任何导致结果的条件都作为刑法因果链条的一个环节。[1] 例如,卖给杀人犯刀具的超市服务员以及杀人犯的母亲,似乎都和杀人行为具有因果关系。正是由于条件说将因果关系无限放大,而招致批评。

为了限制条件说对刑法中因果关系的无限放大,学者们提出了新的理论来限制条件说。例如,德国学者李斯特提出了著名的因果关系中断说,该说认为当出现新的、独立的原因,就会中断正在发生的因果关系,这种介入的新原因有可能是自然因素,也可能是人为因素。[2]

再如,弗兰克(Frank)提出了追溯禁止理论,其认为条件不能等同于原因,在行为人故意造成危害结果发生的行为以前的行为或者因素,只是条件,而非原因。[3] 该理论的弱点在于一般情形下第三人行为介入后,并不会中断行为人的故意行为,原来条件的原因力会继续存在,故原则上不中断原条件与结果之间的因果关系。

又如原因说,与追溯禁止理论类似,但是其判断原因的标准与追溯禁止理论不同,原因说认为应当选择一个与加重结果的发生具有特别紧密关系的条件作为结果发生的原因。该说曾经盛行一时,但因为无法提出区分原因与条件的确切标准,故逐渐被学界放弃。[4]

上述这些学说都在为限制条件说成立因果关系的范围做努力,试图将

---

〔1〕 参见[德]克劳斯·罗克辛:《德国刑法学总论(第 1 卷):犯罪原理的基础构造》(1997 年第 3 版),王世洲译,法律出版社 2005 年版,第 232 页。

〔2〕 参见[德]弗兰茨·冯·李斯特:《李斯特德国刑法教科书》,徐久生译,北京大学出版社 2021 年版,第 151 ~ 152 页。

〔3〕 参见[德]克劳斯·罗克辛:《德国刑法学总论(第 1 卷):犯罪原理的基础构造》(1997 年第 3 版),王世洲译,法律出版社 2005 年版,第 240 页。

〔4〕 参见陈兴良:《教义刑法学》(第 3 版),中国人民大学出版社 2017 年版,第 290 页。

条件说无从下手的第三人介入行为、被害人自身因素、被害人行为等条件排除出结果加重的范围,所以这些学说并不与条件说对立,而是对条件说的修正。尽管在条件说之后兴起了相当因果关系理论和客观归责理论,但是由于条件说规则简单明了,易于实际操作,故德国、日本以及我国的实务界对结果加重犯因果关系的判断均采条件说。

2. 相当因果关系说

随着条件说备受批判,学者们开始思考因果关系的判断不只是归因,而应向归责方向发展,于是在条件说的基础上,循着限制条件范围这一思路,产生了具有归责含义的相当因果关系说。相当因果关系是由德国弗莱堡的逻辑学家与医学家约翰内斯·克里斯(Johannes V. Kries)奠基,该理论认为,偶然引发结果发生的条件并不具有法律上的重要意义,具有刑法意义的原因只能是对于结果发生具有高度可能性的行为。相当因果关系理论在民法中对司法判决也发挥了很强的影响。

相当因果关系的提出有一个重要动因就是应用该理论来限制结果加重犯的责任。由此可见相当因果理论与结果加重犯之间的密切联系。运用相当因果关系,通过分析基本行为和加重结果之间的盖然率,〔1〕得出是否具有因果关系的结论。相比于条件说,相当因果关系说的进步性在于可以借由相当性排除无法预见的和行为人没有过错的严重结果的条件。这一理论避免了等值理论的无限追诉。〔2〕 例如,一个事故的肇事者,从此不再为他的被害人由于医院火灾而死亡的结果负责。

根据判断材料的不同,相当因果关系说分为主观说、客观说、折中说。主观说以行为人的主观预见能力为判断相当性的基础。这种观点的缺点在

〔1〕 库珀(Küpper)观点。参见许玉秀:《前行为保证人类型的生存权?——与结果加重犯的比较》,载《政大法学评论》第50期(1994年),第151页。

〔2〕 参见[德]克劳斯·罗克辛:《德国刑法学总论(第1卷):犯罪原理的基础构造》(1997年第3版),王世洲译,法律出版社2005年版,第245页。

于无法区分故意和过失,现在已经没有人再主张该说。客观说主张进行事后判断,其判断时点为裁判之时,将行为时已存在的情况作为判断的基础,而行为之后所发生的介入状况,能作为判断材料的仅限于一般人可能预见的情况。折中说以行为发生时作为判断时点,结合一般人的认识能力和行为人的特别认识能力作为判断基础。折中说是目前的主流学说,折中说的缺陷就在于一般人的预见可能性的标准不明确。例如,甲对乙实施故意伤害行为,导致乙受伤,乙在去往医院的过程中途经一座废弃的桥,这座桥是众所周知的"危桥",乙走在桥上之时,桥面断裂,乙坠桥而亡。如果运用折中说,在事情发生之时,无论是一般人还是行为人甲都知道桥不安全,那么依照相当因果关系说,被害人乙死亡的严重结果与行为人甲实施的伤害行为就具有了相当性的因果关系,这显然是不合适的,因此,相当因果关系说和条件说一样不能妥善解释第三人介入、被害人异常行为等情况下,基本行为与加重结果之间的因果关系问题。[1]

除了对上述折中说标准的批评,还有学者认为,相当因果关系忽视了必然和偶然的辩证关系。[2] 该观点认为,相当因果关系其判断的是必然的因果关系,否认了偶然因果关系在行为与结果之间关联的重要性。

由上可见,相当因果关系说是在条件说的基础上,以一般人在行为时的预见可能性或者行为人的特别预见可能性为基础,判断加重结果可否归责于行为人的基本行为。因此,相比于条件说,相当因果关系说已经不再是归因学说而是归责的学说。尽管其判断标准不够明确,但是毕竟相比于条件说,通过"相当性"有时能够排除类似于"医院大火"或者"医生严重失职"导致被害人死亡的结果归责,故相当因果关系说一直有一定的市场,该说目前

---

〔1〕 参见[日]西田典之:《日本刑法总论》,刘明祥、王昭武译,中国人民大学出版社2007年版,第77页。

〔2〕 参见[俄]Н. Ф. 库兹涅佐娃、[俄]И. М. 佳日科娃主编:《俄罗斯刑法教程(总论)》,黄道秀译,中国法制出版社2002年版,第246页。

在日本和我国台湾地区的理论界都是主流学说。

3. 客观归责理论

在以条件说确立的因果关系论的基础上,罗克辛教授提出了客观归责理论,该理论包含三个下位规则:其一,判断行为是否制造了法所不容许的风险;其二,判断行为是否实现了法所不容许的风险;其三,判断实现的风险是否在构成要件的效力范围内。当行为和结果不具有条件关系时,自然无需运用客观归责予以判断;当行为和结果具有条件关系时,只有制造了法所不容许的风险才有可能对行为人进行归责。所以,客观归责理论是在条件说的基础之上探究归责问题的。相对于条件说检视行为和结果之间的物理关系,客观归责理论的目标确是"尝试摆脱自然主义而迎向规范主义的努力",[1]因此,客观归责理论是一种实质的价值判断。

尽管客观归责理论由于其下位规则相对于条件说比较复杂,在各国家或地区的实务判例当中都尚未被接受,但其在学界逐渐获得支持。客观归责理论的优点在于,相比于相当因果关系说,其更加明确地把因果关系的判断从归因上升为归责,在客观构成层面把因果关系偏离、第三人介入、被害人特殊体质导致加重结果发生等问题排除在构成要件之外。对于结果加重犯中基本行为和加重结果之间归因归责关系的判断,客观归责理论的下位规则更加明确,它首先需要考察基本行为是否创设了会引发加重结果的风险,其次考察这一类型性风险是否实现,最后考察行为是否符合结果加重犯的规范构成,可见客观归责理论重视"风险"这一概念,至少在这一层面上,其与结果加重犯本质论的固有的"危险性"相关联。

虽然客观归责理论的支持者渐多,但是其几乎不被实务界所接受,这是源于客观归责理论本身具有缺陷,这个缺陷来源于客观归责的优点,就是客观归责的下位规则众多,在三条原则性规则之外又有若干衍生归责原则,如

---

〔1〕 许玉秀:《客观归责与因果关系》,载许玉秀等:《罪与罚——林山田教授六十岁生日祝贺论文集》,台北,五南图书出版公司1998年版,第15页。

风险实现、风险降低、法律排斥风险、因果偏离、信赖原则,等等。由于其内容过于庞杂,体系臃肿,逐渐成为融合各部分刑法理论的综合体。例如,风险实现的实行行为属于构成要件该当领域,被害人同意、法所不容许的风险属于构成要件领域,第三人的责任属于有责性领域。正如有学者所言,“客观归责理论像是一只有无数触角的巨大章鱼,包含越来越多的适用范围,这些范围以存在论的观点而言是非常歧义的”。[1]

将客观归责理论放诸结果加重犯中适用,主要目的就是能够判定介入因素对因果关系是否有重要影响,然而客观归责理论对此问题不能给出明确的回答,例如在化粪池案中,行为人用铁棍重创被害人的头部,行为人错以为被害人因头部重创而死,为了销毁罪证,将尚未死亡的被害人推进化粪池内,导致被害人在化粪池内缺少氧气,窒息死亡。[2] 有客观归责理论者认为,这种行为人行为的介入因素影响了因果关系,如果说其不重要则不符合社会一般人的观念,因此这个介入因素导致了因果关系偏离,故被害人的死亡结果不能归咎于行为人的第一行为。[3] 这种解释方式将判断时点定位在事后,将判断基础确定为社会一般人观念,不过也有学者将判断基准定位在行为人当时,那么判断标准发生变化,结论也就不一样。[4] 因此,尽管客观归责理论相对于因果关系说,通过创设下位规则,积极努力将第三人介入因素、行为人介入因素、被害人因素等排除出去,但是由于其规范不明确,也不能为结果加重犯的因果关系限定范围。

4. 直接性法理

直接性法理主张成立结果加重犯,必须是具有高度危险性的基本行为

---

〔1〕 刘艳红:《客观归责理论:质疑与反思》,载《中外法学》2011年第6期,第1230页。

〔2〕 参见[德]克劳斯·罗克辛:《德国最高法院判例:刑法总论》,何庆仁、蔡桂生译,中国人民大学出版社2012年版,第31页。

〔3〕 参见方鹏:《韦伯故意的推理及推论》,载陈兴良主编:《刑事法评论》第28卷,北京大学出版社2011年版,第325页。

〔4〕 参见陈幸敏:《因果历程错误与概括故意》,台湾东海大学法律学研究所1996年硕士学位论文,第22页。

直接导致加重结果发生时,才能算作基本行为与加重结果具有直接关联。从这种表述中可以看出直接性法理与危险性理论关联紧密。

讨论直接性法理的学者们也不断暗示这种关联性,例如盖伦(Geilen)提到,基本构成要件中,实现固有独自的危险性公式为"分离基本的构成要件要素,且排斥构成要件以外的危险因素后,判断危险性的实现……以加重结果的直接实现为认定的话,要求构成要件上固有既定的危险性实现已充足"。[1] 盖伦认为,只有排除基本犯构成要件以外的危险要素,才可以判断危险的发展过程,借以确定是否属于基本犯罪之构成要件特有或者固有内在危险的实现。[2] 库珀则将基本犯中特有的危险性作为结果加重犯的本质,并主张因为重视特有危险性,特有的危险性就必须实现在加重结果里。库珀称这样的论点为"直接性",将直接性表述为"missing link",即被遗忘的关联。[3] 另外,金德霍伊泽尔(Kindhäuser)介绍直接性时,也主张必须是基本犯罪的特定风险决定性地引起了严重后果,才具备直接的关联。[4] 如果死亡结果是由被害人自己或第三者的行为引起,而不是直接由伤害行为独特的危险(eigentuemliche Gefahr)造成的,则自然不能要求行为人就加重结果负责。例如,被殴打的妇女从阳台坠落而死亡,则行为人仍然不负伤害致死罪的刑事责任,因为伤害致死罪的规定是用来防止因伤害行为致加重结果的特别危险的。[5]

德国实务界对于直接性要件的认定存在犹豫不定的态势,有采用"直接性"相关表述的判决。例如,德国联邦法院认为"在一种直接通过第三者或者被害人举止行为才造成的死亡结果中","基本行为构成所特有的危险就不再

---

〔1〕[德]乌尔斯·金德霍伊泽尔:《刑法总论教科书》(第6版),蔡桂生译,北京大学出版社2015年版,第352页。

〔2〕参见Geilen,Unmittebarkeit und Erfolgsqualifizierung,in Welzel-Festschrift,1974,SD. 670ff。

〔3〕丸山雅夫『結果的加重犯論』(成文堂,1990年)176頁参照。

〔4〕参见[德]乌尔斯·金德霍伊泽尔:《刑法总论教科书》(第6版),蔡桂生译,北京大学出版社2015年版,第352页。

〔5〕参见黄荣坚:《刑法问题与利益思考》,中国人民大学出版社2009年版,第298页。

反映出来了”,“被害人的死亡不是直接通过火灾,而是由于行为人使用的炸药的爆炸引起楼房的倒塌而造成的时候,第 306b 条也不适用了”,以及“被害人不是直接由于暴力的使用而死亡的,而是在追赶抢劫犯时摔死的,抢劫致人死亡也不应当适用”,有学者认为这些判决体现出对直接性原则的依赖。[1]

然而在另一些判决中,德国联邦法院又明确表明拒绝使用直接性原则。例如,在猎台案件中:

> 行为人把一个设在森林里供打猎用的高台推翻了,使上面的被害人掉下来摔坏了。被害人当时仅仅造成了非致命性的踝骨骨折,但是最后因为医生的处理失误而死亡。

德国联邦法院根据《德国刑法典》第 226 条对行为人予以处罚,拒绝使用直接性法理的理由在于,“直接性不是准则,不能在被害人死亡的案件中为结果责任(Erfolgshaftung)的界限提供一个恰当的标准”。[2] 而对于此案,罗克辛教授的观点认为,不能成立故意伤害的结果加重犯,因为行为人的行为与加重结果之间失去了直接联系,医生错误治疗的行为直接造成了被害人死亡。[3]

我国目前有学者提倡借鉴直接性法理解释结果加重犯。而对于直接性法理的适用,郭莉博士认为可以适用所有已被承认的归责原则与排除归责的事由,如法律上不重要的风险、规范保护目的范围之外的风险、被害人自我危害行为、反常的因果历程以及第三人的效力范围等。[4] 郭莉博士对直

---

〔1〕 参见[德]克劳斯·罗克辛:《德国刑法学总论(第 1 卷):犯罪原理的基础构造》(1997 年第 3 版),王世洲译,法律出版社 2005 年版,第 219 页。

〔2〕 [德]克劳斯·罗克辛:《德国刑法学总论(第 1 卷):犯罪原理的基础构造》(1997 年第 3 版),王世洲译,法律出版社 2005 年版,第 219 页。

〔3〕 参见[德]克劳斯·罗克辛:《德国刑法学总论(第 1 卷):犯罪原理的基础构造》(1997 年第 3 版),王世洲译,法律出版社 2005 年版,第 220 页。

〔4〕 参见郭莉:《结果加重犯结构研究》,中国人民公安大学出版社 2013 年版,第 117 页。

接性法理的运用是借用了客观归责理论的下位规则,将本该属于该当性阶层的风险判断及有责性阶层的被害人自我危害行为放置于客观归责之中考察,这种对直接性原则的运用方式,其本质就是客观归责理论,因而客观归责理论招致的批评也同样适用于它。

邓毅丞博士认为应当对直接性法理做一些本土化改良,并为其创设了两个规则,分别是作用力规则和支配性规则。作用力规则是判断介入因素对加重结果的作用力的强弱,这个强弱的判断也需要结合基本行为创造的危险对于结果发生作用力的大小,当基本行为的作用力微弱,介入因素可直接导致结果发生时,则不具有直接性,当基本行为作用力强大,即便介入因素有作用力,也不能否认直接性。支配性规则是当基本行为对介入因素有支配作用时,则基本行为和加重结果之间的关联具有直接性。[1] 笔者认为这两个直接性法理下位规则的创设,其实质和客观归责理论也没有什么不同。这两个规则实质是在判断基本行为是否创设了法所不容许的风险,当基本行为创设了足够严重的风险,则无论介入因素如何都不能影响其风险的实现,当基本行为创设的风险显著微弱,而结果是由于介入因素实现的,那么就否认基本行为创设了法所不容许的风险。所以这个理论所谓的下位规则,仅仅是客观归责理论的下位规则。

故本书认为,直接性法理与客观归责理论一脉相承,可以说是客观归责理论在结果加重犯领域内的别名,有学者就曾提出将直接性法理融入客观归责体系,[2] 也印证了直接性法理和客观归责理论的同一性。因此客观归责理论所招致的批评,如体系庞杂、下位规则不明确、判断标准不一,直接性法理天然地予以继承。故直接性法理在其发源地德国没有被实务界接受,在日本和我国的理论界也并非主流观点。

---

〔1〕 参见邓毅丞:《结果加重犯的基本原理与认定规则研究》,法律出版社 2016 年版,第 119 页。
〔2〕 参见刘灿华:《结果加重犯研究》,法律出版社 2016 年版,第 172 页。

（二）客观方面学说的选择：限制的条件说

和世界其他国家刑法典一样，我国《刑法》中未对因果关系的判断规则予以明确规定。在结果加重犯的规定当中，客观方面表述基本行为和加重结果的连接词也是比较凌乱的，有“致”“致使”“造成”，通过这些动词的运用，我们体会到的是只要基本行为在因果链条上位于加重结果之前，就可以确认基本行为和加重结果之间具有因果关系。而在我国实务中大量的案件也是这样裁判的，即便有异常介入因素，也因为加重结果是由行为人基本行为引起的，而径行将加重结果归因于行为人。我国实务界的处理方式属于“不加限制的条件说”。

与刑法规定的空白以及实务界适用理论的“稳定恒久”相比，理论上对因果关系的研究一直活跃。从上文中的介绍可知，从条件说到相当因果关系说、客观归责理论、直接性法理，学者们所作的努力都是想将介入因素导致加重结果发生的情形排除出去，阻却结果加重犯的成立。正如西田典之教授所言，“某种意义上时候，结果委身于偶然，所以结果能够归属于行为这一客观性归责的问题并非由一般预防这一观点所能决定，而应由报应情感来决定。刑罚的目的在于预防，刑罚的本质在于报应。因果关系正是从报应情感的视角出发，研究可将多大范围的结果认定为由行为所引起，并进一步归责于该行为”，[1]故可以肯定的是，各种学说都希望将不能归责的异常情形排除在外。

上述四种学说当中，条件说以判断基本行为和加重结果之间引起和被引起的关系来判断结果可否由行为人承担，后三种学说在此基础上，用相当性、危险性或者直接性来限制条件说的范围，因而现在很多观点认为条件说是归因学说，其余学说为归责学说。笔者反对此观点，上述学说追求的是将异常介入因素排除出因果链条这样的共同目的，即便是条件说也运用因果

[1] [日]西田典之：《日本刑法总论》，刘明祥、王昭武译，中国人民大学出版社2007年版，第76页。

关系中断论来限制刑法上因果关系的成立范围,因此它不仅仅是事实判断,它也是价值判断。正如刘艳红教授所认为的,因果关系理论本身就是事实与价值的二重判断,兼含归因与归责,而非纯事实的问题,所谓的条件说是归因,客观归责理论是归责,只是客观归责论者对因果关系理论的抹黑。[1] 对于归因或者归责的判断,也有学者认为刑法归责的判断只需要判断归责,无需判断因果关系。[2] 对于这种以归责架空归因的说法笔者亦反对,因为任何价值判断的基础都离不开事实判断,脱离了事实的确认,责任的判断便无事实依据。因此,条件说和客观归责理论、相当因果关系理论一样,都是兼含归因和归责判断的理论,甚至有学者认为,当为了贯彻责任主义而将结果加重犯的责任要素设定为过失必要说,那么在客观层面运用条件说判断因果关系也是无可厚非的。[3] 本书认为,如果适当运用条件说的"因果关系中断论",能够在客观层面限定结果加重犯的成立范围。

本书认为在下列情形中可以判定因果关系中断:第一,行为人实施基本行为之后,加重结果并未发生,之后第三方介入因素独立或主导促成了加重结果的发生,此种情况下,加重结果不能归责于基本行为。例如,行为人实施殴打行为后,被害人轻伤住院,医院突发大火,或者医护人员严重失误导致被害人死亡。第二,行为人实施基本行为之后,加重结果并未发生,但是被害人自杀、自残的,不应将加重结果归责于行为人的基本行为;如果由于被害人过失导致自己陷入危险境地,行为人不履行救助义务的,可以按照行

---

〔1〕 参见刘艳红:《客观归责理论:质疑与反思》,载《中外法学》2011 年第 6 期,第 1236 页。

〔2〕 参见许玉秀:《客观归责与因果关系》,载许玉秀等:《罪与刑——林山田教授六十岁生日祝贺论文集》,台北,五南图书出版公司 1998 年版,第 21 页。

〔3〕 该观点认为,结果加重犯中因果关系的选择与主观责任的限定也是具有"连带"关系的。在 1953 年《德国刑法典》之前,对于结果加重犯的加重结果是持过失不要说的,将结果加重犯解释为结果责任和偶然责任,在此时客观上选择相当因果关系说,能够发挥类似于过失必要说的排除犯罪的机能,因而在这样的时代,对条件说的批判是正常的,但是在德国 1953 年修订刑法典之后,结果加重犯以过失为必要被立法化,此时就不需要相当因果关系再为此作限定。岡野光雄『刑法要説総論』(成文堂,2009 年)62 頁参照。

为人故意杀人罪和基本犯罪数罪并罚，排斥结果加重犯的成立。例如本章所举的案例六，行为人强奸被害人后，被害人在逃跑过程中掉入水中，行为人见死不救，应当否定基本行为和加重结果的因果关系，成立强奸罪和故意杀人罪。第三，行为人实施基本行为之后，加重结果并未发生，行为人又实施其他行为引发加重结果，基本行为与加重结果的因果关系也应当中断，加重结果的发生由后一行为负责。例如，行为人实施抢劫行为，对被害人实施殴打后，误以为被害人死亡，将被害人扔到水中，被害人溺死，这种情况作为基本行为的抢劫行为和被害人的死亡结果之间不具有因果关系，应当认定抢劫罪和过失致人死亡罪数罪并罚。

不能排除的是以行为人或者一般人的立场，在实施基本行为时可能预测到的因素导致加重结果发生的情形。第一，行为人在实施基本行为时，被害人为躲避伤害的应激反应，导致加重结果发生的。例如，行为人殴打被害人，被害人为了逃跑企图从阳台上逃到邻居家，结果不小心坠落死亡。这种情况死亡结果应当由伤害行为负责。第二，行为人在实施基本行为时，被害人无意间磕碰到现场其他物件致死。例如，行为人殴打被害人的时候，被害人受殴打的惯性撞到了门框上，导致死亡的，尽管行为人没有预测到被害人会撞到门框上，但是仍然要对结果负责。第三，被害人是特殊体质，行为人实施加害行为时尽管没有预测到，也需要对这个结果负责。例如，被害人有血友病或者心脏病等，即便受到了轻微的殴打或者惊吓，这些病症也可能会发作进而导致死亡结果，这种情况不能中断客观上基本行为和加重结果的因果关系。

由上可见，本书倡导的限制的条件说，不能将所有异常因素排除在结果加重犯的成立范围之外，但是笔者认为这也是这个规则的优点。因为毕竟是客观层面的判断，一旦过多地将行为人的预见可能性和预见能力融入判断标准，则存在架空后续有责性阶层中对故意或者过失的判断的可能性，如上文所举的未在客观层面排除因果关系成立的情形，还可以在判断主观罪责的时候予以排除结果加重犯的认定。并且，相当因果关系理论和客观归责理论为了在该当性领域解决所有异常介入因素的归责问题,而模糊三阶层犯罪构成体系,这个代价过大,而限制的条件说则不存在这个问题,仅在客观层面判断客观的问题,有利于犯罪构成阶层的划分清晰。同时,限制的条件说操作起来也要比客观归责理论多重下位规则的形式容易,基于我国实务界现状,修正后的"限制的条件说"更接近我国本土化操作,更"接地气"。

张明楷教授也主张运用条件说,通过积极运用中断论对结果加重犯的成立范围予以限制,张明楷教授认为其学说更接近于德国的直接性原理。[1]此观点运用条件说的中断论限制结果加重犯的成立范围和本书观点一致,但是又将限制范围的做法和直接性法理相类比,笔者是反对的,因为结果加重犯是特殊的结果犯,所以判断结果犯因果关系的规则对于结果加重犯也同样适用,无需为结果加重犯单独设立因果关系规则。结果加重犯相比于结果犯的确具有特殊之处,即基本行为具有的类型性的高度危险,但这是价值论上而非存在论上的危险,这个高度危险是立法者基于一般预防的目的性而预设的,不具有类型性风险的行为一旦招致了加重结果的场合,难以否定这个"直接性"的存在,并且直接性也涉及判断标准不明确的问题,这在上文中对直接性法理的探讨中已经说明,此处不再赘述。

三、主观层面的限定

主观层面对结果加重犯成立的研究主要集中在行为人在引发加重结果时的心理罪过形态。大陆法系国家中,只有德国和俄罗斯,在刑法总则中明确规定行为人对加重结果的罪过至少具有过失。我国《刑法》在总论中并无对结果加重犯的描述,分则中也未见对加重结果罪过形式的限定。司法实践中对行为人对加重结果没有预见可能性的情形也进行了归责,这显然违背现代罪责原则。因而有必要对传统理论进行梳理,探讨对加重结果罪过

[1] 参见张明楷:《严格限制结果加重犯的范围与刑罚》,载《法学研究》2005年第1期,第92页。

的适当限定原则。

(一)传统学说的梳理

1. 无过失理论

无过失理论也被称为过失不要说,是结果责任时期的理论,早期的刑法学者只在因果关系上寻求结果加重犯成立与否的答案,当基本行为与加重结果之间具有条件关系,那么行为人就应当对加重结果负责,放弃对行为人主观罪责要素的追索。[1] 这种理论与前章节提到的单一形态说是"一体两面",它们分别回答的是结果加重犯的责任问题和本质问题。

早期的刑事立法也未体现要求行为人对加重结果负有罪责,例如法国1810年刑法和仿照法国刑法立法的1973年日本旧刑法,在总则部分对结果加重犯没有进行任何规定。时至今日,日本学者中也有支持过失不要说者。例如,藤木英雄主张判断基本行为和加重结果之间的关系以相当因果关系为已足,只要行为人对基本犯罪有故意,同时加重结果存在于基本行为的危险性射程范围内,则可将加重结果归责于行为人,且如此解释与责任主义不矛盾。又如,植松正认为结果加重犯具有结果责任性质,并且行为人对基本行为具有故意,这就与对基本行为也无责任的行为不同,后者是违背责任主义的,前者不违背。[2]

日本学者对过失不要说的坚持是有其本土立法为依据的。《日本刑法典》第38条规定,"没有犯罪故意的行为不处罚,但法律有特别规定的,不在此限"。故"法律有特别规定"这一规定就为偶然的加重结果留出了适用的空间,持过失不要说的学者观点至少是不违逆现行《日本刑法典》的。在日本实务界也有伤害致死罪案件不要求行为人对加重结果具有过失的判例。[3]

---

〔1〕 参见Sauer, Grundlagen des strafrechts, 1921, S. 357。转引自魏大哓:《论加重结果犯之责任基础及其规范构造》,载《刑事法杂志》总第32卷(1988年),第5页。

〔2〕 藤木英雄和植松正的观点。参见吴秋宏:《加重结果犯的未遂》,中国文化大学1997年硕士学位论文,第22页。

〔3〕 松宫孝明『刑法総論講義』(成文堂,2009年)17頁参照。

我国《刑法》规定刑法处罚以故意为原则,以处罚过失为例外,处罚过失犯罪需要法律有规定才处罚。虽然没有明确指出刑法"只"惩罚故意和过失犯罪,但是也规定了在只有意外事件和不可抗力的情况下,行为人才能免去责任,而意外事件和不可抗力正是行为人对结果的发生没有故意和过失。故从我国《刑法》的现行规定中能够推导出我国惩罚结果加重犯也是以行为人对加重结果至少具有过失为原则的。即便如此,我国也有学者倡导过失不要说。有学者旗帜鲜明地提出应当承认对加重结果既没有故意也没有过失的偶然的结果加重犯。其论述的依据和日本学者的观点相近,即行为人对基本行为是具有故意或者过失的,然而根据社会一般观念来看,没有基本行为也就没有加重结果,因而让行为人承担加重的刑罚是合理的,符合社会的公平正义观念。[1]

对于这种观点本书是反对的。首先,此观点认为只要对基本行为具有罪过,那么行为对于加重结果就应当负责,这种理念与早期的单一形态说是一致的,而单一形态说与结果责任主义是契合的,故这一观点与当今的罪责原则相违背。其次,将行为人是否需要对加重结果负责,依赖于"社会一般观念",这个标准是不明确的,况且在现代法治国家,社会一般观念也应当转向排斥偶然结果加重犯,拥护责任主义的方向,故"社会一般观念"无法成为支持偶然结果加重犯的依据。所以本书认为,过失不要说不符合我国《刑法》的要求,并且在学理上,其违背现代社会的责任主义,因而不应被采纳。

2. 间接故意理论

间接故意理论是从客观上推定行为人对加重结果的发生具有故意。该理论发源于中世纪的罗马法中的故意(dolus)概念,后来德国刑法学将该理论引进。就间接故意与结果加重犯的关系而言,结果加重犯被认为是间接

---

〔1〕 参见周铭川:《结果加重犯争议问题探究》,载《中国刑事法杂志》2007年第5期,第44页。

故意的"变体后代"。[1]

间接故意实际上是根据客观方面，推定行为人对加重结果发生具有故意。根据意大利学者巴托鲁斯（Bartolus）的定义，间接故意是指，当被禁止的行为在经验上通常有造成死亡结果的危险倾向时，一旦结果发生，就以故意归责。例如，行为人以拳头殴打被害人，被害人倒地撞到石头身亡，则行为人不具有故意，因为在这种情况下，很少会有死亡结果发生。[2] 意大利学者巴尔杜斯（Baldus）则在间接故意中加入主观化要素，要求行为人认识到结果发生的可能性，否则不能将结果以故意归责于行为人。[3]

间接故意曾经在德国的学术界以及实务界占据支配地位。在同属德语国家的奥地利，直至1975年1月1日生效的刑法修正中，仍有间接故意的规定，因此奥地利刑法中的伤害致死罪等同于普通故意杀人罪。许玉秀教授认为，基本犯罪行为根据经验，具有引发加重结果发生的类型性危险倾向，那么可以推定行为人对加重结果负有故意之责。这种说法看来和罗克辛的客观归责理论非常相近，并且还具有故意客观化的趋势，在证明上以故意基本行为的危险性，间接认定行为人对结果的发生具有故意。[4]

间接故意理论在德国和意大利刑法学中曾经盛行，它意味着，一旦出现加重结果，不考虑行为人对加重后果的意欲，就推定行为人对加重结果也具有故意，不得不说这种主观的归责方式仍然含有结果责任主义的余毒。

我国有学者认为对加重结果的罪过形式应当是间接故意。理由在于，第一，行为人认识到基础行为对加重结果的发生具有内在危险性时，应当无法说明行为人对加重结果的主观罪过是过失。第二，犯罪过失的心理要么

---

〔1〕 参见Küpper, Der unmittelbare Zusammenhang, S. 16。转引自赵彦清：《结果加重犯的归责基础》，台湾政治大学1998年硕士学位论文，第63页。

〔2〕 参见Küpper, Der unmittelbare Zusammenhang, S. 16。转引自赵彦清：《结果加重犯的归责基础》，台湾政治大学1998年硕士学位论文，第64页。

〔3〕 参见Küpper, Der unmittelbare Zusammenhang, S. 16。转引自赵彦清：《结果加重犯的归责基础》，台湾政治大学1998年硕士学位论文，第64页。

〔4〕 参见赵彦清：《结果加重犯的归责基础》，台湾政治大学1998年硕士学位论文，第66页。

产生在人们的日常生活之中,要么产生在人们所从事的义务中,不可能产生在一种犯罪活动之中。认为加重结果的罪过形式为过失,无疑是在承认犯罪过失的人的心理可以产生在犯罪活动之中。第三,结果加重犯具有严厉的法定刑,将加重结果的形式理解为间接故意,为加重结果犯的严厉处罚找到了充分的依据。[1] 对此观点本书是反对的。第一,当行为人认识到加重结果可能发生时,其未必对结果的发生具有希望的意欲要素,行为人有可能是过于自信的过失。第二,犯罪活动也是行为人意识支配下的肢体活动,过失心理产生在犯罪行为之中是自然而然的,断绝过失心理和犯罪行为的联系,缺乏存在论层面的依据。第三,结果加重犯的加重法定刑来源于立法者基于一般预防的需要,并且即便对加重结果具有故意也无法解释法定刑在量上的升高。所以,间接故意理论在故意客观化的路上走得太远,不能很好解释加重结果的罪过,在大陆法系国家中被摒弃,也不适合我国的司法实践。

3. 由故意确定过失理论

由故意确定过失理论(culpa dolo determinata)也被翻译为确定故意与过失竞合。[2] 这一理论由费尔巴哈提出,最早在费尔巴哈主持编纂的1813年的《巴伐利亚王国刑法典》中直接提出,在此之后1851年的《普鲁士刑法典》,与其后的1871年《德意志帝国刑法典》也受此理论的影响。由故意确定过失理论的提出主要是为了取代间接故意理论,两个理论在本质上是相同的,均为由对基本行为的故意推定对于加重结果的罪责,由故意推定故意的就是间接故意理论,由故意推定过失的,也可以称为"间接过失"理论。

费尔巴哈将故意分为两类,一类是确定故意,另一类是不确定故意。当行为人意图侵害多数特定法益时,行为人对结果皆有不确定故意,当行为人预见或可能预见他的行为会带来更严重的危害结果时,则可认定行为

---

[1] 参见陆诗忠:《结果加重犯之基本问题再研究》,载《学术论坛》2007年第11期,第145页。
[2] 参见俞清松:《加重结果犯之研究》,台湾政治大学1980年硕士学位论文,第37页。

人对结果具有过失。由故意确定过失理论是为了顶替间接故意理论出现的,费尔巴哈认为间接故意其实是一种过失,因此应该以故意与过失组合取代间接故意,这也就是现在的“故意 + 过失”这种组合结果加重犯概念的前身。不过费尔巴哈是先将间接故意拆分为故意和过失两个要素,之后又将这两个要素进行融合,这符合费尔巴哈将结果加重犯理解为单一犯罪的观点。

这个理论遭到了米特迈耶(Mittermaier)的批评,米特迈耶认为由故意确定过失是错误的概念,对于故意与过失结合的形态可以适用想象竞合的观点来解决。这应该是根据想象竞合理论批评结果加重犯归责原理的第一个例子。[1]

由故意确定过失理论相比于间接故意理论的进步之处就在于,当无证据表明行为人对加重结果的意欲要素时,至少不会因为行为人实施基本行为时具有故意,而径行推定行为人对加重结果也同样具有故意,而是稍稍“降低”水平,推定行为人对加重结果具有过失。但这同样是罪责客观化的观点,等同于不要求行为人对加重结果具有罪责,已然不符合现今罪责主义的要求。

4. 预见可能性说

预见可能性说,主张行为人实施基本犯罪产生了加重结果,只有行为人对于加重结果具有预见可能性才能将加重结果归责于行为人。至于“能预见”的标准,有客观说和主观说之争。客观说认为,判断预见可能性应当以一般人为标准,因为预见可能性是能预见,与主观上是否有预见不同,因而应当采取客观标准。主观说认为,判断预见可能性应当以行为人的认识能力为标准,因为如果行为人缺少一般人应当具有的预见可能性,但是却将结

---

〔1〕 参见许玉秀:《前行为保证人类型的生存权?——与结果加重犯的比较》,载《政大法学评论》第 50 期(1994 年),第 151 页。

果归责于行为人,这无异于结果责任的立场,违背责任主义。[1] 除了主观说和客观说之争,还有主张综合外在客观情况与内在主观能力的折中说之争,之后又发展出信赖原则,以阻却预见可能性的成立。预见可能性说的缺点就在于该说内部标准不一。

预见可能性说也曾获得实定法的支持。最早体现预见可能性说的是1902年的挪威刑法,[2]德国1909年修正预备草案也体现了预见可能性说,该草案第62条规定行为人的归责基础为能够预见结果的发生,1919年《德国刑法典》第17条也采取了预见可能性说。不过德国现今刑法放弃预见可能性说,转向了过失必要说。目前仍然以预见可能性作为结果加重犯罪责标准的是日本和我国台湾地区。[3]

本书认为,预见可能性说相较于过失不要说、间接故意理论、由故意确定过失理论具有进步意义。但是预见可能性与过失的要求还存在差距,当行为人对加重结果只具有预见可能性,未必具有过失的情形下,将加重结果归责于行为人,尚不符合责任主义的心理罪责基础,未能迎合责任主义的必然要求。

5. 过失必要说

过失必要说主张基本行为引发了加重结果,行为人必须对加重结果至少具有过失,才能将加重结果归责于行为人。当行为人对加重结果既无故意也无过失,即可以否认对行为人归责。所以通过过失必要说,能够排除偶然结果加重犯。过失必要说目前是中外学界和立法的通说,例如奥地利刑

---

〔1〕 参见徐育安:《加重结果犯判决回顾》,载《台湾法学杂志》第91期(2007年),第162~164页。

〔2〕 该法第43条规定法律上的可罚行为,由于非因故意之结果而规定加重刑者,仅在行为人能预见结果之可能性,或行为人能注意其危险而不为防止结果时,科以加重之刑。参见洪福增:《加重结果犯》,载《军法专刊》第3卷第5期(1954年),第14页。

〔3〕 1974年《日本改正刑法草案》第22条规定,因结果之发生加重其刑之犯罪,如不能预见该结果之发生,为加重结果犯科刑之责任基础。我国台湾地区现行"刑法"第17条规定,因犯罪致发生一定结果而有加重其刑的规定的,如行为人不能预见其发生则不适用。

法和德国1925年至今的刑法。[1]

但是过失必要说与预见可能性说之间的关系尚需要讨论,两个学说的基础都是承认结果加重犯由基本行为和加重结果复合而成,行为人对基本行为和加重结果都需要有主观认识才能予以归责,区别是一个要求具有过失责任,一个要求具备预见可能性。

有观点认为过失必要说和预见可能性说并无区别,如德国联邦法院曾有观点认为,预见可能性说与过失必要说二者的标准相同,在伤害致死罪中,对加重结果的预见可能性为过失的一般要件,预见可能性为唯一的具体要件。[2] 我国也有学者认为过失必要说等同于预见可能性说,因为在预见可能性的程度上,前者低于后者,前者是具有预见可能性,而后者是已经预见。预见可能性说想要排除掉的是,行为人对于加重结果没有预见的情况,而不具有预见可能性,也就不具有过失,故和过失必要说要达到的效果是一致的,所以不应该对这两种观点区别使用。[3] 这种认为过失必要说等同于预见可能性说的观点,是认为预见可能性是过失的唯一要素,当认为过失还包含预见可能性以外的其他要素,则自然不认同过失必要说等同于预见可能性说。

例如,德国学者魏根特教授即认为,过失的不法构成包含两个方面,客观注意义务的违反是过失犯的行为不法,结果的发生、结果的造成以及结果

---

〔1〕《奥地利刑法典》第20条规定,行为由于法律有特别规定之结果而加重其刑者,仅因行为人至少有过失而引起结果时,科以加重之刑。1925年《德国刑法典》第15条规定,因特别规定于法律上之行为所生之结果而科以加重刑者,仅在至少由于行为人的过失而引起结果时,科以加重刑。1927年《德国刑法典》第21条规定,对行为的特别结果所科之加重刑,仅在至少由于行为人之过失而引起结果者适用。至今《德国刑法典》第18条也是以"至少有过失"为结果加重犯的责任基础。1953年《德国刑法典》第56条规定,行为人对加重结果至少必须有过失。上述立法模式均要求行为人对加重结果至少具有过失。

〔2〕参见Sch/Sch/Cramer, §15,25. Aufl. ,Rn,120ff。转引自赵彦清:《结果加重犯的归责基础》,台湾政治大学1998年硕士学位论文,第96页。

〔3〕相同观点可参见马克昌:《结果加重犯比较研究》,载《武汉大学学报(哲学社会科学版)》1993年第6期,第121页;高铭暄、赵秉志主编:《犯罪总论比较研究》,北京大学出版社2008年版,第296页,注释2。

的预见可能性是过失犯的结果不法。[1] 金德霍伊泽尔教授认为过失的要素(以行为、结果及其因果关系为讨论前提)为违反谨慎义务,其中分为内在谨慎和外在谨慎,内在谨慎是行为人注意到举止所附带的风险,外在谨慎是通过采取必要的预防措施来避免将这种风险限制在一般容许的范围之内。简单来说,内在谨慎是认出危险,外在谨慎是驱逐危险。[2] 也有学者将预见可能性和结果避免可能性以及逾越社会相当风险作为违反注意义务的具体要件。[3] 无论具体要素如何排布,这些观点反对以结果预见可能性的判断代替过失的判断,因为过失的规范组成中除了预见可能性还具有注意义务、结果避免可能性等其他的要素。

本书倾向于认同金德霍伊泽尔教授关于内在谨慎义务和外在谨慎义务的要素构成。只有既尽到了内在谨慎义务,又尽到了外在谨慎义务,还是不能避免结果出现的,才能排除过失的归责。其中内在谨慎的判断标准为是否具有预见可能性,外在谨慎的判断标准为是否尽到了回避结果发生的注意义务。这样的对过失要素的确认也符合我国传统理论中对过失结果的理解,即过失应当包含知和意两方面。其中,知是认识因素,对应内在谨慎义务,用预见可能性回答的是行为人能否知道危害后果的发生。意是意欲因素,对应外在谨慎义务,仅仅有预见可能性不能判断行为人是否希望结果发生,当行为人履行了结果回避义务而结果仍然发生时,则不能因为行为人预见了结果而对其追究责任,此时行为人的行为不是过失的实行行为,即不具有过失责任。

因此,本书反对以预见可能性的判断替代过失的判断,预见可能性说不能等同于过失必要说的判断,预见可能性说要比过失必要说的归责范围大,

---

〔1〕 参见[德]汉斯·海因里希·耶赛克、[德]托马斯·魏根特:《德国刑法教科书》,徐久生译,中国法制出版社2001年版,第691、699页。

〔2〕 参见[德]乌尔斯·金德霍伊泽尔:《刑法总论教科书》(第6版),蔡桂生译,北京大学出版社2015年版,第330页。

〔3〕 参见Sch/Sch/Cramer, § 15,25. Aufl. ,Rn,120ff。转引自赵彦清:《结果加重犯的归责基础》,台湾政治大学1998年硕士学位论文,第96页。

过失必要说将行为人对加重结果的责任限定在过失以上,更加符合责任主义。

6. 轻率说

在过失必要说的基础上,为了严格限制结果加重犯的成立范围,德国刑事立法开始提高成立结果加重犯的主观罪过的罪责程度,立法者逐渐将结果加重犯的加重后果与更高一个层次的轻率过失联系到一起,要求行为人对加重结果需具有轻率的罪过。[1] 现行《德国刑法典》中共计 14 个涉及结果加重犯的条文,其中要求具有轻率以上过失的有 8 个,我国也有学者认为,“结果加重犯的规定如果还能合法地存在下去,在解释上一定必须添加其他的构成要件,加重结果之发生必须有轻率过失”。[2]

所谓轻率,在目前的文献中一般认为是严重的过失,相当于民法典里的重大过失。[3] 1962 年《德国刑法草案》曾经尝试过一种定义性的规定,“严重过失地行为的人,就是轻率地行为”,毛拉赫认为轻率“是一种罪责形式,并且与‘毫无顾忌’这个概念具有最紧密的亲缘关系”,在具体的司法判例中,“轻率的行为是,一个人由于特别的轻率或者漠不关心而没有注意到一种由他所造成的死亡过程的可能性”。[4] 罗克辛教授认为应该把“轻率作为一种跨越不法和跨越罪责的特征,首先应当用于一种特别危险的行为上面,而不是用于特别应受谴责的内心态度上”,并且通常是从“特别危险的行为”这个不法方面来使轻率的概念进一步具体化。例如,在赛车比赛当中,作为赛车手的行为人实施疾驰的行为,就是特别危险的行为,那么如果出现

---

〔1〕 参见[德]汉斯·海因里希·耶赛克、[德]托马斯·魏根特:《德国刑法教科书》,徐久生译,中国法制出版社 2001 年版,第 320 页;[德]克劳斯·罗克辛:《德国刑法学总论(第 1 卷):犯罪原理的基础构造》(1997 年第 3 版),王世洲译,法律出版社 2005 年版,第 731 页。

〔2〕 黄荣坚:《刑法问题与利益思考》,中国人民大学出版社 2009 年版,第 308 页。

〔3〕 参见[德]汉斯·海因里希·耶赛克、[德]托马斯·魏根特:《德国刑法教科书》,徐久生译,中国法制出版社 2001 年版,第 683 页。

〔4〕 [德]克劳斯·罗克辛:《德国刑法学总论(第 1 卷):犯罪原理的基础构造》(1997 年第 3 版),王世洲译,法律出版社 2005 年版,第 732 页。

了死伤的结果,他的主观罪过就可以被认定为轻率,而相反如果行为人是驾驶救护车进行紧急救援,尽管它们的风险是一样的,这种情况下就不应该是轻率。[1] 罗克辛教授在教材当中也只是通过举例来说明什么是轻率的罪过,他也承认在文献中对“轻率”概念的说明是很少的。

由上可见,“轻率”在德国刑法理论中,是可罚性更高的过失,通过把结果加重犯中对加重结果的罪过程度升级,以达到严格限制结果加重犯成立的目的,这种理念之于我国也有参考价值。

我国刑法理论中的“轻率”概念,应当是指过于自信的过失。根据我国《刑法》规定,轻率过失犯罪的本质特征在于应当避免而没有避免。应当避免而没有避免,说明行为人已经预见了危害结果的发生,而没有采取措施避免,这和德国刑法理论当中作为轻率内涵的“特别危险的行为”“毫无顾忌”“残暴”“放肆”等词汇具有相似性。我国《刑法》中的罪责类型根据认识因素和意识因素的不同,将罪责程度按照从高到低排序,依次为直接故意、间接故意、轻率的过失和疏忽的过失。将结果加重犯的加重结果的罪过从过失提高到轻率的过失,就是为了排除疏忽大意的过失,更是排除了预见可能性说的适用。这意味着即便行为人具有预见可能性,而事实上却没有预见,那么也不用对加重结果负责。如此一来,结果加重犯的范围又被缩小,符合缩小结果加重犯成立范围的理论趋势。

(二)主观方面学说的选择:过失说

结果加重犯主观罪过的研究主要集中在行为人对加重结果的罪责这个问题上,实务界希望降低加重结果主观罪责的证明难度,而学者们坚守无罪责即无刑罚的责任主义,学说的演变也是罪责证明主观化或者客观化的博弈史。上述介绍的六种学说中,过失不要说、间接故意理论、由故意确定过失理论接近单一形态说的立场,由基本行为的故意推定出行为人应当对加

---

〔1〕 参见[德]克劳斯·罗克辛:《德国刑法学总论(第1卷):犯罪原理的基础构造》(1997年第3版),王世洲译,法律出版社2005年版,第732~733页。

重结果负责,这种罪责证明的客观化倾向在 1902 年国际刑法学会之前几乎是各国的立法观点,这显然是结果责任主义的立场,不足取。跳脱出结果责任,意识到行为人应当对加重结果具有主观罪责要素方能归责的是预见可能性说、过失必要说和轻率说。

预见可能性说目前是日本的通说,但是预见可能性说仍然不能排除无过失的责任,故仍不契合现代的罪责原则。轻率说相比于过失必要说,提高了一个罪责档次,大幅缩小了结果加重犯的成立范围,这一功能是符合结果加重犯研究的理论追求的,但是在我国缺少相应的立法支持,轻率说在德国是由分则条文明确规定的,而我国《刑法》并未规定行为人对加重结果需要具有轻率过失,在实定法上缺少规范的支持。同时,我国现阶段实务判例中显现的是,将部分偶然发生加重结果的情形也认定为成立结果加重犯,一旦要求我国《刑法》中大部分结果加重犯的立法例要以轻率为罪责下限,的确是大幅度缩减了结果加重犯的成立范围,但是,在刑事政策上恐怕难以让大家接受,径直由“过失不要说”一步迈到“轻率说”,这个步子迈得过于大。所以,采取轻率说不符合我国立法实际和刑事政策的需要。

所以,我国目前应当选择的对加重结果归责的学说应当是过失必要说,这能够解释立法,也方便司法的适用。第一,过失说符合我国的实定法,在分析我国立法实然现状时,我们发现如果排除偶然责任,那么我国的结果加重犯立法主要是“故意 + 故意”和“故意 + 过失”这两种责任组合形式。第二,我国目前实务中的判例大部分都不考虑行为人对加重结果是否具有故意或者过失,用过失必要说限定行为人的主观罪过,能够限缩结果加重犯的成立范围,在符合罪责原则的前提下,也不至于“大跃进”,一步到位采取“轻率说”,在刑事政策上难以接受。在被害人因其特殊体质导致伤亡的案例中,根据过失必要说,可以阻却结果加重犯的成立,例如本书开头所举的案例三(洪某宁故意伤害案),根据上文因果关系方面的论述,采取限制的条件说,并不能认为陈某狮的心脏病因素能够中断洪某宁的殴打行为和陈某狮的死亡结果之间的因果关系。但是洪某宁对陈某狮的特殊体质并无预见可能性，故洪某宁对陈某狮的死亡不具有过失。因此，在主观层面即可排除故意伤害致死这一结果加重犯的成立，无需援用我国《刑法》第63条第2款上报最高人民法院为被告人争取减轻刑罚。

四、全等审查阶层理论的引入

（一）问题意识

上文中通过客观层面和主观层面的讨论，确立了在客观层面采用限制的条件说，主观层面采用过失说，对结果加重犯的成立范围予以限定。然而涉及因果历程偏离的问题时，行为人实施基本行为，但未按预想发生基本结果，而是发生了加重结果。这种情形下，基本行为和加重结果之间具有因果关系，并无其他介入因素导致因果关系中断，在客观层面无法排除归责。我国司法实践对于这种因果关系偏离的情形，通常以行为人不具有故意为由排除结果加重犯的归责。

例如上文所列举的案例七（季某兵过失致人死亡案），[1]一审认定被告人构成故意致人死亡罪，二审认定被告人构成过失致人死亡罪，对于二审改判的结论本书赞同，不过改判的理由有待商榷。季某兵在扔出桶时没有将桶盖掀开，也可能是为了自我保护不被香蕉水淋到，不能排除季某兵没有故意，至多能排除季某兵没有杀人的故意，但是不能排除季某兵对被害人有伤害的故意。二审法院的裁判思路属于典型的传统思维，因果历程发生偏离而否认行为人对危害后果具有故意。

然而细细想来，这种体系性定位有问题，因为行为人在故意的主导下一经实施行为，无论结果是否按照行为人的预期发展，都不能溯及阻却先前便已经存在的故意，行为人主观上有无故意，判断的关键时点在行为之时，也

〔1〕 参见中华人民共和国最高人民法院刑事审判第一、二、三、四、五庭主办：《刑事审判参考》（总第88集），法律出版社2012年版，第812号案例。

就是说构成犯罪行为的该当性、违法性、有责性必须是同时存在的,[1]这就是同时性原则,学界对此是有统一认识的。接下来需要回答的问题是,行为之时同时存在的故意,是否会因为过后发生的事实而被回溯阻却?当认为因果关系是故意的认识对象,就会得出能够阻止先前就已经存在的故意不成立的结论。不过对于因果关系是否为故意的认识对象这一问题,尚有争议。[2] 通说持肯定观点,肯定论者认为因果关系认识错误能够阻止故意的成立。[3] 否定说认为,由于故意的认识对象不包含因果关系,所以因果关系认识错误不可能具有影响故意成立的作用。[4]

本书认为,因果关系应当是故意的认识对象,因为因果关系是行为和结果之间引起和被引起的客观联系,是构成要件要素,构成要件具有故意规制机能,不承认故意对因果关系的认识,将会是一种终极的目的论的解释,极有可能开启了恣意处罚的大门。[5]

---

〔1〕 参见[日]高桥则夫:《规范论和刑法解释论》,戴波、李世阳译,中国人民大学出版社 2011 年版,第 28 页。

〔2〕 大谷实教授在其教科书中提到,对于因果关系是否为故意的认识要素的结论,决定于对不法论的立场是行为无价值还是结果无价值,如果是行为无价值则认为因果关系对于故意的认识是必要的,如果是结果无价值则认为因果关系对故意的认识是不必要的。然而,在笔者对两种观点的代表人物作列举时,发现这种分类并不是绝对的,例如持行为无价值的德国学者罗克辛和施特拉腾韦特(Stratenweth),认为对于因果历程的具体认识不是故意必须的认识对象。参见[日]大谷实:《刑法讲义总论》(新版第 2 版),黎宏译,中国人民大学出版社 2008 年版,第 188 页;[德]克劳斯·罗克辛:《德国刑法学总论(第 1 卷):犯罪原理的基础构造》(1997 年第 3 版),王世洲译,法律出版社 2005 年版,第 336 页;[德]冈特·施特拉腾韦特、[德]洛特尔·库伦:《刑法总论Ⅰ——犯罪论》,杨萌译,法律出版社 2006 年版,第 120 ~ 121 页。

〔3〕 国外的代表人物有耶赛克、韦塞尔斯(Wessels)、大塚仁;国内的代表人物有何秉松、刘明祥等。参见[德]汉斯·海因里希·耶赛克、[德]托马斯·魏根特:《德国刑法教科书》,徐久生译,中国法制出版社 2009 年版,第 374 页;[德]约翰内斯·韦塞尔斯:《德国刑法总论》,李昌珂译,法律出版社 2008 年版,第 148 ~ 149 页;[日]大塚仁:《刑法概说(总论)》(第 3 版),冯军译,中国人民大学出版社 2009 年版,第 206、219 页;刘明祥:《刑法中错误论》,中国检察出版社 2004 年版,第 190 页;何秉松主编:《刑法教程》,中国法制出版社 1998 年版,第 171 页。

〔4〕 国外的代表人物有大谷实;国内的代表人物有张明楷、黎宏等。参见[日]大谷实:《刑法讲义总论》(新版第 2 版),黎宏译,中国人民大学出版社 2008 年版,第 188 页;张明楷:《刑法学》(第 5 版),法律出版社 2016 年版,第 276 页;黎宏:《刑法学》,法律出版社 2012 年版,第 192 页。

〔5〕 参见[日]山口厚:《刑法总论》,付立庆译,中国人民大学出版社 2011 年版,第 214 页。

然而,不能由因果关系是故意的认识对象,而“想当然”地推论出因果关系认识错误,可以溯及地阻却故意。行为人只要对因果关系有一个抽象的认识就可以成立故意,比如故意伤害犯罪中,行为人只要意识到“我这样做,他就会受伤”就可以成立故意。在上文所举的案例七中,被告人举起桶向被害人砸去的行为,即表明行为人对被害人具有伤害的故意,被害人并未被桶砸伤,而是被桶中洒出的香蕉水烧伤致死也不能否认行为人当初扔桶时的伤害故意,故笔者反对二审以被告人不具有故意而否认结果加重犯的成立。本书认为,在行为人实施行为后,因果流程与预想的符合程度并非故意理论能够解决的问题,需要主客观统一来进行归责考察,而全等审查阶层理论,为我们提供了一个可参考的模式。

(二)全等审查阶层的含义

“全等”本是几何学中用以形容图形之间完全等同的术语。在刑法领域的犯罪构成要件中,它意味着对故意犯罪既遂的主客观统一的考察。受刑事司法技术所限,案件被人为划分为客观方面和主观方面,这些要素不是毫不相关联的零件,它们是同时并行存在于时空,它们曾经是统一整体,而还原它们作为犯罪整体性的方式,就是需要考察这些客观要素和主观要素的全等对应关系。这种方法能够在不破坏现有犯罪审查模式的情况下,最大限度地还原犯罪行为主客观方面的整体统一属性。

全等审查阶层并不是一个全新的理念,“未遂与过失”的同种想象竞合结果即可证明主观与客观需要具备关联性,才能归责。例如在打击错误中,未遂与过失的同种想象竞合只是主观和客观的简单相加,不具备关联性,因而在刑罚上也低于故意既遂犯罪,只有故意既遂犯罪才具有主观和客观之间的特定关联。

由上可知,建立对主客观是否全等进行审查的故意既遂阶层,对于解决因果关系认识错误问题是很有必要的,不过这是一个规范评价的问题,从目前文献情况来看有以下几种构建模式。

(三)全等审查阶层的代表学说

1. 伯克哈德(Burkhardt)的相符关系理论

德国学者伯克哈德是全等审查理论的首创者,他将故意罪责下实施的行为理解为意志的实现,那么就应当区分内在的意志和外在的实现。内在和外在能否相符就是需要判断的问题。如果内在故意真的招致外在的实现,这就是“相符”,反之欠缺相符关系,就不是故意的成功既遂。[1] 缺点是没有明确“相符”的程度,以为主客观全等留下具体标准。

2. 李斯特的动机说

李斯特认为,客观因果流程偏离于主观是否严重,依据这样的测试性假设问题,即如果行为人能够预见这一因果历程,就会丧失行为动机,放弃犯罪行为,那么这个故意既遂则会被阻却。该理论的支持者瓦尔特(Walther)举例说明,如果行为人以犯渎圣罪的故意向邻居家的圣母神像扔石头,因果流程发生变化,没有打到圣母像,而是弄碎了窗户上的彩色玻璃,那么对此,瓦尔特认为,如果行为人能够预料到自己会打中彩色玻璃就会放弃投掷石块,那么这个偏离就算是重大,能够阻却故意既遂的成立。目前这个观点已经被李斯特教科书的修订者魏根特教授所抛弃。[2]

动机说的缺点在于:第一,不当排除了一些情形,使得法网粗疏。例如非张三不杀,结果杀了李四。对于这种同种类对象打击错误,根据动机说,如果行为人预见了自己会杀错人就放弃动机,那么无法对行为人归责。这是抵触普遍大众法感情和理论界共识的。[3] 第二,动机说的判断标准是法官的主观臆想,因技术的限制法官永远不可能将自己“上身”到行为人身上,

[1] 参见蔡圣伟:《重新检视因果关系偏离之难题》,载《东吴法律学报》第20卷第1期(2008年),第141页。

[2] 参见蔡圣伟:《重新检视因果关系偏离之难题》,载《东吴法律学报》第20卷第1期(2008年),第144页。

[3] 参见[德]克劳斯·罗克辛:《德国刑法学总论(第1卷):犯罪原理的基础构造》(1997年第3版),王世洲译,法律出版社2005年版,第347页。

回溯到过去的时间点，考察行为人当时当地的故意内容。动机说的标准经常依赖于法官假设，而法官永远不可能替代行为人在当时当地的情境中去思考。第三，需要我们注意的是，无论结果是否偏离于行为人假设，这种不怀好意的前置预期，都体现了行为人的恶意。不能让这些捉摸不透，无法证明的微观动机，成为行为人逃脱法律责难的“把手”。这会造成评价结论上的尴尬与矛盾。

3. 罗克辛的计划实现理论

罗克辛是客观归责理论的提出者，不过他不认为因果历程偏离问题可以在客观归责理论中得到很好的解决，他曾明确指出“因果关系偏离时对故意的归责……客观归责与归责于故意分离”。[1]

罗克辛认为，属于故意的认识条件的，是作为客观归责基础情节的认识，故意在适当的因果过程中，由于特定的因果偏离性而被拒绝，但是这不再是行为人的心理问题了，而是对故意的一种归责问题。人们必须认识，这里不仅存在对客观行为构成的归责，也存在对主观行为构成的归责，也就是说对故意的归责，人们还必须认识到，这里存在为主观行为构成的归责找到规范性标准的这个任务。[2] 为了完成这个任务，罗克辛在“动机说”的基础上，发展出了“计划实现”这个标准作为对主观行为构成归责的评价标准，这个标准是作为客观行为构成的归责标准，与实现危险的特征相一致而建立的。[3] 罗克辛举例进行说明，例如在桥墩案中，行为人从 5 米高桥上推被害人下去，被害人或者淹水而死或者撞上桥墩而死，这两种死亡方式都是在一开始就可能实现的，是符合行为人犯罪计划所追求的目标的，故无论被害人

---

〔1〕［德］克劳斯·罗克辛：《德国刑法学总论（第 1 卷）：犯罪原理的基础构造》（1997 年第 3 版），王世洲译，法律出版社 2005 年版，第 337 页。

〔2〕参见［德］克劳斯·罗克辛：《德国刑法学总论（第 1 卷）：犯罪原理的基础构造》（1997 年第 3 版），王世洲译，法律出版社 2005 年版，第 336 页。

〔3〕参见［德］克劳斯·罗克辛：《德国刑法学总论（第 1 卷）：犯罪原理的基础构造》（1997 年第 3 版），王世洲译，法律出版社 2005 年版，第 337 页。

是否按照行为人更加倾向的方式死亡，都可以认定行为人的计划成功。这与医院大火案不同，行为人伤害被害人时，是想以伤害的方式导致被害人死亡，但是被害人入院抢救过程中，医院发生大火，被害人被烧死，这与行为人的初始犯罪计划相去甚远，故应当评价行为人的犯罪计划宣告失败，不能认定行为人达成故意既遂。因此可见，罗克辛的计划实现理论，以因果历程偏离是否重大来说明行为人的计划是否实现，并以此判断能够成立故意既遂的归责。

这样来看，计划实现理论也有值得商榷之处。首先，计划实现理论的归责基础不明确，计划实现理论显然是产生于动机说，以考察行为人的犯罪心愿是否得到满足来判断是否实现计划，可以说无规范操作标准，全靠举例说明，这种判断方式，根本没有“计划”可谈。其次，计划实现理论面临语言可操控性的难题，即在判断计划是否实现时，计划要细致到什么程度，实际结果的发生要与计划贴合到什么程度，都是可以用语言的抽象表述或者具体表述控制的。这也使得该理论天生具有不稳定性。

4. 施罗德(Schroeder)的排除不能说

排除不能说，顾名思义，就是排除了预计方式是不能犯的行为，但是却发生意向中加重结果的这种情形成立故意既遂。如果预计方式是可行的，下一步才要考察在计划内部是否存在一种可以预见的因果过程。〔1〕排除不能说的最大优点在于，其具有明确的操作性，判断初始行为是否能够达成预期犯罪效果，这样就能排除主观和客观偶然巧合重叠在一起的情形。

不过，该说也有缺点。第一，该说没有证明证成故意既遂犯的归责基础和上述几种学说不同，它仅仅从否定的角度提出了否定故意既遂的下位规则。第二，排除不能说对于“不能”的判断标准不明确，随着具体细节条件的添加，会得出不同的结论。例如，企图用白糖毒杀人，一般来讲这个计划是

〔1〕 参见[德]克劳斯·罗克辛：《德国刑法学总论(第1卷)：犯罪原理的基础构造》(1997年第3版)，王世洲译，法律出版社2005年版，第345页。

不能实现的,但是如果添加一个条件:被害人有糖尿病,那么这就变成了“能”的;如果继续添加一个条件:被害人有糖尿病,但是刚注射胰岛素,现在出现了低血糖,那么行为人给被害人喂食白糖的行为又成了救助被害人的行为,也就又变为“不能”。在逐渐添加细节条件的过程中,我们感知到排除不能说的结论也具有不稳定性,这也是需要在技术上进行弥补的缺陷。

5. 弗里希(Frisch)的风险理论

弗里希教授是故意客观化理论的推进者,他认为风险是故意的认识内容,风险指的是发生结果的具体风险,不包含抽象危险和降低危险的情况。[1] 弗里希认为因果历程偏离问题中,只有当实现法益侵害结果的危险,与行为人对法规范的反动决断一致时,才能进行故意既遂的归责。这是将危险的实现与行为人主观意欲相对应的理论。并且不要求行为人对具体经过有认识,只需要他对行为有可能招致的危险以及在法律规定中的负面评价有认识即可。[2]

风险理论相较于前述观点,其进步之处在于形象地实现了主观对风险的认知与客观风险实现的对应,为判断故意既遂提供了路径。不过“风险”的判断也涉及语言描述可操控性的问题。因为“风险”就是对侵害法益的一种预测,如果用具体的语言,很难达成主观预测风险与客观发生结果的统一,反之用抽象的语言,比较容易形成主观和客观的全等。这样看来,风险理论也无法摆脱判断随意多变的问题。

6. 普珀(Puppe)的故意危险理论

普珀也是故意客观化的推行者,从故意危险理论中就可以看出。普珀提出的故意危险理论,认为理性的行为人如果不能接受结果的发生,就不会

---

〔1〕 参见许玉秀:《客观的故意概念?——评德国的间接故意理论》,载许玉秀:《主观与客观之间——主观理论与客观归责》,法律出版社2008年版,第51~53页。

〔2〕 葛原力三「所謂ウエーバーの概括的故意について」刑法雑誌33巻4号(1994年)663頁以下参照。

实施危险行为,如果他实施了危险的行为,由这个客观举动就可以推定其在主观上具有故意危险。[1] 不过,行为人若对于危害结果的发生仅仅是能够预见,具有过失,那么这还只是一个"过失危险",行为人自不必负故意既遂之责任。

故意危险理论从故意客观化的立场出发,认为故意既遂的归责应当由立法者决定。例如,在打击错误当中,行为人心中想杀张三,但是出手却杀了李四,这种打击对象的偏差不影响构成要件。又如,在粪坑案中,行为人以杀人的故意攻击被害人,行为人以为被害人已经死亡,为了毁尸灭迹,将被害人推入粪坑,结果被害人窒息而死。按照普珀教授的观点,前行为与死亡结果之间具有条件关系,前行为有杀人的故意,这种故意在行为之时存在即可,以前行为作为归责的基础,这个行为是在"故意危险"的支配下进行的,因而可以进行故意既遂的归责。[2] 普珀教授相比于其他学者更为明确地提出了故意既遂阶层构造的设想。其故意危险理论与故意客观化有密切关系,判断行为人是否具有故意,只需要考察行为人是否有对行为违反规范的意欲,而非行为人对于结果发生可能性的认识,以及对实现构成要件的意欲。可以说普珀教授在故意客观化的路上比客观归责理论的创始人罗克辛教授走得还远。当把故意的判断完全交付于有经验的理性之人来定夺,忽略行为人个人的认识能力,这也是违背责任主义的。

除了过分追求故意的客观化,普珀教授理论中的"故意危险"与"过失危险"也难以区分,这一点普珀教授也曾指出,区分故意危险与过失危险的办法就是结果发生的概率,不过这个问题没有统计学上的估算结论,普珀教授的判断标准也只是根据生活经验。[3]

---

〔1〕 参见[德]Puppe:《对于故意实现构成要件的归责》,陈志辉译,载《政大法学评论》第55期(1996年),第274页。

〔2〕 参见徐育安:《概括故意与结果延后发生》,载《政大法学评论》第115期(2010年),第92页。

〔3〕 参见[德]Puppe:《问题研讨》,许玉秀译,载《政大法学评论》第55期(1996年),第279页。

(四)全等审查阶层的本土化适用

上述介绍的诸多学说中,达成的共识是,客观发生的因果流程和行为人的主观预想之间一定会有差异,刑法理论中需要做的就是把具有规范意义的、影响评价结论的重要事实"筛选"出来,而如何筛选,就是学说之间的差异之处,也是我们必须要考虑的问题。在客观归责和主观归责的过程中,无法为这一"筛选"提供容身之处,故意既遂归责阶层,就是在主观和客观之外考察主客观是否对应,客观行为与主观故意是否具有"同时性"的归责环节,这与我国刑法理论中的"主客观相统一"的理念是一致的。可以说全等审查阶层为我国主客观相统一的归责理念提供了具体操作模式,在体系的定位上,应当在客观归责和主观归责之后进行主客观全等的审查。

在结果加重犯的领域,一样存在行为人打击错误或者结果延后发生的类似情况,之所以说是"类似"情况,是因为行为人在实施基本行为时未必具有产生加重结果的故意,行为人往往只具有引发基本犯罪的基本结果的故意,但是实施基本行为时,发生了因果关系偏离,进而故意或者过失地出现加重结果。对于这种因为行为差误,而导致发生因果关系偏离的现象,同样有必要运用全等审查,对主观和客观的关联性予以确认,在主客观相统一的前提下,将加重结果归责于行为人的故意或者过失行为。

笔者认为,在上述介绍的六种全等审查阶层的理论中,"风险理论"是最符合主客观全等审查的"支配"核心思想的,同时风险理论与结果加重犯的本质——基本行为产生了类型性的风险——是非常契合的。

风险理论是故意理论客观化的产物,其强调行为人只能利用、支配那些自己有所认知的风险事实。依照风险理论的看法,能够成立结果加重犯的情形,客观上,发生加重结果,主观上,行为人对于发生加重结果的风险有认知,符合这两个条件则判定行为人在主观上具有故意风险。这种"支配"就意味着"缝合",把受到案件技术检验限制,被拆分成主观和客观的两部分案件要素,在其分别通过该当性审查的前提下,通过主观与客观的全等审查将其“缝合”,如果没能通过全等审查,就不能构建一个完整的结果加重犯归责。

当我们运用风险理论时,前提就是判断什么是风险制造行为。这是考察主观风险是否在客观实现的核心问题。通过之前对普珀教授的故意危险理论介绍,我们知道仅通过生活经验是区分不了“故意危险”和“过失危险”的,甚至规范容许的风险和规范不容许的风险也无法划分,因为划分的依据没有统计学数据支撑,全赖于判断者的生活经验,这显然使得结论具有不确定性。不过笔者在上述理论中,认为可以借用“排除不能说”限缩规范所不容许的风险的成立范围,即只有具有实现危害结果可能性的行为,才能被评价为制造风险,也就是说要排除不能犯,例如行为人想投放物质导致被害人死亡,行为人误以为白糖可以杀人,但是在投放白糖时,不小心错拿了砒霜,结果真的导致被害人死亡。此时在客观层面,因行为人的投放物质行为导致了被害人死亡,主观上,行为人具有“投放某种物质导致被害人死亡”的故意,然而在做全等审查时我们发现,行为人主观所意欲创设的危险,不包含用砒霜杀人,只是用白糖杀人,然而这并不是客观能够实现的危险,故可以排除故意既遂的归责。

由上可知,故意危险理论与排除不能说,一个从正面确立风险成立的范围,一个从反面排除风险成立的条件,二者共同限定风险成立的范围,能够优势互补,这也就是本书所提倡的“修正的风险理论”。适用该理论判断故意既遂归责需要进行以下两个步骤,如图 3－1 所示。

第一步是确定行为人所能够支配的风险范围,即考察行为人主观上创设了一个怎样的具体风险,这个风险是否为规范所容许的,以及这个具体的风险所能够支配的抽象风险的范围。假设行为人意欲创设的具体风险是 a,a 是否能够支配抽象风险 A,如果 a 是不能犯,则不能支配,反之 a 能够支配抽象风险 A。例如前文所举的例子,行为人试图用白糖杀人,这本身就是不可能实现危害结果的无风险行为,是法规范所容许的风险,进而排除犯罪的

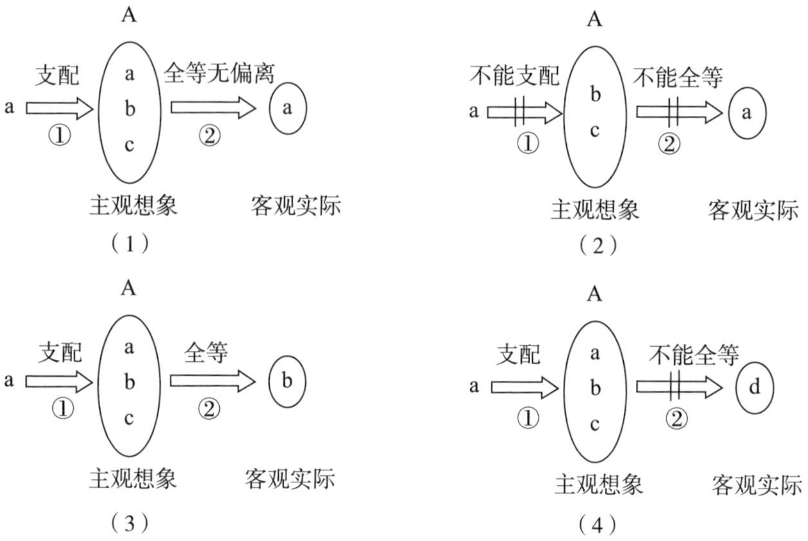

图 3－1　因果历程偏离时故意既遂归责流程

归责，即 a 不能支配 A。但是如果行为人是想用药物杀人，本来想用砒霜，但是误拿成了安眠药，那么行为人初始计划中，“用砒霜杀人”这一具体危险就能够支配“用药物杀人”这一抽象危险，则 a 能够支配 A。

第二步是将客观发生的实际危害结果与主观创设的危险相对应，也就是“全等对应”的考察。这可能会出现四种情况。第一种是图 3－1(1)，行为人主观上创设的具体危险 a 具有实现可能性，因而能够操控抽象风险 A，并且，实际的结果也是由 a 引发，例如，行为人打算用砒霜杀人，这个具体的危险能支配抽象危险“投放药物杀人”，而被害人确实因为砒霜中毒死亡，这就是典型的主客观全等的情形。第二种是图 3－1(2)，行为人企图用白糖杀人，并且不知道被害人的身体疾病状况，这本来是不能犯，a 自然无法支配可能实现危害结果的抽象危险 A，但是由于被害人有糖尿病，行为人投放了白糖，严重升高被害人的血糖，被害人真的因此死亡，在这种情况下，根据上文所说的第一步，也能够排除对行为人的主观故意既遂的归责，因为行为人对最后引发加重结果的具体风险，并不具有支配性。第三种是图 3－1(3)，行为人企图创设的具体危险是a,a能够支配的抽象危险A中包含其他可能的具体危险b和c,最终实现危害结果的是b,那么此时也应当确定,由于b包含在A内,故行为人主观创设的具体危险对加重结果的发生具有支配力。例如,行为人欲以砒霜杀人,但是误拿了安眠药,最终被害人是因为服用安眠药死亡,那么就可以认定行为人创设的具体危险a能够支配最终实现结果的具体风险b,进而能够对行为人进行故意既遂的归责。第四种是图3-1(4),也就是实现结果的具体风险d不包含在行为人主观创设的具体风险a所能支配的抽象风险A里面。例如,行为人欲以砒霜杀人,但是行为人在服用砒霜之前跳楼了,那么行为人对引发被害人死亡的结果并无支配力,主观客观不全等,无法进行故意既遂的归责。

以上是运用修正风险理论解决因果历程偏离问题中能够进行故意既遂归责的具体操作办法。这个理论对于结果加重犯中的因果历程偏离的问题同样适用,因为结果加重犯中也需要考察加重结果的发生是否受基本行为所创设的具体危险的控制,只有基本行为所创设的具体危险具有类型性引发加重结果的可能,才能判定行为人对结果加重犯负故意既遂之责。具体来说,也会出现以下四种情况:其一,基本行为蕴含的具体危险是a,A是包含a的抽象危险,当具体产生的加重结果是a,则行为人需要对加重结果负责,主观客观全等,这种情形就是图3-1(1),这是典型的结果加重犯,例如行为人以严重的暴力对行为人实施抢劫,其创设的具体危险是a,则a对应的抽象危险A中就包含着被害人重伤的结果a,结果也确实造成了被害人重伤,则行为人构成抢劫致人死亡。其二,基本行为蕴含的具体危险是a,然而a是不能犯,或者显然不能支配抽象危险A,即便按照行为人的预想,发生了对应a的加重结果,也不能将加重结果归责于行为人,如图3-1(2)。例如,行为人以伤害的故意想要枪击被害人,行为人认为只要心中祈祷,朝天开枪也会射中被害人,当行为人放空枪之后,过了一段时间,流弹将被害人击中,导致被害人重伤,应该说行为人的基本行为在客观上确实导致被害人重伤,主观上行为人的确创设了一个具体危险,但是这个具体危险没能支配一个导致被害人重伤的抽象危险,故尽管危害结果发生了,还是不能将被害人的重伤归责于行为人。其三,基本行为蕴含的具体危险是a,A是包含a的抽象危险,b和c也是包含于A中的具体危险,当加重结果以b的形式出现,那么由于A对b的支配关系,则行为人也需要对加重结果负责,如图3-1(3)。例如,行为人抢劫被害人,想用斧子将被害人头部砍伤,这种严重暴力对应的抽象危险中,除包含斧子砍伤头部致人重伤以外,也包含因斧子砍伤肩部或者砍伤胸部、腿部,而行为人最终砍伤被害人胸部导致被害人重伤,在这种情况下,由于基本行为能够支配的类型性危险包含砍伤人胸部致人重伤的结果b,这种情况行为人也需要对加重结果负责,这种类型也是主客观全等。其四,基本行为蕴含的具体危险是a,a能够支配的抽象危险是A,A中包含的具体危险是a、b、c,而作为加重结果实现的却是不被抽象危险A包括的d,此时具体发生的加重结果d并不是由于基本行为a所创设的危险导致的,则主客观不全等,即便行为人对基本行为有故意,对加重结果有过失,但由于缺乏主观和客观之间的关联性,行为人对加重结果无需负责,如图3-1(4)。超出抽象危险A但是又达成加重结果的具体危险d,可能来自于被害人自身、行为人的其他行为、第三人或者因果历程上的其他偏离。

本书尝试用全等审查阶层考察案例七,被告人季某兵用木桶砸向被害人的行为,是具有伤害故意的基本行为,其蕴含的抽象危险仅包含被害人轻伤或者重伤,而加重结果是被害人由于香蕉水烧伤导致的死亡,不能否认加重结果和基本行为的因果联系,同时也不能否认行为人实施基本行为的伤害故意,不过基本行为所能支配的抽象危险中不包含被害人被烧伤致死这一具体情形,故主观与客观并非全等。尽管主观和客观都可以归责,但是主观和客观之间缺乏关联性,故不能认定为结果加重犯,被害人的烧伤结果不能由行为人的基本行为负责,只能成立过失致人死亡罪。

不得不承认的是,本书所主张的修正的风险理论这种全等审查阶层的考察方式具有语言描述可操控性的缺陷,当我们描述上文所举的抽象危险A时,其包含具体危险的范围的大小直接影响归责,所以在具体操作时要审慎适用。但是需要肯定的是,全等审查阶层的设置,将为我国刑法主客观相统一原则提供具体的操作方案,并且也契合结果加重犯的本质,上文所举的结果加重犯中打击错误这种因果偏离类型,只有通过全等审查阶层的考察才能妥当排除加重结果的归责。这一道程序的意义就是将原本散落的主观和客观要素缝合起来,形成犯罪评价的有机整体,这是对犯罪构成体系的进一步规范化,进而也能够对结果加重犯的成立范围作出限定。

第四章

结果加重犯的未遂

一、问题的提出

结果加重犯大量存在于我国《刑法》中，例如故意伤害致人死亡、强奸致人死亡、非法拘禁致人死亡等，这些罪名在司法实践中被高频地适用。司法实践的现状是，一旦实施基本行为并发生加重结果，不考虑基本行为部分是否实现犯罪既遂，即认定成立结果加重犯既遂，如以下案例：

【案例八·莫某妹非法拘禁案】[1]被告人莫某妹系传销组织成员，2014年4月17日晚间，莫某妹以恋爱见家长为由哄骗被害人闵某某来到湖南省邵东县的一户出租屋内（位于楼房六层），莫某妹和唐某某（另案处理）等人劝说闵某某加入传销组织，闵某某不同意，要求离开未果，4月18日15时闵某某趁传销组织成员看守不备从六楼跳下，当场死亡。法院经审理认定莫某妹的行为构成非法拘禁致人死亡，判处有期徒刑11年。

我国《刑法》第238条非法拘禁罪的罪状中并未明确非法拘禁行为的既遂判断标准，司法实践中一般以2006年7月26日最高人民检察院《关于渎职侵权犯罪案件立案标准的规定》作为非法拘禁案件的立案标准。该标准规定："国家机关工作人员利用职权非法拘禁，涉嫌下列情形之一的，应予立案：1、非法剥夺他人人身自由24小时以上的；2、非法剥夺他人人身自由，并使用械具或者捆绑等恶劣手段，或者实施殴打、侮辱、虐待行为的；3、非法拘禁，造成被拘禁人轻伤、重伤、死亡的；4、非法拘禁，情节严重，导致被拘禁人自杀、自残造成重伤、死亡，或者精神失常的；5、非法拘禁3人次以上的；6、司法工作人员对明知是没有违法犯罪事实的人而非法拘禁的；7、其他非法拘禁应予追究刑事责任的情形。"七种情形中的情形3和情形4是对非法拘禁罪结果加重犯的规定。其余五种情形是被害人非重伤或者死亡情形的基本犯罪既遂标准的规定。

---

〔1〕 参见湖南省邵东县人民法院刑事附带民事判决书，(2019)湘0521刑初326号，载中国裁判文书网，http://wenshu.court.gov.cn，2020年1月3日访问。

案例八中莫某妹等人对被害人闵某某的非法拘禁行为，导致闵某某情绪失控从六楼跳下当场死亡。闵某某的死亡结果不是由被告人的拘禁行为直接造成的，而是间接导致的。因而法院的裁判适用的是上述规定的情形4。然而值得质疑的是，情形4要求非法拘禁行为还需要具备“情节严重”这一条件。那么这意味着只有非法拘禁行为“情节严重”且发生了被害人伤残的加重结果才能构成非法拘禁罪的结果加重犯既遂。不符合“情节严重”，但是却产生了加重结果，应当对其基本犯罪部分认定成立未遂。而“情节严重”与否，判断标准则应参照非法拘禁罪基本犯罪的认定，即情形1、2、5、6、7。本案中莫某妹和唐某某对闵某某的拘禁时间未满24小时，未使用械具或者捆绑等恶劣手段，本案也不涉及非法拘禁三人次以上以及司法人员实施非法拘禁行为的情形，因此被告人莫某妹的非法拘禁行为不成立“情节严重”，不符合基本犯罪的既遂标准。但是从裁判结论来看，法院并未对莫某妹等人的基本犯罪未遂予以合理评价。

莫某妹非法拘禁案只是司法实践的一个缩影，对于结果加重犯的认定，司法实践的操作模式与学理的探讨步伐已经拉开了相当大的差距。在结果加重犯的主观归责上，学界主张应当严格依循责任主义，无罪过即无罪责，然而实务似乎还停留在结果责任主义时代，仍然将被害人因自身突发疾病死亡这种行为人预料不到的情形认定为成立结果加重犯。[1]

法教义学的研究以指导司法实践为目标，对于结果加重犯认定过程中司法实践与学术研究之间的巨大鸿沟，笔者认为准确认定结果加重犯的未遂问题能够为鸿沟的跨越或者弥合提供路径。当基本行为引发加重结果，即便在客观和主观归责上存在疑难争议，可如果能够积极运用未遂理论对

〔1〕 例如洪某宁故意伤害案，被告人洪某宁与曾某好因争执茶摊摆放地界发生纠纷，被害人陈某狮路过劝架，洪某宁认为陈某狮偏袒曾某好，遂辱骂陈某狮并与其扭打起来，洪某宁向陈某狮的头部和胸部挥拳，陈某狮突发冠心病倒地死亡。法院认定被告人洪某宁成立故意伤害致人死亡。参见陈兴良、张军、胡云腾主编：《人民法院刑事指导案例裁判要旨通纂》（上卷），北京大学出版社2013年版，第447～448页。

行为人减轻或者从轻处罚,那么即便认定成立结果加重犯,也能够缓和结果加重犯刑罚的严厉性。

目前学界对其的探讨主要集中在加重处罚依据问题上,也就是结果加重犯的本质论,然而对于其犯罪形态问题展开并不充分。上文中所举的案例八是基本行为未完成而加重结果发生,只是结果加重犯未完成形态的一种。结果加重犯包含基本行为和加重结果两部分,这两部分的责任组合形态是"故意+故意"以及"故意+过失",[1]又根据基本行为与加重结果两部分的犯罪形态,结果加重犯的未遂可能有以下几种形式,见表4-1:

表4-1 结果加重犯未遂的可能情形

情形	基本行为(故意)	加重结果(故意)
1	完成	未发生
2	未完成	发生
3	未完成	未发生
4	完成	未发生
5	未完成	发生
6	未完成	未发生

对于基本行为未完成但是发生加重结果的结果加重犯(情形2和情形5),我国学界多数说认为不能成立结果加重犯的未遂,[2]少数说认为能够成立结果加重犯的未遂。[3] 对于基本行为完成但是加重结果未发生的结果加

[1] 本书第一章中已有分析,"过失+故意"这一类型仅限于逻辑推理,现实立法罕见,应按照数罪来处理;"过失+过失"这一类型立法中可能存在,但是根据本书观点,"过失+过失"这种类型在我国刑法中不存在。故不对这两种情形的未遂形态展开讨论。

[2] 参见吴振兴:《罪数形态论》,中国检察出版社2006年版,第125页;马克昌:《结果加重犯比较研究》,载《武汉大学学报(社会科学版)》1993年第6期,第117页;赵秉志:《犯罪未遂形态研究》(第2版),中国人民大学出版社2008年版,第264~266页。

[3] 参见王志祥:《结果加重犯的未遂问题新论》,载《法商研究》2007年第3期,第119页;陆诗忠:《结果加重犯既遂之争议问题新探》,载《政治与法律》2013年第5期,第121页。

重犯（情形1和情形4），我国多数说认为不能成立结果加重犯的未遂。[1] 少数学者认为对于加重结果未发生的结果加重犯，只有行为人对加重结果持故意罪责时才能认定成立结果加重犯的未遂。[2] 而对于基本行为未完成且加重结果未发生的结果加重犯（情形3和情形6），我国学者未曾在未遂犯的话语体系内进行过探讨。

对于目前现有讨论，笔者认为有三点不足。第一，没有把结果加重犯作为特殊的犯罪构成，而是以普通犯罪的未遂成立模式考察，缺乏结果加重犯本质论的指引。第二，把过失犯能否成立未遂这一问题作为判断结果加重犯未遂成立与否的重要标准，这也是把结果加重犯作为简单的基本行为与加重结果的复合形态的表现。第三，对于基本行为未完成且加重结果未发生的情形（情形3、情形6）缺少讨论，这从类型化思维来看是不完善的。针对上述问题，本书以下的讨论，首先明确基本的讨论前提：未遂犯的处罚依据与成立条件，以及过失犯未遂与结果加重犯未遂的关系。之后介绍以往关于结果加重犯未遂的传统讨论，进而运用危险性理论检视结果加重犯的未遂问题，类型化讨论结果加重犯成立未遂的可能性，并尝试提出判断结果加重犯未遂形态的成立规则。

二、基本讨论前提的明确

结果加重犯的未遂实际是在回答两个问题：其一，结果加重犯的基本行为未完成或者加重结果未发生的情况下对行为是否按照结果加重犯进行处理；其二，如果按照结果加重犯处理，是认定既遂还是未遂。回答第一个问

---

〔1〕 参见吴振兴：《罪数形态论》，中国检察出版社2006年版，第125页；马克昌：《结果加重犯比较研究》，载《武汉大学学报（社会科学版）》1993年第6期，第117页；陆诗忠：《结果加重犯既遂之争议问题新探》，载《政治与法律》2013年第5期，第121页；邓毅丞：《结果加重犯的基本原理与认定规则研究》，法律出版社2016年版，第245页。

〔2〕 参见金泽刚：《结果加重犯的结构及其未遂形态问题》，载《上海交通大学学报（社会科学版）》2001年第2期，第59页；王志祥：《危险犯实行阶段的中止问题研究》，载《云南大学学报（法学版）》2004年第3期，第16页。

题需要回溯到结果加重犯的本质问题，在本书前面章节已经明确对结果加重犯本质的理解应当采取危险性理论，只要基本行为能够引发类型性的具体危险，即便基本行为的结果和加重结果未发生，也成立结果加重犯。回答第二个问题则需要以未遂犯的处罚依据和对过失犯未遂的理解为前提。接下来笔者在这些问题上确定基本理论前提。

（一）未遂犯的处罚根据与成立条件

1. 未遂犯的处罚根据

未遂犯的处罚根据理论回答的是，为什么在损害法益的结果没有发生的情况下，还要处罚行为人的行为？对此，主观的未遂论和客观的未遂论分别从不同角度给予回答。

主观的未遂论是新派学者观点，其认为，未遂犯的处罚根据在于行为人的危险性格，敌视法规范的犯罪意思。当行为人将犯罪意图表现于行为，那么这种危险性格的表达与既遂犯并无任何差异，因而对未遂犯与既遂犯应当处同等刑罚。[1] 主观的未遂论的出发点是社会防卫，以及保护社会伦理价值观。主观的未遂论归根结底过度强调社会伦理价值与社会防卫。首先，主观主义者为了保护法益，采用保护社会伦理的行为价值的方式。违法性的核心即在于反规范的意思，而未遂犯违反命令和禁止规范的行为，正表达了这样的反规范意思，所以未遂犯的行为意思是值得处罚的。其次，主观主义者认为刑罚的目的在于社会防卫、预防犯罪，为了实现刑罚的目的，仅依靠行为与结果的因果关系并没有效果，还必须通过预防性手段排除反规范的危险，反规范的危险就是行为人违反规范的意思产生。因而，未遂犯的意思是值得处罚的。[2] 目前主观主义的未遂论正在消退，逐渐被客观的未遂论取代。

客观的未遂论为旧派学者所提倡，该理论认为处罚未遂的根据在于行为

〔1〕 野村稔『刑法総論』（青林書院，1993 年）201 ~ 202 頁参照。

〔2〕 此为日本学者大沼邦弘观点。参见张明楷：《未遂犯论》，法律出版社、成文堂 1997 年版，第 35 页。

人的行为具有满足犯罪构成要件的客观危险性,或引发法益侵害的客观危险性,行为人具有犯罪的意思,但是其行为并没有引发结果的客观危险性,不能按照未遂犯予以处罚。[1] 客观的未遂论对客观危险的判断标准也不同,分为形式的客观说和实质的客观说。(1)形式的客观说认为,未遂犯的处罚根据是行为有发生构成要件结果的危险性,应当根据刑法典规定的构成要件进行判断。[2] (2)实质的客观说认为,未遂犯的处罚依据是行为有侵害法益的客观危险,根据对法益造成的危险进行实质上的判断。实质的客观说又分为行为危险说与危险结果说。[3] 其中,危险结果说在日本是主流学说。[4]

在主观和客观的未遂论之外,还有折中的未遂论。折中的未遂论认为,未遂犯的处罚依据,既包含客观上发生结果的现实危险性,也包括行为人敌对法规范的意思表示。折中说的理论基础在于,兼顾刑法保护国民利益的社会防卫功能,又限定刑法的实施范围,必须在没有不当压迫国民自由和权利的范围内。因而,不能偏重行为人主观的违法意思,也应当考察客观上是否有危害法益的危险,对未遂犯的处罚应在二者之间选择一个平衡点展开,这样既能兼顾刑法的社会防卫功能,又能不侵犯公民个人利益。

笔者认为,和主观的未遂论、客观的未遂论相比,折中的未遂论能够为处罚未遂犯提供合理的依据。主观的未遂论和客观的未遂论的争执关键点在于以下几个方面:其一,刑法保护的是社会伦理价值还是具体的法益;其二,刑法重视的是社会防卫还是国民的自由保障;其三,刑法应当采取必罚主义还是谦抑主义。这些问题之争也是刑法根本问题之争,因而采用折中说更能兼顾这两种不同的价值取向。

---

〔1〕 野村稔『刑法総論』(青林書院,1993 年)202 頁参照。

〔2〕 福田平 = 大塚仁『対談刑法総論(下)』(有斐閣,1987 年)126 ~ 129 頁参照。

〔3〕 参见张明楷:《未遂犯论》,法律出版社、成文堂 1997 年版,第 36 页。

〔4〕 拥护者包括平野龙一、前田雅英、曽根威彦、山口厚等。平野龙一『刑法总论Ⅱ』(有斐閣,1975 年)313 頁参照;前田雅英『刑法総論講義』(東京大学出版会,1994 年)189 ~ 191 頁参照;曽根威彦『刑法総論』(弘文堂,1993 年)231 頁参照;山口厚『危险犯的研究』(東京大学出版会,1982 年)57 頁参照。

2. 未遂犯的成立条件

我国《刑法》第23条第1款规定:“已经着手实行犯罪,由于犯罪分子意志以外的原因而未得逞的,是犯罪未遂。”由此可见,我国《刑法》中的未遂犯,是指行为人已经着手实行犯罪行为,但是因意志以外的原因而没能达成犯罪既遂的未完成形态。[1] 其不包含行为人因自己主观意欲而停止实行犯罪行为,或者实行犯罪行为后有效阻止犯罪结果发生的犯罪中止,我国规定的未遂是狭义的未遂。一般成立未遂,需要下列条件:

(1)行为已经着手

“着手”是行为人开始实施《刑法》分则规定的具体犯罪构成要件的实行行为,这是预备行为与实行行为区分的关键标志,也是实行行为的起点。但是,着手不是预备行为的终点,也不是独立于实行行为之外的一个犯罪状态,它是与实行行为密不可分的行为。

犯罪着手的主观说是指犯罪人的意思的危险性被发现时就是犯罪的着手。这显然是重视评价行为人人格危险性的新派学者的观点。新派学者认为,危险性格是刑事责任的基础,行为本身的刑法意义也是源于其能够表征行为人的危险性格,因此,行为人的危险性格被表现出来之时,就是犯罪的着手时点,从主观方面考察犯罪着手的成立。该说的支持者主要是日本的少数刑法学者,如木村龟二、牧野英一、宫本英修。

主观说招致的批评主要有两点:第一,判断的时间点过于提前。[2] 行为人主观的意思表露于外,并非通过影响法益的行为,而是其他的行为举止,如言谈或者手势,即认定行为人开始着手,这种评价方式过分强调主观方面,势必导致主观归罪。[3] 第二,判断标准不明确。因为仅仅用主观意思来判断行为的着手,让人感到无客观标准可循,到底“犯意的飞跃表动”到

---

〔1〕 参见马克昌主编:《犯罪通论》,武汉大学出版社1991年版,第412页。
〔2〕 参见张明楷:《未遂犯论》,法律出版社、成文堂1997年版,第50~54页。
〔3〕 参见李邦友:《结果加重犯基本理论研究》,武汉大学出版社2001年版,第115页。

什么程度才能算作着手犯意的外化,主观说并未提供一个明确标准。

犯罪着手的客观说与主观说重视犯罪意图的表示相反,其判断着手是着眼于行为人实施的客观行为。和客观的未遂说中细分形式的客观说和实质的客观说一致,根据客观行为是具体的符合构成要件的客观行为,还是侵害法益的客观行为,犯罪着手的客观说也分为形式的客观着手说和实质的客观着手说。形式的客观着手说也被称为定型说,此说的基本观点是,着手以实施一部分的构成要件行为为判断标准。该说的支持者有团藤重光、植松正、香川达夫等。实质的客观说从实质法益侵害的立场来认识“犯罪的着手”的意义,例如,认为犯罪的着手是指“达到法益侵害的具体的危险性的程度”或开始“实施完成犯罪所必要的行为”。

犯罪着手的客观说的不足之处在于忽视了行为人的主观方面,会将根本不是犯罪行为的着手作为犯罪行为的着手来看待。因为犯罪是主观与客观相统一的具有社会危害性的应受刑罚处罚的行为,没有主观的犯罪意思的行为根本就不是犯罪行为,这种缺乏犯罪的主观意思的“着手”根本不具有犯罪性,自然就不是犯罪行为,更不是犯罪的着手。

因此笔者认为,对于着手时点的判断,也可以借鉴未遂说里面的折中说,即从主观和客观统一的角度去把握犯罪的着手时点。行为人在客观上实施一定具有法益侵害或者构成要件特征的行为,主观上也有犯意的表露,只有这样才能统一主客观,不会偏执一说,既能够反映着手行为具有的社会危害性,也能为认定着手提供标准。

(2)行为未得逞

行为人的行为是否得逞是区分未遂和既遂的标志。未得逞也就是未完成,完成与否应当以行为是否符合《刑法》分则规定的全部犯罪构成要件为标准。不过这里就涉及行为犯和结果犯既遂标准不一致的问题。《刑法》分则中的犯罪根据是否有实害结果的发生可以分为行为犯和结果犯。

行为犯是否存在未遂,在理论上存在争议。有学说认为行为犯不存在犯罪未遂的问题,因为行为犯的任何一项要件不齐备就不构成犯罪。[1]对此观点,笔者表示反对,因为行为犯也存在未遂的可能性。行为犯分为举动犯、程度犯、危险犯,可以根据各种不同类型对行为犯的未得逞分别认定。①举动犯,不存在未完成形态,一经实施就是既遂,因此也被称为即时犯。例如参加恐怖组织罪、煽动分裂国家罪,因为其危险性太高,刑法对其设置时就使保护时间点前置,行为人一旦有举动,立刻认定为既遂。②程度犯,应当以行为是否达到犯罪构成要件所要求的犯罪程度来判断是否既遂。例如强奸妇女行为,以强奸行为实施到插入阴道为既遂标准,即插入说。如果已经着手实施强奸行为,但尚未达到插入程度的,就是强奸妇女未得逞;强奸罪中的奸淫幼女行为,则以奸淫行为实施到接触阴道作为既遂标准,即接触说。如果已经实施奸淫行为,但尚未达到接触程度,就是奸淫幼女行为的未得逞。③危险犯,应当以行为是否造成了刑法规定的某种危险状态来作为判断行为是否既遂的标志。例如,我国《刑法》中的破坏交通工具罪,只有行为具有足以倾覆、毁坏交通工具的危险,才能认定为犯罪得逞,否则只有行为,没造成相应的危险,不应当认定为犯罪既遂。[2]

(3)因行为人意志以外原因没得逞

行为人犯罪没有得逞的原因是意志以外的原因,而非意志以内的原因,这是区分未遂和中止的重要标志。意志以外的原因,分为客观因素、主观因素。客观因素包括:被害人反抗,第三人的制止,行政机关的制止,自然力的阻碍。主观因素包括:行为人的认识错误,行为人自身方面的因素(如智力、体力)。只要不是行为人自行改变意志,停止犯罪,其余情况皆可归为意志外因素。

---

〔1〕 参见李邦友:《结果加重犯基本理论研究》,武汉大学出版社2001年版,第117页。
〔2〕 参见陈兴良:《刑法适用总论》(下卷)(第2版),中国人民大学出版社2006年版,第380页。

(二)过失犯未遂与结果加重犯未遂的关系

1.既往探讨的梳理

(1)结果加重犯涉及过失罪过,而过失犯不存在未遂可能

这种否定论的出发点是过失犯不能成立未遂,而结果加重犯中行为人对加重结果如果是过失,则不能成立结果加重犯的未遂。德国刑法学家格赛尔认为,结果加重犯涉及的是各种过失的构成行为,其中并不存在任何未遂。[1] 日本学者香川达夫也认为,设定故意的结果加重犯没有任何意义,结果加重犯只能是对加重结果具有过失这种类型,刑法不处罚过失犯的未遂,也就不成立结果加重犯的未遂。[2] 大塚仁也持相同观点。[3]

我国台湾地区"刑法"第17条规定,"因犯罪致发生一定之结果,而有加重其刑之规定者,如行为人不能预见其发生时,不适用之"。从这一条文的文字表述来看,只是排除了偶然的结果加重犯的可罚性。但是我国台湾地区学者也提出结果加重犯仅能由过失构成的观点,如蔡墩铭先生认为:"按结果加重犯之处罚,虽法律限于故意犯,而不及于过失犯,惟负结果加重责任者,须行为人对于重结果无认识,否则既对重结果有认识,则应成立起所认识之罪,不仅成立结果加重犯而已。"[4]结果加重犯以行为人对重结果无预见为要件,故在重结果发生前,对结果犯实在无法想象其未遂。[5] 韩忠谟先生也持同样的观点,他认为,"刑法之处罚结果加重犯,乃处罚其可能预见之结果,而非单纯处罚不预见之结果,是不外就行为之故意与过失竞合之点,成立加重处罚之罪而已"。[6]

---

〔1〕 参见[德]克劳斯·罗克辛:《德国刑法学总论(第2卷):犯罪行为的特别表现形式》(2003年版),王世洲主译,法律出版社2013年版,第333页。

〔2〕 香川達夫『結果的加重犯の本質』(慶応通信,1978年)101頁参照。

〔3〕 参见[日]大塚仁:《刑法概说(总论)》(第3版),冯军译,中国人民大学出版社2003年版,第217页;佐久間修『刑法総論』(成文堂,2009年)322頁。

〔4〕 蔡墩铭:《刑法总论》,台北,三民书局2006年版,第218页。

〔5〕 参见蔡墩铭:《刑法总论》,台北,三民书局2006年版,第238页。

〔6〕 韩忠谟:《刑法原理》,中国政法大学出版社2002年版,第154~155页。

(2)结果加重犯涉及各种过失的构成行为,过失犯存在未遂可能

我国和德国的理论通说均认为,结果加重犯的加重结果的罪过形式至少包含过失,即对于加重结果的心理责任既可以是故意也可以是过失。对于故意犯罪成立未遂没有争议,然而对于过失犯否定未遂形态,也就是否定了过失的结果加重犯成立未遂的可能。然而在日本刑法学界,以福田平为代表,尚有少数人承认过失犯的未遂,进而扩大了结果加重犯的未遂成立范围。[1] 该观点认为过失犯有未遂可能的理由是,过失犯是结果犯,存在实行行为,也有行为人的着手问题,在行为人着手实行行为之后,未发生结果的,便是未遂,因此,过失犯也存在未遂。日本学者牧野英一便持此立场,但是他也承认这只是理论上存在未遂,不能对行为人论以未遂罪。[2]

2. 过失犯未遂能否成立

从上述对结果加重犯能否成立未遂的讨论中能够看出,过失犯本身能否具备未遂形态,与结果加重犯能否成立未遂这一问题密切相关。

近现代刑法理论的通说,限定犯罪未遂属于故意犯罪发展过程中未完成犯罪的形态,否定过失犯罪有未遂犯。有学者从主观方面论证过失犯不具有未遂形态,例如,耶赛克认为,未遂犯要求以实现构成要件的意欲为主观要素,而过失犯不存在这种决意。[3] 也有学者从客观方面论证过失犯不具有未遂形态,例如,野村稔认为,犯罪结果的发生是过失犯的本质,而结果未发生,自然也就无法评价其行为是过失犯的实行行为,故过失犯没有成立未遂的余地。[4] 库兹涅佐娃也认为,结果未发生的过失犯,其过失行为在刑法中的评价是中立的,所以过失犯罪不可能存在未

---

〔1〕 参见张明楷:《未遂犯论》,法律出版社、成文堂1997年版,第431页。

〔2〕 牧野英一「結果加重犯と未遂」刑法研究8卷(1939年)357頁以下参照。转引自李邦友:《结果加重犯基本理论研究》,武汉大学出版社2001年版,第125页。

〔3〕 参见[德]汉斯·海因里希·耶赛克、[德]托马斯·魏根特:《德国刑法教科书》,徐久生译,中国法制出版社2001年版,第615页。

〔4〕 参见[日]野村稔:《刑法总论》,全理其、何力译,法律出版社2001年版,第327页。

遂形态。[1]

否认过失犯存在未遂形态的观点是德日刑法学界的通说。不过后来也有观点对过失犯的未遂采取了肯定的态度，如大谷实、大塚仁、牧野英一、大场茂马、团藤重光、木村龟二。[2] 肯定观点认为，过失犯也有实行行为和结果之分，那么就可能存在有过失行为但是没发生结果的情形，在理论上过失犯的未遂可以存在。不过，由于日本刑法不处罚过失犯的未遂，所以承认或否定过失犯的未遂，均没有特别的意义。

我国刑法理论的通说是过失未遂犯的否定说。不过，对于证明过失犯不成立未遂的途径，学者们观点不一。(1)有学者从客观方面论证，受过失犯罪客观方面的限制，过失行为的犯罪性是由危害结果来证实的，过失行为如果不引起危害后果，就不成立犯罪。[3] (2)也有学者从主观方面论证，受过失犯罪主观方面的限制，过失犯罪的犯罪人主观上并不希望犯罪结果发生，不具有犯罪的目的和动机，因而在客观上也就不可能出现犯罪未遂。(3)还有学者结合上述主客观两方面论证过失犯罪的未遂形态不成立。[4]

本书认为，中外刑法学界通说中的过失犯未遂形态的否定论是值得肯定的。从客观方面看，过失犯罪的成立和既遂是一致的；从主观方面看，过失犯对犯罪结果不会是积极追求的态度，其并没有追求结果的意欲，那么结果未发生，就谈不上是意志以外的因素。故应当否定过失犯具有未遂形态。

通过前述章节中对结果加重犯责任组合形式的讨论，本书认为结果加

---

〔1〕参见［俄］Н. Ф. 库兹涅佐娃、［俄］И. М. 佳日科娃主编：《俄罗斯刑法教程（总论）》，黄道秀译，中国法制出版社2002年版，第361页。

〔2〕参见［日］大谷实：《刑法总论》，黎宏译，法律出版社2003年版，第279页；［日］大塚仁：《刑法概说（总论）》（第3版），冯军译，中国人民大学出版社2003年版，第216～217页。

〔3〕参见何秉松主编：《刑法教科书》，中国法制出版社1997年版，第352页。

〔4〕参见高铭暄、马克昌主编：《刑法学》（第9版），北京大学出版社、高等教育出版社2019年版，第141页；张明楷：《刑法学》（第5版），法律出版社2016年版，第345页；林准主编：《中国刑法教程》，人民法院出版社1994年版，第99页。

重犯的责任组合形式有“基本行为故意＋加重结果故意”以及“基本行为故意＋加重结果过失”，虽然笔者对于过失犯成立未遂持否定态度，但是笔者不认为否定了过失犯成立未遂，就一定会否定结果加重犯也有成立未遂的可能。结果加重犯由于其基本行为蕴含类型性危险，因而不同于普通的结果犯和结合犯，所以对其未遂形态有必要予以特别讨论。

3. 过失犯未遂问题与结果加重犯未遂问题无关

笔者认为，过失犯不存在未遂，过失犯主观可罚性程度低于故意，之所以对其加以惩罚是因为客观上发生了危险结果，如果危险结果未发生，则不应该惩罚过失的主观心态。但是对于结果加重犯问题，本书认为过失犯能否成立未遂与结果加重犯未遂问题无关，理由如下：

第一，否定过失犯未遂进而否定结果加重犯未遂形态的观点，其前提是认为结果加重犯只有“基本行为故意＋加重结果过失”这种责任组合形式。而结果加重犯的责任组合形式不只是“基本行为故意＋加重结果过失”，也包含“基本行为故意＋加重结果故意”，这体现在基本行为和加重结果侵犯不同法益的犯罪（如抢劫罪、非法拘禁罪、强奸罪）中，因此，即便否认了过失犯成立未遂的可能性，也不能否认“基本行为故意＋加重结果故意”这种纯故意的责任组合形式成立未遂犯罪的可能。

第二，这种否定观点只能用来分析本章问题的提出部分所列举的结果加重犯未遂可能的表现形式中的情形4，即基本行为故意、加重结果过失，且加重结果并未实现的情形，而结果加重犯的未遂形态远比这一种形式复杂，对于“基本行为故意＋加重结果过失”这种责任组合形式，也存在基本行为未遂、加重结果发生，以及基本行为和加重结果均未发生的情形。

第三，针对“基本行为故意＋加重结果过失”型结果加重犯，因否认过失未遂而否认结果加重犯未遂可能性的观点，是将结果加重犯作为“基本行为＋加重结果”的复合形态来理解，将基本行为和加重结果割裂为两个实行行为。相对于将加重结果理解为客观处罚条件的单一说，复合形态说重视行为人对加重结果的认识,更加符合责任主义,然而复合形态说无法正确认识结果加重犯的加重处罚依据,也就不能妥善诠释结果加重犯的未遂问题。

因此,本书认为讨论结果加重犯未遂问题不应当受过失犯能否成立未遂这一问题的影响,进而对于结果加重犯加重结果的责任形式是故意还是过失不做分类讨论。以下对结果加重犯是否成立未遂的传统学说进行梳理。

三、结果加重犯能否成立未遂的传统讨论

(一)结果加重犯的未遂之否定说

否定结果加重犯成立未遂,意味着对基本行为未完成、加重结果发生的情形,以及基本行为完成、加重结果未发生的情形,均不认定成立未遂。这是早期的观点。[1]

1. 基本犯罪未遂而加重结果发生,不成立结果加重犯的未遂

(1)理由一:加重结果是结果加重犯的构成要件要素

有学者认为加重结果是结果加重犯的构成要件要素,只要发生了法定的加重结果,结果加重犯就是既遂。[2] 日本的审判实践中也有这样的判例。日本最高裁判所曾经在一个判决中指出:着手实施强盗行为的人,对被害人施加暴力造成伤害结果时,即使财物的夺取是未遂,也成立强盗伤人罪的既遂。[3] 对此观点,有日本学者表示支持,例如,福田平提出,加重结果是该构成要件的结果,因此,既然加重结果产生,即使基本犯未遂,也符合结果加重犯的构成要件,成立结果加重犯的既遂。[4] 张明楷教授对此观点的评价是,

---

〔1〕 丸山雅夫『結果的加重犯論』(成文堂,1990年)296~300頁参照;大谷実『刑法講義各論』(成文堂,1988年)60頁参照。

〔2〕 参见吴振兴:《罪数形态论》,中国检察出版社1996年版,第113~117页;纪俊干:《从实务观点论加重结果犯之运用》,载《政大法学评论》第50期(1994年),第106页。

〔3〕 参见张明楷:《未遂犯论》,法律出版社、成文堂1997年版,第19页。

〔4〕 福田平『刑法総論』(有斐閣,1974年)214頁参照。

这种观点似乎过于轻视行为人的主观方面。例如,在认定强奸的暴力手段致妇女重伤而没有奸淫妇女的案件时,上述观点重视了重伤的结果,但好像没有考虑行为人意欲奸淫时的主观意图。[1] 在这种情况下,一味判定为犯罪既遂,似乎没有考虑到行为人的主观方面。

(2)理由二:"刑罚锋利化"

德国刑法学家哈德通(Hardtung)从"刑罚锋利化"的角度阐释:"借助一种刑罚锋利化而提供了基本犯的未遂,并且从结果加重中得出这种刑罚框架。"[2]也就是说基本犯未遂,但是有加重结果产生,便认为是基本犯的故意延伸到了加重结果之上,故同样成立结果加重犯的既遂。这也是日本刑法实务界和理论界的通说。以抢劫致死罪为例,该罪保护的重点是人身安全,只要出现死伤结果,即便抢劫财产未遂,也构成抢劫致死罪的既遂。[3] 罗克辛对此观点的评价是,这个说法很难使人认同,有如下三个理由:第一,在完成的结果加重犯当中,根据《德国刑法典》第 18 条,这个故意不需要延伸到严重的后果上去。第二,为什么在结果加重犯的未遂中还要求对于加重结果具有故意?第三,这个问题的实践意义也受到了限制。[4]

(3)理由三:基本犯罪未遂仅作为量刑情节

该理论认为,结果加重犯的自身特点就是基本行为具有导致更严重结果发生的类型性危险。立法者的立法意图也是以加重处罚的形式来预防超出基本行为构成的加重结果的发生。如果立法者意图阻止的加重结果发生了,特别危险实现,那么就应当启用立法者规定的加重刑罚,按照犯罪既遂

---

〔1〕 参见张明楷:《未遂犯论》,法律出版社、成文堂 1997 年版,第 22 页。

〔2〕 [德]克劳斯·罗克辛:《德国刑法学总论(第 2 卷):犯罪行为的特别表现形式》(2003 年版),王世洲主译与校订,法律出版社 2013 年版,第 335 页。

〔3〕 参见[日]西田典之:《日本刑法各论》(第 3 版),刘明祥、王昭武译,中国人民大学出版社 2007 年版,第 145 页;[日]大谷实:《刑法各论》,黎宏译,中国人民大学出版社 2008 年版,第 227 页。

〔4〕 [德]克劳斯·罗克辛:《德国刑法学总论(第 2 卷):犯罪行为的特别表现形式》(2003 年版),王世洲主译与校订,法律出版社 2013 年版,第 335 页。

对行为人予以处罚。此观点的提出者是赵秉志教授。[1] 例如在抢劫罪中，即使行为人没有取得财物，暴力行为具有的内在的发生死伤结果的危险性也没有因此而消失。暴力行为具有的致被害人死伤的危险性与行为人是否夺得财物并不存在内在关联，所以抢劫罪的结果加重犯的成立与行为人是否夺财既遂无关。

并且，赵秉志教授提出，基本犯未遂且出现加重结果的情况在量刑上应当轻于基本犯既遂并且产生加重结果的情况。同样，将对加重结果存在故意但是未造成加重结果的情况，作为一个从重的量刑情节，在基本犯的法定刑幅度内从重确定对行为人的适当的刑罚。[2] 同样，反对结果加重犯存在未遂可能性的德国刑法学家伯恩哈德(Bernhard)也认为，即使结果加重犯作为既遂犯成立，基本犯本身如果是未遂的，那么有可能因为未遂而减轻刑罚。[3]

(4)理由四：现行司法解释否定了结果加重犯成立未遂的可能性

2005 年 6 月 8 日最高人民法院《关于审理抢劫、抢夺刑事案件适用法律若干问题的意见》中规定，“抢劫罪侵犯的是复杂客体，既侵犯财产权利又……造成他人轻伤以上后果两者之一的，均属抢劫既遂；既未劫取财物，又未造成他人人身伤害后果的，属于抢劫未遂”。根据此解释，抢劫罪的 8 种加重构成，除了致人重伤、死亡以外，其他情节均存在未遂的可能。这一解释相当于肯定了抢劫罪的其他加重构成具有未遂形态，只有致人重伤、死亡这种加重构成不具有未遂形态。

不过，情节加重犯是否具有未遂形态这一问题在学界也有争论。否定情节加重犯成立未遂的理由是，情节加重犯不以基本犯的未遂来说明情节加重犯的未遂，因为加重情节一旦具有，即成立情节加重犯。肯定情节加重

---

〔1〕 参见赵秉志：《犯罪未遂形态研究》(第 2 版)，中国人民大学出版社 2008 年版，第 265 页。
〔2〕 参见赵秉志：《犯罪未遂形态研究》(第 2 版)，中国人民大学出版社 2008 年版，第 265 页，注释 2。
〔3〕 榎本桃也『結果加重犯の再検討』(成文堂，2011 年)283 頁参照。

犯能够成立未遂的理由在于,情节加重犯的既遂必须要考虑是否具有加重情节,不过也需要考虑基本行为是否既遂,如果基本行为是未遂的,那么即便具有加重情节,也应当认定为情节加重犯的未遂形态。我国学界通说目前肯定情节加重犯的未遂。[1]

那么问题就来了:为何同样是加重构成的犯罪,情节加重犯能够成立未遂,但是结果加重犯却不能成立未遂呢?有学者认为,二者构成特征不一致。结果加重犯是立法者通过设立更严厉的刑罚来预防类型性危险的实现。结果加重犯的严重结果,是立法者关注的重点,如果加重结果未发生,自然不成立结果加重犯,也就没有未完成形态可言。但是,情节加重犯的加重情节,都是在构成要件的范围内,只不过在时间、场所、对象上有加重,因此是否既遂,可以根据基本犯罪的犯罪形态而定。[2]

2. 基本犯罪既遂而加重结果未发生,不成立结果加重犯

持此否定观点的学者认为,加重结果是结果加重犯成立的条件,如果没有加重结果,则结果加重犯不成立,也就无所谓能否成立未遂。[3] 我国台湾地区学者韩忠谟也认为,“按结果加重犯之成立,须有应加重处罚之结果发生,若无此结果,自无所谓加重,故结果加重犯之成立未遂犯,殊属不能想象”。[4] 也有学者指出,在我国台湾地区的刑事制度中,由于处罚未遂以有

---

〔1〕 参见叶高峰主编:《故意犯罪过程中的犯罪形态论》,河南大学出版社1989年版,第155~161页;卢宇蓉:《加重构成犯罪研究》,中国人民公安大学出版社2004年版,第67~68页;钱叶六、钱格祥:《情节加重犯基本问题探究》,载《宁夏大学学报(人文社会科学版)》2005年第6期,第47页。

〔2〕 参见严然:《情节加重犯若干问题研究》,载《福建公安高等专科学校学报》2006年第3期,第52页。

〔3〕 参见吴振兴:《罪数形态论》,中国检察出版社1996年版,第113~117页;阮齐林:《刑法学》(第3版),中国政法大学出版社2011年版,第217页;高铭暄等撰稿:《刑法学原理》第1卷,中国人民大学出版社1993年版,第567页;姜伟:《犯罪形态通论》,法律出版社1994年版,第378~381页;魏大喨:《论加重结果犯之责任基础及其规范构造》,载《刑事法杂志》总第32卷(1988年),第18页;纪俊干:《从实务观点论加重结果犯之运用》,载《政大法学评论》第50期(1994年),第95页。

〔4〕 韩忠谟:《刑法原理》,中国政法大学出版社2002年版,第177页。

特别规定者为限,而对于结果加重犯,台湾地区“刑法”中并无处罚未遂的规定,所以不能按照未遂的结果加重犯处罚。[1] 不过,毕竟行为人造成了引发加重结果的风险,对此不做任何评价有宽纵犯罪之嫌,因而有学者提出按照情节加重犯处理。[2]

(二)结果加重犯的未遂之肯定说

结果加重犯未遂论除否定说之外还有肯定说。肯定说的论者承认结果加重犯的未遂是存在的,论证路径是以下三种:基本犯未遂,发生加重结果的,成立结果加重犯的未遂;基本犯既遂,但是未发生加重结果,如果对加重结果持故意罪责,即可成立结果加重犯的未遂;更为全面承认结果加重犯未遂的是肯定过失犯的未遂,这样连最狭义的结果加重犯的未遂都被肯定。以下进行具体的介绍。

1. 基本犯未遂,加重结果发生,成立结果加重犯的未遂

(1)路径1:发生加重结果是基本犯的客观处罚条件

德国刑法实务和理论的主流观点认为,基本犯未遂,但是发生加重结果的,为结果加重犯的未遂。早在1875年,德国就有判例肯定这种情况成立结果加重犯的未遂。理论上既有支持判例的观点,也有反对判例的观点。肯定结果加重犯未遂的观点认为,结果加重犯的加重结果是客观处罚条件,基本行为未遂,即便加重结果发生了,根据基本犯罪的完成形态是未遂,结果加重犯的形态也是未遂。因为加重结果的发生只是表明可以按照结果加重犯的加重刑罚对行为人苛责,所以基本行为未遂,即便发生加重结果,也应当成立结果加重犯的未遂。[3] 对这种案例的处理是,如果基本犯罪的结果未出现或基本犯罪未遂,即使加重结果出现,也认定为结果加重犯未遂,即对犯罪人按加重刑罚量刑,然后依照犯罪未遂的规定进行裁断。例如,德国

[1] 参见赵彦清:《结果加重犯的归责基础》,台湾政治大学1998年硕士学位论文,第129页。
[2] 参见吴振兴:《罪数形态论》,中国检察出版社1996年版,第113～114页。
[3] 榎本桃也『結果加重犯の再検討』(成文堂,2011年)276頁参照。

刑法学家希佩尔(Hippel)认为,基于加重结果的刑罚加重,是因为客观上发生的结果使犯罪行为本质上的可罚性提高了,以此为基础,此种类型必须作为未遂被肯定。[1]

(2)路径2:从主客观要件角度作整体分析

与上述把加重结果作为客观处罚条件的解释路径不同,有学者对加重结果得以实现但基本犯未遂的情况作主观和客观的整体分析。例如,抢劫致人死亡,财物没有抢到,但是发生了死亡后果。对于这种情况,陈兴良教授认为应当成立结果加重犯的未遂。其理由在于:客观上来看,虽然发生致人死亡的结果,但是作为抢劫罪客观要素的非法占有他人财物的结果却未发生;而主观上看,取财目的没能实现,不能说意欲已经得逞,故应当按照结果加重犯的未遂处理。[2]

2. 基本犯既遂,加重结果未能发生,成立结果加重犯未遂

(1)路径1:加重结果不是结果加重犯的构成要件的必要要素

这种观点认为加重结果是否发生,都不影响结果加重犯的成立,只要基本行为实施了,无论基本行为的结果是否出现,只要加重结果没有发生,就可成立结果加重犯的未遂。具体来说可能有两种情况。第一,基本行为的结果发生了,但是由于意志以外的原因,加重结果没有发生。第二,基本行为的结果没有发生,由于意志以外的原因,加重结果也没有发生。[3] 这是目前日本理论界的通说。[4]

(2)路径2:只有对加重结果是直接故意的才能成立未遂

该观点将成立结果加重犯未遂的可能性限定为行为人对于加重结果具

---

〔1〕 丸山雅夫『結果的加重犯論』(成文堂,1990年)303頁参照。

〔2〕 参见陈兴良:《刑法适用总论》(上卷)(第2版),中国人民大学出版社2006年版,第609~610页。

〔3〕 参见李邦友:《结果加重犯基本理论研究》,武汉大学出版社2001年版,第131~137页。

〔4〕 参见[日]大谷实:《刑法各论》,黎宏译,中国人民大学出版社2008年版,第228页。

有直接故意。[1] 对于抢劫致人死亡这一类案件,直接故意,希望他人死亡而未得逞的,成立故意杀人罪的未遂;放任他人死亡结果发生,而他人未死亡的,仅按照抢劫罪的基本罪定罪处罚。此理论的出发点是间接故意也不存在犯罪未遂的可能,行为人的目的是抢劫财物,致人死亡结果没有发生的,只能按照抢劫罪认定。[2]

(3)路径3:从主客观要件角度作整体分析

从主客观角度作整体分析时,也有可能得出成立结果加重犯未遂的结论。例如,陈兴良教授指出,对于客观上未发生加重结果的结果加重犯,如果只关注客观上未发生结果,而忽视行为人主观上意欲发生加重结果,这会造成不当的评价,对于这类情形,我们可以按照结果加重犯的未遂犯对待。[3]

(4)路径4:罪刑相适应角度的考虑

肯定成立结果加重犯未遂也有对罪刑相适应的考虑。[4] 如果基本行为实施之后,加重结果未发生,仅作为基本犯罪处理,会使某些行为没有得到足够的刑法评价。例如,以杀人的暴力方式实施抢劫,但是没能出现致人死亡或者重伤的结果,只能按照抢劫罪的基本犯处罚,处十年以下有期徒刑;行为人意图杀人,但是未遂,这种情况下也可能在十年以上有期徒刑至死刑的范围内量刑。两相比较,这会造成刑罚的不均衡。因而对于基本行为实施但是没有产生加重结果的情形,也应当按照结果加重犯的未遂处理。

3. 基本犯未遂,加重结果没发生,也可能成立结果加重犯的未遂

罗克辛认为,未遂的结果加重犯的基本行为不需完成,也就是说,加重结果没有产生,但只要对加重结果具有故意,即可成立结果加重犯的未遂,具有刑事可罚性。这种情形的刑事可罚性,受到两个条件的约束:一是行为

---

〔1〕 参见张明楷:《刑法学》(第5版),法律出版社2016年版,第347页。
〔2〕 参见王作富主编:《刑法分则实务研究》(中),中国方正出版社2013年版,第909页。
〔3〕 参见陈兴良:《刑法适用总论》(上卷)(第2版),中国人民大学出版社2006年版,第610页。
〔4〕 参见王志祥:《结果加重犯的未遂问题新论》,载《法商研究》2007年第3期;李邦友:《结果加重犯基本理论研究》,武汉大学出版社1990年版,第136页。

人在严重后果方面必须没有过失,就像《德国刑法典》第18条规定的最低条件那样,是故意地行动,不存在过失的未遂。二是在存在的故意中,在这种严重后果方面,这种结果加重犯罪必须允许对其是故意引起的。[1] 例如,行为人为了将其讨厌的亲戚赶走,故意违法地将该亲戚送到封闭的精神病院,医院认为该人精神完全健康立即让其出院,德国联邦法院认为能够认定构成《德国刑法典》第239条第2款规定的(超过一周)严重剥夺他人自由的未遂。[2] 在这个非法拘禁(剥夺他人自由)的案件当中,基本行为未完成(未实现长时间的关押),加重结果也没出现,只是行为人的确对于加重结果的出现具有故意,在这种情况下,德国实务界还是肯定其为结果加重犯,并认定犯罪形态为未遂。

(三)以危险性理论检视传统讨论

由于上文已经做出过失犯未遂与结果加重犯未遂无关联性的结论,故不再对加重结果的过失罪责区别于故意做讨论。以下将本书前述提到的六种结果加重犯未遂的形式分为三类,对以往的讨论进行梳理并结合危险性理论进行评析。

1. 类型一:基本行为完成+加重结果未发生

否认这种情形成立结果加重犯未遂的理由主要在于,加重结果是结果加重犯的成立条件,如果没有加重结果,则结果加重犯不成立,也就无所谓能否成立未遂。不过否定说中也有论者认为,毕竟行为人造成了引发加重结果的风险,对此不做任何评价有宽纵犯罪之嫌,因而可以按照情节加重犯处理。[3] 笔者不赞成否定说的观点,否定说以未发生加重结果为由否认结果加重犯成立,这是复合形态说的观点,将结果加重犯当作基本行为与加重

---

〔1〕 参见[德]克劳斯·罗克辛:《德国刑法学总论(第2卷):犯罪行为的特别表现形式》(2003年版),王世洲主译与校订,法律出版社2013年版,第331页。

〔2〕 参见[德]汉斯·海因里希·耶赛克、[德]托马斯·魏根特:《德国刑法教科书》,徐久生译,中国法制出版社2001年版,第630页。

〔3〕 参见吴振兴:《罪数形态论》,中国检察出版社1996年版,第113~114页。

结果的简单叠加,缺少加重结果自然不成立结果加重犯。

肯定这种情形成立结果加重犯未遂的理由有四个:第一,加重结果不是结果加重犯成立的构成要件要素,无论基本行为的结果是否出现,只要加重结果没有发生,就可成立结果加重犯的未遂。第二,限定行为人对加重结果的罪责为直接故意,此时肯定结果加重犯的未遂。第三,从主客观统一的角度将加重结果未发生评价为结果加重犯未遂。第四,从罪刑均衡的角度将加重结果未发生评价为结果加重犯未遂。

根据危险性理论,我们评价结果加重犯成立的核心在于基本行为是否创设了类型性危险,只要基本行为创设了类型性危险,结果加重犯就是已经着手,无论是否发生加重结果都符合结果加重犯的构成要件,只不过因未发生加重结果而无法成立结果加重犯既遂。应当将其按照结果加重犯的未遂认定,没有必要以情节加重犯作变通处理。同时笔者认为肯定说中将行为人对加重结果的主观方面限定为直接故意是没有必要的,这种观点也是以复合形态来理解结果加重犯,因而才会过于重视行为人对加重结果的心理罪责。

2. 类型二:基本行为未完成 + 加重结果发生

否定此情形成立结果加重犯未遂的观点有以下四条论证路径:其一,只要发生了法定的加重结果,结果加重犯就是既遂。笔者认为这种观点属于主观未遂论,以行为人对基本行为具有犯罪意图来认定对行为人具有防卫必要,继而不区分既遂与未遂。其二,"刑罚锋利化",[1]即尽管基本行为未遂,但是基本行为的故意延伸到了加重结果上,因而成立结果加重犯既遂。笔者认为这种观点将对加重结果无故意和过失的行为也纳入归责范畴,这是危险的,并且将评判结果加重犯犯罪构成的重点转移到了加重结果部分,这是与结果加重犯以基本行为创设类型性危险这一本质特征相背离的。其三,立法者意图阻止的加重结果发生了,特别危险实现,那么就应当启用立

[1] 张明楷:《未遂犯论》,法律出版社、成文堂1997年版,第22页。

法者规定的加重刑罚，按照既遂处理，但是量刑上应当轻于基本犯既遂并且产生加重结果的情况。[1] 笔者认为量刑是以定性为基础的，在定性上按照既遂认定但是量刑上却从轻处罚，是本末倒置，不应该把定性阶段应当明确的问题推迟到量刑阶段解决。其四，现行司法解释否定了结果加重犯未遂的成立可能性。2005 年 6 月 8 日最高人民法院《关于审理抢劫、抢夺刑事案件适用法律若干问题的意见》中规定，“抢劫罪侵犯的是复杂客体，既侵犯财产权利又……造成他人轻伤以上后果两者之一的，均属抢劫既遂；既未劫取财物，又未造成他人人身伤害后果的，属于抢劫未遂”，根据此解释，抢劫罪的8 种加重构成，除了致人重伤、死亡以外，其他情节存在未遂的可能。这一解释相当于肯定了抢劫罪的其他加重构成具有未遂形态，只有致人重伤、死亡这种加重构成不具有未遂形态。笔者认为实然司法解释不能证明应然的正当性，并且以抢劫罪一罪为例否认所有结果加重犯成立未遂的可能有以偏概全之嫌。

肯定这种情形成立未遂的观点有以下两种论证路径：其一，将加重结果作为客观处罚条件，基本行为未遂，即便加重结果发生了，结果加重犯的形态仍然是未遂，加重结果的发生只是表明可以按照加重刑罚对行为人苛责。[2] 显然这种观点是以单一形态作为结果加重犯加重处罚依据的，以此为出发点，当基本行为发生，即便不具有类型性危险，且加重结果未发生，也会认定成立结果加重犯既遂。这种立场源于单一性说，与危险性理论立场相悖，因而不能得到支持。其二，从主客观方面做整体分析，以抢劫致人死亡犯罪为例，客观上虽然发生致人死亡的结果，但是非法占有他人财物的结果没能实现，主观上取财目的没得逞，故应按照结果加重犯未遂处理。[3] 这

〔1〕 参见赵秉志：《犯罪未遂形态研究》（第 2 版），中国人民大学出版社 2008 年版，第 265 页。

〔2〕 榎本桃也『結果加重犯の再検討』（成文堂 2011 年）276 頁参照。

〔3〕 参见陈兴良：《刑法适用总论》（上卷）（第 2 版），中国人民大学出版社 2006 年版，第 609 ~ 610 页。

种分析思路是值得肯定的,从主客观未统一的角度否定结果加重犯既遂的成立,与折中的未遂论兼顾主观不法意思的预防与客观法益保护的限定是契合的。然而此观点本质论根基在于复合形态说,并未足够重视基本行为与加重结果之间的连接点——类型性危险。

从危险性理论出发,笔者认为基本行为未完成但是加重结果发生的情形应当成立未遂犯。危险性理论认为结果加重犯加重处罚的依据在于基本行为引发了类型性危险,该类型性危险导致了加重结果的发生。当基本行为和加重结果是面向不同法益的时候,例如强奸致人死亡、抢劫致人死亡、非法拘禁致人死亡,基本行为创设的风险引发加重结果、对应法益受损的同时,基本行为本身对应的法益未必会因创设出的风险受损,应当肯定此时成立结果加重犯。但是这与基本行为既遂且加重结果发生这种情形的不法性显著不同,基本行为既遂且加重结果发生情形下,风险虽然引发加重结果,但是风险为侵害基本行为对应的法益,因而应当在定性上予以区别。

3. 类型三:基本行为未完成 + 加重结果未发生

对此情形否定成立结果加重犯既遂没有争议,值得讨论的是能否成立未遂。否定成立未遂的观点,与类型一"基本行为完成 + 加重结果未发生"中的否定说观点一致,即认为加重结果是结果加重犯的构成要件,加重结果未发生,不成立结果加重犯。[1] 笔者认为这是复合形态说的表达,将结果加重犯理解为基本行为与加重结果的简单相加,与本书提倡的危险性理论立场不一致。

---

〔1〕 参见吴振兴:《罪数形态论》,中国检察出版社 1996 年版,第 113 ~ 117 页;阮齐林:《刑法学》(第 3 版),中国政法大学出版社 2011 年版,第 217 页;高铭暄主编:《刑法学原理》第 1 卷,中国人民大学出版社 1993 年版,第 567 页;姜伟:《犯罪形态通论》,法律出版社 1994 年版,第 378 ~ 381 页;魏大喨:《论加重结果犯之责任基础及其规范构造》,载《刑事法杂志》总第 32 卷(1988 年),第 18 页;纪俊干:《从实务观点论加重结果犯之运用》,载《政大法学评论》第 50 期(1994 年),第 95 页;韩忠谟:《刑法原理》,中国政法大学出版社 2002 年版,第 177 页。

肯定说认为这种情形能够成立结果加重犯的未遂,〔1〕一般认为无论加重结果是否发生,只要基本行为未遂就成立结果加重犯的未遂,这与类型二中的肯定说观点一致。笔者认为这是单一形态说的表达,将加重结果作为客观处罚条件,加重结果是否存在不影响结果加重犯的成立,只要基本行为未完成即成立结果加重犯未遂,笔者赞同这种结论,但是这与本书提倡的危险性理论的论证方式是不一样的。

"基本行为未完成+加重结果未发生"这种情形能否认定为成立结果加重犯的未遂,是检视危险性理论运用的试金石。第一,类型性危险是结果加重犯的构成要件要素,是判断结果加重犯成立的核心问题,而加重结果的发生是判断成立结果加重犯既遂的标准。危险性理论将结果加重犯的本质理解为基本行为创设了类型性危险,仅此即符合结果加重犯的构成要件,加重结果是否发生只是这一类型性危险是否转化成现实损害结果的表现,是判断结果加重犯既遂的标准,即便加重结果没有发生也不能否认结果加重犯的成立。第二,危险性理论中的类型性危险,立法层面是抽象危险,司法层面是具体危险。行为人在基本行为中创设的危险源于立法上对抽象危险的设定。在司法层面要判断行为人的基本行为能否引发类型性加重结果的具体危险。行为人实施基本行为时主观上具有引发加重结果的故意,然而客观上基本行为所创设的危险并不能引发类型性结果,即并非具体危险,为了精准评价行为人对于创设类型性危险的故意,应当认定成立结果加重犯,只不过因为基本行为未完成且加重结果未发生而成立未遂,这样才能使定罪与量刑协调,而不是以量刑的从轻来弥补定性上的谬误。

---

〔1〕参见[德]克劳斯·罗克辛:《德国刑法学总论(第2卷):犯罪行为的特别表现形式》(2003年版),王世洲主译与校订,法律出版社2013年版,第331页;李邦友:《结果加重犯基本理论研究》,武汉大学出版社2001年版,第131~137页;[日]大谷实:《刑法各论》,黎宏译,中国人民大学出版社2008年版,第228页。

四、从危险性理论看结果加重犯的未遂

(一)以危险性理论为基础提炼结果加重犯未遂的认定规则

我国《刑法》第23条第1款对犯罪未遂的规定是“已经着手实行犯罪，由于犯罪分子意志以外的原因而未得逞的，是犯罪未遂”。据此我国《刑法》中的未遂犯成立须具备三个条件：第一，行为已经着手；第二，行为未能达到构成要件的既遂；第三，因意志以外的原因未得逞。上文已经针对可能成立结果加重犯未遂的类型，运用危险性理论逐一进行了讨论，以下对应上述三个条件，提炼成三点认定规则。

1. 基本行为蕴含类型性危险

行为的着手是认定犯罪未遂的第一个条件，也是区分犯罪预备和犯罪未遂的重要时点。危险性理论认为结果加重犯的本质在于基本行为创设了类型性危险，类型性危险是判断行为构成结果加重犯的核心要素，因此基本行为具备了类型性危险即肯定行为着手。那么对于有基本行为，也有加重结果，但是基本行为不具备类型性风险的情形，根据危险性理论，由于加重结果和基本行为不具备客观归责关系，因而不能作为结果加重犯处理，而应当按照基本行为和加重结果的数罪并罚来认定。其实这一点也正是学界对于结果加重犯本质论研究的成果所在，有类型性危险才成立结果加重犯，否则谈不到判断既遂和未遂的问题。同时这也是学界与司法实践操作的差异之处，如本章开篇所举的莫某妹非法拘禁案，莫某妹等人对闵某某实施的非法拘禁行为不具有造成闵某某死亡的类型性危险，因而不能认定其成立非法拘禁致人死亡的行为着手，并且其基本犯部分的非法拘禁行为也尚未既遂，应当作为非法拘禁的基本犯未遂与过失致人死亡数罪并罚处理。

2. 基本行为未完成与加重结果未发生至少具备一项

行为未能达到构成要件既遂，是未遂成立的第二个条件。根据危险性理论，基本行为的完成和加重结果的发生是结果加重犯既遂的成立条件。

那么意味着结果加重犯的既遂形态应当由三部分组成:其一,基本行为具有类型性危险;其二,基本犯罪既遂,无论基本犯罪是行为犯还是结果犯,都按照其相应既遂标准判断;其三,加重结果发生。只有具备了这三个要件才构成结果加重犯既遂形态。条件一是判断着手,条件二和条件三只要缺少其中一项就应当客观评价为未遂。这样的规则设定符合未遂犯处罚依据折中说的前提预设,对行为人客观上基本犯罪未完成或加重结果未发生,以及主观上创设类型性危险的法敌对意思给予了综合评价。

目前学术与司法实践的鸿沟体现在司法实践结果归责明显,出现加重结果即认定成立结果加重犯既遂,与学术探讨中强调基本行为应当蕴含类型性危险的认定模式相去甚远。笔者认为在巨大鸿沟之下,引导司法实务方面以判断基本行为是否蕴含类型性危险来肯定或者否定结果加重犯的成立,这样的步伐似乎过于急迫和激进,裁判者无法接受,被害人更无法接受,也违背当前的刑事政策和社会防卫需要。过渡办法是,判定基本行为着手之后,以基本犯罪是否完成,加重结果是否发生,来认定结果加重犯的未遂是否成立。这既承认了结果加重犯的成立,也在违法性判断上给予行为人优待,直接影响量刑上的从轻和减轻处罚。这是将刑事政策考量纳入教义学的分析方法,也是弥合司法实务操作与学理研究各说各话、渐行渐远的有效路径。

结合莫某妹非法拘禁案分析,即便裁判者不以基本行为缺乏类型性危险来否认行为的着手,而认定莫某妹的行为构成结果加重犯,那么至少根据相关司法解释应当确认莫某妹等人的非法拘禁行为不构成基本犯罪的既遂,此案的情形属于有加重结果但是基本犯罪未完成,因此应当整体认定为非法拘禁致人死亡的未遂,在量刑上可以减轻处罚。

3. 因意志以外原因基本犯罪或者加重结果未得逞

因意志以外的原因行为未得逞是成立未遂的第三个条件,同时也是未遂犯与中止犯的区别标志。据此,结果加重犯未遂成立的第三个条件应该是基本行为未完成或者加重结果未发生是基于行为人意志以外的原因。

危险性理论将基本行为所蕴含的类型性危险作为结果加重犯成立的核心要素、充分条件。基本行为完成和加重结果发生是成立既遂的条件。根据现代的罪责理念衍生出的主客观统一原则,行为人对基本行为、类型性危险以及加重结果的发生都应当具备主观认识,此时方能认定其成立结果加重犯的既遂。在行为人认识到的类型性危险范围内,基本行为因意志以外原因未完成或者加重结果因意志以外原因未发生,则可以认定为故意未得逞。

根据前文归纳的结果加重犯未遂可能成立的6种情形,结果加重犯的责任组合形式存在"故意+过失"情形。笔者上文中的探讨否定了过失犯未遂与结果加重犯未遂的相关性,正是基于危险性理论,将结果加重犯视作由基本行为蕴含的类型性危险而引发加重结果的一个整体行为,基本行为的故意应当是涵盖整个结果加重犯构成要件的,故判断结果加重犯主观犯意是否得逞的关键点也是判断基本行为的故意是否得逞。回到前文所举的莫某妹非法拘禁案中,基本犯罪非法拘禁部分未达到既遂标准是因为被害人闵某某突然跳楼,因此中断了莫某妹等人对其的监禁时间,而非莫某妹等人主动中止非法拘禁行为,故符合非法拘禁致人死亡未遂的主观认定条件。

(二)在具体案例中的运用

以下将结合两则具体案例检视上述规则的可操作性。两则案例分别是"基本行为未完成+加重结果发生"类型,和"基本行为完成+加重结果未发生"类型。

【案例九】[1]行为人甲(男)夜间潜入聋人学校,企图强奸女学生,甲看见床上正在睡觉的被害人乙,认为乙是女生,便企图用双手扼昏被害人,之

---

〔1〕 参见赵秉志:《犯罪未遂形态研究》(第2版),中国人民大学出版社2008年版,第267页。

后实施强奸。被害人乙被扼昏后,甲发现乙为男性,遂将被子盖在乙身上离去,后乙死亡,经法医鉴定,乙系窒息而死。

案例九中甲的强奸行为未遂但是强奸的暴力导致了被害人死亡。根据上述认定规则,第一,我们认为甲欲实施的基本行为是强奸行为,在着手的过程中扼昏乙导致乙窒息而死,可以说明甲的基本行为蕴含了类型性危险。第二,甲欲实施的基本行为系强奸,而强奸并未既遂。第三,甲的基本行为未遂是因为被害人不是女性,属于甲意志以外的原因。因此,甲符合上述三条认定规则,成立强奸致人死亡的未遂。

【案例十】丙和丁有世仇,丙总想找机会杀害丁。某日凌晨,丙看到丁家的卧室灯关掉后,来到丁家门口(高层楼房中的第五层),用铁链将丁家的防盗门从外锁上,之后在门前的楼道内倒汽油,之后点燃。楼内的邻居被燃烧的浓烟呛醒,消防队来救援,居民们先后被疏散,丁由于门被锁,出不去,从五楼窗户跳到了消防队员撑起的救生垫上,毫发无损。

案例十中丙的放火行为完成,但是致人死亡的犯意未得逞。根据上述认定规则,第一,我们判断丙为了放火后能烧死丁,在放火之前锁住了丁家的大门,并且丁居住在五楼,丁的生命安全因丙的放火行为受到了极大的威胁,故而我们认定丙放火的基本行为蕴含了致丁死亡的危险。第二,丙意图烧死丁,放火的基本行为已经完成,但是蕴含在基本行为中的致人死亡故意却没能得逞,放火行为并未导致丁的死亡。第三,丁未死亡是因为消防队员前来救火,有外力介入而非因为丙的意志。因此丙的行为根据本书提出的三条认定规则成立放火致人死亡的未遂。

第五章

结果加重犯的共同犯罪

一、问题的提出

结果加重犯由基本行为和加重结果两部分组成，这两个部分都有可能由二人以上共同完成，那么两个以上行为人的行为与加重结果具有何种关联程度方能认定为共同犯罪，就是需要讨论的问题。我国司法实务中，已有相关案例。

【案例十一·张某贵、宋某伦抢劫致人死亡案】[1]1996 年 12 月 11 日，宋某伦、张某贵从成都去汉中做生意，由于所带钱款已不多，宋某伦提出在汉中抢劫出租车司机财物，张某贵表示同意。饭后二人在汉中城区乘坐了一辆由被害人李某某（女，殁年 29 岁）驾驶的红色夏利出租车。当车行至勉县杭寨村时，宋某伦以上厕所为由让司机停车。停车后宋某伦趁李某某不备，双手卡住李某某的脖子将其往汽车后排推，张某贵则抓住李某某的围巾用力将其往后拉，二人合力将李某某推到后排座位上，因李某某反抗激烈，二人怕被过路人发现，宋某伦让张某贵在后排按住李某某的头部，自己去驾车。由于宋某伦没有驾车技术，车辆驶出路外，将路边行人汤某某（女，殁年 27 岁）撞死，汽车掉进路边排洪沟里，被害人李某某当场死亡，宋某伦撞成重伤，车辆被撞坏。事故发生后被告人张某贵爬出车外后从现场逃离。经鉴定，李某某系钝性外力致颅脑损伤死亡，汤某某系重度脑挫伤死亡。

1998 年 1 月 19 日，宋某伦因犯抢劫罪被汉中市中级人民法院判处死刑。案发后张某贵逃跑，2011 年其被补充列为网上追逃人员。2014 年 11 月 14 日，西藏堆龙德庆县公安局在侦破一起强奸杀人案时，在西藏日喀则地区萨迦县故堆村将张某贵抓获，张某贵交代了 1996 年 12 月在汉中抢劫出租车

---

〔1〕 参见陕西省汉中市中级人民法院刑事判决书，（2015）汉中刑二初字第 00006 号，载中国裁判文书网，http://wenshu.court.gov.cn，2017 年 10 月 30 日访问。

的犯罪事实。汉中法院在审理时认定张某贵实施故意抢劫并致人死亡,鉴于其具有自首情节,减轻处罚,判处无期徒刑。

张某贵、宋某伦抢劫致人死亡案中,被告人张某贵和宋某伦共同预谋并实施抢劫,张某贵在车辆后排控制被害人李某某,由宋某伦开车逃跑,但是宋某伦不具有驾驶技术,将车辆开到排洪沟里,撞死了路过的汤某某,也因为车辆毁损导致车内被控制的李某某死亡。应该说两名被害人的死亡都是宋某伦的不当驾驶行为导致的,并非张某贵的行为直接导致的。该案审理过程中,律师以此为由提出辩护意见,认为张某贵在该案中是从犯。但是法庭对此辩护意见不予采纳,理由是"其与罪犯宋某伦相互配合,并对被害人李某某实施暴力,致使被害人在罪犯宋某伦驾车逃逸过程中死亡,其应为共同主犯"。笔者认为律师的辩护思路是,由于张某贵未直接参与致死行为,故在基本犯范围内是实行犯,但是对于加重结果是参与犯,故应当从轻处罚。而审理者的回应是对于死伤结果是如何造成的不予细究,直接按照结果加重犯的共同实行犯认定罪责。

【案例十二·王某佰、韩某、王某央故意伤害案】[1]2003 年王某佰与逄某先因生意经营而产生矛盾,王某佰指使韩某、王某央等人殴打逄某先。事发当天在地头树林里,王某佰向韩某、王某央等人指认了逄某先,并将准备好的 4 根铁棒分给韩某、王某央等人。之后,韩某、王某央一干人等冲入田里殴打逄某先。殴打的过程中,韩某拿出随身携带的尖刀捅刺逄某先的腿部数刀,导致被害人双腿多处锐器创伤,失血性休克死亡。王某央看到韩某的捅刺行为并未制止,之后与韩某等人一同逃离犯罪现场。2003 年 10 月 15 日,王某佰被抓获归案,2004 年 1 月 16 日韩某投案自首。2004 年 4 月 1 日,王某央被抓获归案。其余人犯在逃。法院经审理判处上述三人犯故意伤害

---

〔1〕 参见牛传勇:《不属于实行过限的行为应担共同犯罪刑事责任》,载《人民法院报》2006 年 8 月 3 日,第 6 版。

罪,其中王某佰被判处有期徒刑十年,剥夺政治权利三年;韩某被判处有期徒刑十二年;王某央被判处有期徒刑三年,缓刑四年。一审宣判后,公诉机关未抗诉,被告人未上诉,本案已发生法律效力。

案例十二中王某佰相对于韩某和王某央是教唆犯,在其教唆之下,韩某和王某央实施了故意伤害行为。由于王某佰的教唆并不具体,法院认定对于韩某故意伤害致人死亡的责任王某佰也应当负担。这反映出该案的裁判观点是,被教唆者过失引发加重结果,只要教唆者在教唆他人实施基本行为时没有明确限定教唆的范围,那么教唆者也应当按照结果加重犯的共犯来认定。在此案中需要讨论的问题是,韩某相对于王某央是共同实行犯,在殴打逄某先的现场,韩某掏出刀刺向被害人时,王某央虽然在场但是并未阻拦。从判决结果来看,王某央被判处有期徒刑三年,缓刑四年,能够反映出该案的审理意见是,并未直接造成被害人死亡的在场的实行犯,不作为结果加重犯的共犯认定。

将案例十一和案例十二对比来看,在案例十一中,张某贵坐在车辆后座控制被害人李某某,宋某伦驾车失控导致车撞死路上行人,并使得车辆侧翻,导致车内的被害人死亡。导致死亡的作用力并非直接出自被告人张某贵,而张某贵仍然按照结果加重犯的共犯定罪量刑。而案例十二中,王某央和韩某是共同实行犯,但是由于王某央并未直接用刀刺伤被害人逄某先,因而法院不认定王某央也要承担故意伤害致人死亡的责任,仅在故意伤害的基本犯限度内承担责任。这两个案例对同样情况做不同的认定,是我国司法实务对于结果加重犯共犯问题没有达成一致意见的缩影。

司法实践中更广泛存在的现象是,数个行为人共同实施基本行为并引发加重结果,然而在认定时,只认定其在基本犯的范围内构成共同正犯,对于行为人行为造成的加重结果,不明确表述其在结果加重犯的范围内也成立共同犯罪，而是直接按照结果加重犯量刑，对于其共同犯罪形态不做具体界定，如案例十三。

【案例十三·江某喜、王某四抢劫案】[1]被告人江某喜、王某四经预谋抢劫后，于2013年9月3日21时窜至广东省佛山市顺德一工业区寻找抢劫作案目标，在选定驾驶某某牌摩托车的被害人吴某某作为作案目标后，以去广东省中山市、江门市等地找朋友为由让被害人吴某某搭载他们。2013年9月4日凌晨30分许，被害人吴某某搭载被告人江某喜、王某四行至广东省江门市新会区某某电器厂门口空地时，二被告人让被害人停车，车停后被告人江某喜立即用刀持续刺向被害人吴某某的腹、胸部等部位，后被告人王某四也持刀划割被害人的颈部及以上部位，被害人吴某某倒地无法反抗后，被告人王某四从被害人身上搜出一部黑色手机并伙同被告人江某喜推着被害人的摩托车逃离现场。经鉴定，被害人吴某某符合被他人用锐器袭击胸、腹部造成内脏破裂致失血性休克死亡。

法院经审理认为，被告人江某喜、王某四经事先预谋结伙抢劫他人财物，致一人死亡，其行为共同构成抢劫罪，二被告人分别持刀共同刺伤被害人致其死亡，均是犯罪行为的积极实施者，故本案不应区分主从犯。被告人江某喜是累犯，应当从重处罚，依法判处死刑缓期二年执行，被告人王某四亦是抢劫杀人的积极实施者，依法判处其无期徒刑。

案例十三中，法院在抢劫罪基本犯罪的范围内明确认定被告人江某喜、王某四成立共同正犯，然而对于抢劫致人死亡的加重结果，则采用分别表述的方式，没有明确认定二人成立结果加重犯的共犯。司法实务中的“暧昧”不明，根源在于学理上对于结果加重犯的共同犯罪能否成立还缺乏共同认识。

---

〔1〕 参见广东省江门市中级人民法院刑事附带民事判决书，(2014)江中法刑二初字第8号，载中国裁判文书网，http://wenshu.court.gov.cn，2017年10月30日访问。

对结果加重犯的共同犯罪问题,我国刑法学界的讨论存在两个问题。第一,将研究方向集中在结果加重犯的共同正犯问题,而对于狭义共犯问题研究甚少。有学者将结果加重犯的狭义共犯问题作为结果加重犯的认识错误问题加以讨论,以教唆者或者帮助者对加重结果是否具有过失来判定其是不是狭义共犯。[1] 第二,对结果加重犯共同正犯理论的研究也是以能否成立共同过失犯罪为讨论基点,若肯定过失共同犯罪,则肯定结果加重犯的共同正犯,[2]若否定过失共同犯罪,则否定结果加重犯的共同正犯,对于各个行为人按照结果加重犯分别定罪,这也就是同时犯消解说。[3] 不过也有少数学者从结果加重犯的特殊犯罪构造出发,认识到了结果加重犯与普通结果犯的不同,在否认过失共同犯罪的基调下,全面肯定结果加重犯共同正犯的成立。[4] 应该说,我国刑法理论界对于能否成立结果加重犯的共同正犯问题莫衷一是。

基于上述第一点研究现状,本书认为,结果加重犯共同犯罪的研究内容亟待完备,除了共同正犯以外,狭义共犯能否构成结果加重犯也应当研究。更加具体地看,应当区分行为人参与正犯的犯罪行为是全程参与还是半程参与,以及参与的形式是实行犯还是狭义共犯(以狭义共犯必须故意实施为前提)[5],将上述元素进行不同组合,便衍生出多种可能构成结果加重犯共同犯罪的类型,如表5-1所示:

---

[1] 参见马克昌主编:《犯罪通论》(第3版),武汉大学出版社1999年版,第605页。

[2] 参见张明楷:《刑法学》(第5版),法律出版社2016年版,第400页。

[3] 参见周光权:《刑法总论》,中国人民大学出版社2007年版,第224页;陈家林:《结果加重犯的共同正犯浅论》,载《河北法学》2006年第12期,第81页;陈家林:《外国刑法通论》,中国人民公安大学出版社2009年版,第560页。

[4] 参见陈兴良:《共同犯罪论》(第3版),中国人民大学出版社2017年版,第381页。

[5] 我国通说认为,教唆和帮助是在故意心理支配下的行为,指有意识指使或协助他人实施犯罪。教唆犯和帮助犯不可能由过失构成。参见王世洲:《现代刑法学(总论)》,北京大学出版社2011年版,第262页;陈兴良:《规范刑法学》(第4版),中国人民大学出版社2017年版,第225页;高铭暄、马克昌主编:《刑法学》(第9版),北京大学出版社、高等教育出版社2019年版,第162页。

表5-1 结果加重犯共同犯罪类型

行为人	参与程度	类型	基本行为罪责	加重结果罪责
A	全程实行正犯	—	故意	故意、过失
B	全程实行犯	1	故意(实行)	过失(实行)
		2	故意(实行)	故意(实行)
		3	过失(实行)	过失(实行)
		4	过失(实行)	故意(实行)
	半程实行犯	5	故意(实行)	—
		6	—	故意(实行)
		7	过失(实行)	—
		8	—	过失(实行)
	全程狭义共犯	9	故意(教唆、帮助)	故意(教唆、帮助)
	全程广义共犯	10	故意(教唆、帮助)	过失(实行)
		11	故意(教唆、帮助)	故意(实行)
		12	故意(实行)	故意(教唆、帮助)
	半程狭义共犯	13	故意(教唆、帮助)	—
		14	—	故意(教唆、帮助)

表5-1中行为人A系结果加重犯的正犯,其对加重结果可能是故意也可能是过失,行为人B是全程参与或者部分参与了行为人A的犯罪的人。其中类型1、2、3、4,是行为人B作为实行犯全程参与了行为人A的犯罪活动;类型5、6、7、8是行为人B作为实行犯部分参与了行为人A的犯罪活动;类型9是行为人B作为教唆犯或者帮助犯全程参与了行为人A的犯罪活动;类型10、11、12是行为人B以不同形态全程参与了行为人A的犯罪活动;类型13、14,是行为人B作为狭义共犯分别只参与了行为人A犯罪的基本行为部分或者加重结果部分。此表中14个组合形态的罗列,只是理论上的可能构成,在现实中未必能有实际案例与之对应,但是作为一种逻辑上的

范围设定是周全的。[1] 本书拟以此为外围，探讨其中构成结果加重犯共同犯罪的可能形态，以及共犯处罚依据的来源。

基于上述第二点研究现状，本书将首先从过失共同正犯能否成立的视角考察结果加重犯的共同犯罪问题。在对相关学说进行梳理之后，回归到笔者所倡导的危险性理论的立场。以此为基点，以先行行为理论为结果加重犯共同犯罪确立处罚根据，并尝试提出"线段理论"来解决意思联络的范围的问题，为结果加重犯共同犯罪的成立设定规则。

二、传统讨论的梳理：以过失共同正犯为中心

如果承认过失的共同犯罪，那么就应当承认结果加重犯的共同犯罪，这是思考结果加重犯共犯问题的传统思路。过失共同犯罪应分为两个方面理解：一是过失共同正犯的成立问题，二是过失狭义共犯的成立问题。教唆犯和帮助犯这种狭义共犯对于犯罪加功的程度低于实行犯，所以对过失共同正犯的讨论应当从正犯问题切入，只有过失共同正犯确定能够成立，才有讨论过失狭义共犯的必要。而对于过失共同正犯问题，学界尚未达成一致见解，这个问题的关键就在于行为人之间的意思联络如何判断。对此问题，犯罪共同说和行为共同说给出的答案未必一致。以下从犯罪共同说和行为共同说两方面对这个问题进行梳理。

---

[1] 德国学者厄勒在讨论结果加重犯的狭义共犯时，列出了这样一组供讨论的模型：行为人 C 只实施了基本犯罪，行为人 D 以狭义共犯的形式参与了行为人 C 的基本犯罪，但是由于行为人 D 的过失引发了加重结果。对于这种类型，厄勒认为 C 非结果加重犯，而 D 单独成立结果加重犯。并且由于 D 在基本犯罪当中属于从犯，故应当减轻处罚。参见 Oehler, Das erfolgsqualizierte Delikt und Die Teilnahme an ihm, GS1954, 37。转引自蔡蕙芳：《结果加重犯之共犯问题》，载《月旦法学杂志》第 118 期(2005 年)，第 23 ~ 25 页。对于这种结果加重犯的狭义共犯的讨论，笔者认为可将其按照本书表 5 – 1 所列的类型 5 来处理，其与类型 5 的区别就在于，行为人 D 不是基本犯罪的实行犯，而是基本犯罪的教唆犯或者帮助犯。如果根据单一的共犯体系，那么厄勒的模型和表 5 – 1 所举的类型 5 是一致的；如果按照二元的共犯体系，区分实行犯和狭义共犯，本书同样认为，无论 C 是直接参与实行，还是提供了教唆和帮助，都是参与了基本犯罪，这一点不能否认，故对此案例的讨论方式将与本书表 5 – 1 所列的类型 5 一致，不做另外讨论。并且，本书的结论也与上述学者观点不一致，留待后文展开。

(一)过失共同正犯能否成立

1. 行为共同说

行为共同说认为,犯罪的本质是人性恶性的表现,所以不仅仅是数人共犯一罪是共同犯罪,凡是二人以上有共同行为,共同表现其恶性的,皆为共同犯罪,简言之,将共同犯罪理解为"数人数罪"。行为共同说是客观的学说。相对于犯罪共同说,行为共同说成立共犯的标准宽泛,只需要具备两个条件:(1)行为人有两名以上;(2)共同实施了实行行为。行为共同说的代表有德国学者布黎,日本学者木村龟二、佐伯仁志、山口厚、西田典之、山中敬一、前田雅英。

行为共同说全面肯定共同正犯。该说认为,共同正犯的意思联络只需要在行为的共同基础上即可,只需要有实施自然行为的共同意思,不需要有对结果的共同意思,也就是共同的故意。共同犯罪的行为人之间只要具有意思联络,哪怕是过失犯与过失犯之间,或者故意犯与过失犯之间,都可以成立共同正犯。[1] 日本学者中山研一、宫本英修、牧野英一[2]持这一观点。我国学者也有站在行为共同说立场肯定过失共同正犯成立可能性的。张明楷教授即认为成立过失共同正犯具有合理性。[3]

2. 犯罪共同说

犯罪共同说认为,犯罪的本质在于行为对法益的损害,而共同犯罪指的是两人以上对同一法益的损害,故共同犯罪的本质在于犯罪的共同。换言之,将共同犯罪理解为"数人一罪"。犯罪共同说是从主观出发的学说,强调二人具备共同的犯罪意思。那么根据犯罪共同说对共同犯罪成立条件的限定,共同犯罪必须具备以下三个条件才能成立:(1)二名以上具有刑事责任能力的人;(2)共犯人必须实施同一犯罪,具有共同的犯罪行为;(3)具有共同的犯罪意思。德国刑法学者毕克迈耶,日本学者团藤重光、大塚仁、大谷

---

〔1〕 木村亀二『全訂新刑法読本』(法文社,1967 年)266 頁参照。

〔2〕 内海朋子『過失共同正犯について』(成文堂,2013 年)73 頁参照。

〔3〕 参见张明楷:《刑法学》(第 5 版),法律出版社 2016 年版,第 399 ~400 页。

实、佐久间修持这一见解。

有学者基于犯罪共同说中的立场肯定过失共同正犯的理论，这里需要注意的问题是，行为共同说与犯罪共同说，在过失共同犯罪能否成立的问题上也许会得出同样的结论，不应该过于表面化地处理行为共同说与犯罪共同说之间的差异与对立。[1] 该理论的根基在于共同义务的共同违反，具体来说，二人以上共同实施了可能引发严重危险结果的行为，因此，其都具有防止结果发生的结果回避义务。当能够预见危险发生时，各个共同行为之间就存在互相补充和利用的关系，行为人就具有了共同回避结果发生的共同注意义务。对于过失犯的数个行为人，他们不仅具有采取措施防止自己的行为直接导致发生加重结果的义务，也具有防止共同行为人的行为导致加重结果的义务，即应当具有提示、监督合作者的行为的义务。[2] 由此可见，共同注意义务来源于行为人共同实施了高度危险的行为，而共同注意义务的内容，不仅包括防止自己的行为引发构成要件的结果，还包括防止共同行为人的行为引发构成要件的结果。[3] 也有学者基于犯罪共同说的立场认为，只要共同实施构成要件的行为具有通常意义的意思联络即可，对于意思的联络不必局限于必须是特定犯罪故意的联络，而过失的共同正犯符合这一条件。从犯罪共同说肯定过失共同正犯的学者有福田平[4]、藤木英雄、大塚仁、大场茂马[5]。

犯罪共同说中否认共同过失正犯的观点，立足于共同意思主体说，认为只有具有犯罪故意才能将数人的共同行为连接为共同犯罪的整体。[6] 由于过失犯罪行为不可能具有行为决意，数行为人之间也难以形成共同的行为

---

〔1〕 榎本桃也『結果加重犯の再検討』(成文堂,2011年)248頁参照。

〔2〕 参见陈家林:《外国刑法通论》,中国人民公安大学出版社2009年版,第557页。

〔3〕 参见[日]山口厚:《刑法总论》,付立庆译,中国人民大学出版社2011年版,第363~364页。

〔4〕 福田平『全訂刑法総論』(有斐閣,2004年)270頁参照。

〔5〕 大場茂馬『刑法総論』(信山社,1994年)1047頁参照。

〔6〕 団藤重光『刑法綱要総論』(創文社,1990年)390頁参照。

决意,欠缺共同的实现意欲,故无成立共同正犯的余地。两个以上的行为人以个别的过失行为,而同时同地,共同或单独破坏同一个法益,构成过失的平行正犯,[1]也被称为同时犯。这种同时犯罕见于故意犯罪,在过失犯罪中时有出现,这其实是一种日常现象,这种程度的"共同性",并不值得刑法评价,也就不存在共同正犯问题。[2]

从犯罪共同说否定过失共同正犯的学者有泷川幸辰、齐藤金作、团藤重光。这也是目前德国刑法理论的通说,将过失的共同犯罪作为同时犯,也就不存在彼此归责的问题。[3]

3. 本书观点:过失共同正犯在我国刑法体系中不宜成立

我国《刑法》第 25 条第 2 款明确规定,二人以上共同过失犯罪,不以共同犯罪论处;应当负刑事责任的,按照他们所犯的罪分别处罚。法条中明文规定不成立过失共同犯罪。因而我国学界通说反对过失共同正犯成立,"构成共同犯罪必须二人以上具有共同的犯罪故意"。[4]

但是有学者提出肯定过失共同正犯的观点。理由在于:第一,共同过失犯罪是作为客观存在的犯罪现象,是现实存在,不能被《刑法》的规定局限,法条没有规定过失共同犯罪,是立法的缺陷,应当通过理论的研究改善这种现象。[5] 第二,不承认过失共同正犯无法解决司法实践中的具体问题,例如生产作业中的责任事故、职务业务活动中的责任事故,如果不按照共同过失

[1] 参见林山田:《刑法通论》(下册)(第 10 版),北京大学出版社 2012 年版,第 126 页。

[2] 参见[德]汉斯·海因里希·耶赛克、[德]托马斯·魏根特:《德国刑法教科书》,徐久生译,中国法制出版社 2001 年版,第 823 页。

[3] 参见[德]汉斯·海因里希·耶赛克、[德]托马斯·魏根特:《德国刑法教科书》,徐久生译,中国法制出版社 2001 年版,第 819 页。

[4] 高铭暄、马克昌主编:《刑法学》(第 9 版),北京大学出版社、高等教育出版社 2019 年版,第 162 页。

[5] 参见童德华:《共同过失犯初论》,载《法律科学(西北政法学院学报)》2002 年第 2 期,第 54 页;林亚刚:《论共同过失正犯及刑事责任的实现(上)》,载《江西公安专科学校学报》2001 年第 2 期,第 15 页。

犯罪认定,将不能准确定性。[1] 又如在类似于枪法比赛的场合,甲和乙同时向丙射击,如果客观上无法分辨是谁的子弹射中了丙,无法分别按照过失定罪,则只有认定共同过失犯罪才能正确评价二者行为。[2] 第三,我国《刑法》第25条并没有否认过失共同犯罪,有学者主张区别"过失共同犯罪"和"共同过失犯罪",[3]我国《刑法》否定的只是共同过失犯罪,而非过失共同犯罪。也有学者认为《刑法》第25条第1款规定的共同犯罪仅仅指狭义共犯,只是否认了过失的教唆犯和帮助犯,而第2款说明对过失共同犯罪采用单一正犯体系,均按照正犯处罚。[4]

笔者反对上述观点,认为过失共同正犯在我国的刑法体系内不宜成立。理由如下:

第一,我国《刑法》已经明确否认过失共同正犯。《刑法》第25条规定,对于共同过失的犯罪应当分别定罪处罚。这实际上是将行为人的共同过失行为按照同时犯分别予以处罚。日本刑法学之所以肯定过失共同正犯,是因为其刑法总则关于共犯的规定并未排斥过失共同正犯。《日本刑法典》第60条规定,二人以上共同实行犯罪的,都是正犯。这样的规范为成立过失共同犯罪留有可能性,然而我国的刑法规范并没有成立过失共同犯罪的余地,张明楷教授曾正确指出"因为没有'学者之意高出法律之意'的道理,意欲一部法律绝对明确、绝无疏漏、绝无争议,只不过是幻想而已。既然如此,与其

〔1〕 参见高慧:《一起过失致人重伤案引发的思考》,载《中国刑事法杂志》2011年第2期,第89页;侯国云:《过失犯罪论》,人民出版社1993年版,第164页。

〔2〕 参见张明楷:《刑法学》(第5版),法律出版社2016年版,第400页。

〔3〕 冯军教授认为,我国《刑法》第25条否定的是共同过失犯罪,而不是过失共同犯罪。"过失共同犯罪"是指二人以上负有防止结果发生的共同注意义务,由于全体行为人共同的不注意,以致发生结果的一种共同犯罪形态,且这种犯罪形态仅限于过失共同正犯;"共同过失犯罪"是指二人以上的过失行为共同造成了一个结果,但是各行为人之间不存在共同注意义务和违反共同注意义务的心情。参见冯军:《论过失共同犯罪》,载高铭暄等:《西原春夫先生古稀祝贺论文集》,法律出版社、成文堂1997年版,第165页。

〔4〕 参见张明楷:《刑法学》(第5版),法律出版社2016年版,第400页。

动辄批判刑法,不如反复解释刑法”。[1] 所以,当刑法明确规定二人以上共同过失犯罪,不以共同犯罪认定时,对于这种犯罪现象就应该用其他途径来解释。

第二,我国学者所主张的区别“过失共同犯罪”和“共同过失犯罪”的措辞,区分标准是数行为人是否具有共同注意义务或者共同注意心情。笔者认为是否具有共同注意义务的判断过于主观,是可灵活掌握的标准,无法对过失共同犯罪和共同过失犯罪予以区分,并且更重要的是,我国《刑法》规范中的习惯就是采取“共同故意犯罪”或者“共同过失犯罪”的措辞,即便采用“故意共同犯罪”或者“过失共同犯罪”,“故意”“过失”“共同”均为“犯罪”的定语,定语之间排列顺序的不同不能影响整体含义,因而这种对“过失共同犯罪”和“共同过失犯罪”措辞的区分,不符合语言习惯。

第三,司法实践中否认过失共同犯罪,不会影响公正审理。肯定说的学者举例,枪法比赛案之中,甲和乙同时向丙射击,如果不能确认每个行为人与加重结果之间的因果关系,那么就无法对甲和乙追责。[2] 对此笔者认为,既然法条已经明文否定过失共同犯罪,那么对这种犯罪现象或者是按照同时犯处理,或者不作为犯罪处理。过失犯罪的主观罪责相较于故意犯罪要轻微,过失犯罪中必须确认各个行为人的行为与侵害结果之间的因果关联,才可以对行为人发动刑罚。例如,在枪法比赛案中,能够确认的是被害人的死与行为人的枪法比赛有因果关系,并且甲和乙在主观上对于危害后果的发生都具有预见可能性,那么此时对二者以过失致人死亡罪分别定罪处罚,并不会出现处罚不公、轻纵犯罪的问题。当然如果在其他情形下,无法证明数行为人的行为与结果之间的关系,那么就按照无罪处理。只要遵循立法的刑事政策选择,自然不会存在定性不准的问题。

第四,犯罪共同说能够更好地解释共同犯罪的共同性。这种共同是行

---

〔1〕 张明楷:《刑法的基本立场》,中国法制出版社2002年版,第2页。

〔2〕 参见张明楷:《刑法学》(第5版),法律出版社2016年版,第400页。

为构成要件上的共同,而不是自然行为之间的共同;是规范的共同,而不只是事实的共同。正如有学者所言,如果行为人缺乏对共同犯罪的认识,就不具有共犯所要求的内在一致性,[1]这是不符合定罪的主客观相统一原则的,因而在立场上笔者是赞同犯罪共同说的。而对于共同过失犯罪,由于各个行为人之间没有共同的犯罪故意,没有共同的意欲,即便其行为共同造成了结果,仍然应该对行为人分别定罪,这就是共同过失犯罪的分别定罪原则。在这样的思路下,一方故意犯罪而另一方过失犯罪的,自然也不能成立共同犯罪,并且在教唆、帮助、组织犯罪时也只能是故意而为之,[2]这样的结论在体系上是正确的。

故本书认为,过失共同正犯在我国刑法体系中不宜成立。

(二)过失共同正犯与结果加重犯共犯的关系

过失共同犯罪与结果加重犯共同犯罪具有关联性。依据是否认同过失共同正犯,以及是否认同结果加重犯能够成立共同犯罪,可以将观点归类为以下四种:一是承认过失共同正犯,肯定结果加重犯的共同犯罪;二是承认过失共同正犯,否定结果加重犯的共同犯罪;三是否认过失共同正犯,肯定结果加重犯的共同犯罪;四是否认过失共同正犯,否定结果加重犯的共同犯罪。接下来就对这四种观点予以介绍。

1. 肯定过失共同正犯,进而肯定结果加重犯的共犯

持行为共同说的学者都肯定过失共同正犯,持犯罪共同说的学者也经历了从严格犯罪共同说到部分犯罪共同说的转变,肯定过失共同正犯的同时也肯定了结果加重犯的共同犯罪。[3] 日本司法实务中,判例的观点是承认结果加重犯的共同正犯能够成立,当两名(或两名以上)被告人共同故意

---

〔1〕 参见马克昌:《比较刑法原理——外国刑法学总论》,武汉大学出版社2002年版,第591页。

〔2〕 参见陈兴良:《规范刑法学》(第4版),中国人民大学出版社2017年版,第225页。

〔3〕 参见[日]西田典之:《日本刑法总论》,刘明祥、王昭武译,中国人民大学出版社2007年版,第316页。

实施基本行为,其中任何人的行为引发加重结果的发生,其他共同行为人都要一并承担结果加重犯的责任。日本的学说上,也是支持结果加重犯成立共犯的,例如,持行为共同说的山口厚、〔1〕大塚仁、〔2〕内田文昭、〔3〕木村龟二〔4〕认为过失共同正犯问题与结果加重犯的共同正犯问题并无关系。结果加重犯的基本行为是故意犯,在故意的基本犯部分可以肯定共同犯罪,这毫无疑问,那么对于过失地引发加重结果的行为,只要肯定过失共同正犯的概念,也就可以肯定结果加重犯成立共同正犯。并且,西田典之认为,过失共同正犯概念不能轻易扩张,但是在结果加重犯的共犯场合,这种肯定限定在特定范围内,并不具有扩张的危险,因而应予以认可。〔5〕

德国刑法判例上罕有支持过失共同正犯和结果加重犯共同犯罪的,但是对于本来就肯定过失犯共同犯罪的学者,承认结果加重犯成立共同正犯是自然而然的结论。〔6〕 我国也有学者明确支持成立过失的共同犯罪,进而肯定结果加重犯的共犯。〔7〕

2. 肯定过失共同正犯,但是否定结果加重犯的共犯

也有学者从行为共同说的立场出发,虽然承认过失共同正犯,但是仍然不承认结果加重犯的共同犯罪。例如日本学者西村克彦认为,结果加重犯属于修正的构成要件,对这种修正的构成要件的把握和认识应当从整体上

---

〔1〕 参见[日]山口厚:《刑法总论》,付立庆译,中国人民大学出版社 2011 年版,第 364 页。

〔2〕 参见[日]大塚仁:《刑法概说(总论)》(第 3 版),冯军译,中国人民大学出版社 2003 年版,第 292 页;[日]大塚仁:《犯罪论的基本问题》,冯军译,中国政法大学出版社 1993 年版,第 164 页。

〔3〕 参见[日]内田文昭:『過失と共犯』,北海道大学 1963 年博士学位论文。另外,佐伯千仞、团藤重光也持相同观点。榎本桃也『結果加重犯の再検討』(成文堂,2011 年)266 頁注释 100 参照。

〔4〕 木村龟二『刑法総論』(有斐閣,1978 年)405 頁参照。

〔5〕 参见[日]西田典之:《日本刑法总论》,刘明祥、王昭武译,中国人民大学出版社 2007 年版,第 317 页。

〔6〕 参见[德]克劳斯·罗克辛:《德国刑法学总论(第 2 卷):犯罪行为的特别表现形式》(2003 年版),王世洲主译与校订,法律出版社 2013 年版,第 62、73 页。

〔7〕 参见张明楷:《刑法学》(第 5 版),法律出版社 2016 年版,第 400 页;王东明:《结果加重犯与过失共同犯罪关系论》,载《求索》2011 年第 8 期,第 153 页。

进行。结果加重犯的评价核心在于基本犯罪,然而对于加重结果,行为人之间不存在意思联络和实行分担,作为后发事实的加重结果,显然不会产生共同犯罪的共犯故意。

所以,结果加重犯不存在共同正犯和狭义共犯的问题。[1] 日本学者宫本英修、[2]牧野英一[3]也是以共犯独立性说和行为共同说作为适用前提,不承认结果加重犯能够成立共同正犯。

3. 否认过失共同正犯,但是肯定结果加重犯的共犯

反对普通过失犯成立共同正犯的论者也多数认为结果加重犯可以成立共同正犯。这是因为行为人实施了危险的基本行为,因而对于加重结果的发生就具有了注意义务。例如大谷实教授认为,结果加重犯的基本犯罪蕴含了发生某种加重结果的危险,因而共同实施基本行为的行为人,对于加重结果具有共同的预见可能性,因此行为人均具有回避加重结果发生的义务。当部分共同实施基本犯罪的行为人,因过失而导致了加重结果,其他人因具有避免发生加重结果的注意义务,故能够成立结果加重犯的共同犯罪。[4] 也有学者从共同意思主体说出发认为,共同意思主体的活动,对于全部共同行为者,是整体的犯罪行为,因此结果加重犯的全体行为人需要对加重结果负责。[5] 客观归责理论似乎也能够为此观点提供支持,即便持过失共同正犯的否定论,当基本行为具有实现加重结果的风险,那么行为与加重结果之间就具有了客观归责关系,那么也应当成立结果加重犯的共犯。[6] 持相同

---

[1] 西村克彦「结果加重犯论的反省」西村克彦編『解罪说法集』(判例時報社,1980年)195頁参照。

[2] 宫本英脩『刑法学枠』(弘文堂,1931年)402頁参照。

[3] 牧野英一『日本刑法上卷』(有斐閣,1937年)478頁参照。

[4] 大谷実『刑法総論講義』(成文堂,2009年)421頁参照;佐久間修『刑法総論』(成文堂,2009年)373頁参照。尽管如此,认为只要参与了基本犯罪,对于加重结果就具有了预见可能性和认识可能性,是不妥当的。着眼于结果加重犯的特性而承认共同正犯的是山本光英。山本光英「結果的加重犯の共同正犯」川端博=椎橋隆幸=甲斐克則編『立石二六先生古稀祝賀論文集』(成文堂,2010年)487頁以下参照。

[5] 齊藤金作『共犯判例と共犯立法』(有斐閣,1959年)117頁参照。

[6] 高橋則夫『刑法総論』(成文堂,2010年)440頁参照。

结论的还有西田典之、团藤重光、[1]庄子邦雄、平野龙一。[2]

4. 否认过失共同正犯,也否认结果加重犯的共犯

如果否定过失共同正犯,并且认为结果加重犯只能由"故意+过失"的形态构成,则会对结果加重犯的共犯进行全盘否认。有学者认为,结果加重犯是过失犯,过失犯不能成立共同犯罪,进而否认结果加重犯的共犯。[3] 也有学者认为,对于加重结果的实行行为,共同犯罪人之间不存在意思联络,在加重结果这一后续事实之中,不包含共同的犯罪故意,因此共同犯罪人只能在基本犯罪的限度内成立共同犯罪,直接引发结果的人单独认定为结果加重犯,其余的人只成立基本犯罪。[4]

而如果认为结果加重犯的加重结果的罪责既可以由故意构成也可以由过失构成,则对于不纯正的结果加重犯的"故意+故意"类型,可以认定成立结果加重犯的共犯。[5]

德国否定说的代表人物格赛尔首先从刑法规范的角度否认了共同过失犯罪。他认为根据《德国刑法典》第26条规定,故意教唆他人故意从事违法行为,为教唆犯。《德国刑法典》第27条规定,故意对他人之故意违法行为提供帮助,为帮助犯。这些规定表示了共犯是以故意犯罪为前提的,在因过失造成的结果上行为人们不能成立共犯关系。所以,"故意+过失"这种类型的结果加重犯,是过失犯罪,不能成立共犯。只有"故意+

---

〔1〕团藤重光『刑法綱要総論』(創文社,1990年)402頁参照。

〔2〕参见[日]大塚仁:《刑法概说(总论)》(第3版),冯军译,中国人民大学出版社2003年版,第295页。

〔3〕参见林山田:《刑法通论》(下册)(第10版),北京大学出版社2012年版,第130页;Karl Heinz Gössel, Dogmatissche Überlegungen zur Teilnahme am erfolgsqualifizierten Delikt nach § 18 StGB, Festschrift für Richard Lange zum 70. Geburtstag, 1976, S. 238f。转引自井田良「結果加重犯の共犯についての解釈論の考察」日本法学研究55巻4号(1982年)87頁以下。

〔4〕西村克彦「结果加重犯论的反省」西村克彦編『解罪说法集』(判例時報社,1980年)195頁参照。

〔5〕参见余振华:《刑法深思·深思刑法》,台北,元照出版有限公司2005年版,第272~273页;李邦友:《结果加重犯基本理论研究》,武汉大学出版社2001年版,第172页。

故意”这种形态的结果加重犯才能成立共同犯罪。[1] 格赛尔从刑法规范中没有过失共犯存在空间的角度，否定了过失共同正犯。香川达夫立足于犯罪共同说，对过失共同犯罪的成立持否定意见，并认为结果加重犯共同犯罪的成立归根结底只能限定于基本犯，对于加重结果只能分别考察各参与人是否具有过失，进而判断其是否应对结果承担责任。[2] 曾根威彦立足于共同意思主体说，认为“一部实行全部责任法理”对于超越认识的加重结果能否适用，存在疑问，因此结果加重犯不能够成立共同正犯。[3] 我国亦有学者从共同意思主体说出发，认为两个以上的行为人，必须处于共同的行为决意而共同参与犯罪，才能成立共同正犯。过失行为中不具有实现结果的意欲，不存在行为决意，也不可能由两个以上的过失行为人形成共同的行为决意，故无成立共同正犯的余地。因此对于“故意 + 过失”类型的结果加重犯不能成立共犯，而对于“故意 + 故意”类型的结果加重犯，全部行为人都要对加重结果负责，成立结果加重犯的共同犯罪。[4]

5. 本书观点：过失共同正犯与结果加重犯的共犯无连带关系

笔者认为，过失共同正犯与结果加重犯的共犯并无连带关系。第一，如上文所举，过失共同犯罪与结果加重犯的共犯有四种组合关系，即便认可过失共同犯罪，也有可能否认结果加重犯的共犯，即便不承认过失共同犯罪，也有可能承认结果加重犯的共犯，因而过失共同正犯与结果加重犯的共犯成立与否并无连带关系。第二，传统思路是将结果加重犯与过失共同犯罪能否成立予以“连带”考察，这个观点是从结果加重犯本质论中“复合形态说”出发，将结果加重犯拆分为“故意 + 过失”的结合体，需要行为人在基本

---

〔1〕 参见 Gössel, Dogmatische Überlegungen zur Teilnahme am Erfolgsqualifizierten Delikt nach §18 StGB, Lange-Fest-schrift, S. 237, 239。转引自蔡蕙芳：《结果加重犯之共犯问题》，载《月旦法学杂志》第 118 期（2005 年），第 19 页。

〔2〕 香川達夫『結果的加重犯の本質』（慶応通信，1978 年）130 ~ 135 頁参照。

〔3〕 曾根威彦『刑法総論』（弘文堂，2008 年）256 ~ 258 頁参照。

〔4〕 参见陈家林：《共同正犯研究》，武汉大学出版社 2004 年版，第 225 页。

犯和加重结果两个部分均构成结果加重犯才能认定成立共同犯罪,在加重结果的部分,是否成立共犯,直接受到共同过失犯罪理论的影响。显然,复合形态说不能够准确揭示结果加重犯的本质。德国学者厄勒指出,过失犯能否成立共同正犯与结果加重犯能否成立共犯是两个不同的问题。在纯正的结果加重犯的场合,即"故意+过失"的情形下,正犯最先实施的是故意犯罪行为,这使得它与过失犯的共同正犯有所区别,基本行为中的共同正犯关系延伸到共同过失引起的加重结果上,所有的基本行为的共同正犯对加重结果负同等责任,不需要新的行为出现,因而不成立过失犯的同时犯。[1] 厄勒教授的观点更加接近危险性理论。运用危险性理论能够更好理解结果加重犯的共同犯罪问题。对此的论述将在下面展开。

三、从危险性理论看结果加重犯的共犯

(一)向危险性理论的回归

传统视角将过失共同犯罪与结果加重犯并列为同一问题予以讨论,是将结果加重犯作为复合形态犯罪,没有正确认识结果加重犯的本质。相比这种从复合形态说出发的观点,早期德国刑法理论界将结果加重犯作为单一形态来理解,将加重结果视为客观处罚条件,无需行为人对加重结果有任何认识,这样一来,自然肯定结果加重犯的共同正犯。日本的判例也体现这样一种观点,例如有关于暴行的共同实行的意思,即使缺乏关于作为其结果的伤害或者致死的认识,也成立伤害罪或者伤害致死罪的共同正犯,由强盗共犯者一人的暴行使被害人负伤时,全体共犯人成立强盗致伤罪。[2]

从复合形态说角度考察结果加重犯共犯的尝试,相对于上述的单一形

〔1〕 参见 Vgl. Oehler, Das erfolgsqualifizierte Delikt und Die Teilnahme an ihm, GS1954, 37。转引自蔡惠芳:《结果加重犯之共犯问题》,载《月旦法学杂志》第 118 期(2005 年),第 23 页。

〔2〕 参见[日]大塚仁:《刑法概说(总论)》(第 3 版),冯军译,中国人民大学出版社 2003 年版,第 334 页。

态说立场要更为进步,至少复合形态说要求行为人对加重结果应当具有过失以上的罪责,这符合当代责任主义的要求。但是复合形态说中关于过失共同犯罪的不同观点,会导致结果加重犯共犯的肯定说和否定说,这些观点都是把结果加重犯作为一种过失犯来把握,这本身就是有疑问的,这些立场都否认了结果加重犯的一罪性质。同时,复合形态说的“过失犯”部分,无法肯定其共同的意欲,想在存在论层面为结果加重犯成立共同正犯寻找现实依托是很艰难的。

最为契合结果加重犯本质的是危险性理论,危险性理论的核心即在于,加重结果是由基本行为所蕴含的类型性风险引发的,如果基本行为不蕴含类型性风险,那么即便基本行为引发了加重结果,也并非因基本行为蕴含了高概率地引发加重结果的风险,而是因为其他因素,这种情况下就不能把加重结果归责于基本行为。故而,结果加重犯的共同犯罪问题,并不是基本犯罪的共犯和加重结果共犯的简单相加。结果加重犯是单一罪名,是单一的犯罪构成,不是二罪的复合,考察结果加重犯的共同犯罪问题,应当考察数行为人是否共同创设了类型性风险。

根据本书所创设的考察结果加重犯成立的规则,在客观层面采取限制的条件说,在主观层面采取过失说,之后用“全等审查阶层”来考察客观与主观是否统一,进而排除因果流程偏离的情形。这些下位规则的创建使得结果加重犯的归责有所依托,笔者认为对结果加重犯共同犯罪的考察也应当遵循从客观到主观且主客观相统一的考察思路。具体展开探讨之前,需要明确三点内容。

1. 讨论思路的厘清

行为人共同实行基本犯罪,其中部分人的行为导致了加重结果的发生,在确定条件关系存在的前提下,我们需要确定的是数行为人是否具有共同的实行行为,对于未具体参与导致加重结果行为的行为人如何确定其实行行为性。这里需要借助先前行为理论,既要解释对非实行者进行结果归责的原因,也要明确归责的标准。在主观方面,根据责任主义的要求,行为人对加重结果至少具有过失的心理罪责，以此为前提进一步探讨以何标准确定行为人对加重结果具有过失，以及在我国《刑法》明确否认过失共同犯罪的前提下，成立结果加重犯共同犯罪的主观罪责基础是什么。

2. 讨论类型的设定

在本章开篇“问题的提出”部分，笔者列出了结果加重犯共同犯罪可能存在的讨论范围(见表5－1)。表5－1中列出的14个组合，包含了所有结果加重犯共同犯罪可能发生的类型，然而这些类型并不一定都具有讨论必要，应对这个范围予以缩小，以便切中问题的要害。第一，本书认为结果加重犯的本质在于基本行为创设的类型性危险，所以结果加重犯的核心在于考察基本行为，那么结果加重犯的共同犯罪至少是行为人共同参与了基本行为，否则仅仅在加重结果部分以故意或者过失的形式参与进来，仅仅就加重结果部分成立共同犯罪或者单独犯罪，不能认定为结果加重犯的共同犯罪。因此需要排除的类型是第6组、第8组、第14组。第二，根据我国通说，只有故意才能构成共同犯罪，故意和过失之间因为缺少意思联络可能性，不能构成共同犯罪，因而需要排除第3组、第4组、第7组。排除后还剩下8组，见表5－2。

表5－2　限缩的结果加重犯共同犯罪的讨论类型

行为人	参与程度	类型	基本行为罪责	加重结果罪责
A	全程实行正犯	—	故意	故意、过失
B	全程实行犯	1	故意(实行)	过失(实行)
		2	故意(实行)	故意(实行)
	半程实行犯	5	故意(实行)	—
	全程狭义共犯	9	故意(教唆、帮助)	故意(教唆、帮助)
	全程广义共犯	10	故意(教唆、帮助)	过失(实行)
		11	故意(教唆、帮助)	故意(实行)
		12	故意(实行)	故意(教唆、帮助)
	半程狭义共犯	13	故意(教唆、帮助)	—

采取“举轻以明重”的讨论逻辑,第5组半程实行犯,行为人B只在基本行为部分参与了实行,对于加重结果主观上没有预见,客观上并未参与实施,而第1组、第2组、第12组中的行为人B对于加重结果均有具体加功,相比之下第5组中的行为人B犯罪参与程度更为轻微。同理,相对于第9组、第10组、第11组中的行为人B,第13组中的行为人B只参与了基本犯罪,其犯罪参与程度也最为轻微。故本书拟以第5组和第13组为例,分别讨论行为人B作为基本犯罪的共同正犯,或者作为基本犯罪的狭义共犯,在行为人A的行为引发加重结果的情况下,尽管行为人B未参与加重结果的具体引发,但能否对他进行结果加重犯共同犯罪的归责。如果得出了肯定结论,那么上述8组组合形态均能够成立结果加重犯的共同犯罪。

3. 讨论标准的选择

这里指的是对共犯参与体系的选择。共犯参与体系根据是否在构成要件部分区分实行犯和教唆犯、帮助犯,分为单一制的共犯体系和区分制的共犯体系。从我国《刑法》规定上来看,第26条规定主犯,第27条规定从犯,第28条规定胁从犯,第29条规定教唆犯,这是以作用为主兼顾分工对犯罪人进行的分类,可见我国的共犯参与体系是区分制,而非单一制。[1] 然而对于结果加重犯共同犯罪的讨论,讨论类型已经限缩到表5-2中的第5组和第13组,行为人以实行犯的形式或者参与犯的形式参与到基本行为中,对于加重结果的引发均没有具体的加功行为,在此种情况下,讨论的核心问题就在于,参与到基本行为当中,对于加重结果并没有具体参与,是否以共犯的形式对加重结果负责。尽管笔者赞同区分制的共犯体系,但是在本书讨论

---

〔1〕 关于共犯体系的争论颇多,我国主流观点是区分制,例如张明楷:《刑法学》(第5版),法律出版社2016年版,第390页;陈家林:《共同犯罪研究》,武汉大学出版社2004年版,第1~5页;叶良芳:《实行犯研究》,浙江大学出版社2008年版,第29~35页。我国少数观点支持单一制,例如刘明祥:《“被教唆的人没有犯被教唆的罪”之解释》,载《法学研究》2011年第1期;江溯:《犯罪参与体系研究——以单一正犯体系为视角》,中国人民公安大学出版社2010年版,第1页。

的这一部分,讨论的核心问题是对于参与了基本犯罪的行为人,该以何种标准评价其是否构成结果加重犯的共同犯罪。而实行犯与教唆犯、帮助犯只是作用之分,是参与程度的轻重之分,对于从客观方面和主观方面的讨论并无实质差别,故下文在探讨行为人 B 和行为人 A 的基本行为的参与方式时,不做刻意的区分,仅在具体案例中予以分别讨论。

(二)以先前行为理论限制义务来源

当行为人 A 与行为人 B 共同实行了基本行为,或者行为人 B 仅仅参与了行为人 A 的基本行为,而产生加重结果,行为人 B 应否为加重结果承担责任,同行为人 A 一并构成结果加重犯的共同犯罪,其客观方面应如何确定为共同犯罪行为,就是需要探讨的问题。

单一形态说认为只要参与了基本行为,发生了加重结果,就应当认定成立共同犯罪,这是把加重结果作为客观处罚条件,违背责任主义原则。复合形态说将结果加重犯理解为故意与故意(过失)的拼接形态,那么在上述情形之下,如果不承认行为人 B 对加重结果具有过失,或者不承认过失共同犯罪,是不能说明行为人 B 与行为人 A 构成共同犯罪的。然而关于如何判断行为人 B 对加重结果具有过失,复合形态说分裂地看待基本行为和加重结果,对于行为人的预见可能性来源无法给出合理解释,并且在犯罪共同说的立场上不承认过失共同犯罪,因此难以判断行为人 B 成立结果加重犯的共同犯罪。故从复合形态说立场难以说明行为人 B 参与结果加重犯的共同行为所在。

根据危险性理论,行为人 B 参与了基本犯罪,只要其与行为人 A 共同实施了具有发生类型性危险的基本行为,即便对于加重结果,行为人 B 没有具体作为,但只要行为人 B 具有过失,就可以认定其构成结果加重犯的共犯。而对于共同客观犯罪的行为基础,危险性理论的学者观点可大致分为两类:第一类是要求行为人 B 和行为人 A 共同实施蕴含高度危险性的基本行为。例如大塚仁认为,客观上共同犯罪的行为基础在于,结果加重犯的基本犯罪是现代社会严重损害法益的犯罪,并且基本犯罪具有引发加重结果的高度危险性。[1] 佐久间修指出,对于基本犯罪的教唆犯和帮助犯,如果预见加重结果的发生,正犯实现了包含在基本犯范围内的危险,那么就肯定是结果加重犯的从属共犯。[2] 第二类是无论共同实行的基本行为是否具有引发加重结果的高度类型性危险,只要默认加重结果发生的,就应当认定为违反了客观注意义务。例如丸山雅夫认为,无论基本行为是否蕴含固有危险,只要发生了加重结果,就是共同犯罪。[3] 桥本正博认为,只要共犯者实施了教唆或帮助,就应当负过失的刑事责任。[4] 对于上述是否共同实施具有类型性危险基本行为的争论,笔者认同第一类观点。因为根据危险性理论,结果加重犯的本质就在于行为人实施了具有引发严重后果危险的基本行为。行为人并没有共同实施具有高度危险的基本行为,但是其中部分行为人的行为却引发了加重结果,那么应当以基本犯罪的共犯和某个人的过失犯罪来处置。例如,甲和乙共同实施伤害丙的行为,二人约定用木棒殴打丙的臀部,但是丙具有特殊体质,其患有的血管瘤因臀部被殴打而暴发,从而导致丙失血死亡,在这样的情况下,甲和乙的行为并不具有造成被害人死亡的类型性危险,因而对于丙的死亡结果,甲和乙应该按照过失致人死亡和故意伤害罪的竞合来处理,不能认定为结果加重犯。这样的结论和本书先前倡导的限制的条件说也是一致的,以客观上因果关系的条件说也能限制一部分结果加重犯的共同犯罪的成立。

通过以上讨论,我们认为,成立结果加重犯的共同犯罪,需要行为人共同实施具有类型性危险的基本犯罪行为。接下来需要明确的问题是,在并

---

〔1〕 参见[日]大塚仁:《犯罪论的基本问题》,冯军译,中国人民公安大学出版社1993年版,第254~255页。

〔2〕 佐久間修『刑法総論』(成文堂,2009年)398頁参照。

〔3〕 丸山雅夫『結果的加重犯論』(成文堂,1990年)230頁参照。

〔4〕 橋本正博「结果加重犯之共犯」阿部純二等编『刑法基本講座(第4卷)』(日本法学書院,1992年)160頁参照。

未对加重结果具体加功的情形下,为何要将加重结果归责于行为人。在本书的第5组和第13组讨论类型中,行为人A实施了基本行为并引发加重结果,而行为人B在客观上只是共同实行了基本行为,或者对行为人A的基本行为予以了教唆或者帮助,对行为人A引发的加重结果并未参与,在这种情况下能否认定行为人B也要负结果加重犯的共同责任。对于这种类型,学界尚无探讨。

笔者认为,可以引入不作为理论来解释行为人B的客观实行行为性。加重结果的发生,是由行为人B的不作为与行为人A的作为共同促成的。也就是说,行为人A与行为人B,共同实施了蕴含类型性风险的基本行为,相对于加重结果,基本行为已然是先前行为,只要行为人B没有履行避免结果发生的义务,就应将加重结果以共犯形式归责于他。而此处追究共犯人的责任必须以其负有作为义务为前提。

探讨共犯人的不作为能否产生作为义务,有两种观点:两分说和全面否定说。两分说认为,应根据行为人是否阻止犯罪结果发生区别对待,如果阻止结果发生,则不应对其归责,如果没能阻止结果发生,应当将加重结果归责于共犯人。全面否定说认为,共犯人对实行犯不具有监督的义务,因此共犯人不应当承担不作为的责任。[1] 上述两种学说,都是在讨论共犯人的作为义务来源。义务说需要解决的问题是,作为义务的来源是什么,知情共犯人作为义务在何种情况下成立。从一般情况来说,共同犯罪的行为人之间的结盟,不会使得任何一个共犯人的答责能力降低,进而需要另一个共犯人履行监督义务,所以共犯人不可能基于此而产生作为义务。在通常的情况下,笔者认为全面否定说更合乎逻辑。

然而结果加重犯是特殊的犯罪构成,实施基本行为的人是否具有作为义务应另当别论。这里可以借用先前行为理论,即先前行为对法益具有危

---

〔1〕 参见聂昭伟、吴郁槐:《共同犯罪中的实行过限与一体转化》,载《人民司法(案例)》2009年第4期,第11页。

险性。对于先前行为性质的认定,有因果关系说和义务违反说。因果关系说认为只要行为人的先前行为对某种法益具有紧迫逼近的危险,那么该行为人就有避免结果发生的义务,因此对先前行为不应当限定为违法行为。而义务违反说则将先前行为限定为违法行为,认为在行为人本身行为是合法的情况下,行为人就不可能基于其合法的防卫行为承担保证人义务。然而在结果加重犯的情形下,行为人一旦共同实施了基本行为,即具有了违法性,因而也就不存在关于先前行为性质的争论,进而基本犯的共犯在实施具有类型性风险的基本行为的同时,也就实施了先前行为。在实施先前行为之后,对于下一阶段即将引发的加重结果部分,基本犯的共犯彼此具有了监督的义务,实行犯之间以及实行犯和帮助犯之间有平级的相互监督义务,教唆犯和实行犯之间是上下级的监督与被监督关系。

在明确了基本行为可以作为先前行为理解之后,还需要判断的是基本行为的共同实施与加重结果发生的关联程度。德国学者奥托(Otto)将先前行为分为监督危险源和保护法益两种情形。监督危险源情形,是指只要合法行为制造或升高了侵害法益结果发生的可能性,引发了一个导向侵害法益结果的因果历程,行为人就有义务切断这个因果流程以避免法益侵害的产生或者扩大化。保护法益情形,是指行为人通过先前行为使被害人陷入一种无助的状态或者需要保护的状态,此时行为人就自动成为被害人的保护屏障,他必须使被害人免受侵害,不论这一侵害是来自第三人还是有其他原因。[1] 应当说,对于共同参与基本行为的共犯人,行为人无论是以正犯还是狭义共犯的形式参与了基本犯罪,都使得被害人的法益陷入需要保护状态,这种情况下,行为人只要没有履行避免危害结果发生的义务,就自动成为结果加重犯的共犯。甚至实行行为对超出共同谋议范围内的法益进行侵

---

〔1〕 参见 Otto, Grundkurs Strafrecht, neubearbeitete Aufl. 6, Walter de Gruyter, 2000, S. 170。转引自姚诗:《先前行为与实行过限下知情共犯人的刑事责任》,载《法学研究》2013 年第 5 期,第 133 页。

害的,对于其他实行犯也要肯定其保证人地位,在客观上也可以将加重结果归责于非实行犯。

通过上述讨论,本书认为,根据危险性理论,在客观上判断是否具有共同实行行为的基础在于,行为人是否共同实施了具有类型性危险的基本行为,如果实施了,即对后续的加重结果产生了防止结果发生的义务,可以认定以不作为的形式参与了共同的结果加重犯。

这个客观归责的确立标准,不仅适用于类型 5 和 13,也适用于类型 1、2、9、10、11、12,这些故意参与基本犯罪的行为人,只要与加重结果的实行者共同实施了具有类型性危险的基本行为,那么对于后续结果的发生就具有防止义务,因而可以被归责。

(三)以共谋射程理论判断是否实行过限

行为人 A 与行为人 B 共同实行了基本行为,或者行为人 B 参与了行为人 A 的基本行为,由 A 的行为引发了加重结果,如果在客观上能够将加重结果的发生归责于行为人 B,那么还需要判断在主观上,行为人 A 的行为是否实行过限,是否超出了行为人 B 的预见可能性。

行为人 B 一旦与行为人 A 共同实施了基本行为,就应当推定行为人 B 对于引发加重结果具有预见可能性。根据危险性理论,基本行为蕴含引发加重结果的类型性危险。结果加重犯的本质论随着责任主义的发展,尽管不断试图脱离结果责任主义的窠臼,但是仍然具有自陷禁区理论的烙印。基本行为均是立法者挑选出来的具有引发加重结果高度可能性的行为,所以一旦行为人 A 与行为人 B 共同实行了具有类型性危险的基本行为,或者行为人 B 参与了行为人 A 的基本行为,即在客观上认定行为人 A 与行为人 B 共同创设了类型性危险,同时,行为人 A 与行为人 B 对于加重结果,在客观上负有防止发生的义务,主观上也就具有了预见可能性。然而,并非只要具备了预见可能性,就可以在主观上以共同犯罪对行为人 B 归责,还需要判断行为人 A 的行为是否实行过限。

在普通的共同犯罪中,实行过限的认定和共同犯罪的成立是一体两面的问题。[1] 如果是实行过限,自然不是共同犯罪;如果是共同犯罪,一定不是实行过限。判断行为人是否实行过限有四种标准,分别是因果关系说、预见范围说、故意范围说以及共谋射程理论。[2]

因果关系说,是指非实行行为人的行为效果持续到实行行为人实现最终结果的行为时点即认定二者之间存在因果关系,成立共同犯罪。[3] 这个学说的缺点在于,以何为根据判断因果关系尚不明确,并且处罚范围过宽,因为只有最终导致结果的行为在共谋范围内,才能成立共同犯罪,仅凭因果关系确立共谋范围,则忽略了主观的共同性。

预见范围说是以参与者对结果有无预见来判断是否成立共同犯罪。[4] 当某项结果超出行为人能够认识和预见的范围时,该结果属于意外事件;若并未超出预见范围,实行者的具体行为能否属于实行过限,需要结合行为人之间的共同谋议来确定实施行为的范围。预见范围说的缺点是,当行为人共同实施某项犯罪,对于加重结果很难说明其无法预见。

故意范围说是我国的通说。该说认为当行为超出故意范围,就由实行者对过限行为单独承担刑事责任。[5] 此说要求实行者和非实行者对结果发生具有共同的故意,这是符合责任主义的,这一点接近上述的预见范围说。该说的缺点在于,什么情况是超出共同故意范围的标准不明确。

共谋射程理论判断的是行为是否是共同行为。该理论认为只有在引起结果的实行行为存在于行为开始之前的共谋射程范围内,行为人才成立共

〔1〕 参见何荣功:《共同犯罪中实行过限的理解与认定》,载赵秉志主编:《中国刑法典型案例研究》第1卷,北京大学出版社2008年版,第359页。

〔2〕 参见王昭武:《实行过限新论——以共谋射程理论为依据》,载《法商研究》2013年第3期,第101页。

〔3〕 島田聴一郎『正犯・共犯论的理论基础』(東京大学出版会,2002年)362頁参照。

〔4〕 佐久間修『刑法総論』(成文堂,2009年)395頁参照。

〔5〕 参见陈兴良:《论共同犯罪中的实行过限》,载《法学杂志》1989年第6期。

同犯罪。根据责任主义,行为人仅对自己行为引发的结果承担责任。[1] 共谋射程理论实际上是在判断行为人共谋的犯罪计划与发生结果的匹配程度。结果在犯罪计划之内,则不成立实行过限;结果不在犯罪计划之内,则成立实行过限。这为判断共犯是否成立提供了标准。共谋射程理论与上述预见范围说、故意范围说最大的区别也在于此,共谋射程理论要考虑行为人是否具有故意或者预见可能性,但是在判断主观方面之前,需要进行客观方面的判断,"共谋"是客观的共同谋议的事实,判断是否在共谋范围内是根据客观谋议的内容确定的,因此判断起来较为具体,而故意和预见都是以行为人起始行为予以推断,还涉及主客观标准。因此相对偏向客观化的共谋射程理论,对于结果加重犯共同犯罪的判断也具有可操作性。并且,运用共谋射程理论讨论行为人是否对未实际参与的加重结果负共犯责任时,无需区分共同正犯和狭义共犯,因为只要在基本行为发生前具有行为人之间共同商议犯罪计划、共同预谋的客观事实,共谋的射程便是客观存在的范围,不因共犯人是否参与实行而有所改变。因而在解决共同正犯和狭义共犯两个问题时,其对策一致,没有必要区别处置。

共谋射程理论存在的初衷也是限定共同犯罪的成立范围,在共谋的非结果加重犯的基本犯罪中,笔者认为上述这种普适的共谋射程理论是可以适用的,例如上文所举的盗窃的例了,或是其他犯罪。然而当共谋射程理论与结果加重犯相结合,情况就有不同,因为根据危险性理论,一旦行为人共谋的内容是蕴含类型性危险的基本行为,就仿佛启动了车辆,车辆驶入危险的轨道,笔者认为,只有完全切断与实行者之间的意思联络,才能免去非实行者对加重结果的责任,就像是为已经驶入危险轨道的车辆设置障碍,只有非实行者明确提出反对实行者进行引发加重结果危险性的行为时,方能免去对加重结果的责任。例如,行为人 A 与行为人 B 因私人矛盾共谋要伤害

---

〔1〕 参见王昭武:《实行过限新论——以共谋射程理论为依据》,载《法商研究》2013 年第 3 期,第 104 页。

C,但是在共谋的过程中,没有约定伤害 C 的程度,在具体实行时,行为人 A 突然掏出尖刀刺向了不断反抗的 C,导致 C 大出血死亡,在这种情况下,由于行为人 B 在共谋阶段并未与行为人 A 为二人共谋的射程范围明确设定界限,故行为人 B 也应当为行为人 A 造成的加重结果负责,构成结果加重犯的共同犯罪。

形象地说,笔者认为共谋的射程是一个“射线”,当非实行者明确为共谋的射线画下终点,将共谋的射线变为止于加重结果发生时的“线段”,才能免去非实行者对加重结果的责任。这和共犯理论所提倡的共同意思主体说也是契合的。共同意思主体说要求各共犯人之间要有意思联络,在结果加重犯的情形下,需要判断的是行为人之间的意思联络是否及于加重结果。如果及于加重结果,那么最终结果就是在共同的实行意思支配下产生的共同结果,如果不及于加重结果,则实行者构成单独犯。行为人只有在共同商议实施具有类型性危险的基本行为的过程中,切断在加重结果方面的意思联络,才能免去对加重结果的责任。例如,共谋的基本犯罪是实施抢劫,只要在行为人共谋抢劫的基本犯罪中,有一名行为人引发了被害人伤亡的加重结果,未具体实行加重行为的其他行为人也需要对这个结果负责,然而根据本书所倡导的“线段理论”,如果未实行加重行为的参与者在共谋阶段或者实施基本犯罪阶段,明确为“射程”设置端点,明确指出反对其他行为人造成更严重的后果,这就使得共谋范围由开放式的射线变为了“线段”,在这种情况下,应免去未实行者对发生的加重结果的责任,反之,则要以结果加重犯的共同犯罪追究责任。

通过上述讨论,本书认为,判断结果加重犯的共同正犯需要结合危险性理论,在结果加重犯共同犯罪的主观方面,运用共谋射程理论来判断行为人之间的意思联络是否及于加重结果。如果未参与加重结果部分的行为人明确表示反对加重结果的发生,那么这就使得共谋的射程范围“线段化”,在此时,其他行为人如果坚持引发加重结果,则不能将加重结果归责于未实行的行为人,除此情况外,未实行的行为人均被推定对加重结果具有过失,因加重结果在共谋的射程范围内,应当以结果加重犯的共同犯罪予以归责。

这个主观归责的确立标准,既适用于结果加重犯的共同正犯,也适用于结果加重犯的狭义共犯。不过也有反对观点认为,结果加重犯的共同正犯能够成立,但是结果加重犯的教唆犯和帮助犯不能成立,理由就在于缺乏共同实行行为。[1] 笔者认为这种观点还是回到了复合形态说,应当坚持本书所提倡的危险性理论,将结果加重犯作为一罪处理,狭义共犯只要参与基本犯罪,就具有了共犯归责的基础,坚持狭义共犯对于加重结果无实行行为的观点,割裂了基本行为与加重结果之间的关系。也有学者指出,在故意伤害致人死亡的案例中,只以故意伤害罪对伤害行为的教唆犯归责,这种结论是难以接受的。[2] 因此,笔者在坚持危险性理论的前提下,把结果加重犯作为一罪处理,认为如果能肯定共同正犯的责任,也就能肯定教唆犯和帮助犯的责任。

当然,如果能够确定加重结果不在共谋的射程范围内,那么可判断行为人在主观上不具有过失,那么无论是共同正犯,还是教唆犯或者帮助犯,都只在基本犯的限度内承担责任。因此,笔者提出的"线段理论",适用于本书所举的类型5(共同正犯)和类型13(狭义共犯),也适用于类型1、2、9、10、11、12,只不过只有类型1、5、10、13中,行为人B对于加重结果不是故意的,有可能以"线段理论"排除主观归责,而按照行为人A成立单独犯或者行为人B与行为人A构成同时犯处罚。至于其他类型中对加重结果具有故意的共犯人,加重结果的发生自然符合行为人之间的共谋范围,不能排除主观故意的归责。

(四)在具体案例中的展开

上文中,笔者通过先前行为理论,为基本行为的实行者确立了阻止加重

---

〔1〕 団藤重光『刑法綱要総論』(創文社,1990年)428頁参照;福田平『全訂刑法総論』(有斐閣,2001年)291頁参照。

〔2〕 岡野光雄『刑法要説総論』(成文堂,2009年)339頁参照。

结果发生的义务，解释了客观上的结果加重犯共犯所具有的实行行为性，通过共谋射程理论，提出明确反对加重结果发生的，才能否定对加重结果具有共谋，进而排除共同犯罪的成立。接下来在具体的案例中，对上述的归责理论予以适用和检验。

1. 结果加重犯共同犯罪的肯定

前文所举的案例十一（张某贵、宋某伦抢劫致人死亡案）中，张某贵、宋某伦在出租车后座，趁李某某不备，将其拽到出租车的后座，之后由不懂驾驶的宋某伦开车，导致车在失控撞死了路人汤某某后掉进路边水沟中，进而导致李某某死亡。法院判定并未具体实施致人死亡结果的行为的宋某伦也要为抢劫致人死亡的结果负责。对此观点笔者赞同，但是从该案判决来看，其并未明确表述宋某伦和张某贵构成结果加重犯的共犯。根据本书的理论，客观上，张某贵和宋某伦共同实施了具有致人死亡危险的抢劫行为，共同实施了具有类型性危险的基本行为，因而尽管是宋某伦开车，张某贵也负有防止致人死亡结果发生的义务，二者在客观上有了共犯归责基础。主观上，张某贵和宋某伦共谋犯罪时，二者未明确提出反对致人死亡结果的发生，在行为时，张某贵也没有指出不要宋某伦引发加重结果，因而在主观上，二人的共谋及于死亡结果的发生，故二者在主观上具有共犯归责基础。

综上，笔者认为，张某贵和宋某伦构成抢劫致人死亡的共同犯罪，支持裁判的结论，当然，裁判结论对成立结果加重犯的共同犯罪这一点应当在定性上更为明确。

前文所举案例十二（王某佰、韩某、王某央故意伤害案）中，王某佰指使韩某、王某央等人殴打逄某先。事发当时，王某央看到韩某捅刺被害人并未阻止，后与韩某等人逃离现场。王某佰被判处有期徒刑十年，韩某被判处有期徒刑十二年，王某央被判处有期徒刑三年，缓刑四年。从判决来看，对于教唆者王某佰和加重结果的具体实行者韩某均按照结果加重犯处罚，对于基本犯罪的共同实行者王某央按照基本犯罪处罚。王某佰和王某央同样未参与加重结果的实行行为，但是一个以结果加重犯归责，一个以基本犯罪归责，这里就存在明显的矛盾之处。本书认为，在客观上，教唆者王某佰和基本犯罪的实行者王某央，与具体加重结果的实行者韩某，共同进行了犯罪的准备活动，王某佰对于基本犯罪是有教唆的，王某央对于基本犯罪是有共同实行的，根据危险性理论，王某佰和王某央都参与了具有类型性危险的基本行为，因而都具有了阻止韩某实施加重结果的义务，对于韩某用尖刀捅刺被害人逄某先的行为，都具有阻止的义务，但是没有阻止结果发生，所以二人在客观上具有结果加重犯共犯的归责基础。在主观上，王某佰、王某央以及韩某，是基于伤害的故意，共谋了伤害被害人的犯罪，轻伤害、重伤害、致人死亡，都属于同一法益，包含在伤害故意的共谋射程范围内，并且王某佰和王某央，并未明确反对致人死亡结果的发生，也就是说未对共谋射程的"射线"予以限制，故王某佰、王某央和韩某的意思联络范围及于加重结果的发生，故在主观上，王某佰和王某央具有结果加重犯共犯的归责基础。

综上，笔者反对该案的判决结论，认为教唆者王某佰和共同实行者王某央应当共同对韩某造成的故意伤害致人死亡结果负责。相比之下，对于张某贵、宋某伦抢劫致人死亡案的判决结论，笔者是赞同的。

2. 结果加重犯共同犯罪的否定

【案例十四·卜某华、郭某故意杀人、抢劫案】[1] 2004年8月，被告人卜某华、郭某事先商量，准备到被害人游某聪家对其实施抢劫。卜某华提出抢劫行为完成之后，杀死游某聪以灭口，郭某当即明确表示反对。事发当天，两名被告人借故约游某聪在饭店吃饭，饭后二人主动要求送被害人回家，进入游某聪家中后，凌晨1时左右，郭某突然将被害人按倒在床上，卜某华捆绑游某聪的手脚，并封住他的嘴。之后，郭某在屋内找到现金和几张银行卡，卜某华逼问被害人说出银行卡密码。等到早上，郭某拿着银行卡去银行提

[1] 参见中华人民共和国最高人民法院刑事审判第一、二、三、四、五庭主办：《刑事审判参考》（总第69集），法律出版社2009年版，第566号案例。

款,卜某华一个人在屋中看守被害人防止其逃跑。郭某在银行取得被害人存款共计7700元,之后打电话给卜某华,并再次要求卜某华不要伤害游某聪。可是卜某华不听郭某的劝阻,执意将被害人杀死,用枕头捂住被害人口鼻,导致被害人窒息死亡。之后,卜某华清理犯罪现场,与郭某一同逃跑。一审法院认定卜某华犯故意杀人罪和抢劫罪,判处死刑,认定郭某犯抢劫罪,判处有期徒刑九年。

本案中,卜某华犯抢劫罪和故意杀人罪,是没有争议的。需要讨论的是郭某是否需要对被害人的死亡结果负责,是否构成结果加重犯。在犯罪预谋阶段,郭某即明确表示反对加重结果的发生,在抢劫的实行阶段,外出取钱时郭某也特意打电话给卜某华,再次要求卜某华不要伤害游某聪。应当说,在客观方面,郭某和卜某华共同实施了具有类型性危险的抢劫行为。但是在主观方面,根据本书中的线段理论,郭某在预谋阶段和实行阶段均明确表示反对加重结果的发生,那么卜某华实施的杀人行为,是其单方面的实行过限行为,郭某与卜某华的共谋射程不能及于被害人的死亡结果,故在主观上,二人没有共同实施杀人行为的故意。故对郭某不能以抢劫致人死亡归责,更谈不上认定为结果加重犯的共同犯罪。

综上,根据本书倡导的线段理论,笔者反对将加重结果归责于行为人郭某,赞同法院的裁判结果。

第六章

故意伤害致人重伤、死亡的司法认定

故意伤害致人重伤或者致人死亡,是典型的结果加重犯。故意伤害罪的基本犯与加重结果均指向人身健康法益。基本犯结果与加重结果具有同质性,相比于基本犯对人身健康法益的侵害,加重结果对此法益的侵害更加严重,呈现递进关系。

故意伤害致人重伤或者死亡在中外现行刑法中是常见的重要犯罪形态。我国《刑法》第 234 条规定:“故意伤害他人身体的,处三年以下有期徒刑、拘役或者管制。犯前款罪,致人重伤的,处三年以上十年以下有期徒刑;致人死亡或者以特别残忍手段致人重伤造成严重残疾的,处十年以上有期徒刑、无期徒刑或者死刑。本法另有规定的,依照规定。”《日本刑法典》第 205 条规定:“伤害身体因而致人死亡的,处三年以上有期徒刑。”《德国刑法典》第 250 条规定:“行为人通过抢劫至少过失地致他人死亡的,处终身自由刑或 10 年以上自由刑。”从刑罚的设置上来看,中外刑法中对故意伤害致人重伤或者死亡设置的刑罚是要超过故意伤害罪基本犯与过失致人死亡罪的刑罚之和,并接近或等于故意杀人罪的。在我国,故意伤害致人重伤或者死亡作为典型的结果加重犯,其刑罚最高刑为死刑,在司法实务中也是多发犯罪,可以作为理论上分析结果加重犯认定的经典模型。那么准确认定重伤或者死亡结果是否需要由先前的故意伤害行为负责,则是认定能否成立故意伤害致人重伤或者死亡的关键,并且也是区分故意伤害致人重伤或者死亡与过失致人重伤或者死亡、故意杀人罪的重点。这些问题都是司法实务中经常出现的亟待解决的问题。

前文中对结果加重犯的成立范围、结果加重犯的规范构造、结果加重犯成立的限定规则、结果加重犯的共犯等问题予以讨论。在这些讨论的基础上,以下结合故意伤害罪的司法实务案例,对故意伤害罪成立结果加重犯的限定规则(包含客观方面因果关系、主观方面过失、因果关系偏离时的主客观全等问题)以及共犯问题予以展开探讨。

一、故意伤害罪成立结果加重犯的限定规则

根据本书的论证,判断能否成立故意伤害罪的结果加重犯,应当分别从客观层面、主观层面予以考察,当出现因果历程偏离时还应当从主客观是否全等的第三审查阶层予以判断。接下来,就结合故意伤害罪的具体案例,对上述限定规则予以检视。

(一)客观层面:介入因素对因果关系判断的影响

1.第三人行为介入导致加重结果发生

【案例十五·王某超等故意伤害案】[1]被告人王某超和被害人秦某奎系在鲁山县看守所服刑时因同室羁押相识。2004年1月11日,秦某奎刑满释放后到王某超家暂住。第三日上午,被告人王某超发现口袋里少了10元钱,随后发现秦某奎在本村小卖部消费了10元钱,便怀疑秦某奎偷窃,王某超等人推打秦某奎,让其离开王家。14时许,被告人王某超、肖某飞等人一同去王家奶牛场时,秦某奎一直在后跟着,王某超再次要求秦某奎离开,秦某奎未离去。当行至村南干渠桥时,被告人王某超、肖某飞、柴某等人对秦某奎拳打脚踢,用皮带抽打,将秦某奎打倒后离去。王某超家人知道后将秦某奎送至医院救治。

秦某奎住院18天后死亡。鉴定意见为:死者秦某奎符合饿死的情况,其损伤程度为重伤。2006年10月19日,又补充鉴定意见:死者符合钝性物体打击头部,致颅内硬膜下血肿及脑出血,全身多器官功能衰竭而死亡。

河南省鲁山县人民法院认为:被告人王某超等人故意伤害他人身体,造成被害人秦某奎重伤,后导致死亡的严重后果,其行为构成故意伤害罪。被害人秦某奎被殴打受伤住院期间,其父秦某清接到派出所通知后不到医院护理,对受伤住院的儿子不尽看护义务,虽无过错,但未尽到应尽的责任,应

[1] 参见陈兴良、张军、胡云腾主编:《人民法院刑事指导案例裁判要旨通纂》(上卷)(第2版),北京大学出版社2018年版,第709页。

承担部分责任,可相应减轻三名被告人应承担的民事赔偿责任。判决:被告人肖某飞犯故意伤害罪,判处有期徒刑十年;被告人王某超犯故意伤害罪,判处有期徒刑七年;被告人柴某犯故意伤害罪,判处有期徒刑四年。一审宣判后,被告人肖某飞上诉,二审法院认为一审判决认定事实清楚,定罪准确,审判程序合法,但因二审中,当事人之间就附带民事赔偿达成调解协议,取得了一定谅解,且原判对上诉人等量刑确有不当,本院予以改判。二审宣判:被告人肖某飞犯故意伤害罪,判处有期徒刑四年零六个月;被告人王某超犯故意伤害罪,判处有期徒刑五年。

王某超等故意伤害案的争议焦点为王某超等人对被害人秦某奎的殴打行为与秦某奎的死亡结果之间的因果关系。鉴定意见为:死者秦某奎符合饿死的情况,损伤程度为重伤,钝性物体打击头部,致颅内硬膜下血肿及脑出血,全身多器官功能衰竭而死亡。一审判决中认为,被告人王某超等人共同故意伤害他人身体,造成被害人秦某奎重伤,后导致死亡的严重后果,其行为构成故意伤害罪。一审法院的这种表述表明了将被害人秦某奎的死亡结果归因于被告人王某超等人的殴打行为。并且从量刑结果来看,肖某飞被判处有期徒刑十年,王某超因为有自首情节而减轻处罚,判处有期徒刑七年,柴某因为作案时不满十六周岁而减轻处罚,判处有期徒刑四年。量刑结果表明一审法院对被告人王某超等按照故意伤害致人死亡的结果加重犯予以量刑,起刑点为十年以上有期徒刑,王某超和柴某系有法定减轻处罚事由才得以在十年以下有期徒刑量刑。

对于一审的定罪量刑结果肖某飞提出上诉,认为一审判决事实不清、证据不足,罪名不能成立,请求改判无罪。二审法院经审理后认为“上诉人肖某飞伙同原审被告人王某超、柴某共同故意伤害他人身体,造成被害人秦某奎重伤,其行为构成故意伤害罪”。从这种表述来看,二审法院仅将秦某奎被殴打后的重伤结果归因于肖某飞、王某超等人的殴打行为,并未将致死结果归因于被告人的殴打行为。从量刑结果上看,肖某飞由有期徒刑十年改判为有期徒刑四年零六个月,王某超由有期徒刑七年改判为有期徒刑五年,柴某由有期徒刑四年改判为有期徒刑三年。从量刑结果可见,对于无法定减轻处罚事由的肖某飞,法院也对其在有期徒刑三年以上十年以下进行量刑,那么二审法院对于此案的定性为故意伤害致人重伤,而非一审法院所认定的故意伤害致人死亡。

本案中导致被害人死亡的因素有二。一是被告人王某超、肖某飞等人的殴打行为;二是住院期间医院和家属怠于照顾导致被害人因饥饿而死亡。第一个行为产生的必然后果是被害人构成重伤,但是随着因果流程的发展,被害人因重伤住院的过程中其父母不对其进行照顾,其在长达十多天的继续治疗过程中长期饥饿,最终死亡。如果没有其家属疏于照顾的因素介入,被害人死亡的结果只是一种可能性,而不是必然实现的危险。本案属于典型的在行为人实施不法侵害行为之后,第三人行为因素的介入导致结果发生的情况。本书对于结果加重犯客观归因的判断采用条件说,本案中导致被害人死亡的因素都在因果链条当中,两个因素都能够导致死亡的结果发生,但是两个因素叠加之后共同导致了结果发生,在这种情况下还需要考虑第三人行为因素的介入能否中断前一侵害行为所导致的因果链条。在本案中,被害人的父母及医院对被害人长时间地不予照顾,放任被害人死亡的行为因素相比于被告人王某超等人对被害人的殴打行为,更为主导地引发了被害人的死亡结果,故可以认定被害人父母及医院的不予照顾行为中断了被告人王某超等人殴打被害人导致被害人死亡这一因果链条。因而从结果加重犯客观层面能否成立的角度来看,本案中被告人王某超、肖某飞等尽管实施了故意伤害的基本行为,但是这一行为所引发的危险仅实现了致人重伤的加重结果,并未实现致人死亡的加重结果,从致人重伤到致人死亡的加重结果之间,第三人怠于照顾被害人因素的介入导致了加重结果从重伤升级为死亡。因此从客观层面来看,本案被害人的死亡结果不能归因于被告人王某超等人的殴打行为,本书赞同二审的定性结论。

【案例十六·巫某生等故意伤害案】〔1〕被害人许某源与杜某杰于2010年12月2日凌晨到潮州市新桥西路新乡村“老乌烧烤”吃烤鱼时,因该店没有卖烤鱼一事与店主张某德争吵,店内一员工将此事电话告诉被告人巫某生(店主继子)。被告人巫某生便打电话告诉张某、谢某盛称其店内有人闹事,叫他们过去帮忙。被告人张某于是叫了被告人郑某海、张某秋、吴某良一起去帮忙,到场后,两名被害人被一名叫“刘二”的人劝走,上了一辆三轮车。此时,被告人谢某盛集齐纠集的被告人蔡某斌、刘某、林某坐小汽车到了现场,后被告人冲上去拦住三轮车上的两名被害人,并殴打两人。此后在离开现场时,被害人许某源下车打电话,被告人一伙遂又冲上去殴打许某源,将许某源打倒在地。后被告人巫某生叫其继父张某德打120救人,其他人离开现场,被害人许某源被打伤,经鉴定:被害人许某源系头部外伤致脑挫伤、硬脑膜外血肿、硬脑膜下血肿、蛛网膜下腔出血并昏迷,伤情为重伤,伤残程度评定为一级。

被害人许某源于受伤当日被送到潮州市潮州医院住院治疗,2011年3月24日潮州医院应被害人许某源家属的要求,拔出被害人的气管插管,降低用药档次,并于同年4月1日停止输液。后被害人许某源于2012年1月8日死亡。

潮州市湘桥区人民法院认定被告人巫某生犯故意伤害罪,判处有期徒刑十年;被告人谢某盛犯故意伤害罪,判处有期徒刑八年;被告人刘某犯故意伤害罪,判处有期徒刑八年;被告人张某犯故意伤害罪,判处有期徒刑七年。

巫某生等故意伤害案的争议焦点在于被告人对被害人实施故意伤害行为后,导致被害人死亡结果的因果链条上又有被害人家属的行为因素介入。与前述所举王某超等故意伤害案一样,需要探讨被害人家属在陪护期间的

---

〔1〕参见陈兴良、张军、胡云腾主编:《人民法院刑事指导案例裁判要旨通纂》(上卷)(第2版),北京大学出版社2018年版,第751页。

行为是否能够中断被告人的伤害行为与被害人死亡结果的因果关系。一审阶段,检察院以故意伤害罪致人重伤向法院提起公诉,之后在被害人许某源死亡后变更起诉,指控被告人犯故意伤害罪致人死亡。被告人巫某生等辩称,殴打行为只是致使被害人受伤,没有致使被害人死亡。辩护人称巫某生等人的伤害行为与被害人许某源的死亡结果之间不具有刑法上的因果关系,请求对其从轻处罚。一审判决书的量刑结果显示,刑罚最高的是对巫某生判处有期徒刑十年,巫某生并无其他量刑情节,而对本案其他被告人的量刑均未超过十年,由此可以表明一审法院并未认定被害人的死亡结果是由被告人的伤害行为造成的,仅将被害人的重伤结果归责于被告人。二审法院也维持了这一定性。

本案中先前行为是被告人巫某生等实施了殴打被害人的故意伤害行为,致使被害人重伤。被害人住院治疗期间,被害人的家属主动实施了独立于伤害行为的一系列放弃积极治疗的行为:将许某源由重症监护室转到普通病房,后主动要求拔除气管插管、停止输液,最后被害人死亡。判断被害人的死亡结果能否归责于被告人的伤害行为,根据本书观点,要分析介入的因素能否中断因果链条。在本案客观层面上,不可否认的是巫某生等人的伤害行为导致了被害人重伤后住院,但是从导致结果发生的作用力来看,被害人家属的放弃治疗行为这一介入因素促成了被害人的死亡结果的发生,与前述王某超等故意伤害案不同的是,王某超等故意伤害案中的被害人家属消极地不护理被害人,使得被害人在严重饥饿的情况下加速死亡,而巫某生等故意伤害案中的被害人家属是积极主动地放弃治疗,这种介入因素对死亡结果的促动效果要大于不护理致被害人因饥饿而死亡的促动效果。故应当认定巫某生等故意伤害案中被害人家属的行为介入因素中断了被告人的伤害行为与被害人死亡结果的因果关系,不能将被害人的死亡结果归因于被告人的故意伤害行为。本书赞成此案中一审和二审法院的定性。

上述王某超等故意伤害案与巫某生等故意伤害案体现的法院裁判要旨是,因被告人对被害人的故意伤害行为导致被害人重伤住院,此过程中介入了第三人因素(主要是医疗或者护理原因)导致被害人死亡,法院对此情况通常会中断被告人的故意伤害行为与被害人死亡结果之间的因果链条,否定归因。这样的司法实践观点与本书所持的“限制的条件说”的观点是契合的。

2. 被害人自救行为导致加重结果发生

【案例十七·陈某勇故意伤害案】[1]被告人陈某勇和被害人费某林、路某、樊某方等人同在北京市丰台区岳各庄村43号西侧白色楼房暂住。2004年4月13日,陈某勇酒后回到上述楼房三层楼道时,因故与费某林、路某、樊某方、庞某生等人发生争执,被害人费某林曾对陈某勇进行殴打,后被他人劝开。此后,陈某勇图谋报复,遂纠集张某等人返回到上述地点,陈某勇和张某持刀破门闯入费某林、路某、樊某方暂住的该楼325房间卧室内,致使费某林、路某、樊某方从三层窗户跳下,最终造成路某颅脑损伤合并创伤失血性休克死亡、费某林感染中毒休克经医院抢救无效死亡和樊某方轻伤的后果。

北京市第二中级人民法院认为:被告人陈某勇因琐事与被害人发生争执后不能正确处理,竟纠集他人持刀闯入被害人的屋内,欲对被害人进行故意伤害,造成被害人从三层楼跳下,最终导致2人死亡、1人轻伤的严重后果,其行为构成故意伤害罪,鉴于被害人在案件起因上负有一定责任,故以故意伤害罪判处陈某勇无期徒刑,剥夺政治权利终身。

一审宣判后,陈某勇不服,提出上诉。北京市高级人民法院经审理裁定驳回上诉,维持原判。

陈某勇故意伤害案中的争议焦点在于,被害人为自救而实施的跳楼逃

---

〔1〕 参见陈兴良、张军、胡云腾主编:《人民法院刑事指导案例裁判要旨通纂》(上卷)(第2版),北京大学出版社2018年版,第708页。

生导致的伤亡结果能否归因于被告人的故意伤害行为。如果被害人的自救行为作为介入因素导致因果关系中断,那么应当否认被告人的行为构成故意伤害致人死亡;反之,如果被害人自救的行为不作为介入因素,不认为其具有导致因果关系中断的效果,那么就肯定被害人的死亡结果是由被告人的故意伤害行为导致的。

从案发的起因来看,被告人陈某勇系因琐事与被害人发生争执,后因为自己"吃亏"而纠集他人予以报复。被告人陈某勇纠集他人持刀堵截被害人的房门,通过砍、砸、踹房门的方式企图破门而入,并声称"出来就砍死你们"。从客观上被告人陈某勇所创设的危险来看,被告人的语言表述和其客观行为都使得被围困在屋内的被害人有理由恐惧,一旦被告人闯入,自身的生命健康将有可能受到极其严重的打击。也就是说,在案发当时,被害人能够意识到,即便不跳楼,不法侵害亦不可避免。正是充分认识到这样的客观情况,被害人才实施了具有危险性的跳楼行为以寻求自救。故从整体上来看,危害后果的发生与被告人陈某勇等人的故意伤害行为具有前后相继的因果关系,并且被害人的死亡结果是在被告人实施的故意伤害行为的促动之下发生的,即便被害人不采用跳楼的形式自救,伤亡结果也很有可能发生,故被害人的自救行为不能中断被告人的故意伤害行为与被害人死亡结果之间的因果关系。对于本案中法院的裁判观点,本书表示赞同。然而此处需要补充说明的是,并不是所有在行为人实施了故意伤害的基本行为之后被害人实施自救行为导致自身伤亡的情况都要归因于被告人实施的基本行为。本书所倡导的"限制的条件说"中能中断因果链条的因素,还应该包括对结果的发生具有重大促动效果的介入行为。假设在陈某勇故意伤害一案中,陈某勇等被告人并未采取使用刀具围堵被害人房门的方法,仅仅是实施了普通的暴力行为,行为并不蕴含致人死亡的危险,那么在这种情况下,由于基本行为相比于后期介入的被害人自救行为,对于死亡结果发生的促动并不具有主导作用,那么在这种情况下应当排除客观方面将死亡结果归因于被告人的故意伤害行为。

本书在此之所以对这一问题进行补充，是因为司法实践当中在故意伤害、抢劫、非法拘禁等犯罪的实施过程中，被害人自救行为介入的情况较为复杂，应当具体分析。比如以下案例：

【案例十八·黄某某非法拘禁案】〔1〕被告人黄某某于2015年6月16日22时50分许，在长春市朝阳区某出租屋内，因怀疑被害人甄某某偷其手机，对甄某某进行殴打，索要赔偿并将其屋门从外面锁上限制其人身自由，致使被害人甄某某从四楼跳窗逃跑时腿部扭伤。经法院审理认定，被告人黄某某犯非法拘禁罪，判处有期徒刑七个月二十天。

黄某某非法拘禁案中被害人甄某某的受伤结果是由甄某某从四楼房间跳窗逃跑导致的。从案件判决的主文中，并未找到关于被害人轻伤结果与被告人非法拘禁行为因果关系的具体论证，但是从判决结果中可以体现。审理意见是将被害人的轻伤结果归因于被告人的非法拘禁行为。因为非法拘禁罪的入罪标准是如果非法拘禁他人未满24小时，那么被害人具有轻伤以上伤情的，才能认定被告人非法拘禁行为符合非法拘禁罪的入罪条件。〔2〕黄某某非法拘禁案虽然并不是本章所研究的故意伤害案件，但是其中能够体现的重要问题就是，司法实践中被害人的自救行为是否能够作为伤亡结果的介入因素以中断因果链条，尚存在争议。根据本书观点，可以中断因果

---

〔1〕 参见吉林省长春市朝阳区人民法院刑事判决书，(2015)朝刑初字第541号。近似案例还可参见吉林省长春市经济技术开发区人民法院刑事判决书，(2015)长经开刑初字第56号；吉林省长春市农安县人民法院刑事判决书，(2015)农刑初字第95号。

〔2〕 非法拘禁犯罪的立案标准一般是依据2006年7月26日最高人民检察院《关于渎职侵权犯罪案件立案标准的规定》，非法拘禁是指以拘禁或者其他方法非法剥夺他人人身自由的行为。国家机关工作人员利用职权非法拘禁，涉嫌下列情形之一的，应予立案：(1)非法剥夺他人人身自由24小时以上的；(2)非法剥夺他人人身自由，并使用械具或者捆绑等恶劣手段，或者实施殴打、侮辱、虐待行为的；(3)非法拘禁，造成被拘禁人轻伤、重伤、死亡的；(4)非法拘禁，情节严重，导致被拘禁人自杀、自残造成重伤、死亡，或者精神失常的；(5)非法拘禁3人次以上的；(6)司法工作人员对明知是没有违法犯罪事实的人而非法拘禁的；(7)其他非法拘禁应予追究刑事责任的情形。

链条的介入因素应当是被害人的不当自救行为。不当的判断标准是自救行为招致的风险大于被告人的不法侵害行为创设的风险,在这种情形下被害人的自救行为直接导致了伤亡结果的,则可以认定被害人的不当自救行为能够中断被告人的行为与加重结果之间的因果关系。反之,在被害人自救行为所创设的风险小于或等于被告人不法侵害行为创设的风险时,被害人的自救行为所导致的伤亡结果则应当归因于被告人的不法侵害行为,不能中断因果关系,上述所举陈某勇故意伤害案即属于这一类型,本书赞同此案的裁判观点。

(二)主观层面:被害人特殊体质对罪责判断的影响

被害人特殊体质这一因素介入而导致被害人伤亡这一类加重结果发生的案例在司法实务中大量存在,但是对这类案件的定性存在分歧。在司法实践中可能出现的定性结果有:无罪、过失致人死亡罪、故意伤害罪致人死亡、故意杀人罪。以下对这些案件进行列举。

【案例十九·刘某赐故意杀人案】[1]被告人刘某赐与被害人刘某均系天津市静海县中旺镇大庄子村村民,刘某有癫痫病史。2012年10月3日17时许,被害人刘某在刘某赐家大门口附近玩耍,被告人刘某赐在明知刘某患有癫痫病,且癫痫病发作后会致人死亡的情况下,因琐事对刘某进行打骂,导致刘某癫痫病发作。刘某赐并没有对刘某进行救助,导致被害人死亡。当日及之后数日,被告人刘某赐为掩盖罪行将被害人刘某尸体埋于院内,并假意与村民多次外出寻找被害人刘某。期间,被告人刘某赐认为已掩埋的尸体腐败膨胀,遂多次用自制扎枪扎尸体放气。2012年12月初,被告人刘某赐为了毁尸灭迹,在家中用剪刀将尸体肢解为九块,并抛尸。天津市第一中级人民法院判决:被告人刘某赐犯故意杀人罪,判处无期徒刑,剥夺政治权利终身。

---

〔1〕 参见陈兴良、张军、胡云腾主编:《人民法院刑事指导案例裁判要旨通纂》(上卷)(第2版),北京大学出版社2018年版,第679页。

刘某赐故意杀人案中，审理法院所关注的犯罪事实是：第一，被告刘某赐明知被害人刘某患有癫痫，因琐事对刘某进行打骂，掌掴刘某导致刘某癫痫病发作；第二，在刘某癫痫病发作之后，被告人刘某赐明知癫痫病发作必须要进行急救，但是刘某赐没有及时履行救助义务，也未去对门邻居也就是刘某的爷爷家及时帮刘某求救。综合两部分行为，法院认定刘某赐故意杀人罪成立。其中的审理逻辑是，法院把刘某赐第一步的掌掴行为作为故意杀人罪的行为着手。

本案的特殊性在于，刘某赐作为刘某的邻居明知道刘某在受到刺激的情况下会发作癫痫病，而一旦发作就有致死的可能，即便如此，作为一个成年人，刘某赐依然因琐事打骂未成年的被害人刘某，其主观上对于刘某的死亡具有至少是放任的故意，在这种放任的故意的支配下，刘某赐实施了掌掴刘某的行为，并导致了刘某癫痫病的发作。这是刘某赐的第一步行为，即主观上放任刘某的死亡结果，客观上实施了对刘某癫痫病的激发行为。

在被害人刘某发病之后，刘某赐不帮助刘某寻求家人帮助或者求救，放任刘某因病死亡，此时客观上不履行救助义务，以不作为的形式实施了杀人行为，主观上刘某赐对刘某的致死结果不只是间接故意的罪责程度，甚至已经达到了直接故意的罪责程度，因为当刘某在他面前发病之时，他有更大的概率确信刘某会因犯病而死亡，故刘某赐的第二步行为是在直接故意的驱动下实施了不作为的杀人行为。笔者认为，法院认定刘某赐成立故意杀人罪是正确的。

在理论探讨层面，笔者认为，本案的另一个意义是证明了同质结果加重犯（基本犯的结果和加重结果指向相同法益）很难成立“故意＋故意”类型的结果加重犯。本案中对刘某赐的两部分行为也有认定其成立“故意伤害行为＋故意杀人行为”这种故意伤害致死的可能，也就是说，对于刘某赐的掌掴行为有认定其成立故意伤害的可能。尽管掌掴的暴力行为不严重，对一般人达不到致人伤亡的程度，但是本案中刘某赐作为邻居明知激发刘某癫痫病后的可能结果包含死亡,刘某赐具备明知或者放任被害人刘某死亡结果发生的主观罪责状态。故而在本案中,被告人刘某赐实施掌掴刘某的行为时,其主观故意即为杀人的故意,刘某赐杀害刘某的两部分行为不存在从伤害的故意增加到杀人的故意的变化过程,实际上在存在论层面也无法将刘某赐杀人的故意与伤害的故意进行剥离。因而本案被告人刘某赐被认定为故意杀人罪是正确的,本案无法成立"故意 + 故意"类型的故意伤害致人死亡。

【案例二十·孙某嵩、吕某飞故意伤害案】[1]被告人孙某嵩、吕某飞与被害人吴某某系偶然相遇的路人。2015 年 1 月 30 日,孙某嵩、吕某飞在无锡市崇安区昌东街乐家时尚酒店门口,因琐事与被害人吴某某(醉酒状态)发生口角并引起争执后,对吴某某拳打脚踢,致使吴某某头部等处受伤。后吴某某被送至无锡市第三人民医院抢救时已死亡。经法医鉴定,吴某某系因酒后头面部遭外伤作用引起弥漫性蛛网膜下腔出血致急性中枢神经功能障碍死亡。被害人吴某某在案发时自身存在脑部疾病、心血管疾病、急性乙醇中毒等情况。案发后,孙某嵩、吕某飞在公安机关如实供述了其犯罪事实。

一审法院经审理认为:被告人孙某嵩、吕某飞故意伤害他人身体,致一人死亡,其行为均已构成故意伤害罪,系共同犯罪。在共同犯罪中,孙某嵩、吕某飞作用相当,不区分主从犯。判决:被告人孙某嵩、吕某飞犯故意伤害罪,分别判处有期徒刑十年,剥夺政治权利一年。

一审宣判后,被告人孙某嵩、吕某飞不服,上诉称,法医学鉴定书中并未对吴某某自身脑部疾病、心血管疾病、急性乙醇中毒等与死亡结果之间是否有因果关系及其对死亡的影响程度作出明确论证,不能全面客观反映上诉人的行为与吴某某死亡结果之间的因果关系;吴某某的死因除了殴打外,还

---

〔1〕 参见陈兴良、张军、胡云腾主编:《人民法院刑事指导案例裁判要旨通纂》(上卷)(第 2 版),北京大学出版社 2018 年版,第 769 页。

有其脑部疾病、醉酒等其他重要因素。

二审期间出庭履行职务的检察员提出的意见是:原审判决认定事实正确,证据确实充分,定罪准确,但考虑到被害人死亡结果的多因性,一审对被告人均判处十年有期徒刑的量刑存在罪责明显不相适应的情况。建议二审法院依据《刑法》第63条第2款特殊情况在法定刑以下量刑之规定改判。

二审法院经审理认为:上诉人孙某嵩、吕某飞采用拳打脚踢的方式故意伤害他人身体,致一人死亡,其行为确均已构成故意伤害罪,系共同犯罪。原审法院在量刑时根据上诉人孙某嵩、吕某飞的犯罪事实,结合被害人生前急性乙醇中毒在其死亡结果中亦属参与因素,两上诉人积极赔偿并取得谅解、归案后均能如实供述自己的罪行等量刑情节,对其予以最大幅度的从轻处罚后在法定量刑幅度内判处起点刑,所处量刑并无不当,符合罪责刑相适应的刑法原则。二审法院裁定:驳回上诉,维持原判。

孙某嵩、吕某飞故意伤害案的争议焦点有二:第一,定罪方面,当法医鉴定意见不能评估被害人吴某某本身的心脑血管疾病对于死亡原因的具体比例时,是否将被害人的死亡结果归责于两名被告人的拳打脚踢行为;第二,量刑方面,本案二审期间公诉机关的出庭意见也表达了认为一审判决对两名被告人判处十年有期徒刑的量刑过于严苛的观点,认为在没有其他减轻刑罚事由的情况下,法院应援引《刑法》第63条第2款在法定刑以下减轻处罚,而二审法院认为本案已经从轻量刑,一审判决并无不当。

从客观方面来看,被告人孙某嵩、吕某飞对被害人吴某某实施了"拳打脚踢"的伤害行为,导致被害人吴某某头部受伤,而头部受伤则是导致被害人吴某某死亡的原因之一,且无法评估被害人吴某某的心脑血管疾病对于致死结果发生所占的比重,因而在客观层面,根据"限制的条件说",无法中断两名被告人的故意伤害行为与被害人吴某某死亡结果之间的因果关系。

从主观方面来看,能否将死亡结果归责于两名被告人则值得商榷。本书认为行为人对加重结果负责的主观罪责以过失为底线。而判断被告人是否具有过失有两个条件:(1)是否具备预见可能性;(2)是否履行了结果回避义务。本案中孙某嵩、吕某飞在实施伤害行为时,并不知道被害人吴某某患有心脑血管疾病,并且二人并未使用工具,只是徒手击打被害人吴某某,客观的行为表现能反映两名被告人对于吴某某的受伤应该是有预见可能性的,但对于死亡结果不具有预见可能性。因此本书认为被害人吴某某的死亡结果不应当归责于两名被告人,也就是说两名被告人不构成故意伤害致人死亡。

但是在这里需要说明的是,尽管是两名被告人不知被害人具有心脑血管疾病而对其殴打导致的死亡结果,但是被害人受重伤住院抢救的结果应当归责于两名被告人。案发当时被害人吴某某已然醉酒,两名被告人即便是徒手殴打醉酒的被害人也具有相当大的导致被害人重伤的可能性,故而从主观责任层面,应当肯定两名被告人对于导致被害人重伤的结果是有预见可能性的,且两名被告人没有履行结果避免的义务。因此,本书认为对两名被告人应当认定其成立故意伤害致人重伤。

采取这种定性结论能够很好地回应本案的争议点。第一,对于本案的定性,由于鉴定意见无法给出致死原因力中,被害人特殊疾病与两名被告人对被害人的打击行为分别所占的比例,在这种情况下径行将死亡结果归责于被告人是一种"存疑从重"的思维模式。将行为认定为故意伤害致人重伤,能够客观评价两名被告人的行为结果,同时也符合"存疑从轻"的现代刑事诉讼理念。第二,对于本案的量刑,二审阶段公诉机关认为一审量刑畸重,但是本案无其他减轻处罚的情节,故而只能援引《刑法》第 63 条第 2 款。若根据本书的思路将两名被告人的行为性质确定为故意伤害致人重伤,那么对两名被告人的量刑幅度就降到了三年以上十年以下有期徒刑。因而,本书对此案的定性观点能够更好地回应案件的定性争议。

【案例二十一·王某秋等故意伤害案】[1]2012年5月10日17时许，被告人郭某、王某华和被害人李某龙三人酒后到“石河子宾馆”东门，欲进入宾馆内的游泳馆游泳。因东门被锁住，被告人郭某、王某华两人拍打铁门让东门旁边值班室的员工开门。值班室内的被告人王某秋及女员工遂告知此门不能通行。被告人郭某、王某华为此与王某秋发生争吵，进而互相辱骂。被告人郭某、王某华遂用砖、石将值班室东侧临街窗户砸烂，致使在值班室内的被害人黄某荣受到惊吓。被告人王某秋见状即告知被告人王某峰，说有人砸玻璃，让其赶快集合员工。被告人王某峰遂纠集20余名正在接受培训的男员工持木棒、钢管等，冲到“石河子宾馆”东门口，追赶李某龙、郭某、王某华等人。在追赶过程中上述员工将木棒、钢管丢弃，未用于殴斗。被告人郭某、王某华见院内冲出人群，即和被害人李某龙沿石河子市东小路向南逃跑。被告人见某、刘某军、黄某平、侯某斌先在“石河子宾馆”东门南约50米处将被害人李某龙抓住并进行踢打。随后被告人刘某军、侯某斌则将李某龙交给随后赶到的被告人王某秋等人。被告人王某秋即将李某龙押往“石河子宾馆”东门值班室处，在行至“石河子宾馆”东门南侧时，被告人王某秋将被害人李某龙殴打倒地。后来众人将被告人郭某带至“石河子宾馆”东门时，见被害人李某龙躺在宾馆东门地上，被告人张某锋、赫某贵、见某、兰某辉即上前对李某龙腹部、背部进行踢打。后被告人王某峰等人将躺在地上的李某龙抬至石河子宾馆东门内值班室门口。期间宾馆方股东报警。公安人员赶到现场，将被告人郭某、王某华及被害人李某龙带至北子午路派出所调查。在讯问过程中李某龙突感不适，办案民警立即将李某龙送往石河子市人民医院救治，同年5月11日20时10分，李某龙经抢救无效死亡。经司法鉴定：李某龙颈部、胸部、背部、四肢等多处有青紫、擦伤，其损伤特征符合钝性外力所致，为非致命伤，属轻微伤。李某龙系心脏瓣膜发育不全、急性

---

〔1〕 参见陈兴良、张军、胡云腾主编：《人民法院刑事指导案例裁判要旨通纂》（上卷）（第2版），北京大学出版社2018年版，第755页。

心肌炎、急性肝坏死疾病造成心、肝脏以及多器官功能衰竭而死亡，轻微伤和饮酒是导致死亡的诱发因素。

一审法院作出判决：(1)被告人郭某犯寻衅滋事罪，判处有期徒刑十个月。(2)被告人王某华犯寻衅滋事罪，判处有期徒刑十个月。(3)被告人王某峰犯故意伤害罪，判处有期徒刑四年。(4)被告人王某秋犯故意伤害罪，判处有期徒刑三年六个月。(5)被告人赫某贵犯故意伤害罪，判处有期徒刑三年。(略)

一审宣判后，被告人王某秋、赫某贵不服，提出上诉，二审法院仅就赫某贵的量刑部分予以改判，二审判决：上诉人赫某贵犯故意伤害罪，判处有期徒刑三年，缓刑三年。

王某秋等故意伤害案案情比较复杂，复杂之处在于被害人李某龙同时也是寻衅滋事共同实行行为人之一。案发当天，郭某、王某华和被害人李某龙一起到“石河子宾馆”挑衅闹事，用砖、石砸“石河子宾馆”值班室的门窗，这种闹事行为已经导致“石河子宾馆”值班室的女员工黄某荣不全流产。在这种情况下“石河子宾馆”方面的被告人王某峰等人，才追赶被害人李某龙及其寻衅滋事的同伙郭某、王某华。王某峰等人最先抓住的就是李某龙，从案情表述上来看，李某龙遭受了多人的几轮殴打。尽管李某龙实施挑衅闹事行为在先，但是事后被王某峰等人抓住，王某峰等人对其的殴打行为不能作为正当防卫行为，而应被认定为故意伤害行为。

从客观归因层面来看，尽管被害人李某龙有基础疾病，但是王某峰等人对李某龙的轮番殴打，也是导致李某龙死亡的重要因素。因而在客观归因层面不能否认王某峰等被告人的殴打行为与被害人李某龙的死亡结果之间的联系。从主观归责层面来看，王某峰等多人堵截李某龙，并对其进行殴打，数人踢打李某龙的腹部和背部，这是人体脏器集中的部位，对腹部和背部的攻击将有致人受伤的可能，因而王某峰等人对李某龙受伤的结果是有预见可能性的。然而这种预见可能性中是否包含对李某龙死亡结果的预见？本书持否定观点，理由有二：第一，被告人王某峰等人在堵截被害人李某龙的过程中即放弃使用钢管等凶器，且对李某龙的殴打仅造成多处轻微伤，客观行为充分表明被告人主观上对被害人的死亡结果并无希望和放任；第二，李某龙的死亡原因主要是心脏疾病的发作，而被告人王某峰等人对于李某龙有先天性心脏疾病是无法预见的，因为李某龙在案发之前还与王某华、郭某等人主动在“石河子宾馆”以打、砸的方式寻衅滋事，对于这样“精力充沛”的人，一般人恐怕难以预见他有心脏病。故而被告人王某峰等人对于被害人李某龙的死亡结果并无预见可能性。

通过上述讨论，本书认为，关于被告人王某峰等人对被害人的殴打行为，客观上无法排除殴打行为与致伤或致死结果的因果关系，然而在主观层面，被告人对被害人身体有特殊疾病并无预见可能性，被告人仅具有致被害人受伤的预见可能性，且没有履行结果避免的义务。因此应当对被告人王某峰等人的行为认定成立故意伤害致人重伤，在三年到十年有期徒刑之间量刑。值得注意的是，本案的裁判说理过程并未清晰表述仅对被告人定性为故意伤害致人重伤，但是从量刑的结果来看，除了被告人王某峰有自首情节以外，其他被告人均无减轻处罚情节，但是对于一众犯故意伤害罪的被告人的量刑范围在有期徒刑三年至四年的区间，由此可判断，裁判机关也并未将具有特殊体质的被害人的死亡结果归责于被告人的故意伤害行为，仅将重伤结果归责于被告人的故意伤害行为。对于这种定性结论本书表示赞同，但是认为裁判机关应当对伤亡结果如何归责于被告人的故意伤害行为进行更为详细和明确的说明。

【案例二十二·刘某过失致人死亡案】[1]2004年4月29日11时许，被告人刘某驾驶车号为京CZ7172的白色捷达牌轿车行驶至北京市宣武区宣武门路口由东向南左转弯时，适遇张某发骑车由东向西横过马路，二人因让车问题发生争吵。被告人刘某驾车前行至宣武门西南角中国图片社门前后

〔1〕 参见陈兴良、张军、胡云腾主编：《人民法院刑事指导案例裁判要旨通纂》（上卷）（第2版），北京大学出版社2018年版，第685页。

靠边停车，与随后骑自行车同方向而来的张某发继续口角，后被告人刘某动手推了张某发的肩部并踢了张某发腿部。张某发报警后双方被警察带至广内派出所。在派出所解决纠纷时，被害人张某发感到胸闷不适，于13时到首都医科大学宣武医院就诊，15时许经抢救无效死亡。经法医鉴定：张某发因患冠状动脉粥样硬化性心脏病，致急性心力衰竭死亡。

自诉人张某诉称：被害人张某发突发心脏病完全是被告人的殴打行为所致，被告人的行为虽不能直接引起被害人的死亡，却是导致被害人死亡的诱因，因此，在被告人明知被害人年老体弱，应当预见其殴打行为会造成被害人严重伤害的情况下，依旧对被害人实施殴打行为，致使被害人死亡，被告人对死亡结果的发生是存在过失的，构成过失致人死亡罪。

被告人刘某及其辩护人认为，被告人刘某对被害人张某发所踢的两脚并非致命处，被告人刘某的行为与被害人张某发的死亡没有直接因果关系，对发生死亡结果是无法预见的，因此被告人刘某不应承担刑事和民事责任。

北京市宣武区人民法院认为，被告人刘某与被害人张某发因交通问题发生口角及肢体接触，现有证据证实被告人刘某推了被害人张某发肩部以及踢了被害人腿部，但在打击力度及部位方面，被告人刘某的行为尚未达到可能造成被害人张某发死亡的强度。被告人刘某在事发当时无法预料到被害人张某发患有心脏病并会因心脏病发作导致死亡结果的发生，对于被害人张某发的死亡，被告人在主观上既无故意也没有过失，被害人张某发的死亡更多是意外因素所致，被告人刘某的殴打行为只是一个诱因，故被告人刘某不应承担过失致人死亡的刑事责任。自诉人张某指控被告人刘某犯过失致人死亡罪不能成立。但考虑到被告人刘某在本案起因方面负有不可推卸的责任且其行为是造成被害人死亡的诱因，因此被告人刘某要承担一定比例的民事赔偿责任。一审法院判决：被告人刘某无罪。被告人刘某赔偿附带民事诉讼原告人张某人民币105,000元。

刘某过失致人死亡案是为数不多的在因动手打架导致其中一方伤亡的

情况下，对被告人不予归责，按照无罪处理的案件。这里面重要的介入因素就是被害人本身具有疾病。那么这种介入因素能否影响将死亡结果归责于被告人的殴打行为，是需要主客观的审查的。从客观层面来看，根据笔者倡导的“限制的条件说”，该介入因素不能中断被告人刘某推被害人张某发肩部和踢其腿部行为与张某发死亡结果之间的因果关系。从主观层面来看，需要分析刘某对导致张某发死亡的结果是否具有预见可能性。从刘某的行为来看，他只是推了张某发的肩部和踢了张某发的腿部，并没有攻击张某发的核心部位。并且，刘某并不知道张某发患有严重的心脏病，事实上也是在二人发生冲突后到派出所解决矛盾的过程当中，张某发发病，2 个小时后救治无效死亡。因而，刘某对于张某发的死亡结果并无预见可能性，张某发的死亡结果不能在主观上归责于刘某所实施的推被害人张某发肩部和踢张某发腿部的行为。由于被告人刘某不具有主观归责的理由，故应当认定被告人刘某无罪，本书赞同裁判机关的观点。

通过上述四则案例的分析，我们能够发现在司法实务中，被害人特殊体质作为致死原因之一的案件具体情形较为复杂，并且实务观点多样。为了直观展现这四个案件的不同，本书将四个案件的要素提炼，如表 6－1 所示：

表 6－1　四则被害人特殊体质案例情况

案例名称	暴力程度	基础疾病	被告人知道与否	法医鉴定死因	控方定性意见	辩方定性意见	一审判决	二审判决
刘某赐故意杀人案	掌掴	癫痫病	知道	癫痫发作死亡后被锐器分尸	故意杀人罪	—	故意杀人罪，无期徒刑	未上诉
孙某嵩、吕某飞故意伤害案	拳打脚踢致头部等处受伤	脑部疾病、心血管疾病、急性乙醇中毒等	不知道	共同作用但比例未知	故意伤害致人死亡，但量刑应减轻	多因一果、事实不清	故意伤害致人死亡，有期徒刑十年	维持一审

续表

案例名称	暴力程度	基础疾病	被告人知道与否	法医鉴定死因	控方定性意见	辩方定性意见	一审判决	二审判决
王某秋等故意伤害案	多人徒手殴打致躯干轻微伤	心脏瓣膜发育不全、急性心肌炎、急性肝坏死	不知道	轻微伤和饮酒是诱发因素	故意伤害罪	不服	故意伤害罪,有期徒刑四年、三年六个月、三年	维持定性,对一被告适用缓刑
刘某过失致人死亡案	推肩部、踢腿部	冠状动脉粥样硬化性心脏病	不知道	心脏病致死	过失致人死亡罪	无罪	无罪,但承担民事责任	未上诉

在梳理和分析上述四则案例的过程中,检验了本书关于结果加重犯主观归责限定理论的可操作性。并且通过对这一类型案件的集中讨论,笔者又进一步细化了这一类型案件的判断规则。第一,从客观层面来说,几乎难以切断被告人的殴打行为与被害人死亡结果的因果联系,虽然笔者将被害人特殊体质归结为介入的因素,但是事实上被害人的特殊体质因素不是后介入的,而是与被告人的伤害行为同时作为诱发伤亡结果发生的原因的。所以对于上述四个案例,本书均肯定了被告人的殴打行为与被害人的死亡结果之间的因果关系。第二,从主观层面来说,主要是判断被告人对于导致被害人伤亡的结果是否具有预见可能性和结果避免可能性。判断预见可能性也是要从客观上被告人的行为表现以及他是否知道或者可能知道被害人具有特殊体质这两方面入手。在刘某过失致人死亡案中,刘某对于被害人的伤亡结果没有预见可能性,故无罪;在王某秋等故意伤害案和孙某嵩、吕某飞故意伤害案中,被告人所实施的殴打被害人的行为能够体现出被告人对于被害人受伤(轻伤和重伤)的结果具有预见可能性,且没有履行结果回避义务,故认定这两起案件的被告人即便不对被害人的死亡结果负责,也应当承担故意伤害致人重伤的刑事责任;在刘某赐故意杀人案中,与上述三则

案例的情况不同,即在于刘某赐明知道被害人刘某有癫痫病,还蓄意招惹使其病发,表明了刘某赐对刘某有杀害的故意,其主观罪责已经不仅仅是过失,且刘某赐的客观行为是放任刘某死亡的结果发生,故认定刘某赐的行为成立故意杀人罪。

(三)因果历程偏离时全等审查阶层的考察

故意伤害案件中,因果历程偏离的情形大量存在,仅对这类情形进行客观归因和主观归责的评价,会得出故意伤害致人重伤或者死亡的故意犯罪既遂的结论。然而,从本书前文所举的季某兵过失致人死亡案中,就能够发现主观和客观不统一,在这种情况下对行为人以故意犯罪的既遂归责会违背主客观相统一的原则。因而在因果历程偏离的案例中,应该运用本书支持的全等审查阶层理论进行主客观统一与否的审查,才能对重伤或者死亡这种加重结果应否归责于故意伤害行为作出妥当评价。以下笔者在结果延后发生和打击对象错误这两种情况下,进一步检验全等审查阶层理论的可操作性。

1. 结果延后发生

【案例二十三 · 梁某红故意杀人案】[1]被告人梁某红(男,1979 年出生)1999 年 5 月 27 日 21 时许,冒充被害人王某(云南省建水县第三中学学生,时年 14 岁)的亲戚打电话到云南省建水县第三中学小卖部,谎称王某的父亲因车祸住院,将王某骗至建水县曲江大桥西侧泵房处后,与王某发生争执,梁某红遂勒王某的颈部、捂王某的嘴,致王某昏迷。梁某红以为王某死亡,将王某藏匿于附近的水沟中。次日凌晨,梁某红将写好的恐吓信放置于王某家门口,称王某被绑架,让王某的母亲拿 2.5 万元到曲江大桥处赎人。同月 30 日,王某的尸体在曲江河内被发现。经鉴定,王某系溺水死亡。

一审法院认为:公诉机关指控梁某红杀死被害人王某并书写恐吓信的

[1] 参见陈兴良、张军、胡云腾主编:《人民法院刑事指导案例裁判要旨通纂》(上卷)(第 2 版),北京大学出版社 2018 年版,第 603 页。

事实成立,但认为梁某红的行为构成故意杀人罪和敲诈勒索罪不妥。被告人梁某红以勒索财物为目的绑架他人致死的行为,构成绑架罪。梁某红在公安机关未掌握其犯罪事实的情况下,向公安机关如实交代了罪行,应认定为自首,可以从轻处罚。判决:被告人梁某红犯绑架罪,判处死刑,缓期二年执行,剥夺政治权利终身;赔偿附带民事诉讼原告人王某成经济损失1万元。

一审宣判后,被告人梁某红不服,向云南省高级人民法院上诉称:自己因田里用水与王某之父发生过矛盾,自己把王某骗出学校是想说服王某让王某帮助解决矛盾;自己没有准备凶器,没有杀害王某的意图。梁某红的辩护人提出,梁某红致王某昏迷后,误认为王某已死亡,将王某藏匿于无水的水沟中,由于当晚下大雨,王某才溺水死亡,梁某红的行为符合间接故意杀人的特征;梁某红给王某父母写恐吓信的目的是转移公安机关的侦查视线,而非为勒索财物,不构成敲诈勒索罪。检察院亦提出抗诉,认为:一审判决定性不准,适用法律不当,量刑畸轻。梁某红不具有以勒索财物为目的的主观故意,梁某红将被害人杀害后,又给被害人的父母写恐吓信进行敲诈,其行为构成故意杀人罪和敲诈勒索罪,梁某红亦不具有自首情节。

二审法院审理认为:梁某红在与王某发生争执时,故意对王某勒颈、捂嘴,致使王某昏迷后,将王某丢弃于水沟致使王某溺水死亡的行为,已构成故意杀人罪。梁某红在杀害被害人王某后为转移公安机关侦查视线而写敲诈信的行为不构成敲诈勒索罪,梁某红在公安机关掌握一定的证据并将其作为犯罪嫌疑人进行讯问后,如实供述罪行,不具有自首情节。判决:(1)撤销一审刑事判决书;(2)被告人梁某红犯故意杀人罪,判处死刑,剥夺政治权利终身。云南省高级人民法院依法将本案报请最高人民法院核准。

最高人民法院经复核认为:被告人梁某红构成故意杀人罪,依法应严惩。被告人梁某红不具有自首情节。裁定:核准云南省高级人民法院以故意杀人罪判处被告人梁某红死刑,剥夺政治权利终身的刑事判决。

梁某红故意杀人案在审理过程中的争议点有三个:第一,如何评价梁某红对王某进行勒颈、捂嘴而致使王某昏迷后,将王某丢弃在水沟致使王某溺水死亡的行为,这是故意杀人还是绑架致人死亡;第二,王某是否构成敲诈勒索罪;第三,王某是否具有自首情节。对于后两个问题,笔者赞同二审法院的判决意见以及最高人民法院的核准意见。值得在理论层面进一步探讨的是第一个问题。

梁某红对王某进行勒颈、捂嘴,导致王某昏迷后,将王某丢弃在水沟致使王某溺水死亡,这在因果关系偏离的理论模型中被称为结果延后发生,对于这类案件判断的关键问题就在于被害人的死亡结果如何归责于行为人。梁某红在对王某实施勒颈、捂嘴,导致王某昏迷之时,对王某是具有杀害的故意的,但是通过这一行为并未实现杀死王某的结果,当梁某红将被害人王某丢弃在水沟时,实施此行为的梁某红也并不具有杀人故意。对于此类情形,需要运用本书的全等审查阶层理论进行逐层审查。

在客观层面,被告人梁某红与被害人王某发生争执,梁某红动手勒王某的颈部,并捂嘴,之后又将王某的身体拖到水沟附近,王某的死亡结果是由于当天晚上降雨,水沟水位提高,王某溺水而死,并非因梁某红动手勒王某的颈部并捂嘴的暴力行为所导致,故在客观层面上,梁某红实施的勒颈部和捂嘴的行为与被害人王某的死亡结果之间无因果关系。

在主观层面,被告人梁某红在实施勒颈、捂嘴行为时,对被害人王某的死亡结果是放任的甚至是希望的,故在实施勒颈和捂嘴的行为时,有致人死亡的故意,然而在将王某的身体移动到水沟旁时,被告人梁某红误以为被害人王某已经死亡,实际上从梁某红的角度他认为是对"尸体"的处置,目的是掩盖罪行,并不具有杀死被害人的故意。而对于王某的死亡结果,被告人梁某红是否具有过失呢?根据本书观点,这需要考察预见可能性以及是否尽到结果回避义务。梁某红在实施暴力行为导致王某昏迷之后,应当能够预见王某未必死亡,有可能只是昏迷,以及下雨后若桥洞水位上涨有溺死王某的可能性。同时梁某红未尽到将王某送医院急救的这种结果回避义务,故应当认定梁某红挪动王某身体的行为在实施时其主观上具有对王某死亡结果的过失责任。

接下来考察如何将被告人梁某红行为的客观和主观层面统一评价。对于被告人梁某红实施的勒颈和捂嘴行为由于其没有实现杀人的结果，故不能评价为故意杀人既遂，无法通过全等审查的考察，只能评价为故意杀人未遂。对于被告人梁某红实施的拖拽王某身体的行为，尽管其客观上导致了下雨后水位上涨王某被溺死的结果，但是梁某红在实施此行为时并没有杀人的故意，仅具有过失责任，故不能评价为故意杀人既遂，无法通过全等审查的考察，只能评价为过失致人死亡。

综上，根据本书观点，本案应当认定为故意杀人未遂和过失致人死亡数罪并罚。法院的定性为被告人梁某红成立故意杀人既遂，是忽略了梁某红在实施犯罪行为的不同阶段的主观罪责变化与客观结果的对应情况；将死亡结果归责于梁某红的勒颈和捂嘴行为，是违背案件客观事实的；而将造成被害人死亡的拖拽身体行为附加故意杀人的主观罪责，也是违背被告人主观状态的。因而运用本书所倡导的“主客观全等审查阶层”理论，能够得出的结论是被告人梁某红犯故意杀人罪未遂和过失致人死亡罪，应当数罪并罚。

2. 打击对象错误

【案例二十四·张某泉故意伤害案】[1] 2015 年 9 月 17 日 0 时许，被告人张某泉为向张某波追讨欠款，携带一支可拆卸成二截的自制“铁枪”，驾驶摩托车窜到饶平县黄冈镇被害人张某波的出租屋附近，将张某波拦住。被告人张某泉与张某波发生争吵，张某波的朋友被害人郑某佳等人在旁劝架。期间，张某泉从摩托车上拿出两截自制“铁枪”，将之连接成一支长约 1.8 米、双头锋利的“铁枪”，挥动着去劈打在其身前的张某波。“铁枪”没劈动张

[1] 参见陈兴良、张军、胡云腾主编：《人民法院刑事指导案例裁判要旨通纂》（上卷）（第 2 版），北京大学出版社 2018 年版，第 769 页。

某波,但张某泉在挥动铁枪向后甩的同时却刺中站在其身后的郑某佳。郑某佳被刺中左大腿后流血倒地,当场死亡。作案后,张某泉驾车携带“铁枪”逃离现场。当天晚上10时许,张某泉在亲属的陪同下主动到饶平县公安局城南派出所投案。经法医鉴定:被害人郑某佳符合被他人用利器刺伤左大腿大血管致失血性休克死亡。

一审法院认为:被告人张某泉故意伤害他人身体,致一人死亡,其行为已经构成故意伤害罪。被告人张某泉犯故意伤害罪,判处有期徒刑十二年。

张某泉故意伤害致人死亡一案,是典型的打击错误的因果历程偏离的情况。对于打击错误这种情况该如何处理,刑法理论界一直都有争议,主要有两种观点:具体符合说与法定符合说。具体符合说认为,在打击错误的情况下,行为人所认识的事实与实际发生的事实具体地相一致时,才成立故意的既遂犯;法定符合说则认为,在打击错误的情况下,行为人所认识的事实与实际发生的事实,只要在犯罪构成范围内是一致的,就成立故意的既遂犯,就不影响对其行为性质的判断及刑事责任的承担。目前来讲,法定符合说是通说,在同一犯罪构成要件内的打击错误不阻却故意的成立,不能改变行为人的行为性质。从张某泉故意伤害致人死亡一案的审理结论来看,本案的裁判机关也是采用了法定符合说,而非具体符合说。

本书认为,尽管法定符合说能够给这一问题的解决提供具有操作性的方案,然而法定符合说是由客观上已然的结果来反推在行为当时已经存在的故意,这种思维方式的体系性定位有问题。因为行为人在故意主导下一旦实施行为,无论结果是否按照行为人预期的发展,都不能溯及阻却先前便已存在的故意。不能通过伤亡结果是否发生在行为人想要致伤亡的人身上来回溯解释行为人在行为之时是否具有故意。判断行为人是否具有故意是在行为之时,这才符合行为的该当性、违法性、有责性必须同时存在的同时性原则。而上述裁判机关的思路和学界通说的观点都是以具体伤亡结果是不是行为人意向的伤亡对象来反推行为人当时是否具备故意,对这种思维观念是必须予以纠正的。根据本书观点，既然行为之时的故意也是客观存在的，不能回溯性反推，那么这里实质要探讨的问题是如何评价行为人的故意犯罪行为达到了既遂的状态，这就需要运用本书所倡导的全等审查阶层理论予以分析评价。

张某泉故意伤害案中，从客观层面来看，张某泉用自制的两截铁枪去劈打张某波，张某波身旁有前来劝架的被害人郑某佳，张某泉挥动铁枪的行为创设了致人伤亡的危险，并且这种危险具有较高的实现可能性，毕竟铁枪锋利，现场人多。从主观层面来看，张某泉具有致人受伤的故意，这种故意具体指向的是欠款的张某波，但是由于现场人多，也不排除张某泉所故意创设的风险中包含对他人受伤结果的放任，因而此处我们可以认定，张某泉挥动铁枪时的主观故意，能够被表述为希望张某波受伤以及放任其他人受伤。接下来我们进行全等审查阶层的分析。可以清晰地看到，张某泉挥枪的动作扎刺到了站在其身后的郑某佳，尽管没有劈动张某波，但是导致郑某佳死亡的结果也在张某泉故意的意识范围内，属于间接故意，因而张某泉的行为通过全等阶层的主客观判断，能够认定张某泉客观实施的伤害行为，与主观意图实现的结果是全等符合的。因此张某泉的行为，应当评价为故意伤害致人死亡的既遂犯罪。本书的观点与裁判结论一致，但是对问题的体系性定位不同，传统观点是进行是否具有故意的判断，而本书所倡导的全等审查阶层是要进行故意既遂的判断，这种判断理念将此问题放置在客观判断和主观判断之后的第三阶层，体系定位更具合理性，并且具有实务操作性，也能加强结论的可靠性。

二、故意伤害罪结果加重犯的共犯问题

故意伤害致人重伤或者死亡的共同犯罪所要讨论的核心问题在于，未实行致人伤亡行为的共犯，是否要对加重结果负责。以下运用本书的观点对司法实践中的疑难案例进行解析。

(一)共同创设危险是结果加重犯共犯的本质

【案例二十五·蒋某等过失致人死亡案】[1]被告人蒋某、李某受人雇佣驾驶车辆在江苏省无锡市惠山区钱桥镇华新村村道上行驶时,与当地徐某勤驾驶的农用车对向相遇,双方为了让道问题发生争执并扭打。而后,徐某勤持手机打电话,蒋某、李某以为徐某勤纠集人员,即上车调转车头欲驾车离开现场。徐某勤见状,即冲上前阻拦二人离开。蒋某、李某将徐某勤拉至车后,由李某拉住徐某勤,蒋某上车驾驶该车以20公里的时速缓慢行驶。后李某放开徐某勤跳上该车的后车厢。徐某勤见状迅速追赶,双手抓住该车的右侧护栏欲爬上该车。蒋某在驾驶过程中,从驾驶室的后视窗看到徐某勤的一只手抓在右侧护栏上,但未停车。李某为了阻止徐某勤爬进车厢,将徐某勤的双手沿护板扳开。徐某勤因双手被扳开而右倾跌地且面朝下,被该车的右后轮当场碾压致死。该车开出十余米时,李某拍打驾驶室车顶,将此事告知了蒋某,并下车先行离开。蒋某见状将农用车开到厂里后逃离无锡,后被公安机关抓获。同年8月18日,李某向公安机关投案并如实供述了上述犯罪事实。

审理法院认为:被告人蒋某、李某因让道问题与被害人徐某勤发生争执并扭打后,为了摆脱徐某勤的纠缠而驾车离开。蒋某在低速行驶过程中看到徐某勤的手抓住护栏,其应当预见驾车继续行驶可能发生危害后果,因急于摆脱徐某勤的纠缠,疏忽大意而没有预见。李某在车厢内扳徐某勤抓住护栏的双手时,已经预见这一行为可能发生危害结果,但基于被告人蒋某驾车行驶的速度缓慢,轻信低速行驶过程中扳开徐某勤双手的行为能够避免危害结果的发生。综观被告人蒋某、李某各自的主客观因素,可以认定蒋某、李某共同的主观目的是摆脱徐某勤的纠缠,但二人之间并无意思上的沟通。在危害结果可能发生的情况下,蒋某、李某分别违反了应有的预见义务

---

〔1〕参见陈兴良、张军、胡云腾主编:《人民法院刑事指导案例裁判要旨通纂》(上卷)(第2版),北京大学出版社2018年版,第622页。

和应尽的避免义务，从而导致了徐某勤死亡结果的发生。蒋某、李某并无共同的致害故意，致使由于对预见义务和避免义务的违反而造成致害的结果，其行为符合过失致人死亡罪的基本特征。依法判处：被告人蒋某、李某犯过失致人死亡罪，蒋某判处有期徒刑四年六个月，李某判处有期徒刑三年六个月。

蒋某等过失致人死亡案的争议焦点在于行为的定性，公诉机关以故意杀人罪起诉蒋某、李某，而法院认定蒋某和李某的行为仅构成过失致人死亡罪。公诉机关以故意杀人罪指控蒋某和李某的事实前提是，本案中被害人徐某勤从车上掉下来，被车辆后轮碾压当场死亡。而如果是送医院抢救后死亡，那么公诉机关也有可能以故意伤害致人死亡的罪名起诉，因此本案可以作为故意伤害致人重伤或者死亡的共同犯罪案件来进行研究。

故意杀人罪和故意伤害致人重伤、死亡的定性前提是认为蒋某、李某的行为共同创设了导致被害人徐某勤死亡（重伤）的危险，在故意杀人罪中是明确的致人死亡的危险，在故意伤害致人重伤、死亡中是导致被害人重伤或者死亡的危险。正是因为具有这种类型性的危险，且行为由二人共同以故意罪责来实施，才能认定成立故意伤害或者故意杀人的故意犯罪。如果二人没有实施制造相应类型性危险的行为，且不是基于重伤或者杀死徐某勤的故意，那么就不能认定二人实施了故意伤害致人重伤、死亡或者故意杀人罪的犯罪。

关于本案案情，从客观方面来讲，蒋某、李某与被害人徐某勤因为让道问题发生扭打，蒋某、李某发现徐某勤打电话纠集他人前来时立即决定开车离开现场。蒋某负责开车，李某负责控制徐某勤，给蒋某发动车辆留有时间。蒋某发动车辆后以 20 公里的时速缓慢行驶，这也是为了给李某上车的时间。李某上车后，阻止徐某勤双手扒车门，结果导致徐某勤向车右后方倾斜掉落，被车辆碾压致死。从蒋某和李某各自的行为来看，蒋某的行为是以 20 公里的时速驾车，而李某的行为是在时速 20 公里的车的后车厢，扳动徐某勤扒车的手,以防止他爬上车辆。二者的行为均不是能够致人伤害或者死亡的行为。根据本书观点,实施故意伤害结果加重犯的基本行为,应当是客观上能够蕴含类型性危险的行为,蒋某和李某的行为在客观上单独来看都不蕴含这种致人伤亡的风险,因而对蒋某和李某既不能成立故意杀人罪,也不能成立故意伤害罪致人死亡。简单来说,就是由于二人并未创设致人伤亡的类型性危险,所以在客观层面即可将二人的行为排除故意伤害罪或者故意杀人罪。

而本案的特殊性在于,在客观方面的确是二人行为的叠加导致了被害人死亡结果的发生,行为与结果之间具备因果关系,主观上蒋某和李某虽然不具有杀人和伤害的故意,但是二人对于被害人徐某勤的伤亡结果应当预见而没能预见,故本书赞成裁判结论,认定二人成立过失致人死亡罪。

(二)先前行为是结果加重犯共犯可罚性的客观基础

【案例二十六·黄某保等故意伤害案】[1]2000 年 6 月初,被告人黄某保因与被害人朱某周有私人恩怨,找到刘某标商量,提出找人利用女色教训朱某周。随后,黄某保找到被告人洪某,商定由洪某负责具体实施。洪某提出要4 万元的报酬,先付 2 万元,事成后再付 2 万元。黄某保向洪某支付 2 万元费用后,洪某即着手寻觅机会利用美色来引诱朱某周,但未能成功。于是洪某打电话给黄某保,提出不如改为找人打朱某周一顿,黄某保表示同意。

之后洪某以 1 万元人民币雇用被告人林某明去砍伤朱某周,后黄某保因害怕打伤朱某周可能会造成的法律后果,于 7 月初,两次打电话给洪某,明确要求洪某取消殴打朱某周的计划,同时商定先支付的 2 万元冲抵黄某保欠洪某所开饭店的餐费。但洪某应承后却并未及时通知林某明停止伤人计划。林某明找来了谢某中等其他同伙,准备了两把菜刀,于 7 月 24 日

---

〔1〕 参见陈兴良、张军、胡云腾主编:《人民法院刑事指导案例裁判要旨通纂》(上卷)(第 2 版),北京大学出版社 2018 年版,第 734 页。

晚，一起潜入朱某周住宅楼下，等候朱某周开车回家。晚上 9 时 50 分，朱某周驾车回来，谢某中趁朱某周在住宅楼下开信箱之际，持菜刀朝朱某周后背连砍 2 刀，臀部砍了 1 刀，其他同伙朝朱某周前额面部砍了 1 刀，将朱某周砍至重伤。

事后，洪某向黄某保索要未付的 2 万元，黄某保再次拿出 2 万元给洪某，洪某将其中 1 万元当作报酬给了谢某中等人。

被告人黄某保辩称自己没有参与打人，不构成故意伤害罪。其辩护人辩称，黄某保在犯罪预备阶段自动放弃犯罪，是犯罪中止，应当免予刑事处罚。

被告人洪某及其辩护人辩称，黄某保交给洪某的钱中有 2 万元是抵销黄某保在餐厅的欠款。洪某在本案中仅起联络作用，对本案不应承担主要刑事责任。

香洲区人民法院经审理后认为：被告人黄某保、洪某、林某明、谢某中、庞某才、林某宁共同故意伤害他人身体，致人重伤，其行为均已构成故意伤害罪。被告人黄某保虽然最终打消犯意，但未能采取有效手段阻止其他被告人实施犯罪，导致犯罪结果发生。考虑到其在共同犯罪中的教唆地位和作用，对其个人放弃犯意的行为不能认定为犯罪中止，故对其辩解意见不予采纳。被告人洪某在共同故意犯罪中掌握着佣金的收取和分配，负责组织他人实施犯罪，起承上启下的纽带作用，并非处于一般的联系环节。被告人黄某保在犯罪预备阶段，主观上自动放弃犯罪故意，并以积极的态度对待附带民事赔偿，有悔罪表现，故可以对其酌情从轻处罚。判决：(1) 被告人黄某保犯故意伤害罪，判处有期徒刑三年。(2) 被告人洪某犯故意伤害罪，判处有期徒刑五年。(3) 被告人林某明犯故意伤害罪，判处有期徒刑四年。(4) 被告人谢某中犯故意伤害罪，判处有期徒刑四年。(5) 被告人庞某才犯故意伤害罪，判处有期徒刑四年。(6) 被告人林某宁犯故意伤害罪，判处有期徒刑三年。

黄某保故意伤害案中,洪某教唆林某明等人砍伤朱某周的行为构成故意伤害致人重伤,这一点是没有争议的。本案值得探讨的是,作为教唆犯的黄某保,是否要对洪某等人的故意伤害致人重伤结果负责。这里存在两种观点,法院认为黄某保虽然给洪某打电话要求停止对朱某周实施殴打行为,但是客观上并没有达到制止洪某找人殴打朱某周的效果,并且从事后黄某保仍然付给洪某 2 万元佣金的角度来看,黄某保对洪某教唆他人殴打朱某周的行为是默许的,故不认定黄某保实施了有效的犯罪中止。而黄某保及其辩护人认为,黄某保没有参与打人,并且在犯罪预备阶段就已经放弃犯罪,是犯罪中止,不应当对洪某等人实施的故意伤害致人重伤行为承担责任。

根据本书的观点,探讨教唆犯是否需要对实行犯造成的加重结果负责,应当运用不作为理论中先前行为的理论来限制作为义务的来源。无论教唆犯是否参与犯罪实行过程,只要其提起犯意,使得被害人的法益进入需要保护的状态,他就有对被害人的法益进行保护的义务,但是如果教唆犯履行了避免结果发生的义务,就要从客观上否定教唆犯参与了结果加重犯的基本行为,从客观上免去教唆犯的责任。具体来说,教唆犯与实行犯形成了上下级的监督关系,当作为上级的教唆犯已经明确说明取消犯罪计划,并劝阻实行人着手,那么即使被教唆人仍然实行犯罪,导致加重结果发生,也不能将加重结果的发生归责于教唆犯,因为教唆犯已经履行了自己的监督义务,这种监督义务并不是无休止地时刻紧盯被教唆人,当教唆犯表达了要中止犯罪的观点后,被教唆人作为能够自我担责的个人,还坚持实施犯罪行为,那么实行犯应当独立承担刑事责任。

黄某保故意伤害一案中,在黄某保接受洪某提出的找人殴打朱某周的建议之后,黄某保因为害怕承担刑事责任,两次打电话给洪某,要求停止实施对朱某周的伤害行为。然而洪某并没有听从黄某保的劝阻,依然纠集林某明等人实施伤人计划。作为教唆犯的黄某保与实行犯林某明等人是不能直接联系的,黄某保是委托洪某来雇用林某明等人,在这种情况下,黄某保中止犯罪的唯一途径就是联系洪某,黄某保给洪某打了两次电话,足以体现黄某保中止犯罪的决心,笔者认为,黄某保已经履行了避免结果发生的义务,并未与洪某等人共同实施具有类型性危险的基本行为。本案审理过程中法院认为,黄某保在得知洪某伤人一事之后仍然付给洪某 2 万元佣金,这能够说明黄某保对于洪某伤人的事情是支持或者放任的,对此笔者表示反对。从案情来看,洪某系累犯,本案宣判时洪某因其他故意犯罪刑满释放未满 5 年,属于人身危险性比较高的人。洪某自作主张继续单方面履行黄某保已经要求中止的"买凶伤人"的协议,黄某保又怎敢不支付佣金给洪某,故支付佣金的行为不能反映黄某保对洪某伤害朱某周的行为是支持或放任的。

综上,本书认为,黄某保故意伤害一案中,黄某保作为一级教唆行为人已经在预备阶段及时向二级教唆行为人表达了中止犯罪的意见,但是二级教唆行为人继续着手实施犯罪计划。对于这种情况,由于一级教唆行为人黄某保及时履行了结果回避义务,所以可以认定一级教唆人并未参与故意伤害罪结果加重犯的基本行为,未与洪某等人共同创设类型化的危险,不应当将朱某周的伤害结果归责于黄某保,而应当由二级教唆人洪某与实行犯一起承担对朱某周故意伤害致其重伤的刑事责任。

(三)结果在共谋射程范围内是共犯可罚性的主观基础

对于故意伤害的共同犯罪中,其中一人实施了导致被害人重伤或者死亡的伤害行为的情况,通常有两个问题需要讨论。第一,其他共同犯罪人是否也要承担致人重伤或者死亡结果的责任。司法实务中一般是认定所有共同犯罪人都要承担加重结果的罪责。第二,如果伤害行为造成被害人死亡,那么对于直接导致死伤结果发生的行为人与未直接导致死伤结果发生的行为人,如何确定罪名。这有三种不同的处理方式:都认定为成立故意杀人罪,都认定为成立故意伤害罪,分别认定为成立故意杀人罪和故意伤害罪。上述这两个问题的本质其实就是在于回答如何对结果加重犯的共犯进行主观归责的确认。以下结合三则案例,运用本书所提出的线段理论,对这个问题进行探讨。

【案例二十七·宋某福等故意杀人案】[1]被告人宋某福与被害人宋某锋是邻里。因道路纠纷,两家素有积怨,宋某福便蓄意报复宋某锋。1997年7月31日,宋某福到其连襟被告人许某相家帮助干农活,邀许某相找人教训宋某锋,许某相当即答应并商定于次日夜间动手。次日晚9时许,许某相又邀约李某坤(在逃)各带一把剑到达约定地点与宋某福会面。当晚11时许,三人蒙面持剑,翻墙跳入宋某锋家院内。此时,宋某锋女儿宋某某打开室门欲上厕所,被李某坤捂住其嘴推回室内。宋某某挣扎、呼喊,惊动了宋某锋夫妇,宋某锋夫妇出屋查看动静时,许某相朝宋某锋胸部猛刺一剑,后与宋某福、李某坤越墙逃离现场。宋某锋被送往医院时已经死亡。经法医鉴定,宋某锋系被刺破主动脉后,引起大失血而死亡。

阜阳市中级人民法院认为:被告人宋某福纠集许某相报复被害人宋某锋,致其死亡,已构成故意杀人罪,且情节严重,应依法负刑事责任和相应的民事责任。依法判处被告人宋某福、许某相死刑,缓期二年执行,剥夺政治权利终身。

一审宣判后,被告人宋某福以其未提出过要杀死被害人,定故意杀人罪不当,量刑过重为由提出上诉;被告人许某相以并非要杀死被害人,定故意杀人罪不当,量刑过重为由,提出上诉;阜阳市人民检察院以二被告人为泄私愤持剑报复他人并将人刺死,后果严重,原判量刑畸轻为由,提出抗诉。

安徽省高级人民法院经审理认为:宋某福为报复被害人,指使许某相等人携剑共同实施犯罪。许某相在犯罪中见被害人等大声呼救,即对被害人胸部猛刺一剑后逃离现场。许某相的行为显然系为达到宋某福唆使的报复被害人的目的,而放任被害人死亡结果的发生,应属间接故意杀人。宋某福

---

[1] 参见陈兴良、张军、胡云腾主编:《人民法院刑事指导案例裁判要旨通纂》(上卷)(第2版),北京大学出版社2018年版,第597页。

在预谋犯罪时虽未有明确的杀害被害人的犯意,但其在实施犯罪时见报复被害人的目的已达到,也逃离现场,故其与许某相系间接故意杀人的共犯,且二人在犯罪中作用相当,无主从犯之分,应负相同罪责。二上诉人的上诉理由均不能成立。宋某福、许某相深夜持剑蒙面窜入被害人住宅,并将被害人杀死,犯罪情节恶劣,后果严重,社会危害性极大,应依法严惩。公诉机关抗诉要求判处二被告人死刑的理由成立,予以采纳。依法作出判决:以故意杀人罪分别判处上诉人宋某福、许某相死刑,剥夺政治权利终身。

安徽省人民法院依法将此案报请最高人民法院核准。

最高人民法院经复核认为:被告人宋某福因与宋某锋有积怨,在纠集许某相实施报复加害行为过程中,将宋某锋刺死,二被告人的行为均构成故意杀人罪,犯罪情节严重。鉴于二被告人作案手段并非残忍,主观上对危害结果持放任态度,不是预谋杀人,对其判处死刑,可不立即执行。一审判决量刑适当,二审改判失当。判决如下:以故意杀人罪分别判处被告人宋某福、许某相死刑,缓期二年执行,剥夺政治权利终身。

宋某福故意杀人一案中,被告人宋某福纠集被告人许某相,对被害人宋某锋实施伤害行为,许某相一剑刺进宋某锋胸部,导致宋某锋死亡。存在争议的问题有二:第一,宋某福需不需要对许某相刺死宋某锋的结果负责。对此,宋某福认为当时在和许某相商量教训宋某锋之时,并未要求许某相杀死宋某锋,许某相的行为属于实行过限。而法院则认为宋某福在预谋犯罪时虽未有明确的杀害被害人的犯意,但其在实施犯罪时见报复被害人的目的已达到,也逃离现场,故其与许某相系间接故意杀人的共犯。第二,宋某福和许某相的罪名是否是故意杀人罪,宋某福和许某相认为自己不具有杀人的故意,而审理法院认为二者成立间接故意的故意杀人罪的共犯。案件从一审到二审再到最高人民法院进行死刑复核过程,对该案的定性都一致认为两名被告人成立故意杀人罪。

对于第一个问题,本书认为,从客观层面来讲,宋某福纠集许某相持剑夜闯被害人宋某锋宅院，当宋某锋出门查看动静时，许某相就一剑刺入宋某锋胸部，这一伤害行为与宋某峰的死亡结果之间是具有因果关系的，而宋某福既是教唆许某相实施伤害行为的教唆人，也是与许某相共同着手实施伤害行为的实行行为人，因而宋某锋与许某相共同实施了具有类型性危险的先前行为。

从主观层面来看，本书认为共谋的射程是一个射线，挑起犯意的教唆犯必须明确为共谋的射线画下终点，明确共谋的范围，才能免于其他实行犯所造成的加重结果归责于己。本案中，宋某福提议“教训”宋某锋，且宋某福和许某相是携剑闯入被害人宋某锋的宅院，那么宋某福所教唆的犯意就是包含了致人轻伤、重伤乃至死亡结果的故意伤害的犯意。尽管宋某福辩解称，其只是提议教训宋某锋，但是根据线段理论，宋某福并没有明确告知许某相不能伤害宋某锋的性命。所以许某相将剑刺入宋某锋胸部致其死亡的结果，是在宋某锋与许某相的共谋范围内的，宋某福应当对宋某锋的死亡结果负责。

对于第二个问题，法院认定两名被告人成立故意杀人罪的重要依据在于，许某相是为达到帮宋某福报仇的目的，放任被害人死亡结果发生，而宋某福在预谋犯罪时虽然未有明确的杀害被害人的犯意，但其在实施犯罪时见报复被害人的目的已达到，也即逃离现场，故与许某相均为间接故意的共犯。笔者认为，宋某福作为犯意挑起人，在预谋犯罪的时候表达的态度是纠集许某相与他一起对宋某锋进行“教训”，所谓教训包含了普通殴打无伤、轻微伤、轻伤、重伤、死亡这样一个伤害的程度由轻到重的范围。然而依案情分析，宋某福与宋某锋两家因道路纠纷积有宿怨，这是宋某福提起殴打被害人宋某锋这一犯意的主要原因，然而这一原因对于促成宋某福形成杀人的动机还不够充分，并且许某相也与宋某福无仇，其目的是帮助宋某福教训宋某锋，为了逃跑而刺伤了宋某锋，因而二者显然都不具备实施故意杀人的直接故意。

那么二者是否具备故意杀人的间接故意呢？审理法院认为，宋某福和许某相具备故意杀人的间接故意，理由是在许某相刺伤宋某锋之后，两名被告人选择逃跑，因此放任了死亡结果发生。笔者反对这种观点。笔者认为，第一，许某相刺伤宋某锋所要达到的目的是逃跑，而为了逃跑，伤害程度的打击就足够，无需致人死亡。第二，裁判机关所描述的两名被告人逃跑后"放任"被害人死亡，与故意杀人间接故意中的放任结果发生不同，两名被告人的"放任"行为属于排除逃跑障碍之后的逃跑行为，现场还有被害人的妻女可以帮助被害人求救。第三，评价行为人的主观罪责时应当根据同时性原则，主要判断行为人实施行为时的主观心理状态，许某相和宋某福的实行行为并未体现要达到杀死宋某锋的目的，那么行为实施完毕之后的逃跑或抗拒抓捕行为仅能作为量刑情节酌情予以考虑。因此，本案宋某福和许某相不具有杀人的故意，只具有伤害的故意，所以不应当认定成立故意杀人罪。

本书认为，两名被告人的行为应当构成故意伤害致人死亡罪，二人系共同犯罪。在客观方面，两名被告人共同创设类型性的危险，并导致了被害人宋某锋死亡结果的实现。在主观方面，许某相在实施刺伤行为的时候，应该能够预见该行为造成致人伤亡的后果，以及宋某福在提议许某相与他一起教训宋某锋的时候，也应当预见这样的殴打行为有可能造成被害人的死亡后果，二者对于共同实施的伤害被害人宋某锋的行为能够致人死亡的危险是有认识的。故对二者应当认定成立故意伤害致人死亡罪。

【案例二十八·陈某国等故意杀人案】〔1〕被告人余某华案发前在浙江省温州市瓯海区娄桥镇娄南街某鞋业有限公司务工。2005年9月29日晚，余某华因怀疑同宿舍工友王某义窃取其洗涤用品而与其发生纠纷，遂打电话给也在温州市务工的被告人陈某国，要陈某国前来"教训"王某义。次日晚上8时许，陈某国携带尖刀伙同同乡吕某双来到某鞋业有限公司门口与余

〔1〕参见陈兴良、张军、胡云腾主编：《人民法院刑事指导案例裁判要旨通纂》（上卷）（第2版），北京大学出版社2018年版，第584页。

某华会合,此时王某义与被害人胡某旺及武某刚正从门口经过,经余某华指认,陈某国即上前责问并殴打胡某旺,余某华、吕某双也上前分别与武某刚、王某义对打。其间,陈某国持尖刀朝胡某旺的胸部、大腿部等处连刺三刀,致被害人胡某旺左肺破裂、左股动静脉离断,急性失血性休克死亡。

温州市中级人民法院认为:被告人陈某国、余某华因琐事纠纷而共同故意报复杀人,其行为均已构成故意杀人罪,犯罪情节特别严重,社会危害极大。判处:(1)被告人陈某国犯故意杀人罪,判处死刑,剥夺政治权利终身;(2)被告人余某华犯故意杀人罪,判处有期徒刑十五年,剥夺政治权利五年。宣判后,陈某国、余某华均以没有杀人的故意、定性不准、量刑过重为由提出上诉。

浙江省高级人民法院认为:上诉人陈某国事先携带尖刀,在与被害人争吵中,连刺被害人三刀,其中左胸部、左大腿的两处创伤均为致命伤,足以证明陈某国对被害人的死亡后果持放任心态,原审据此对陈某国定故意杀人罪并无不当。上诉人余某华、陈某国均供述其让陈某国前去"教训"被害人,但没有要求陈某国携带凶器;在现场斗殴时,余某华没有与陈某国作商谋,且没有证据证明其知道陈某国带着凶器前往;余某华也没有直接协助陈某国殴打被害人。原判认定余某华有杀人故意的依据不足,应对其以故意伤害罪判处。依法改判:余某华犯故意伤害罪,判处有期徒刑十五年,剥夺政治权利五年。

陈某国等故意杀人案中也存在两个争议问题。第一,对于陈某国带刀的事情余某华不知情,陈某国在与被害人争执过程中用尖刀捅刺被害人致命部位三刀,导致了被害人的死亡结果,余某华是否需要对死亡结果负责。第二,陈某国和余某华的定罪罪名,是故意伤害罪还是故意杀人罪。

对于第一个问题,本案中余某华因怀疑同宿舍的工友王某义窃取他的洗涤用品,而纠集陈某国与他一起去"教训"王某义,这种"教训"能够包含的打击程度从无伤、轻微伤、轻伤、重伤到死亡。根据笔者所倡导的线段理论,提起犯意的教唆犯需要为提起犯意所指向的射程画出明确的终点,才能使得包含了从无伤到死亡的"教训"行为的程度有具体的范围限定。本案中余某华并未嘱咐,陈某国在实施殴打行为时不许导致被害人重伤和死亡,因而被害人的死亡结果仍然在余某华与陈某国的共同故意犯罪的共谋射程范围内。鉴于此,本书认为余某华应当与陈某国,对陈某国刺死被害人的行为共同承担刑事责任。

对于第二个问题,即对陈某国和余某华应当以何种罪名定性,一审法院认定陈某国和余某华构成故意杀人罪,分别判处死刑和有期徒刑15年的刑罚,二审法院改判余某华构成故意伤害罪,改变定性,但是量刑仍然为有期徒刑15年。而两被告人均辩称自己没有杀人的故意。笔者认为,结合案情分析,陈某国和余某华不应当被认定为故意杀人罪,应当认定为故意伤害罪。余某华是因怀疑工友偷用自己的洗涤用品这件琐事而纠集陈某国帮助自己教训工友,从一般人观点以及当事人表述来看,仅因偷用洗涤用品的纠纷不足以促使余某华产生杀死工友的故意,更何况本案的被害人并不是余某华所怀疑的偷用自己洗涤用品的工友王某义,而是王某义的朋友胡某旺。并且,余某华也不知道陈某国在“教训”王某义之前还携带了尖刀。故余某华不具备致被害人胡某旺死亡的故意,但是余某华纠集陈某国帮其教训工友时,应当能预见可能会发生致人死亡的结果,故余某华对被害人的死亡结果具有过失。而陈某国是以帮助余某华去教训工友王某义为目的前去与王某义等人理论,其与被害人胡某旺并无宿怨,只是在与被害人胡某旺互殴的过程中突然使用了之前携带的尖刀,因而陈某国的主观罪责也不是以杀人为目的的故意,其用尖刀刺向被害人胡某旺之时的主观内容是故意伤害,并且对致被害人胡某旺死亡的结果至少具有过失的责任。因此笔者认为,本案中被告人陈某国和余某华的行为性质应当认定为故意伤害致人死亡。

【案例二十九·赵某玉、郭某亮故意伤害案】[1]被告人郭某亮因对被害人刘某起心存怨恨,为报复泄愤指使被告人赵某玉殴打刘某起。两名被告

---

〔1〕 参见陈兴良、张军、胡云腾主编:《人民法院刑事指导案例裁判要旨通纂》(上卷)(第2版),北京大学出版社2018年版,第757页。

人商定由郭某亮观察刘某起行踪后通报赵某玉实施伤害行为。郭某亮指使赵某玉购买两张电话卡用于二人联系。两名被告人两次伺机伤害刘某起未果。2013年12月8日20时许,赵某玉按照郭某亮的安排再次驾车并携带铁管在刘某起日常活动的某市河西区陵水道刘某起经营的“感觉酒吧”附近守候,伺机行凶。当日21时许,郭某亮通过电话告知赵某玉,刘某起正在陵水道与枫林路交口处的“宝来栗子店”买东西。赵某玉遂赶至“宝来栗子店”,在刘某起身后趁刘某起不备持铁管击打刘某起头部致刘某起倒地,又用铁管击打刘某起身体数下,后逃匿至郭某亮的酒吧将打人的情况告知郭某亮。刘某起经抢救无效于2014年1月2日死亡。经鉴定,被害人刘某起系被他人用钝性物体击打头部致颅脑损伤后并发感染死亡。法院判决:(1)被告人赵某玉犯故意伤害罪,判处死刑,缓期二年执行,剥夺政治权利终身。(2)被告人郭某亮犯故意伤害罪,判处有期徒刑十年。

赵某玉、郭某亮故意伤害案与前述两个案件的案情相近,其中仍然有两个问题需要讨论。第一,郭某亮仅指使赵某玉殴打被害人刘某起,没有指使赵某玉杀死刘某起,那么对于赵某玉的殴打行为导致刘某起死亡的结果,郭某亮是否也要承担刑事责任。案件审理过程中,郭某亮及其辩护人曾提出辩护意见,认为刘某起的死亡结果是赵某玉的行为实行过限导致的,郭某亮不承担致人死亡的刑事责任。经过上述两则案例的讨论,对此问题笔者依然认为,根据本书提出的“线段理论”,由于教唆犯郭某亮在教唆赵某玉殴打刘某起的过程中,并没有对殴打的程度进行限制,所以自然殴打就包含了死亡结果,故赵某玉殴打被害人刘某起导致刘某起死亡的结果,应当也归责于郭某亮的教唆行为。

第二,郭某亮与赵某玉的行为性质是故意杀人罪还是故意伤害罪。这个关于定性的争议在案件审理中并未出现,因为此案公诉机关未以故意杀人罪起诉,审理机关也未认定其成立故意杀人罪。笔者认为,司法实务机关的态度与本案中被害人是被打伤后送到医院抢救,医治20余天后死亡的这个案情或有关系。如果本案也是实行犯赵某玉对被害人实施殴打行为后，被害人立即死亡，那么本案在审理过程中也有可能出现是故意杀人罪还是故意伤害致人死亡罪的争议。司法实务机关对于此种情形是按照结果距离实行行为实施时间点的远近来确定罪名的思维模式，笔者认为有待商榷。因为行为的主观罪责内容应当依据行为时点的状态来判断，而不是依据行为实施完毕至结果发生的时间距离来判断。在有些情况下，以杀人的故意实施殴打的行为，但是当场没有导致被害人死亡，被害人经过一段时间后死亡的，也不能以此为由否定行为人实施暴力行为之时主观罪责的内容是杀人的故意。对于这种案件如何给教唆犯和实行犯的行为定性，我们认为还应该综合参考具体情景、共犯之间的关系，共犯与被害人之间的关系，纠纷的性质等因素进行综合判断，可以大致确定故意的范围。回到本案中，郭某亮系因被害人刘某起开酒吧的生意影响自己的生意而起意对刘某起进行殴打，从一般人的观点来看，这种纠纷的性质，不至于要置被害人刘某起于死地。而赵某玉属于受郭某亮指使而对刘某起进行殴打，二者也没有直接矛盾。故笔者认为，郭某亮与赵某玉殴打被害人刘某起的行为并不具备杀人的故意，因而也不应当认定二人成立故意杀人罪。

通过对上述三起案件的讨论，笔者认为：第一，根据本书所倡导的以线段理论限定共同犯罪共谋射程范围的观点，对于共同对被害人实施伤害行为的案件，当挑起犯意的行为人，没有对自己所挑起的故意伤害的犯意设置程度上的限定，那么另一共同犯罪人所引发的致人死亡或者重伤的结果，也要归责于挑起犯意的行为人。第二，对这类情形是认定成立故意伤害致人重伤或者死亡，还是认定成立故意杀人罪，应当从引发矛盾的原因，直接实施导致被害人伤害或者死亡结果的行为的行为人与被害人的关系，伤害行为的案发情景等因素，分析两名行为人各自实施伤害行为的主观罪责情况。本书所探讨的这三则案例中，笔者认为行为人在实施行为时，其主观罪责都不是杀人的故意，而是伤害的故意，因此对致人死亡的行为应当评价为故意伤害致人死亡。

第七章

抢劫致人重伤、死亡的司法认定

抢劫致人重伤或者死亡是典型的结果加重犯,正如日本学者大塚仁所述,在抢劫的情形下容易伴有人的死伤,这是刑事学上显著的事实,抢劫致人重伤或死亡正是着眼于这种事态所规定的加重类型。[1] 世界各国对于抢劫罪也大都设置了结果加重犯。例如,《德国刑法典》第 251 条抢劫致死罪规定,如果行为人因其抢劫至少轻率地造成他人的死亡,那么处终身自由刑或者不少于十年的自由刑。《日本刑法典》第 240 条强盗致死伤罪规定,强盗致人负伤的,处无期或者六年以上惩役;致人死亡的,处死刑或者无期惩役。我国《刑法》第 263 条规定,"抢劫致人重伤、死亡的,处十年以上有期徒刑、无期徒刑或者死刑,并处罚金或者没收财产"。从上述规定可见,抢劫致人重伤、死亡一般都被规定极其严苛的刑罚。为了规范抢劫致人重伤、死亡的适用,笔者认为有必要运用本书的理论对抢劫致人重伤、死亡予以解读。

结果加重犯按照基本结果与加重结果是否侵犯相同法益可以分为两类,故意伤害罪的结果加重犯属于基本犯与加重结果侵犯相同法益的犯罪,本书上一章中以故意伤害罪致人重伤、死亡为例,对本书倡导的基本理论进行适用和检验。为了充分检验本书理论在实践中的可操作性,笔者认为也有必要以基本犯罪和加重结果侵犯不同法益的犯罪为例检视本书的理论。那么对抢劫致人重伤、死亡的司法实务案例的研究能够进一步检验本书所提出的结果加重犯认定理论是否具有实践应用性。

以下结合案例,对抢劫罪的结果加重犯成立的限定规则,其中包含客观层面因果关系、主观层面过失、因果历程偏离时的主客观全等问题,以及未遂问题、共犯问题展开讨论。

---

〔1〕 参见[日]大塚仁:《刑法概说(各论)》(第 3 版),冯军译,中国人民大学出版社 2003 年版,第 257 页。

一、抢劫罪成立结果加重犯的限定规则

结果加重犯既遂的归责,需要分别从客观层面、主观层面以及主客观全等审查阶层予以考察。在客观层面需要判断加重结果与基本行为是否具备因果关系,一旦出现介入因素导致因果关系中断,就应当在客观层面排除归责,如果介入因素虽然对加重结果的发生具有作用力,但不是主要作用,那么仍应当在客观层面上认定加重结果与行为人的基本行为之间具备因果关系。在主观层面需要判断行为人对加重结果是否具有过失,这需要从行为人对加重结果是否在实施基本行为时就有预见可能性以及是否尽到结果回避义务来考察。在涉及因果历程偏离的情形时,还需要将主观与客观予以全等考察,判断主观与客观是否统一,只有在主客观相统一的情形下才能认定为结果加重犯的既遂,否则可能按照基本犯罪与过失犯罪数罪并罚。接下来,就结合抢劫罪具体案例,对上述认定规则予以检视。

(一)客观层面因果关系的判断

【案例三十·徐某抢劫案】[1]2011 年 4 月 29 日晚,徐某意图实施抢劫行为,事先购买了刀具和墨镜,以乘车为借口,乘坐被害人朱某芳驾驶的出租车,当车行驶至高速公路的偏僻路段时,徐某让被害人在应急道上停车,并用水果刀顶住被害人的胸部,对被害人实施抢劫。朱某芳为了摆脱徐某,突然下车逃跑,被过路的途观轿车撞倒,经抢救无效,于当日死亡。案发后,徐某逃离犯罪现场,后被公安机关抓获归案。一审法院认为,徐某以非法占有为目的,采用暴力手段劫取他人财物致人死亡,构成抢劫罪。判处有期徒刑十四年六个月。

本案的争议之处在于被害人的死亡结果应否归责于行为人的抢劫行为。裁判观点认为,从主观上看徐某对被害人的死亡具有预见性,客观上徐某

---

〔1〕 参见中华人民共和国最高人民法院刑事审判第一、二、三、四、五庭主办:《刑事审判参考》总第 89 集,法律出版社 2013 年版,第 818 号案例。

的抢劫行为导致了被害人被其他车辆撞死的结果,二者之间存在因果关系。

本书不赞同该案的判决结论,根据本书所提倡的限制的条件说,这种因第三人介入因素独立促成死亡结果的,应当视为因果关系中断。本案中,被害人朱某芳死亡的直接原因是外界因素,被告人徐某在抢劫过程中,只是用刀顶住被害人朱某芳的胸部,并未对朱某芳实施更加严重的暴力行为,也并未刺伤朱某芳。后朱某芳下车逃跑,被高速公路上驶来的其他车辆撞死,这个死亡结果是由第三方车辆这一介入因素独立造成的,故应当判定本案客观层面因果关系中断。被害人的死亡系交通事故造成的,不应当将加重结果归责于被告人,对于被害人的死亡结果应当在量刑时予以酌情考虑,从重处罚即可。

【案例三十一·张某抢劫案】〔1〕2007年7月26日晚,张某在长春市红旗街伺机抢劫。张某看见被害人赵某军背着挎包独自行走,产生犯意,尾随赵某军至某胡同,趁赵某军翻找钥匙之机,持刀抢劫被害人,因被害人大声呼救,拼命反抗,张某连刺被害人胸部、背部、腹部十几刀,抢得被害人挎包后逃离犯罪现场。包内有现金1400余元,手机一部,购物卡3张等财物。赵某军被送往吉林省人民医院抢救,次日因抢救无效死亡。被害人赵某军之夫韩某诉吉林省人民医院医疗事故赔偿纠纷一案中,长春市医学会对医疗事故进行技术鉴定,鉴定意见是不构成医疗事故。一审法院认为,张某以非法占有为目的,暴力抢取他人财物,构成抢劫罪,犯罪性质恶劣,手段极其残忍,后果严重,判处死刑。

一审宣判后,被告人提出上诉,认为被害人死因不明,救治医院未发现赵某军左髂总静脉破裂,造成赵某军失血性休克,虽不构成医疗事故,但不排除存在医疗过错或者过失,不能排除救治措施与死亡结果之间有因果关系。二审法院裁定驳回上诉,维持原判。并依法报请最高人民法院核准。

---

〔1〕 参见陈兴良、张军、胡云腾主编:《人民法院刑事指导案例裁判要旨通纂》(下卷),北京大学出版社2013年版,第673页。

最高人民法院经复核裁定核准死刑，维持一审判决。

本案中，行为人的捅刺行为与被害人的死亡结果之间存在一个介入因素，即医院抢救过程中的失误行为，这一介入因素能否中断因果关系成为本案争议焦点。本案中三级法院一致认为，抢救过程中的医疗失误，不能成为中断张某的抢劫行为与被害人死亡结果之间因果关系的要素，而张某及其辩护人则认为，不能排除医疗过失与被害人的死亡结果之间因果关系，故被害人死因不明，不应该由被告人张某对被害人的死亡结果负责。

前文中，笔者认为当出现令因果关系中断的因素时，应当在客观层面否认因果关系的存在，否认基本行为与加重结果之间的因果关系。对于大多数由于第三人的介入因素导致加重结果发生的案件，都应当排除因果关系。然而并非所有具有第三人介入因素的情形都要排除因果关系，根据本书所倡导的限制的条件说，只有出现介入性强的因素，才能中断因果关系。这里需要在具体案件中，比较基本行为对加重结果的作用力，以及其与第三人介入行为对于加重结果的作用力之间的大小关系。

本案中被害人因左髂总静脉破裂导致失血性休克而死亡，左髂总静脉破裂是被告人张某的捅刺行为造成的，张某的行为足以造成被害人死亡的后果，根据本书提倡的危险性理论，可以认定张某的行为在客观上创设了致人死亡这一类型性的危险。至于抢救中的过失行为，也是由被告人捅刺被害人十几刀这一先前行为引发，由于被害人身上出血点多，医生出于过失没有缝合，但是根据相关的《医疗事故处理条例》的规定，在紧急情况下为抢救垂危患者生命而采取紧急医疗措施造成不良后果的，在医疗活动中由于患者病情异常或者患者体质特殊而发生医疗意外的，不属于医疗事故。由此可见，尽管医生有过错，但是其过错尚不能被评价为医疗事故，故医生的过错并不是导致被害人死亡的主要原因。对于被害人的死亡，张某先前实施的基本行为的作用力更大，故应当否认因果关系的中断，张某的抢劫行为与被害人的死亡结果之间具有刑法上的因果关系，因而笔者赞同本案的实务结论。

【案例三十二・王某全抢劫案】[1] 2005 年 3 月 19 日 17 时许，被告人王某全以找保姆为名，将被害人张某萍骗至郑州市管城区南曹乡七里河村东航海路与机场高速桥东南角的公共绿地处，王某全将随身携带的三唑仑片放入娃哈哈 AD 钙奶中，骗张某萍饮用，趁张服药神志不清之际，抢走张 200 余元现金。在强行摘取被害人耳环时，遭张某萍反抗，王某全对其面、胸、腹部进行殴打，并用双手掐其脖子，抢走黄金耳环一对。次日上午 10 时许，张某萍的尸体在该绿地东南边的水沟里被发现。经法医鉴定，张某萍系被他人扼颈后溺水窒息而死亡。另查明 2004 年 5 月至 2005 年 6 月，被告人王某全单独或伙同肖某良，采取暴力或者诱骗被害人饮用放有镇静剂三唑仑的饮料从而致其神志不清的手段，分别抢劫 7 名被害人的现金、黄金首饰、手机等财物。郑州市中级人民法院认为，被告人王某全以非法占有为目的，单独或伙同同案人利用麻醉药物致使他人丧失反抗能力，多次强行劫取他人财物，其行为构成抢劫罪，且致一人死亡，判决认定王某全犯抢劫罪，处死刑，剥夺政治权利终身，并处没收个人全部财产。

一审宣判后王某全不服并上诉。河南省高级人民法院裁定驳回上诉，维持原判。最高人民法院核准河南省高级人民法院维持第一审以抢劫罪判处被告人王某全死刑，剥夺政治权利终身，并处没收个人全部财产的刑事裁定。

本案的争议焦点在于被告人王某全利用麻醉药物致使被害人丧失身体控制能力，之后被害人在水沟中溺死，这个溺死的结果是不是被告人王某全实施抢劫所导致的加重结果。从案情描述来看，王某全诱骗被害人饮用放有镇静剂三唑仑的饮料，趁着被害人丧失反抗能力劫取被害人的财物，之后放任被害人在空旷的临近水沟的场地，自行离去。被害人在水沟中溺水而

---

〔1〕 参见陈兴良、张军、胡云腾主编：《人民法院刑事指导案例裁判要旨通纂》（下卷）（第 2 版），北京大学出版社 2018 年版，第 1003 页。

亡的结果并不是王某全实施抢劫行为时为了制服被害人的反抗而将被害人推到水沟内，也不是劫取财物得手后为了掩盖罪证而将被害人推到水沟中，而是由于王某全实施抢劫行为后被害人在神志不清失去自控和自救能力的情况下，跌入水沟。那么，被害人神志不清自行跌入水沟这一因素，是否中断王某全的抢劫行为与被害人死亡结果的因果关系？

根据本书的观点，被害人的行为要达到自伤和自残的程度才可以作为中断因果关系的介入因素。本案中被害人溺亡的原因是被告人王某全诱骗被害人饮用了含有镇静剂的饮料，王某全实施了劫取财物行为后即离去，放任被害人一个人在失去自我控制、自我救助能力的情形下在临近水沟的空旷场地。此种情形下被害人走近水沟的自我伤害行为仍然是被告人对被害人实施的麻醉行为的延续，被告人实施的麻醉行为就是抢劫过程中的暴力手段，这种暴力手段就包含了导致被害人因神志不清而发生死亡结果的危险。故被害人的溺死结果与被告人引诱被害人服用含有镇静剂的饮料并弃神志不清的被害人于空旷场地具有因果关系。并且从主观层面来看，被告人对被害人的死亡结果至少具有过失，故本案符合抢劫致人死亡，裁判的结论是正确的。

【案例三十三 · 刘某抢劫、强奸案】[1]2010 年 8 月 8 日 23 时许，被告人刘某将被害人唐某骗至位于某市的出租房内，穿插使用暴力殴打、持刀威胁、用竹签及针刺戳等手段逼迫唐某打电话向朋友筹款现金 20 万元，因唐某未筹到钱，刘某只好逼迫唐某写下 20 万元的欠条。期间，刘某还两次违背唐某意志，强行与唐某发生性关系。次日 17 时 30 分许，唐某因无法忍受刘某不停的暴力折磨，趁刘某不注意爬上窗台跳楼逃离，造成右股骨上段、左耻骨上肢、左坐骨支骨等多处严重骨折。经鉴定，唐某损伤程度已构成重伤。

一审法院认为，被告人刘某以非法占有为目的，将被害人唐某骗至出租

〔1〕 参见陈兴良、张军、胡云腾主编：《人民法院刑事指导案例裁判要旨通纂》（下卷）（第 2 版），北京大学出版社 2018 年版，第 1072 页。

房内,当场使用暴力手段劫取数额巨大的财物,迫使唐某跳楼逃生致重伤,其行为构成抢劫罪。期间,刘某两次违背唐某意志,强行与唐某发生性关系,其行为还构成强奸罪。认定被告人刘某犯抢劫罪,判处无期徒刑,剥夺政治权利终身,并处没收个人全部财产;犯强奸罪,判处有期徒刑十年,剥夺政治权利一年;两罪并罚,决定执行无期徒刑,剥夺政治权利终身,并处没收个人全部财产。一审宣判后被告人刘某上诉。二审法院经审理,裁定驳回上诉,维持原判。

本案涉及的理论问题在于被害人的重伤结果是被害人跳楼逃跑的自救行为导致的,那么被害人的自救行为作为介入因素是否能够中断重伤结果与被告人实施的抢劫和强奸的暴力行为之间的因果关系。根据本书观点,行为人实施基本行为,加重结果并未发生,被害人的自杀、自残行为介入导致加重结果发生的,加重结果不能归责于行为人的基本行为。此观点适用的前提在于行为人实施基本行为时所创设的风险并不包含致人重伤或者死亡的加重结果,在这种情形下被害人的自杀、自残行为作为创设危险的主要原因介入促动了结果的发生,这时被害人的自杀、自残行为是能够中断因果关系的介入因素。然而在本案中,被告人刘某对被害人实施了殴打、持刀威胁、用竹签及针刺戳等暴力行为逼迫唐某用电话向朋友筹钱,并对唐某实施了强奸行为。刘某的暴力侵害行为包含了导致被害人唐某受重伤的结果的可能,唐某作为一名女性独自面对刘某不断实施的暴力行为,选择跳楼逃跑符合一般人的理性认知。因此本案中,由于被告人刘某的暴力侵害程度比较高,既包含抢劫又包含强奸,所以被害人唐某的跳楼行为是被告人刘某实施的暴力行为所导致的自救行为,由此造成的被害人的伤害后果与刘某的暴力行为之间存在因果关系,被害人唐某的自救行为不能中断被告人刘某的暴力行为与加重结果之间的因果关系。因而裁判结论是正确的。

（二）主观层面过失的判断

【案例三十四·王某军抢劫案】[1]2014年2月3日凌晨，被告人王某军到鹤壁市淇县灵山街道办事处小浮沱村被害人许某某的小卖部内行窃，被在小卖部内看门的许某某发现，王某军为抗拒抓捕将许某某按翻，用随身携带的扳手殴打许某某的头面部，致其受伤丧失反抗能力后逃跑，逃跑时从货架上拿走三盒帝豪牌香烟，经鉴定价值30元。当日10时许，许某某的家属在小卖部内发现受伤的许某某，随后将其送往医院救治，2月4日凌晨许某某死亡。经鉴定，许某某的死亡原因系冠状动脉粥样硬化性心脏病、急性心肌梗死致急性循环呼吸功能衰竭。许某某所受损伤对其死亡存在一定因果关系，起辅助作用，外伤参与度为30%～40%。鹤壁市中级人民法院认为，被告人王某军在盗窃过程中，为抗拒抓捕而当场持扳手砸被害人许某某头部、面部，致许某某死亡，其行为已构成抢劫罪。王某军致许某某所受损伤与许某某死亡之间存在因果关系，外伤参与度为30%～40%，可以对王某军从轻处罚。对被告人王某军认定为抢劫罪，判处无期徒刑，剥夺政治权利终身，并处没收个人全部财产。

本案属于典型的被害人具有特殊体质的案例，从裁判论理中能够看出，实务部门对于这类案件着重在因果关系上予以论述。根据本书观点，被害人具有特殊体质的情形，是不能用因果关系中断排除归责的，毕竟被害人特殊体质发病的起因是行为人的伤害行为。具体到本案中，经鉴定，许某某的死亡原因系突发心脏病，但是对于被害人死亡结果发生被告人工某军行为的参与度为30%～40%，行为与结果之间在客观上存在因果关系，故对于法院对此案中行为人基本行为与加重结果之间因果关系的论述结论笔者是赞同的。然而，能够认定成立结果加重犯，除了考察基本行为与加重结果之间的因果关系，还需要考察行为人对于加重结果是否具有过失，这正是这份判

---

〔1〕 参见河南省鹤壁市中级人民法院刑事附带民事判决书，（2014）鹤刑一初字第14号，载中国裁判文书网，http://wenshu.court.gov.cn，2017年8月2日访问。

决中所欠缺的分析。

根据笔者观点，是否具有过失应当从预见可能性以及是否履行结果回避义务来判断。首先，对预见可能性这一主观要素的判断应当结合客观行为分析。如果被告人殴打被害人的部位是后背或者腹部、腿部、臀部，不一定会导致被害人受致命伤，然而被告人袭击的部位是被害人的头面部，使用的工具是扳手，手法是“砸”，从行为举动上来看，被告人王某军对被害人的死伤结果应当已经预见，预见可以不覆盖具体的因果历程，只需要预见结果发生即可。本案被害人不是因为头面部受伤而死亡，而是因为突发心脏病死亡，其中存在因果历程的偏离，但是不能以此溯及阻却行为人实施行为之时对结果的预见可能性。因而本案中，行为人对被害人的死亡结果有预见可能性。其次，判断行为人是否有过失，能否履行结果回避义务也是重要因素。从其客观行为中能够明确看到，其并不回避被害人死亡结果的发生，并未履行相关义务。故本案中被告人王某军对被害人的死亡结果具有过失。[1] 通过对客观层面因果关系的考察，以及主观层面过失责任的考察，都应当确定其应该对被害人的死亡结果负责。

本案的裁判结论虽然正确，但是笔者反对只偏重因果关系层面，忽略主观责任层面的考察。如果行为人主观上不具有预见可能性，例如行为人的伤害行为很轻微，对于被害人的伤亡结果只有很低的参与度，此时即便基本行为与加重结果之间具有因果关系，也应当因为行为人不具有主观过失，而排除结果加重犯的归责。本案判决只偏重行为与加重结果之间因果关系的

---

〔1〕 德国判例 Vgl. BGH NJW 2002，2043（2044）：行为人以没有装子弹的手枪恐吓 56 岁的外表较为健康却有心脏病梗塞病史的被害人，迫使其交出珠宝并向其保证不会对其进行伤害，从而导致被害人过于紧张，突发心脏病身亡的，虽然是过失造成了死亡结果，但不足以被认定为结果加重犯所具备的重大过失。转引自王钢：《德国判例刑法分则》，北京大学出版社 2016 年版，第 279 页。此案例中行为人的客观行为与本书案例三十四中行为人客观行为所蕴含的危险程度是不同的，案例三十四中行为人用扳手向被害人的头面部砸去，从客观行为中能够推断，行为人主观上不排斥致人死亡、重伤结果的出现，因而笔者认为案例三十四中的被告人王某军对加重结果至少具有预见的过失，与上述德国案例中的行为人是不同的。

分析,是不全面的,应当重视主观责任要素在结果加重犯行为构成中的意义,坚持责任主义。

(三)因果历程偏离时全等审查阶层的考察

【案例三十五·魏某军抢劫、放火案】[1]2004年10月21日,被告人魏某军听说同村村民刘某明代收了电费款后,萌生抢劫之念,次日2时许,被告人携带农用三轮车半轴等犯罪工具潜入被害人刘某明家,发现被害人正在睡觉,用农用三轮车半轴朝被害人头部猛击,见其不动,以为刘已经死亡,便开始翻找财物,找到共计3700元现金。为了掩盖犯罪痕迹,魏某军将被害人家中的被子和床单点燃,导致被害人颅脑损伤后,吸入一氧化碳死亡。案发后,追缴赃款2000元,其余被魏某军挥霍。

一审法院认为被告人魏某军的行为构成抢劫罪,且情节恶劣,后果严重,并在实施抢劫行为之后为毁灭罪证放火焚烧公民财物,危害公共安全,其行为构成放火罪。公诉机关指控被告人犯抢劫罪的事实清楚、证据充分,指控成立。但公诉机关指控魏某军犯故意杀人罪的罪名不当,在放火之前,被告人认为行为人已经死亡,魏某军放火之时并没有杀死被害人的故意。故被告人应成立抢劫罪,判处死刑,与放火罪数罪并罚。一审宣判后,被告人魏某军以量刑畸重为由上诉,河北省高级人民法院依法驳回上诉,维持原判。

本案是典型的结果延后发生的因果历程偏离案件,需要判断的关键点在于被害人的死亡结果如何归责于行为人。根据本书上文的论述,判断这个问题分三步,分别是客观上因果关系的判断、主观上对加重结果是否具有过失的判断,以及主客观全等的判断。

第一步,在客观层面,行为人先是用三轮车半轴砸向被害人头部,之后又在被害人家中放火,被害人的死亡结果是由行为人的放火行为导致,并非

---

〔1〕 参见陈兴良、张军、胡云腾主编:《人民法院刑事指导案例裁判要旨通纂》(下卷),北京大学出版社2013年版,第600页。

抢劫时的暴力行为导致,故在客观层面上,抢劫行为与加重结果的发生并无因果关系。

第二步,在主观层面,行为人在实施抢劫行为时,用三轮车半轴砸被害人的头部,对于被害人的死亡结果是放任的甚至是有意图的,故在抢劫的过程中,有致人死伤的故意。然而在放火之时,行为人误以为被害人已经死亡,其实施放火行为只是为了掩盖罪行,并不具有杀死被害人的故意,那么魏某军实施放火行为是否具有致人死亡的过失呢?本书认为是具有的,魏某军属于没有预见的过失,具体来说,行为人魏某军应当预见被害人没有死亡,但是其没有预见。

第三步,在主观和客观的全等审查层面,对因果历程偏离的情况进行分析。客观上抢劫行为与被害人的死亡结果没有因果关系,但是主观上行为人对死亡结果具有故意,故前半段的抢劫行为未能通过全等审查阶层的考察,不能评价为抢劫致人死亡的既遂,只能评价为抢劫致人死亡未遂。对于后半段的放火行为,放火行为直接造成了被害人的死亡,所以放火行为与被害人的死亡结果之间具有因果关系,并且行为人对于加重结果的发生在主观上有预见,故可以评价为放火致人死亡。

综上,本书认为,对于本案被告人魏某军,应当认定成立抢劫致人死亡的未遂以及放火致人死亡罪,数罪并罚。本案判决的罪名认定正确,但是对于被害人死亡这一加重结果的分配不妥当。从量刑结果来看,将死亡结果分配给了抢劫罪,这是对行为人实施抢劫行为的“评价过度”,因为死亡结果并不是抢劫行为所导致的,而是由放火行为直接造成的,仅依放火罪对行为人判处三年有期徒刑,这是对放火行为的“评价不足”。造成过度或者不足的根本原因就在于割裂地看主观与客观层面,运用本书所倡导的“主客观全等审查阶层”理论,顺应主客观统一的定罪理念,自然而然就会得出本书的结论,对被告人的行为有一个全面的评价。

【案例三十六·封某成等抢劫致人死亡案】[1]2013年9月30日左右，被告人刘某雨的钱包在深圳市宝安区××街道××文化广场被人偷走，被告人封某成决定让被告人刘某雨再次去××文化广场，故意把钱包放在身边，引诱他人过来偷窃，以便将其抓住。2013年10月1日15时许，被告人刘某雨按照事先商量的计划坐在××文化广场的凉亭走廊处，并将一个钱包故意放在身边，同时，被告人封某成叫来被告人宋某强等6人在旁边密切注视。17时许，被害人周某海行至此处并将被告人刘某雨的钱包拿走，被告人封某成等8人立即将周某海控制住，并于18时许将被害人周某海带至光明新区××街道××酒店×××房间。

被告人封某成等8人对被害人周某海进行殴打，其中被告人宋某强还使用一根伸缩棍，被告人封某成使用酒店吹风机，被告人刘某雨使用鞋子、吹风机等工具，对被害人周某海进行殴打，以达到让其"赔偿"的目的。被害人周某海被迫将身上的两张银行卡交出，并被迫说出银行卡密码。其后，被告人封某成安排被告人宋某强、王某龙到银行柜员机取款，共取出人民币22,000元，交给被告人刘某雨、封某成。2013年10月2日凌晨2时许，被告人封某成一伙发现被害人周某海不动了，认为其已经死亡，便决定抛尸。随后，被告人封某成、刘某雨、宋某强3人到南山区西丽二手车市场购买了一辆金杯面包车，并准备了铁丝、水泥、绳子、床单等工具。当晚23时30分许，被告人封某成、刘某雨、宋某强8人将被害人周某海拉至东莞市××大桥，将其用床单裹住，用铁丝、绳子绑上，并绑上水泥，扔到珠江内。随后，被告人封某成、刘某雨等人将上述作案车辆又卖回西丽二手车市场。2013年10月8日，被害人周某海的尸体在东莞市××镇××北面社区闲情湾海边被发现。经法医鉴定，被害人符合溺水死亡。

法院经审理认为，被告人封某成、宋某强等8人均构成抢劫致人死亡罪，

---

〔1〕参见深圳市中级人民法院刑事附带民事判决书，(2014)深中法刑二初字第248号，载中国裁判文书网，http://wenshu.court.gov.cn，2017年8月2日访问。

根据在共犯中所起的作用，将过错比例按照封某成 25%、宋某强 15%、其余6人各 10% 予以分解，因其余6人是从犯，且个别被告人具有立功或者自首情节，对6名从犯判处三年到六年不等的刑罚。对主犯封某成判处无期徒刑，主犯宋某强判处有期徒刑十三年。

本案涉及抢劫致人死亡罪的共同犯罪和因果历程偏离两个问题。8名被告人在实施抢劫的基本行为和扔被害人沉河的具体行为中都为共同实行人，仅是在作用上略显不同，所以才会区分主从犯，但是所有共同犯罪人都应当对被害人的死亡结果承担责任。本案的分析重点不在于解析共同犯罪人对加重结果的作用，而在于本案所涉及的因果历程偏离的问题。被告人封某成等8人，以抢劫的故意将被害人控制在宾馆内，为逼迫被害人说出银行卡密码而对其进行殴打，并无致人死亡的故意，在以为被害人死亡的情况下，封某成等8人为了掩盖犯罪事实，抛“尸”珠江，因而造成被害人溺水而亡。此案涉及的因果历程偏离的问题，按照笔者观点，应当分为三步考察是否成立结果加重犯。

第一步，客观层面，行为人在抢劫过程中对被害人实施殴打行为，并未造成被害人的死亡，故抢劫行为与被害人的死亡之间无因果关系，但是后续的抛“尸”行为直接导致被害人溺死，抛“尸”行为与被害人的死亡结果之间具有因果关系。

第二步，主观层面，实施抢劫行为时，行为人用伸缩棍、吹风机等器具殴打被害人，逼迫其说出银行卡密码，是具有伤害的故意的，但是实施抛“尸”行为时，对于致人死亡的加重结果，并无故意。那么抛“尸”之时，行为人对于被害人的死亡结果是否具有过失？笔者认为是具有的，因为行为人先前实施的殴打行为，使得其具有了检查和判断行为人是否死亡的注意义务，对于被害人没有死亡的情况，行为人应当预见，但是没有预见，因而行为人对于被害人的死亡是具有过失的。

第三步，在主观和客观的全等层面对因果历程的偏离予以考察。关于前半段抢劫行为,行为人尽管主观上有致人受伤的故意,但是客观上并未造成被害人死亡,故不能认定为抢劫致人死亡的既遂,只能评价为抢劫的基本行为,不构成结果加重犯。后半段抛"尸"行为,客观上造成了被害人的溺亡,主观上行为人对导致的被害人死亡存在过失,所以应当评价为过失致人死亡。通过客观层面和主观层面的全等审查阶层考察,笔者认为本案中的8名行为人应当认定为抢劫罪和过失致人死亡罪,数罪并罚最为妥当,因为我国不处罚过失的共同犯罪,应当对8名行为人在抢劫罪的范围内成立共同犯罪,之后对过失致人死亡行为分别定罪处罚。本案判决将行为人认定为抢劫致人死亡罪,违背了主客观统一原则,忽视了抢劫行为并未造成行为人的死亡结果这一重要问题,笔者对此案的审理结论是不赞成的。

(四)抢劫致人重伤、死亡的"人"的范围

【案例三十七·金某亮、钟某安、李某抢劫案】[1]金某亮等人长期在广州某公交站点附近蹲守,实施抢劫行为。2007年7月5日21时50分许,当一辆公交车驶入站点时,金某亮上车实施抢劫行为,同案被告人李某假装投币上车,阻挡车门关闭,帮助金某亮顺利从前门下车逃跑。当金某亮跑向前方予以接应的同伙钟某安时,在此跟踪的四名便衣警察立刻亮明身份并开展抓捕行动,被告人金某亮立刻转身逃跑,警察陈某豪紧追不舍,二人在一处绿化隔离带处扭打起来,金某亮欲挣脱逃跑,陈某豪继续拼命追赶欲立刻实施抓捕,但是被路过的小轿车撞伤,当场死亡。其他同案犯也被当场抓捕。一审法院认为,被告人金某亮、钟某安、李某构成抢夺罪,被告人金某亮为抗拒抓捕而当场使用暴力,其行为已构成抢劫罪。判处金某亮犯抢劫罪,有期徒刑八年,并处罚金三千元;被告人钟某安犯抢夺罪,判处有期徒刑二年,并处罚金二千元;被告人李某犯抢夺罪,判处有期徒刑一年,并处罚金一千元。一审宣判后,被告人金某亮上诉,二审广东省高级人民法院驳回上

〔1〕参见陈兴良、张军、胡云腾主编:《人民法院刑事指导案例裁判要旨通纂》(下卷),北京大学出版社2013年版,第563页。

诉,维持原判。

本案审理前后的争议焦点在于行为人金某亮是否构成抢劫致人死亡罪,即被害人陈某豪的死亡结果是否应当由行为人金某亮负责。审理本案的两级法院均否认被告人金某亮构成抢劫致人死亡罪,否认将陈某豪的死亡结果归责于行为人金某亮的抢劫行为,理由是,抢劫过程中导致财物所有人以外的第三人死亡的,不能认定为抢劫致人死亡。裁判观点认为,陈某豪并不是抢劫罪的犯罪对象,陈某豪的死亡不属于抢劫致人死亡。并且,金某亮的犯罪行为与陈某豪的死亡不存在刑法上的因果关系。故陈某豪的意外死亡不属于抢劫致人死亡的加重情节。

该裁判的认定结论是正确的,但裁判论证中被害人特定性和专门指向的观点,值得商榷。我国《刑法》第 263 条并没有对"人"的范围作出限定,学界对于此问题早有争论,有观点认为抢劫致人死亡的对象仅为抢劫行为的被害人,[1]也有观点认为只要是抢劫行为直接引起了死亡结果的发生,无论死者是不是抢劫罪的被害人,都应按照抢劫致人死亡定罪。[2] 本书认为,抢劫致人死亡的"人"的范围的确定,应该结合结果加重犯的本质来考察。

结果加重犯的本质是立法者基于刑事政策的考虑,从刑法中挑拣出产生致人死伤等严重结果概率较高的犯罪,予以加重刑罚处罚。抢劫罪因为是致人死伤概率高的犯罪,因而被挑选出来。那么抢劫致人死亡罪的本质就在于防止因抢劫行为而产生致人死亡或者重伤的加重结果,只要是因为实施了抢劫罪的基本行为而引发他人死亡的,且具有直接的因果关系,就应当认定为抢劫致人死亡。除了作为抢劫对象的被害人,还需要讨论因行为人的暴力行为而伤亡的第三人,有如下两种情况:第一类是"延伸型",即执

---

[1] 参见陈兴良主编:《刑法各论精释》,人民法院出版社 2015 年版,第 353 页;蔡兴教主编:《财产贪贿犯罪的疑难和辨症》,中国人民公安大学出版社 1999 年版,第 198 页;陈洪兵:《"致人重伤、死亡"类型化研究》,载《兰州学刊》2012 年第 3 期,第 141 页。

[2] 参见李萍:《"抢劫致人死亡"疑难问题探讨》,载《人民检察》2008 年第 17 期,第 50 页;田秉远:《抢劫致人死亡的司法认定》,载《河南社会科学》2015 年第 12 期,第 82 页。

行公务的警察或者见义勇为的路人制止行为人的抢劫行为，或者追捕抢劫行为人（也包含抢劫罪的转化犯的行为人）过程中，双方发生暴力冲突，导致路人或者警察伤亡的，在这种情况下，路人或者警察的伤亡是因为要对被害人提供帮助或者救济，因而行为人对其的暴力实质上是对被害人实施暴力的“延伸”。故警察或者见义勇为的路人的伤亡结果，理所当然地被认定为抢劫罪的加重结果。第二类是“波及型”，即抢劫行为人的同伙或者偶然经过的路人，在行为人对被害人实施暴力时被行为人打伤。结果是由行为人的抢劫行为直接导致的，即便行为人丝毫不期待甚至积极避免对同伙或者路人的伤害，这只是因果历程的偏离。对同伙或者路人的伤害，是行为人基本行为创设的类型性风险的具体实现，涵盖在类型性的风险之下，故这一类型的伤亡结果也应当被认定为抢劫罪的加重结果。

本案中的行为人金某亮实施抢夺行为之后，暴力抗拒抓捕，警察陈某豪在追赶金某亮的过程中遭遇车祸死亡。案例三十七的判决，严格限定抢劫致人死亡中“人”的范围，认为“人”具有专门性和指向性，必须是遭受抢劫的被害人，以此作为理由之一来排除认定抢劫致人死亡罪。对此观点本书是不赞同的，笔者认为陈某豪属于上述的“延伸型”第三人。陈某豪作为执行公务的警察，为了制止行为人的抢夺行为而抓捕行为人，弥补被害人的损失。其执行公务的本质是代表国家对被害人的权利予以救济，行为人金某亮对这一类型的第三人施加的暴力或者抗拒抓捕的行为，是对被害人实施的暴力的“延伸”，因此，陈某豪属于抢劫致人死亡的“人”。

本案裁判论证否定了基本行为与加重结果具有因果关系，对此笔者认为是妥当的。陈某豪的死亡结果并非行为人的暴力行为直接导致，而是陈某豪追捕金某亮过程中遭遇车祸引发，也就是出现了第三人的介入行为，导致因果关系中断，故不能将陈某豪的死亡结果归责于行为人。

综上，笔者认为本案裁判结论是正确的，只是裁判理由中对抢劫致人死亡的“人”的范围理解过于狭隘，根据危险性理论，“人”的范围应当适当扩大,这也符合抢劫致人死亡罪的立法本意。

二、抢劫罪结果加重犯的未遂问题

结果加重犯的未遂成立,需要具备两个条件:一是基本行为蕴含类型性的危险;二是基本行为的结果或者加重结果没有全部实现。也就是说,笔者认为,成立结果加重犯的既遂,需要基本犯罪既遂且加重结果实现。这样一来,抢劫罪的结果加重犯的未遂可能出现三种情况。第一种是基本行为未遂,未发生加重结果;第二种是基本行为既遂,但是未出现加重结果;第三种是基本行为未遂,但是出现加重结果。上述三种情况在我国现行法律法规框架下成立结果加重犯的未遂都是有一定规范障碍的。

对于第三种情况,即基本行为未遂,但是发生了致人重伤或者死亡的加重结果,能否成立结果加重犯的未遂,是具有规范障碍的。《关于审理抢劫、抢夺刑事案件适用法律若干问题的意见》第10条指出,《刑法》第263条的8种处罚情节中,除"抢劫致人重伤、死亡"这一结果加重情节之外,其余7种处罚情节存在既遂、未遂问题。其含义是,抢劫致人重伤、死亡,只有成立不成立的问题,没有既遂或者未遂的问题。

在前文的讨论中,笔者曾概括地表达过对这一规范的看法,即实然的法规范不能证明应然上抢劫致人重伤、死亡有无未遂的问题。具体来说,抢劫罪是侵害双重客体的犯罪,只有既威胁到被害人的财产安全,又威胁到被害人的人身安全,才能认定为抢劫罪基本犯罪的既遂,特别是抢劫罪被规定在《刑法》分则第五章侵犯财产罪之中,这说明财产法益应当是其首要保护对象,如果财产法益部分的侵害没有既遂,那么基本行为不应认定为既遂。然而,在实然规定中,上述解释的第10条指出,两种后果只要具备其一就可以认定为既遂,这一点值得商榷。具体来说,从应然角度来观察,如果只是威胁财产安全,应当认定为盗窃罪、侵占罪等单一指向财产法益的犯罪;如果只是威胁人身安全,应当认定为针对身体法益的犯罪,如故意伤害罪或者故意杀人罪。

相应地,抢劫罪的加重构成,有针对财产法益的加重构成,如多次抢劫金融机构;也有针对人身法益的加重构成,如致人重伤、死亡。无论是针对财产法益的加重构成,还是针对人身法益的加重构成,只要行为人实施了抢劫罪的基本行为,并引发了加重构成的发生,就可以认定为抢劫罪的情节加重犯或者结果加重犯,这意味着,认定抢劫罪加重构成的既遂,必须具有基本行为部分的既遂,再加上加重结果或者加重情节的出现。因此,仅有加重构成,而抢劫罪的基本行为部分没有既遂,不应当认定为抢劫罪加重构成的既遂。根据上述司法解释的规定,其他情节的加重犯存在未遂的可能,但是对于结果加重犯一旦出现加重结果,无论基本行为部分是否既遂,都必须认定为结果加重犯的既遂,这在规范论上解释不通。显然法律法规中抢劫罪的加重构成的既遂状态的规定,造成了结果加重犯和情节加重犯在未遂犯认定上的不平等。

对于第一种和第二种情况,未出现致人重伤或者死亡的加重结果,能否成立结果加重犯?2001 年 5 月 23 日,最高人民法院《关于抢劫过程中故意杀人案件如何定罪问题的批复》指出,"行为人为劫取财物而预谋故意杀人,或者在劫取财物过程中,为制服被害人反抗而故意杀人的,以抢劫罪定罪处罚"。根据该文件的精神,抢劫过程中攻击被害人的要害部位意图杀人,但是对被害人只造成了轻伤或者轻微伤的,只能适用抢劫罪的基本犯罪量刑,即 3 年以上 10 年以下有期徒刑。这样一来,基于致人重伤或者死亡的故意对被害人实施暴力的行为人,因为加重结果未实现而仅被认定为基本犯罪,是对行为的轻纵评价,将造成量刑的不适当。

根据本书对结果加重犯未遂的认定,只要基本行为具有实现类型性危险的可能性,就应当评价为成立结果加重犯,因为结果加重犯的本质就是基本行为产生类型性危险。至于结果加重犯既遂,评价标准应当是基本行为既遂且发生了加重结果。未发生加重结果,仅基本行为既遂,并且基本行为蕴含较高的类型性危险的情形,虽然不能评价为结果加重犯的既遂,但是能认定为结果加重犯的未遂。上述批复对于这类情形仅认定为抢劫罪的基本犯罪,忽略了结果加重犯的本质是基本行为蕴含的高风险性,将结果加重犯的本质侧重于加重结果的发生,这是倾向于结果主义的表现。

基于上述考虑,本书坚持危险性理论的结果加重犯本质论,即只要实施了基本行为,基本行为蕴含发生加重结果的较高类型性风险,就应当认定成立结果加重犯,至于基本行为是否既遂或者加重结果是否发生,只是结果加重犯的犯罪形态问题。在以下案例中,笔者尝试运用上述观点展开探讨。

【案例三十八 · 邓某涛抢劫案】[1]2015 年 6 月 25 日凌晨 3 时许,被告人邓某涛经事先预谋,身穿蓝色雨衣,头戴用蓝色毛线帽子自制的头套,携带事先准备的单股剪刀,翻门进入徐某戊、魏某甲夫妇居住的收粮点内,威胁他们拿出钱财,因徐某戊和魏某甲反抗,被告人邓某涛与徐某戊、魏某甲发生厮打。在厮打过程中,邓某涛用单股剪刀对被害人徐某戊和魏某甲进行戳刺,后逃离现场。经咸阳市公安局司法鉴定中心鉴定,徐某戊因肩部受到锐利器具刺切致胸部动脉分支断裂出血死亡,系失血性休克死亡;魏某甲损伤程度为轻微伤。

法院经审理认为,被告人邓某涛以非法占有他人财物为目的,经事先预谋,携带单股剪刀,深夜翻门进入徐某戊、魏某甲居住的收粮点内,威胁在该收粮点居住的徐某戊、魏某甲夫妇拿出钱财,遭到夫妇二人反抗,双方在厮打过程中,被告人邓某涛用单股剪刀对被害人徐某戊和魏某甲进行戳刺,后逃离现场,造成被害人徐某戊死亡、魏某甲轻微伤的严重后果,构成抢劫罪,对被告人邓某涛判处死刑。

本案审理过程中,辩护人提出被告人未实际取得任何财物,构成犯罪未遂,依法可从轻或减轻处罚的辩护意见,法院认为,根据司法解释的规定,只

---

〔1〕 参见陕西省咸阳市中级人民法院刑事附带民事判决书,(2016)陕04刑初19号,载中国裁判文书网,http://wenshu.court.gov.cn,2017年8月2日访问。

要具有劫取他人财物或者造成他人轻伤以上这两种情形之一的,就构成抢劫既遂,对辩护人的辩护意见不予采纳。法院根据相关成文司法解释的规定予以量刑的做法是无可厚非的。但是依照本书的观点,在应然上对这一类情形的定性应当有一个正确的认识。

本书认为,构成结果加重犯的未遂,应当有以下条件:第一,基本行为蕴含类型性的危险,这是结果加重犯的本质要求和成立的前提,如果基本行为并未蕴含类型性的危险,那么即便出现加重结果,也与基本行为无因果关系。第二,基本行为的既遂与加重结果的发生必须全部具备才能构成既遂,缺少一项或者全部缺少,应当认定为结果加重犯的未遂。在案例三十八中,被告人邓某涛经事先预谋,携带作案工具潜入被害人夫妇的收粮点内,在夺财过程中与被害人夫妇厮打,进而戳刺被害人徐某戊和魏某甲,之后逃离现场。根据本书对结果加重犯未遂的判断,首先,被告人邓某涛的抢劫行为含有引发加重结果的类型性危险,毫无疑问是符合结果加重犯的犯罪构成的。那么是否构成犯罪既遂,则需要考察基本行为是否既遂以及加重结果是否产生。本案中尽管被告人邓某涛的行为引发了被害人死亡的加重结果,但是被告人对财产法益的侵害未遂,符合本书对结果加重犯未遂的认定标准,在定性上应当确定为结果加重犯的未遂。

因此,本书反对该判决的观点,认为在定性上对邓某涛的行为应当坚持认定为结果加重犯的未遂,但是在量刑上可以根据相关司法解释,不按照未遂的标准从轻或者减轻处罚。

三、抢劫罪结果加重犯的共犯问题

结果加重犯的共同犯罪所要讨论的核心问题在于,未实行致人伤亡行为的共犯是否要对加重结果负责。以下结合案例,运用本书的相关理论进行分析和说明。

(一)共同创设危险是结果加重犯共犯的本质

本书第五章提到的案例十一(张某贵、宋某伦抢劫致人死亡案)涉及两个问题。第一个问题是,抢劫行为导致非抢劫对象死亡,能否将结果归于抢劫行为,这也是本章"一(四)"部分讨论的问题。笔者认为,抢劫的暴力行为致使与抢劫无关的路人死亡的,该路人应当属于"波及型"的第三人。裁判将被害人汤某某的死亡归责于行为人的抢劫行为,作为结果加重的情形处罚,对此观点本书是赞同的。本案行为人宋某伦不会开车,但是为了避免犯罪行为因被害人李某某的反抗太过激烈而被路过的人发现而驾车逃跑。明知自己不会开车却偏要开车的行为对车上的被害人李某某以及路人的生命安全都造成了威胁,而开车逃跑的行为是为了掩盖罪行,这是抢劫罪基本行为的重要组成部分,故可以说宋某伦抢劫的基本行为蕴含了导致他人死亡的类型性危险,无论是车上的被害人的死亡结果,还是路人汤某某的死亡结果,都应当由实施抢劫行为的宋某伦负责。

本案涉及的第二个问题是,直接导致两名被害人死亡的原因是宋某伦的交通肇事行为,那么张某贵是否也要与宋某伦一同承担抢劫的结果加重犯的责任?裁判结论对此给予肯定回答,判定张某贵也要为抢劫致二人死亡负责,对此结论笔者是赞同的。不过本案中宋某伦是实行肇事行为的人,张某贵并不是直接导致被害人死亡结果出现的人,据此辩护人提出张某贵在案件中起的作用小,系从犯的辩护意见。对此裁判理由是张某贵与宋某伦相互配合,并对被害人李某某实施暴力,致使被害人在被告人宋某伦驾车逃逸过程中死亡,其应为共同主犯,仅一笔带过,该判决没有充分解释将被害人死亡结果归责于张某贵的理论依据,以下本书试图进行说明。

根据笔者对结果加重犯本质的理解,结果加重犯共同犯罪的可罚性就在于数行为人共同创设了类型性危险,至于具体实现加重结果的实行行为是故意还是过失,以及是否共同实行,不具有规范上的重要性,判断的关键点就在于是否共同实施了具有类型性危险的基本行为。本案中，抢劫的基本行为包括预谋和实施，宋某伦和张某贵共同预谋了抢劫行为，着手抢劫之后为了避免路人发现，二人自动有一个分工，张某贵在后排控制被害人李某某，宋某伦在驾驶位负责开车，二者是相互协作、相辅相成的关系，在后排控制被害人和在前排开车逃跑，对抢劫罪的实行来说都是不可或缺的，宋某伦的驾车行为在张某贵的行为帮助下才能成功实施，张某贵在后排控制被害人的行为也是由宋某伦开车逃跑的行为予以维持，故无论是宋某伦的驾车逃跑行为导致发生交通事故而产生的加重后果，还是张某贵在后排控制被害人李某某时因用力过猛导致李某某死亡的加重后果，都应当由张某贵和宋某伦共同承担。所以，尽管本案中具体发生的加重结果是由于宋某伦的驾驶行为，但是宋某伦的驾驶行为是张某贵和宋某伦共同实施的抢劫的基本行为的重要组成部分且不可分割，两名被害人的死亡结果，是张某贵和宋某伦共同实施的基本行为所创设的类型性危险的具体实现，二者具备了结果加重犯共同犯罪的可罚性基础，故张某贵应和宋某伦共同承担抢劫致人死亡的责任。

（二）共同实行先前行为是共犯可罚性的客观基础

【案例三十九·侯某辉等抢劫案】[1]2005年5月被告人侯某辉向被告人匡某荣提议至无锡抢劫，6月初二人以打工的名义来到无锡某市场摊位，经摊位老板周某敏同意后，与摊位另一打工者被告人何某权一起在周某敏的租住房内食宿。期间，侯某辉、匡某荣多次与何某权商议共同实施抢劫行为，但是何某权并未明确允诺，且有意躲避侯、匡二人。当侯、匡二人以暴力将被害人周某敏殴打致死后，匡某荣提出让何某权帮助翻找财物，何某权同意并参与。一审法院认定被告人侯某辉、匡某荣犯抢劫罪，判处死刑；被告人何某权犯抢劫罪，判处有期徒刑十四年。一审宣判后，侯某辉上诉，二审

[1] 参见陈兴良、张军、胡云腾主编：《人民法院刑事指导案例裁判要旨通纂》（下卷），北京大学出版社2013年版，第633页。

法院判处侯某辉死刑缓期二年执行,维持匡某荣的死刑判决,改判何某权有期徒刑四年,并处罚金人民币一千元。

二审审理过程中,对侯某辉改判的理由在于,侯某辉案发后有自首行为,并且并非其暴力行为直接导致被害人死亡。故由死刑立即执行改判为死刑缓期二年执行。本案一审查明事实为何某权与侯、匡二人共同达成了抢劫预谋,故认定何某权也要为被害人的死亡结果负责,二审审理期间查明,何某权并未与侯、匡二人共同达成抢劫预谋,只是在侯、匡二人的暴力行为导致被害人死后帮助翻找财物,所以二审法院仅认定何某权成立一般的抢劫罪。

笔者赞同该案的二审结论。一审和二审对何某权行为性质定性的差异源于审理时查明事实的差异。行为人没有参与其他抢劫罪共犯对抢劫行为的预谋,只是在其他共犯实施暴力抢劫行为而对被害人已经造成了伤亡的加重结果之后参与到抢劫犯罪中,不应当将加重结果归责于行为人。这与本书所提出的以先前行为作为限定结果加重犯共犯成立基础的理论是相契合的。

本书认为,基本行为与加重结果的关系,可以用先前行为与不作为产生的后果相比照。行为人参与了其他共犯人的具有类型性危险的基本行为中,等同于实施了先前行为,具有了阻止加重结果发生的义务,若没能避免加重结果的发生,就应当因共同实施了先前行为,而对加重结果负责。反之,如果行为人并没有参与先前行为,那么就不需要对加重结果负责。本案二审查明的事实显示,何某权并未参与侯某辉与匡某荣的抢劫预谋过程以及最初的抢劫实施过程,而是在侯某辉与匡某荣对被害人实施暴力导致被害人死亡之后,才参与进来,故何某权并未实施先前行为,也就不具有与侯某辉、匡某荣共同对加重结果负责的可罚性客观基础。因而,二审法院依据查明事实做出的改判是正确的,也是符合本书倡导的以先前行为作为义务来源,限制结果加重犯共犯成立的范围的判断标准。

(三)结果在共谋射程范围内是共犯可罚性的主观基础

【案例四十 · 程某平等抢劫案】[1]2006年9月,被告人程某平与李某在梧州市密谋抢劫非法传销组织召开申购会时收集的申购款,并商定由程某平到重庆市物色人员来梧州市实施抢劫,由李某打听和提供申购会的相关信息。2006年中秋节期间,程某平回到重庆,通过其弟弟程某联系到李某忠、李某波、王某洋、吴某金。期间程某平等6人共同"踩点",并准备水果刀、菜刀、电棍等作案工具。同月22日12时许,程某平、李某带领李某忠、李某波、王某洋、吴某金来到作案位置,14时许,当传销人员姚某广、傅某龙收集完申购款下楼,从宏发大厦四层至一层楼梯经过时,潜伏在宏发大厦西座楼梯间伺机作案的李某忠、李某波、王某洋、吴某金四人持电棍、刀具,将姚某广捅伤致死,将傅某龙捅伤,并当场劫取现金8万元。四人得逞后逃离现场,程某平分得赃款现金2万元。一审法院认为程某平犯抢劫罪,判处死刑。一审宣判后,程某平提出上诉,辩称其自始至终强调不得伤人,故不应承担本案的总体结果。二审法院认为,程某平自始至终起着组织指挥的作用,是主犯,依法应当按照其组织指挥的全部犯罪处罚。裁定驳回上诉,维持原判。

案例四十与案例三十九不同,案例三十九中的行为人何某权是在加重结果发生后参与到抢劫犯罪之中,而案例四十中的被告人程某平是犯罪预谋阶段的主谋,但是在犯罪实行阶段并未参与。那么这里需要讨论的问题就是,并未参与基本行为具体实施的组织犯,对于由基本行为引发的加重结果是否需要负责。在大陆法系的刑法理论中组织犯由于对犯罪构成要件的实现具有功能性支配作用,因而获得了正犯品质。正犯成立的关键就在于其对共同犯罪具有支配作用,对犯罪构成要件的全部实现具有决定作用。案例中程某平组织程某等五人共同为抢劫犯罪寻找作案时机,准备工具,确

---

〔1〕 参见陈兴良、张军、胡云腾主编:《人民法院刑事指导案例裁判要旨通纂》(下卷),北京大学出版社2013年版,第641页。

定方案，对抢劫罪的基本行为的实施具有巨大的决定作用，故程某平的组织行为，相对于加重结果的发生，可以认定为先前行为，也正是因为程某平是基本犯罪的组织犯，进而对加重结果的发生具有避免义务，并且客观上发生了加重结果，因此程某平作为抢劫致人死亡罪的共犯具有了客观可罚性基础。

根据本书观点，加重结果还需要在主观共谋射程范围内，才能具有共犯的主观可罚性基础。本案中程某平辩解称其明确表示过不能伤人，法院判决中未见对此问题的事实调查，而是认为本案是共同犯罪，程某平自始至终起着组织指挥的作用，是主犯，依法应当按照其组织指挥的全部犯罪处罚。本书认为，如果其他证据能够佐证，程某平的确说过不能伤人的话，并且再三叮嘱其他共犯不许伤人，那么具体实行者实施的伤人行为不能归责于程某平，因为伤人结果并不在共谋的射程范围内，如果程某平明确地、强烈地表示反对致人伤亡结果出现，那么根据笔者所提出的“线段理论”，认定程某平与其余几人的共谋射程不能及于加重结果的发生，自然不能认定程某平为结果加重犯的共同犯罪人。反之，如果无其他证据证明程某平曾经跟其他同伙表示过不许伤人，那么就认定加重结果在共谋射程范围内，程某平在组织实施基本犯罪的时候并不排斥加重结果的发生，因而应当对其按照抢劫致人死亡罪的共同犯罪予以归责。

【案例四十一・韩某维、孙某等抢劫案】[1]2008 年 11 月，被告人韩某维与张某甲、孙某共谋抢劫杀害被害人张某乙（女，殁年 23 岁）。被告人孙某将张某乙位于河北省武安市的租住处指认给韩某维、张某甲后，三人多次携带尖刀、胶带等工具到张某乙的租住处准备抢劫，因张某乙未在家，抢劫未果。同年 12 月 25 日晚，韩某维、张某甲携带尖刀、胶带再次到张某乙的租住处附近伺机作案。当日 23 时 40 分许，张某乙驾车回到院内停车，张某甲持

---

〔1〕 参见陈兴良、张军、胡云腾主编：《人民法院刑事指导案例裁判要旨通纂》（下卷）（第 2 版），北京大学出版社 2018 年版，第 1052 页。

刀将张某乙逼回车内，并用胶带捆住张某乙双手，韩某维从张某乙身上搜出张某乙家钥匙，进入张某乙家中劫取人民币4000余元以及银行卡、身份证、照相机等财物。之后韩某维、张某甲将被害人张某乙挟持至武安市矿山镇矿山村一废弃的矿井旁，韩某维在车上将张某乙强奸。随后韩某维、张某甲用胶带缠住张某乙的头部，将张某乙抛入矿井内，致其颈髓损伤而呼吸衰竭死亡。韩某维、张某甲共劫得价值100,465元的财物。

法院经审理认为，被告人韩某维、张某甲、孙某为劫取财物而预谋实施故意杀人，后韩某维、张某甲按照预谋抢劫他人财物，并在抢劫后杀人，其行为均构成抢劫罪。韩某维在抢劫过程中还强奸被害人，构成强奸罪。孙某参与了为抢劫而杀害被害人的预谋，后又多次带领另两名被告人到被害人住处蹲守，构成抢劫罪的共犯。尽管当韩某维、张某甲再次实施抢劫时，孙某因故未去，但孙某明知其他被告人要求实施共同预谋的犯罪行为而不予制止，未能有效防止共同犯罪结果的发生，其行为属于犯罪既遂。孙某在共同犯罪中是从犯，应当从轻、减轻处罚。判决：(1)被告人韩某维犯抢劫罪，判处死刑，剥夺政治权利终身，并处没收个人全部财产；犯强奸罪，判处有期徒刑五年，剥夺政治权利一年。决定执行死刑，剥夺政治权利终身，并处没收个人全部财产。(2)被告人张某甲犯抢劫罪，判处死刑，缓期二年执行，剥夺政治权利终身，并处没收个人全部财产。(3)被告人孙某犯抢劫罪，判处有期徒刑十五年，剥夺政治权利五年，并处罚金二万元。

一审宣判后，被告人韩某维以其系从犯提出上诉；被告人孙某以其行为不构成抢劫共犯提出上诉。二审经审理认为原判决认定事实清楚，证据确实充分，定罪准确，量刑适当，审判程序合法。裁定驳回韩某维、孙某上诉，维持原判。

本案中被告人孙某仅在犯罪预谋阶段参与犯罪，并未参与具体的犯罪实行过程，是否需要对被告人韩某维、张某甲实施的抢劫致人死亡结果负责，是值得探讨的问题。被告人孙某辩称自己不构成抢劫罪的共同犯罪，而法院的审理观点是认定被告人孙某成立抢劫罪的共犯,并且对其量刑为有期徒刑十五年。从量刑结果可见,法院认为孙某不仅是抢劫罪的共犯,并且也要对被告人韩某维、张某甲实施抢劫后致被害人张某乙死亡的结果负责。笔者赞同法院的裁判观点。

本案中孙某的确不是实行犯,也不是教唆犯,但是对于犯罪的实行有重要的帮助作用,孙某为韩某维、张某甲提供的帮助包括了物理帮助和心理帮助。物理帮助方面,韩某维和张某甲并不认识张某乙,也不知道张某乙的地址,正是孙某提出抢劫张某乙,并且指认了张某乙的具体住址,并多次与韩某维、张某甲二人一起蹲守。心理帮助方面,孙某虽然不是犯罪起意者,但是参与了预谋,并提出要杀人灭口,这是一种强化犯意的行为。本案中,尽管孙某并未参与犯罪实行,但是在犯罪实行阶段,故意杀死被害人的结果在孙某与韩某维、张某甲共谋射程之内,韩某维和张某甲就是按照与孙某共同商议的计划实施的犯罪行为,并且也产生了将被害人杀人灭口的犯罪结果。根据本书提出的“线段理论”,如果要排除孙某的抢劫致人死亡的责任,孙某作为帮助犯就必须为共谋射程这一“射线”明确终点,也就是孙某作为帮助犯即便不参与实行,也要反复向被告人韩某维、张某甲强调不能在抢劫过程中杀人,并采取客观手段以尽量避免被害人伤亡结果的出现。而如果要进一步排除孙某的抢劫罪共犯责任,孙某作为帮助犯则必须将共谋射程的终点设置在尽可能接近起点的位置。具体来说就是孙某必须消除曾经实施的帮助行为所起到的作用,例如事先给被害人通风报信,告知被害人可能遭遇的危险以及早进行防范;又如及时报警使韩某维、张某甲无法实施犯罪行为;再如劝说韩某维、张某甲放弃犯罪。有如上种种做法才能认定被告人孙某不构成抢劫罪的共犯,也不需要对被害人死亡结果负责。然而本案中,虽然孙某自己单纯放弃继续犯罪,但是并未对先前的“共谋射程”设置终点,因而作为帮助犯,孙某需要与韩某维、张某甲共同承担抢劫致人死亡的刑事责任。根据本书的“线段理论”,笔者赞同本案的裁判结论。

【案例四十二·郭某林等抢劫案】[1]2001年6月3日晚，被告人郭某林、王某、李某伏和陈某英在上海一家旅馆内预谋实施抢劫。陈某英提出，其认识一名中年男子，手上有现金，可对他进行抢劫，其他三人都表示赞成。于是陈某英把赵某引到旅馆，其余三人立刻冲上前将被害人制服。之后李某伏和陈某英拿着从赵某身上搜出的行李牌去取行李，郭某林和王某留在现场看管赵某防止其逃跑。但是，赵某挣脱了绳索欲逃跑，郭某林立刻抱住赵某，王某取出随身携带的尖刀向赵某胸部连刺数刀，造成赵某大量失血而死。李某伏和陈某英因未带赵某身份证没能取成行李，返回旅馆得知赵某情况后，与郭某林和王某一同逃跑。法院经审理认为，四名被告人持刀行凶，抢劫他人财物，致被害人死亡，构成抢劫罪。鉴于陈某英有自首情节，可以从轻处罚。分别判处郭某林死刑，王某死刑，李某伏有期徒刑十五年，陈某英有期徒刑十一年。

本案的争议焦点在于，共同抢劫犯罪中，部分行为人的实行行为直接导致被害人伤亡后果的，其余未在现场的行为人是否需要对此加重结果承担共同犯罪的责任。对此问题形成两种意见。第一种意见认为李某伏、陈某英不应承担致人死亡的责任，因为郭、王二人行凶时，李、陈并未在现场，并且被害人的死亡也超出了李、陈的预期，李、陈主观上无罪过，客观上无加害行为，故不应对被害人的死亡结果负责。第二种意见认为，郭、王的伤害行为没有超出李、陈的认识范围，不构成实行过限，李、陈二人对于加重结果具有过失，应当承担抢劫致人死亡的责任，但在量刑上应当区别于郭、王。从判决结果上来看，审判机关持第二种意见。

实际上，两种意见之间的对立，关键点在于主观上共同犯罪可罚性基础的判断，即死亡结果是否超出郭、王、李、陈的共同预谋。案件审理过程中的两种意见，对此的探讨一直徘徊在李、陈对被害人的死亡结果能否有预见这

---

〔1〕 参见中华人民共和国最高人民法院刑事审判第一庭、第二庭编：《刑事审判参考》（总第27辑），法律出版社2002年版，第189号案例。

个问题上。如果是单人犯罪,采用预见可能性标准考察主观罪过具有可操作性,在共同犯罪中,多元化主体对于他人行为的可预见性,判断结果是多元的,这个问题可以简化为 A 认为 B 会不会杀人的判断标准,存在以下几种组合:A 站在 A 的立场看待 B 会不会杀人,A 站在 B 的立场看待 B 会不会杀人,A 站在普通人的立场看待 B 会不会杀人。站在不同的角度会得出不同的结论,使得对此问题的判断流于主观。

笔者认为,对此问题的分析应当基于更加客观的视角,借助本书先前提出的“线段理论”,如果未具体实施加重结果的行为人,明确提出过反对加重结果的发生,那么在主观上就可以将加重结果排除在共谋射程以外,反之该行为人没有明确提出过反对加重结果发生的意见,则认定加重结果包含在共谋射程以内。本案中,尽管郭、王二人行凶时,李、陈并不在场,未提供帮助,但是郭、王二人的行为是为了制止被害人逃跑,在四人的分工当中,郭、王二人也是负责看管被害人,在整个犯罪的预谋和实施过程中,李、陈二人都未明确提出反对加重结果的出现,即未对“射线”的端点予以限定,共谋的射程处于开放状态,故被害人死亡的加重结果能够被共谋射程涵盖,所以李、陈在主观上具备与郭、王成立抢劫致人死亡罪的可罚性基础。

另外,在客观上本案被害人的死亡结果与李、陈的行为是否具有因果关系也存在争议。根据上文中运用的先前行为理论,尽管李、陈未直接实施杀人行为,但是李、陈、郭、王共同实施了尼龙绳捆绑、胶带封嘴一系列的控制被害人人身自由的先前行为,李、陈明知郭、王手中有尖刀,仍然将被害人留给郭、王二人看管,相当于李、陈继续将被害人的人身安全置于危险境地,李、陈二人因实施了先前行为,对于排除被害人的人身危险负有义务,但是李、陈二人并未履行义务,才给同伙郭、王杀害被害人创造了机会,故在客观上被害人的死亡也与李、陈的先前行为具有因果关系。

综上,通过运用本书理论,能够清晰认定李某伏、陈某英的行为与被害人死亡结果的发生在客观上具有因果关系;并且主观上加重结果并未超出李、陈与郭、王的共谋射程范围，故本案判决中对李某伏、陈某英认定成立抢劫致人死亡罪的共同犯罪是正确的，笔者赞同裁判结论。

【案例四十三・张某某抢劫、李某某盗窃案】〔1〕1988 年 12 月 4 日晚，被告人张某某、李某某伙同张某良（另案处理）携带镰刀在某国道某县境内，乘道路堵车之机，欲共同对被堵车辆行窃。晚上 8 时许，张某某、张某良登上姜某某驾驶的解放牌汽车，将车上拉运的白糖往下扔，李某某负责在下边捡拾、搬运，共窃得白糖 6 袋，每袋 50 公斤。当司机姜某某从后视镜上发现有人扒货时，即下车查看，当场抓住张某某。张某某为脱身，用镰刀朝姜某某的脸上砍了一下，经法医鉴定姜某某的面部伤构成轻伤。同时张某良也捡起石头威胁姜某某及前来协助的货主刘某。姜某某及刘某见此情形连忙驾车离开现场，并报警。案发后，经鉴定被盗白糖价值共计人民币 1200 元。

某县人民法院审理后认为，被告人张某某等以非法占有为目的，共同盗窃他人财物，数额较大，其行为均已构成盗窃罪。在共同盗窃过程中，张某某为抗拒抓捕而当场使用暴力，致被害人轻伤，其行为依法应由盗窃罪转化为抢劫罪。在共同盗窃过程中，李某某没有为抗拒抓捕、窝藏财物或毁灭罪证而当场使用暴力或者以暴力相威胁，故李某某的行为不符合由盗窃罪转化为抢劫罪的构成要件。公诉机关指控李某某犯抢劫罪定性不当，应予纠正。判决认定：被告人李某某犯盗窃罪，判处有期徒刑六个月，并处罚金人民币 1500 元。

本案的争议焦点在于，在盗窃共同犯罪中，部分共犯因为抗拒抓捕当场实施暴力而转化为抢劫罪的，其他共犯若未参与或未赞同，是否构成转化型抢劫罪的共犯。本案公诉机关的意见是认定被告人李某某也构成抢劫罪的共犯，而法院的审理意见是认定被告人李某某仅构成盗窃罪。

根据本书提出的对结果加重犯共同犯罪的认定规则，在客观层面，共同

---

〔1〕 参见陈兴良、张军、胡云腾主编：《人民法院刑事指导案例裁判要旨通纂》（下卷）（第 2 版），北京大学出版社 2018 年版，第 1025 页。

实行先行行为是共犯可罚性的客观基础。本案中张某某与张某良、李某某共同实行盗窃行为,具备了转化型抢劫先行行为的客观基础。在主观层面,结果在共谋射程范围内是共犯可罚性的主观基础。本案中张某某与张某良、李某某共同谋定的犯罪行为是乘国道堵车之机,共同对被堵车辆行窃,共同犯罪的故意是盗窃的故意,所包含的对法益的侵犯是对财产法益的侵犯。也就是说,这些共同犯罪人的犯罪共谋射程仅包含侵犯财产法益,而不包含侵犯财产法益以外的人身法益。虽然在预谋犯罪期间,李某某未明确提出不允许张某某和张某良以暴力形式抗拒抓捕,但是其所共谋的盗窃犯罪本身并不含有对被害人的暴力行为,故可以说共谋范围的"射线"起点就不在抢劫罪的范围内,而是在盗窃罪的范围内,也就不需要划定共谋的"终点"。因此根据本书倡导的"线段理论",李某某不具备与张某某、张某良共同认定为转化型抢劫罪的主观基础。法院认定李某某仅成立盗窃罪,不成立转化型抢劫罪的共犯是妥当的。

第八章

结　论

本书对结果加重犯的规范构造、加重处罚依据、限定规则、未遂、共犯等问题都进行了探讨,以下进行回顾和总结。

一、关于结果加重犯的规范构造

结果加重犯的概念在各国家或地区的立法中没有明确表述,对结果加重犯概念的界定通常由学者完成,但是由于概念表述的笼统性,学界对结果加重犯的特征莫衷一是,这就使得结果加重犯的规范构造还需要界定清晰。这种界定对于我国刑法理论界更有意义,目前我国学者对于结果加重犯特征的认定不同,进而对于结果加重犯在我国《刑法》中存在的范围,学界有较大争议。笔者通过回顾结果加重犯在我国、德国、日本等大陆法系国家或地区的发展脉络,总结了结果加重犯特征。

第一,结果加重犯的"加重"除了结果加重之外,更重要的表现是刑罚的加重。刑法对结果加重犯刑罚的最高设定应当超过"基本行为 + 致人重伤、死亡等加重结果"的刑罚之和,而不是仅仅高于基本犯罪的刑罚幅度。这既是通过对德国、日本的现行刑事立法规定进行观察得出的实然结论,同时也是"尊重"结果加重犯本质的应然判断。

第二,基本行为与加重结果的责任组合形式中,"故意 + 过失"为经典款,理论上毫无争议应当承认为结果加重犯;"故意 + 故意"需要区分看待,根据基本结果与加重结果的性质是否相同区分为同质结果加重犯和异质结果加重犯,"故意 + 故意"这种责任组合形式仅限于异质结果加重犯;"过失 + 故意"的组合仅限于逻辑推理,生活中罕见,如果有也应当按照数罪处理;"过失 + 过失"这种责任组合形式在理论上应当被承认。

第三,结果加重犯的加重结果仅限于实害犯,并且加重结果应当是明确的。在"严重后果""特别严重后果"的表述中,后果具体且明确的才能认定为结果加重犯,后果不明确但是出现了致人死亡、重伤结果的应当按照数罪并罚或者想象竞合来处理。"重大损失""特别重大损失"的加重结果表述应当区分对待,仅仅为了保护经济利益而提高罪量构成犯罪的不是结果加重犯,为保护战斗利益或战斗中我方人员生命财产健康而提高刑罚至死刑的,应当作为结果加重犯的罪名。"数额巨大""数额特别巨大"仅仅是罪量的提升,并非结果加重犯。对于"情节严重""情节特别严重",也需要根据规定是否明确,具体区别考察是否成立结果加重犯。

二、关于结果加重犯的加重处罚依据

为了明确结果加重犯的加重法定刑的依据,调和结果加重犯的本质与责任主义之间的矛盾和冲突,传统理论中的单一形态说、复合形态说,以及近年来活跃的危险性理论,都在积极做尝试,但是各有弊病,不能解释结果加重犯的本质问题。

笔者认为,理解结果加重犯的加重刑罚与责任主义的关系,不能仅从结果加重犯单方面考虑,应当将结果加重犯的本质问题与责任主义的演进结合起来,以动态的眼光重新审视这个问题。责任主义经历了从结果责任论、心理责任论到规范责任论以及现今的实质责任论和功能责任论的演进。与结果责任论相对应的本质论观点是自陷禁区原则和单一形态说,与心理责任论相对应的是复合形态说和废除论,与实质责任论相对应的本质论观点是危险性理论。因此笔者认为单一形态说、复合形态说、危险性理论都是与其所处的责任主义时代相对应,所谓的"结果加重犯与责任主义相违背"的观点是不成立的。

目前我国的责任论状态尚停留在心理责任论阶段,而心理责任论只能做事实评价,无法容纳期待可能性、预防必要性等规范判断,同时我国《刑法》并不排斥一般预防要素,故可以将预防必要性引入我国的责任论,将我国的责任理论朝着实质责任论的方向改进。

最为契合实质责任论的就是危险性理论,以预防必要性来解释基本行为所蕴含的类型性危险,并以该预防必要性作为加重处罚的依据是符合逻辑的，这印证了本书在开篇提出的“危险性 >0”这个问题，使得危险性理论的外部维度得以明确。这也为讨论危险性理论的内部维度，即基本行为与加重结果之间关联性的问题奠定了讨论基础。故本书以危险性理论作为结果加重犯的本质理论，在此基础上展开对结果加重犯限定规则、共犯、未遂等问题的讨论。

三、关于结果加重犯成立的限定规则

在客观层面，梳理了条件说、相当因果关系说、客观归责理论、直接性法理，通过比较上述理论，提出了应当以限制的条件说判断结果加重犯因果关系，并具体列举了能够中断因果关系的情形分别是第三方介入因素直接导致加重结果发生的情形，被害人自杀、自残的情形，行为人其他行为导致加重结果发生的情形。

在主观方面，梳理了无过失理论、间接故意理论、由故意确定过失理论、预见可能性说、过失必要说、轻率说，在分析的过程中提出本书观点，即应当以过失理论限定结果加重犯的主观方面，并明确过失的要素为有预见可能性和未履行结果回避的注意义务，只有两者齐备才成立过失。根据过失理论，能够排除因被害人特殊体质而发生加重结果这一类情形，避免对行为人以结果加重犯归责。

在客观归责和主观归责之外，本书认为还应当创设“全等审查阶层”，这主要是应对结果加重犯中因果历程偏离这一问题。我国传统理论是以因果关系认识错误阻却故意成立而排除对结果加重犯的归责，笔者认为这种思路在逻辑上存在问题，因果历程的偏离不能回溯阻却在行为之时具有的故意，此处需要判断的是能否对行为人以结果加重犯的“既遂”予以归责。本书提出的判断方式是全等审查阶层，这实质上是主观和客观统一的操作方式，具体判断方法是先考察基本行为对加重结果是否具有支配关系，之后判断行为人主观上企图创设的能支配的风险是否涵盖加重结果，如果能涵盖即为主观和客观全等,如果发生的结果超出了主观能够支配的风险的范围,则否认主客观全等,进而排除结果加重犯既遂的归责。

四、关于结果加重犯的未遂

首先明确了未遂犯的处罚根据是行为已经具备了发生构成要件的客观危险性,并且未遂犯的成立条件是已经着手实行犯罪,但未达到既遂状态,因为意志以外的原因未得逞。其次阐述了我国《刑法》中过失犯不存在未遂的可能。明确这两个基本问题后,梳理结果加重犯未遂的否定说与肯定说。之后从危险性理论的角度对结果加重犯未遂的问题予以审视,并得出结论,认为只要基本行为具有类型性的危险,那么就成立结果加重犯,而基本行为的结果以及加重结果全部出现才能认定为结果加重犯的既遂,只要其中之一未实现,就认定为结果加重犯的未遂。

五、关于结果加重犯的共犯

从过失共同正犯能否成立的视角,对过失共同正犯与结果加重犯的共犯之间的关系予以讨论,并得出结论。第一,过失共同正犯在我国刑法体系中不宜成立;第二,过失共同正犯能否成立与结果加重犯的共犯问题无关,认为二者具有连带关系的观点是将结果加重犯拆分为“故意 + 过失”的复合形态予以理解,而复合形态并不能正确说明结果加重犯的本质。

本书认为应当从危险性理论的立场上审视结果加重犯的共犯问题,并提出认定结果加重犯共同犯罪的具体标准。在客观方面,行为人只要参与到具有类型性危险的基本行为之中,就视为具有先前行为,因而对防止后续结果发生具有了作为义务。在主观方面,运用共谋射程理论判断其他参与人是否实行过限。笔者提出应当以“线段理论”为共谋射程设限,只要行为人明确对其他共犯人表示反对加重结果的发生,那么该行为人对此加重结果就不具有故意,因此切断了与其他行为人的共谋。

以上就是本书的具体结论，笔者将上述观点放在故意伤害致人重伤、死亡，抢劫致人重伤、死亡的相关案例中予以检视和运用，认为这些观点都具有可操作性，对于解决中国司法实践中的结果加重犯认定的疑难问题，具有理论参考价值。

在中外刑法理论界，结果加重犯一直是具有理论热度的问题，笔者认为只要结果加重犯还活跃在世界各国的刑法典中，那么结果加重犯与责任主义的紧张关系、结果加重犯成立规则以及未遂和共犯等问题就会不停地引发话题，除非某一天结果加重犯在世界范围内刑法典中销声匿迹，才能停止关于结果加重犯的争论，可谓是“至死方休”。本书的讨论还有许多不成熟之处，随着刑法理论的发展以及刑事政策的变迁，理论界与实务界对待结果加重犯的看法与认定方式还会发生变化，那么本书的观点也就可能被推翻。但是笔者认为，如果能为结果加重犯后续的研讨做铺垫，提供批判的“靶子”，那么这些努力和尝试便是值得的。

参考文献

(一)中文专著

1. 蔡墩铭:《刑法总则争议问题研究》,台北,五南图书出版公司 1987 年版。

2. 储槐植:《美国刑法》,北京大学出版社 2012 年版。

3. 陈家林:《共同正犯研究》,武汉大学出版社 2004 年版。

4. 陈家林:《外国刑法通论》,中国人民公安大学出版社 2009 年版。

5. 陈家林:《外国刑法:基础理论与研究动向》,华中科技大学出版社 2013 年版。

6. 蔡枢衡:《中国刑法史》,中国法制出版社 2005 年版。

7. 陈世伟:《论共犯的二重性》,中国检察出版社 2008 年版。

8. 陈兴良:《本体刑法学》(第 3 版),中国人民大学出版社 2017 年版。

9. 陈兴良:《规范刑法学》(第 4 版),中国人民大学出版社 2017 年版。

10. 陈兴良:《共同犯罪论》(第 3 版),中国人民大学出版社 2017 年版。

11. 陈兴良:《教义刑法学》(第 3 版),中国人民大学出版社 2017 年版。

12. 陈兴良:《刑法适用总论》(第 2 卷),中国人民大学出版社 2006 年版。

13. 陈兴良、周光权:《刑法学的现代展开》,中国人民大学出版社 2006 年版。

14. 陈兴良、张军、胡云腾主编:《人民法院刑事指导案例裁判要旨通纂》(第 2 版),北京大学出版社 2018 年版。

15. 陈子平:《刑法总论》,中国人民大学出版社 2009 年版。

16. 郭莉:《结果加重犯结构研究》,中国人民公安大学出版社 2013 年版。

17. 高铭暄、马克昌主编:《刑法学》(第 9 版),北京大学出版社、高等教育出版社 2019 年版。

18. 高铭暄、赵秉志主编:《犯罪总论比较研究》,北京大学出版社 2008 年版。

19. 国家法官学院、中国人民大学法学院:《中国审判案例要览(1999 年刑事审判案例卷)》,中国人民大学出版社 2000 年版。

20. 国家法官学院、德国国际合作机构:《法律适用方法:刑法案例分析》,中国法制出版社 2012 年版。

21. 顾肖荣:《刑法中的一罪与数罪问题》,学林出版社 1986 年版。

22. 何秉松主编:《刑法教科书》,中国法制出版社 1997 年版。

23. 何勤华:《20 世纪日本法学》,商务印书馆 2003 年版。

24. 黄荣坚:《基础刑法学》,中国人民大学出版社 2009 年版。

25. 黄荣坚:《刑法问题与利益思考》,中国人民大学出版社 2009 年版。

26. 韩忠谟:《刑法原理》,北京大学出版社 2009 年版。

27. 江溯:《犯罪参与体系研究——以单一正犯体系为视角》,中国人民公安大学出版社 2010 年版。

28. 江溯主编:《美国判例刑法》,北京大学出版社 2021 年版。

29. 江溯主编:《德国判例刑法》,北京大学出版社 2021 年版。

30. 贾宇主编:《刑法学》(第 3 版),中国政法大学出版社 2017 年版。

31. 金泽刚:《犯罪既遂的理论与实践》,人民法院出版社 2001 年版。

32. 李邦友:《结果加重犯基本理论研究》,武汉大学出版社 2001 年版。

33. 刘灿华:《结果加重犯研究》,法律出版社 2016 年版。

34. 黎宏:《刑法学》,法律出版社 2012 年版。

35. 刘明祥:《刑法中错误论》,中国检察出版社 2004 年版。

36. 刘佩:《结果加重犯研究》,东北师范大学出版社 2017 年版。

37. 林山田:《刑法通论》(第 10 版),北京大学出版社 2012 年版。

38. 李希慧主编:《刑法总论》,武汉大学出版社 2008 年版。

39. 陆诗忠:《结合犯研究》,科学出版社 2009 年版。

40. 李文健:《罪责概念之研究　非难的实质基础》,台湾春风煦日论坛(刑事法丛书系列 2)1998 年版。

41. 林亚刚:《刑法学教义(总论)》(第 2 版),北京大学出版社 2017 年版。

42. 林钰雄:《新刑法总则》,中国人民大学出版社 2009 年版。

43. 林维:《共犯论研究》,北京大学出版社 2014 年版。

44. 卢宇蓉:《加重构成犯罪研究》,中国人民公安大学出版社 2004 年版。

45. 刘之雄:《犯罪既遂论》,中国人民公安大学出版社 2003 年版。

46. 马克昌主编:《犯罪通论》(第 3 版),武汉大学出版社 1999 年版。

47. 马克昌、莫洪宪主编:《中日共同犯罪比较研究》,武汉大学出版社 2003 年版。

48. 马克昌:《比较刑法原理——外国刑法学总论》,武汉大学出版社 2002 年版。

49. 马克昌主编:《外国刑法学总论(大陆法系)》,中国人民大学出版社2009年版。

50.(清)沈家本:《历代刑法考》,邓经元、骈宇骞点校,中华书局1985年版。

51. 王世洲:《现代刑法学(总论)》,北京大学出版社2011年版。

52. 王作富主编:《刑法分则实务研究》,中国方正出版社2010年版。

53. 吴振兴:《罪数形态论》,中国检察出版社2006年版。

54. 辛金学、刘友江:《中国刑法的此罪与彼罪》,法律出版社2007年版。

55. 许玉秀:《主观与客观之间——主观理论与客观归责》,法律出版社2008年版。

56. 杨金彪:《共犯的处罚根据》,中国人民公安大学出版社2008年版。

57. 叶良芳:《实行犯研究》,浙江大学出版社2008年版。

58. 余振华:《刑法深思·深思刑法》,台北,元照出版有限公司2005年版。

59. 赵秉志:《犯罪未遂形态研究》(第2版),中国人民大学出版社2008年版。

60. 周道鸾、张军主编:《刑法罪名精释》(第4版),人民法院出版社2013年版。

61. 周光权:《刑法总论》,中国人民大学出版社2011年版。

62. 张明楷:《罪刑法定与刑法解释》,北京大学出版社2009年版。

63. 张明楷:《犯罪构成体系与构成要件要素》,北京大学出版社2010年版。

64. 张明楷:《行为无价值与结果无价值论》,北京大学出版社2012年版。

65. 张明楷:《刑法格言的展开》(第3版),北京大学出版社2013年版。

66. 张明楷:《刑法分则的解释原理》(第2版),中国人民大学出版社

2011 年版。

67. 张明楷:《外国刑法纲要》(第 3 版),法律出版社 2020 年版。

68. 张明楷:《刑法学》(第 5 版),法律出版社 2016 年版。

69. 郑泽善:《刑法总论争议问题研究》,北京大学出版社 2013 年版。

(二)中文期刊论文

1. 柏浪涛:《加重构成与量刑规则的实质区分——兼与张明楷教授商榷》,载《法律科学(西北政法大学学报)》2016 年第 6 期。

2. 蔡惠芳:《结果加重犯之共犯问题》,载《月旦法学杂志》第 118 期(2005 年)。

3. 储槐植、汪永乐:《再论我国刑法中犯罪概念的定量因素》,载《法学研究》2000 年第 2 期。

4. 陈家林:《结果加重犯的共同正犯浅论》,载《河北法学》2006 年第 12 期。

5. 陈朴生:《加重结果犯之责任要素》,载《法令月刊》第 3 卷(1977 年)。

6. 蔡圣伟:《重新检视因果关系偏离之难题》,载《东吴法律学报》第 20 卷第 1 期(2008 年)。

7. 陈子平:《结果加重犯之主观要件》,载《月旦法学教室》第 1 期(2002 年)。

8. 杜文俊:《故意伤害罪的二重的结果加重犯性质探究——以故意伤害罪的比较法为视角》,载《政治与法律》2008 年第 9 期。

9. 邓毅丞:《结果加重犯基本行为的判断规则——兼对日本相关学说的评述》,载《政治与法律》2014 年第 4 期。

10. 高慧:《一起过失致人重伤案引发的思考》,载《中国刑事法杂志》2011 年第 2 期。

11. 郭莉:《结果加重犯本质探究》,载《河北法学》2010 年第 5 期。

12. 郭莉:《结果加重犯基本行为和加重结果的关系研究》,载《政治与法律》2013 年第 12 期。

13. 顾肖荣:《试论结果加重犯》,载《法学研究》1984 年第 4 期。

14. 纪俊干:《从实务观点论加重结果犯之运用》,载《政大法学评论》第 50 期(1994 年)。

15. 洪福增:《加重结果犯》,载《军法专刊》第 3 卷第 5 期(1954 年)。

16. 姜敏:《基本犯罪未遂的结果加重犯之犯罪形态议——以强奸罪的结果加重犯为切入点》,载《甘肃政法学院学报》2008 年第 1 期。

17. 金泽刚:《结果加重犯的结构及其未遂形态问题》,载《上海交通大学学报(社会科学版)》2001 年第 3 期。

18. 金泽刚:《论结果加重犯的因果关系——以抢劫、强奸等罪的结果加重犯为例》,载《东方法学》2013 年第 4 期。

19. 李邦友:《共同犯罪中的结果加重犯》,载《法学评论》1997 年第 6 期。

20. 李邦友:《结果加重犯理论研究综述》,载《法学评论》1999 年第 2 期。

21. 李邦友:《日本刑法结果加重犯中的共犯的理论与实践》,载《武汉大学学报(哲学社会科学版)》1999 年第 4 期。

22. 李邦友、郑辉:《结果加重犯的刑事责任的演变》,载《西南政法大学学报》2000 年第 5 期。

23. 李邦友:《结果加重犯刑事责任根据及其合理性问题探讨》,载《现代法学》2001 年第 1 期。

24. 刘灿华:《结果加重犯直接关联性理论的本源性反思》,载《现代法学》2017 年第 1 期。

25. 刘德法:《我国结果加重犯结构类型的实然与应然》,载陈兴良主编:《刑事法判解》第 16 卷,人民法院出版社 2014 年版。

26. 劳东燕:《规范的保护目的与结果加重犯的界定》,载陈泽宪主编:《刑事法前沿》第 4 卷,中国人民公安大学出版社 2008 年版。

27. 李冠煜:《日本刑法理论中结果加重犯之因果关系研究》,载赵秉志主编:《刑法论丛》第62卷,法律出版社2011年版。

28. 李莉:《论结果加重犯的共同正犯》,载《法商研究(中南政法学院学报)》1996年第6期。

29. 陆诗忠:《结果加重犯之基本问题再研究》,载《学术论坛》2007年第11期。

30. 林亚刚:《论结果加重犯的若干争议问题》,载《法学评论》2004年第6期。

31. 林亚刚、何荣功:《结果加重犯共同正犯刑事责任的探讨》,载《郑州大学学报(哲学社会科学版)》2002年第4期。

32. 刘艳红:《客观归责理论:质疑与反思》,载《中外法学》2011年第6期。

33. 马克昌:《结果加重犯比较研究》,载《武汉大学学报(社会科学版)》1993年第6期。

34. 聂昭伟、吴郁槐:《共同犯罪中的实行过限与一体转化》,载《人民司法(案例)》2009年第4期。

35. 童德华:《共同过失犯初论》,载《法律科学(西北政法学院学报)》2002年第2期。

36. 魏大喨:《论加重结果犯之责任基础及其规范构造》,载《刑事法杂志》总第32卷(1988年)。

37. 王东明:《结果加重犯与过失共同犯罪关系论》,载《求索》2011年第8期。

38. 温建辉:《结果加重犯的罪过形式》,载《中国刑事法杂志》2012年第6期。

39. 王作富、党剑军:《论我国刑法中结果加重犯的结构》,载《政法论坛》1995年第2期。

40. 王昭武:《实行过限新论——以共谋射程理论为依据》,载《法商研究》2013 年第 3 期。

41. 吴振兴、李韧夫:《结果加重犯无未遂探论》,载《当代法学》1993 年第 2 期。

42. 吴振兴:《我国刑法中的结果加重犯》,载《当代法学》1994 年第 2 期。

43. 王志祥:《结果加重犯的未遂问题新论》,载《法商研究》2007 年第 3 期。

44. 王志祥:《论结果加重犯的构造》,载《北方法学》2009 年第 1 期。

45. 许发民:《结果加重犯的构成结构新析》,载《法律科学(西北政法学院学报)》2006 年第 2 期。

46. 肖开权:《从结合犯、结果加重犯看抢劫罪》,载《法学》1982 年第 3 期。

47. 徐育安:《概括故意与结果延后发生》,载《政大法学评论》第 115 期(2010 年)。

48. 许玉秀:《前行为保证人类型的生存权?——与结果加重犯的比较》,载《政大法学评论》第 50 期(1994 年)。

49. 熊赞研:《结果加重犯的构成透析》,载《中国刑事法杂志》2001 年第 6 期。

50. 俞清松:《加重结果犯之共犯》,载《政大法学评论》第 23 卷(1981 年)。

51. 姚诗:《先前行为与实行过限下知情共犯人的刑事责任》,载《法学研究》2013 年第 5 期。

52. 赵炳贵:《转化犯与结果加重犯——兼谈刑讯逼供罪的立法完善》,载《中国刑事法杂志》2001 年第 1 期。

53. 赵丙贵:《结果加重犯的本然、实然和应然》,载《当代法学》2009 年第 1 期。

54. 张明楷:《严格限制结果加重犯的范围与刑罚》,载《法学研究》2005 年第 1 期。

55. 郑逸哲:《未遂行为与结果加重构成要件》,载《月旦法学教室》第 37 期(2005 年)。

56. 郑泽善:《结果加重犯之处罚根据》,载《学术探索》2010 年第 3 期。

(三)中文学位论文

1. 李世阳:《共同过失犯罪研究——以〈刑法〉第 25 条第 2 款的解释为中心》,北京大学 2014 年博士学位论文。

2. 林怡秋:《加重结果犯中基本行为与加重结果间关系之研究》,台湾成功大学法律研究所 2008 年硕士学位论文。

3. 叶静屏:《结果加重犯》,台湾大学 1997 年硕士学位论文。

4. 俞清松:《加重结果犯之研究》,台湾政治大学法律研究所 1980 年硕士学位论文。

5. 吴秋宏:《结果加重犯之未遂》,中国文化大学法律研究所 1997 年硕士学位论文。

6. 赵彦清:《结果加重犯的归责基础》,台湾政治大学 1998 年硕士学位论文。

(四)日文专著

1. 大場茂馬『刑法総論』(信山社,1994 年)。

2. 大谷実 = 前田雅英『エキサイティング刑法総論』(有斐閣,1999 年)。

3. 島田聰一郎『正犯・共犯论的理论基础』(東京大学出版会,2002 年)。

4. 福田平『全訂刑法総論』(有斐閣,2001 年)。

5. 高橋則夫『刑法総論』(成文堂,2013 年)。

6. 岡野光雄『刑法要説総論』(成文堂,2009 年)。

7. 吉川経夫『刑法改正 23 講:改正草案による刑法入門』(日本評論社,1979 年)。

8. 金尚均 = 辻本典央 = 武内谦治 = 山中友理『ドイツ刑事法入門』(法律文化社,2015 年)。

9. 井田良『刑法総論の理論構造』(成文堂,2005 年)。

10. 木村亀二『刑法総論』(有斐閣,1984 年)。

11. 内海朋子『過失共同正犯について』(成文堂,2013 年)。

12. 内田浩『結果的加重犯の構造』(信山社,2005 年)。

13. 齊藤信宰『刑法講義総論』(成文堂,2007 年)。

14. 松宮孝明『刑法総論講義』(成文堂,2009 年)。

15. 山口厚 = 井田良 = 佐伯仁志『理論刑法学の最前線』(岩波書店,2001 年)。

16. 山口厚『クロズアップ刑法総論』(成文堂,2003 年)。

17. 団藤重光『刑法綱要総論』(創文社,1990 年)。

18. 丸山雅夫『結果的加重犯論』(成文堂,1990 年)。

19. 榎本桃也『結果加重犯の再検討』(成文堂 2011 年)。

20. 香川達夫『結果的加重犯の本質』(慶応通信,1978 年)。

21. 西田典之『共犯理論の展開』(成文堂,2010 年)。

22. 佐久間修『刑法総論』(成文堂,2009 年)。

23. 中山研一『口述刑法総論』(成文堂,2007 年)。

24. 荘子邦雄『刑法総論』(青林書院新社,1969 年)。

(五)日文论文

1. 長島和弘「結果的加重犯についての諸問題」帝京法学 24 卷 2 号(2006 年)。

2. 葛原力三「所謂ウエーバーの概括的故意について」刑法雑誌 33 卷 4 号(1994 年)。

3. 葛原力三「結果的加重犯と未遂」現代刑事法:その理論と実務 5 卷 4 号(2003 年)。

4. 井上宜裕「結果的加重犯と責任主義」法政研究78巻3号(2011年)。

5. 林陽一「結果的加重犯と因果関係」現代刑事法:その理論と実務5巻4号(2003年)。

6. 門田成人「結果的加重犯における加重結果を惹起させた原因行為の範囲」法学セミナー56巻11号(2011年)。

7. 齊藤信宰「結果的加重犯の構造的解釈」大東ロージャーナル8巻8号(2012年)。

8. 山本光英「結果的加重犯の共同正犯」川端博=椎橋隆幸=甲斐克則編『立石二六先生古稀祝賀論文集』(成文堂,2010年)。

9. 山本光英「結果的加重犯の不法内容」法學新報97巻3号(1990年)。

10. 山本光英「結果的加重犯の未遂について」北九州市立大学法政論集41巻3号(2014年)。

11. 山口厚「対談結果的加重犯の現状と課題」現代刑事法:その理論と実務5巻4号(2003年)。

12. 松生光正「結果的加重犯と共犯」現代刑事法:その理論と実務5巻4号(2003年)。

13. 伊藤涉「結果的加重犯における加重結果の原因」上智法学論集57巻4号(2014年)。

14. 佐伯和也「結果的加重犯における「基本犯」と「重い結果」との関係について—傷害致死を中心に」法学論集52巻3号(2002年)。

15. 中島広樹「故意ある結果的加重犯その概念の意義について」平成法政研究6巻2号(2002年)。

16. 竹内正「結果的加重犯概念についての一考察」松山大学論集4巻6号(1993年)。

17. 中義勝「故意なき身分犯および結果的加重犯に対する加功」法学論集41巻5号(1992年)。

(六)外文译著

1. [德]安塞尔姆·里特尔·冯·费尔巴哈:《德国刑法教科书》,徐久生译,中国方正出版社2010年版。

2. [德]恩施特·贝林:《构成要件理论》,王安异译,中国人民公安大学出版社2006年版。

3. [德]弗兰茨·冯·李斯特:《李斯特德国刑法教科书》,徐久生译,北京大学出版社2021年版。

4. [德]冈特·施特拉腾韦特、[德]洛塔尔·库伦:《刑法总论Ⅰ——犯罪论》,杨萌译,法律出版社2006年版。

5. [德]汉斯·海因里希·耶赛克、[德]托马斯·魏根特:《德国刑法教科书》,徐久生译,中国法制出版社2001年版。

6. [德]克劳斯·罗克辛:《德国刑法学总论(第1卷):犯罪原理的基础构造》(1997年第3版),王世洲译,法律出版社2005年版。

7. [德]克劳斯·罗克辛:《德国刑法学总论(第2卷):犯罪行为的特别表现形式》(2003年版),王世洲主译与校订,法律出版社2013年版。

8. [德]克劳斯·罗克辛:《德国最高法院判例:刑法总论》,何庆仁、蔡桂生译,中国人民大学出版社2012年版。

9. [德]克劳斯·罗克辛:《刑事政策与刑法体系》,蔡桂生译,中国人民大学出版社2011年版。

10. [德]乌尔斯·金德霍伊泽尔:《刑法总论教科书》(第6版),蔡桂生译,北京大学出版社2015年版。

11. [德]英格博格·普珀:《法学思维小学堂:法律人的6堂思维训练课》,蔡圣伟译,北京大学出版社2011年版。

12. [德]约翰内斯·韦塞尔斯:《德国刑法总论》,李昌珂译,法律出版社2008年版。

13. [韩]金日秀、[韩]徐辅鹤:《韩国刑法总论》,郑军男译,武汉大学出版社 2008 年版。

14. [美]约书亚·德雷斯勒:《美国刑法精解》,王秀梅等译,北京大学出版社 2009 年版。

15. [日]大谷实:《刑法讲义总论》(新版第 2 版),黎宏译,中国人民大学出版社 2008 年版。

16. [日]大塚仁:《犯罪论的基本问题》,冯军译,中国政法大学出版社 1993 年版。

17. [日]大塚仁:《刑法概说(总论)》(第 3 版),冯军译,中国人民大学出版社 2003 年版。

18. [日]大塚仁:《刑法概说(各论)》,冯军译,中国人民大学出版社 2003 年版。

19. [日]高桥则夫:《共犯体系和共犯理论》,冯军、毛乃纯译,中国人民大学出版社 2010 年版。

20. [日]高桥则夫:《规范论和刑法解释论》,戴波、李世阳译,中国人民大学出版社 2011 年版。

21. [日]木村龟二主编:《刑法学词典》,顾肖荣等译,上海翻译出版公司 1991 年版。

22. [日]山口厚:《刑法总论》,付立庆译,中国人民大学出版社 2011 年版。

23. [日]西田典之:《日本刑法总论》(第 2 版),王昭武、刘明祥译,法律出版社 2013 年版。

24. [日]西田典之:《日本刑法各论》(第 6 版),王昭武、刘明祥译,法律出版社 2013 年版。

25. [日]野村稔:《刑法总论》,全理其等译,法律出版社 2001 年版。

26. [英]杰瑞米·侯德:《阿什沃斯刑法原理》,时延安、史蔚译,中国法制出版社 2019 年版。

后　记

结果加重犯是一个历久而弥新的刑法题目。言其“历久”，是因为早在公元前5世纪古罗马的《十二铜表法》中即有相关的立法渊源；近百年来，德日等大陆法系国家的法学研究中对这一问题也多有论及。言其“弥新”，是因为只要各国刑事立法仍然存在针对这一类型犯罪的规定，那么相关的讨论就不会偏离刑法研究的焦点。例如，对结果加重犯加重处罚的依据始终是刑法学界争论的话题，如何调和结果加重犯与责任主义的紧张关系是理论研究正在努力的方向之一。并且，当前理论界的既有成果仍不足以评价和指引司法实践，无法应对结果加重犯认定方面层出不穷的问题。正是鉴于上游学术层面基本原理未被理顺，下游司法层面认定难题亟待疏解，我对“结果加重犯的基本理论与中国问题”的思考才得以不断深入，试图通过理论供给侧的涓滴努力提升中国刑法学术与实践的积极互动水平。

本书在我的博士毕业论文基础上修改而成，我与这个学术主题结缘良久。早在2014年3月博士入学复试时，就在江溯老师的建议下以“结果加重犯”为攻博计划的选题；博士入学后，即着手进行文献收集和整理；2017年12月论文初稿完成，2018年5月通过毕业答辩。2018年年底入职吉林大学法学院之后，我以博士论文的部分篇章为基础展开进一步研究,发表了数篇体现初步思考的论文。2020年年初,有幸蒙恩师陈兴良教授抬爱,并承林维教授推荐、评审专家认可,获得法律出版社的青年出版项目资助,此书有机会得以出版。

本书目前的研究结构和论断体现的是我对结果加重犯这一主题进行研究的阶段性成果。在毕业答辩时,车浩教授即建议我在下一步研究中从功能责任主义的角度对结果加重犯进行一个更高视角的思考,作为外校答辩委员的曲新久教授、周光权教授也为我论文的修改提了中肯的意见,给我以启发。可以说,在与结果加重犯结缘长达9年的跨度里,结果加重犯这一主题从不同角度给我以问题意识,这一领域的问题钻之弥坚,研究得越多,未知的领域就越宽阔。在撰写和完善本书的过程中,自知这一母题之下还有诸多可进一步挖掘的空间,期待以眼前的这本书作为一个阶段性总结和继续钻研的起点,在今后的研究中持续精研深挖、博思广取,期待能在这一论题上有更多的“加重结果”产出,为我国的结果加重犯理论研究添砖加瓦。

书稿从纸上的思维导图到大段大段的文字阐述,从一个个片段的思路到即将变成铅字的过程,也是我个人循序渐进获得成长的过程。这种成长不仅是指科研成果统计数值上的增长,更重要的是一种心态的淬炼和纯化。在2018年博士毕业论文的后记中,我形容博士论文的写作经历,像牡蛎磨珍珠,一边觉得有苦痛感,一边觉得有成就感,这反映出当时的写作动机具有明显的功利指向。而到了2022年开始校对书稿,再去审视当年的毕业论文,在技术层面,我主要是从第三者的角度以或欣赏或挑剔的眼光去品鉴当时磨出来的这颗“珍珠”;而在心态上,对于理论研究工作褪去了生疏与艰涩之感,更多的是试图将阅读与写作内化为一种生活方式,按部就班,不疾不徐地展开。我想,在形成本书所历经的9年时间里,我最大的收获就是发现了自己的志趣在学术,并逐步理顺工作和生活方式,试图专注于法学科研之路,平和、愉悦地向前走。

获得成长和更新的过程,除了自己对自己的“磋磨”,也离不开师友们的帮助。本书作为我第一部个人学术专著,在后记中抚今怀昔,充满了仪式感。

在北京大学法学院求学的6年时间是我整个学生时代最值得骄傲的岁月。硕士期间师从陈兴良老师,博士期间师从王新老师,无论是作为“陈门子弟”,还是作为“王家大院”的一员,都令我深刻地体验到学海无涯、真理无穷、师恩无限。陈老师是我的刑法学术启蒙恩师,硕士期间跟随陈老师学习,让我对学者这个职业充满了敬仰,对学术研究充满向往。在我通过博士生招考复试时,陈老师即叮嘱我要珍惜学习机会、提升自己,争取以后做学术相关工作。后来在我求职吉林大学法学院以及入职之后,陈老师始终给予我巨大的支持和温暖的鼓励。

我的博士生导师王新老师,在我整个读博期间都殷切地关心着我的学习和生活情况,对我精细而妥帖地贯彻了“宽严相济”的教育政策。严,体现在学术科研的指导和把关上。老师对于我毕业论文的指导一丝不苟,从初稿到终稿,前后几个版本,老师都细细给我指问题、提意见,尽可能地帮我提高论文质量。宽,体现在对我生活中的选择给予充分的理解。按照入学时老师为我做的规划,我应当去日本交流一年。但是因为我博士三年级这一年在家育儿,这个计划不得不搁浅。回学校时,每每谈及此事老师只是为我惋惜,从未苛责我。老师对于我作为女生的压力和处境的宽容与理解,在相当程度上宽慰了我在家一边照顾孩子一边写作论文的紧张心理。

不仅仅是我的两位导师,北京大学刑法学科的其他老师也给予我思想、知识和智慧。梁根林老师、白建军老师、赵国玲老师、郭自力老师、王世洲老师、车浩老师、江溯老师,这些老师都是给我传道授业解惑的智者。在北京大学能受教于这些恩师,是我学生时代最幸运的事情。我得以零距离领略这些知名学者的风采,也切身感受到这些北京大学名师对学生的照拂,温暖如春风。在他们身上,我找到了自己的职业模范。希望以后我也能如我的这些老师一般，智慧且正直，温和且大气。

来到吉林大学法学院工作后，我也遇到了优秀的前辈老师，他们对我照顾有加。因为我没有在吉林大学的受教育背景，所以即便是长春人，初来乍到也觉得各种陌生。感谢蔡立东校长、何志鹏院长、张旭教授、徐岱教授、赵惊涛教授等前辈对我的关心和帮助，让我尽快融入吉林大学法学院的集体，也使我充分感受到吉林大学法学院温暖的家文化。

求学多年，一路结识的小伙伴们也给予我许多支持，感谢在北京大学求学期间相识的各位同门、同学，他们在学习上的热情与执着，在生活上的坚韧与乐观，鼓舞着我、带动着我，并且也让我在未名湖、博雅塔的记忆充满温情。即便我们毕业后奋斗在五湖四海，但是情谊永固。

还要感谢法律出版社的王珊老师，王珊老师用耐心又细致的工作态度，引导我顺利完成本书的出版工作。

最后，我还想感谢我的家人至亲。我的母亲和父亲尽最大努力给予我安稳的生活，我的先生也时刻尊重我的意愿，支持我的梦想。毫无疑问，正是因为有这些爱护我的家人，才能让我笃定前行。

感恩过往，是为了积蓄更多的正能量以迎接崭新的未来。本书的出版是我学术事业上新征程的开始，我会尽最大努力，不辜负恩师们对我的期望，以此专著为“起手式”，在刑法教义学领域持续投入、埋头耕耘，希望早日至千里、成江海。

2022 年 2 月 21 日

于吉林大学匡亚明楼 557 室